Deutsch im Einsatz

Dieses Lehrbuch ist auf das International-Baccalaureate-Diplom-Programm ausgerichtet

Deutsch im Einsatz

Dieses Lehrbuch ist auf das International-Baccalaureate-Diplom-Programm ausgerichtet

Katrin Fox, Alan Marshall, Conny Brock und Sophie Duncker

Lektorat und pädagogische Beratung: Annette Duensing

Published by Advance Materials Ltd., 41 East Hatley, Sandy, Bedfordshire, SG19 3JA, U.K.

www.advancematerials.co.uk

Other books in the series

Deutsch im Einsatz, Lehrerhandbuch: 978 0 9565431 7 2
Le monde en français, livre de l'élève: 978 0 9559265 9 4
Le monde en français, livre du professeur: 978 0 9565431 2 7
Mañana, libro del alumno: 978 0 9565431 0 3
Mañana, libro del profesor: 978 0 9565431 3 4

First published 2013

© Advance Materials Ltd. 2013

British Library Cataloguing-in-Publication Data

A catalogue record for this book is available from the British Library

Printed in the UK by Cambrian Printers Ltd

ISO-14001 accredited with award winning Environmental Management Systems

Printed on FSC mixed sources paper.

• Pulp from an FSC-certified forest

• Controlled Sources, which exclude unacceptable forestry

Chain of custody number TT-COC-2200

www.fsc-uk.org

The publisher has made every effort to trace copyright holders and obtain permission for copyright material. If any acknowledgement has been omitted, the publisher would be grateful for notification and corrections will be made as soon as possible.

This work has been developed independently from and is not endorsed by the International Baccalaureate (IB).

Cover and book designer: Glen Darby

Editor: Katie Lewis

Language consultant: Sandra Finnenkötter

ISBN: 978 0 9565431 6 5

Deutsch im Einsatz

Dieses Lehrbuch ist auf das International-Baccalaureate-Diplom-Programm ausgerichtet

Katrin Fox, Alan Marshall, Conny Brock und Sophie Duncker

Lektorat und pädagogische Beratung: Annette Duensing

Inhalt

Deutsch im Einsatz

Vorwort

Deutsch im Einsatz wurde speziell geschrieben, um Ihnen bei der Vorbereitung auf die *IB*-Diplomprüfung im Fach Deutsch B zu helfen. Es entspricht den Richtlinien des *IB*-Programms und enthält Texte und Aufgaben, die spezifische Aspekte der *SL*- und *HL*-Programme gründlich erklären.

In diesem Buch finden Sie reichlich Arbeitsmaterialien, damit Sie sich gezielt und mit Zuversicht auf die *IB*-Prüfungen vorbereiten können. Es gibt eine Vielzahl von schriftlichen und interaktiven Übungen, die dem Format und Stil der *IB*-Prüfungsaufgaben entsprechen oder die schrittweise auf bestimmte Aspekte der Prüfung vorbereiten. Bei der Auswahl der Texte und Themen haben wir versucht, die Interessengebiete von jungen Erwachsenen zu integrieren, und hoffen, dass Sie mit diesem Buch Freude beim Lernen empfinden und dazu ermuntert werden, Ihre Meinungen zu den verschiedenen Fragen mit Ihren Mitschülern auszutauschen.

Wie reflektiert dieses Buch die Philosophie des *IB*-Programms?

Das *International Baccalaureate* bereitet Sie als junge Erwachsene nicht nur auf das Hochschulstudium vor, sondern will Sie außerdem darin unterstützen, zu aktiven, verantwortungsbewussten und weltoffenen Menschen zu werden.

Die Methodik, die *Deutsch im Einsatz* zugrunde liegt, ist eindeutig international ausgerichtet. Die Texte stammen aus dem deutschsprachigen Raum, beziehen sich aber oft auf internationale Fragen. Die Themen wurden ausgewählt, um den Anforderungen des *IB-Guide* zu entsprechen, aber sollen auch Interesse wecken und Ihnen dabei helfen, andere Kulturen besser zu verstehen und somit Andersdenkenden gegenüber Toleranz zu entwickeln.

Die Aufgaben fördern Ihre sprachliche Kompetenz, insbesondere in Bezug auf eigenständiges Nachdenken und die Entwicklung einer kritischen Position (*Theory of Knowledge*), sowie das Nachdenken über die Welt, in der wir leben, und unsere eigene Rolle darin. Wir hoffen, dass Sie bei der aktiven Mitwirkung am Lernprozess auch ein positives Lernerlebnis haben.

Wie ist das Buch aufgebaut?

Das *IB*-Programm für Sprache B ist thematisch organisiert und besteht aus:

1   drei Kernthemen (die von allen Schülern behandelt werden müssen):

- Kommunikation und Medien
- Globale Fragen
- Soziale Beziehungen

2   fünf Wahlthemen (von denen jeder Schüler zwei behandeln muss):

- Kulturelle Vielfalt
- Feste und Traditionen
- Gesundheit
- Freizeit
- Wissenschaft und Technik

3   für *HL*-Schüler zwei literarische Werke.

Das Buch reflektiert diese Einteilung und besteht aus zehn Kapiteln. Es enthält:

- jeweils ein Kapitel (Kapitel 1–8) pro Kern- bzw. Wahlthema
- ein Kapitel (Kapitel 9) über die Schriftliche Aufgabe (*SL*)
- ein Kapitel (Kapitel 10) über Textsorten.

Jedes der thematischen Kapitel (1–8) enthält:

- authentische Texte bzw. Textauszüge unterschiedlicher Textsorten
- mindestens einen literarischen Text
- Übungen zum Textverständnis
- mündliche Übungen
- schriftliche Übungen
- kontextbezogene Grammatikübungen
- Aufgaben zur Bearbeitung der verschiedenen Textsorten
- Aufgaben zur Vorbereitung auf die schriftlichen und die mündlichen Prüfungen
- Verweise auf andere Teile des *IB*-Programms, wie *TOK* und *CAS*.

Das Kapitel über die Schriftliche Aufgabe (*SL*) bereitet Sie gezielt auf diesen Teil des *IB*-Programms für Deutsch B vor.

Das Kapitel über Textsorten stellt die im *IB*-Programm aufgelisteten Textsorten in Vorlagen dar und enthält Checklisten, die Ihnen systematisch dabei helfen, Texte zu analysieren und eigene Texte zu schreiben.

Nachdruck verboten

Im Buch verwendete Terminologie und Symbole

Die *IB*-Terminologie für Sprache B wird überwiegend ins Deutsche übersetzt. Allerdings werden einige Kernausdrücke in der englischen Originalsprache belassen, wie z. B. *SL/HL*, *TOK* und *CAS*.

Schüler und Schülerinnen werden durchgehend der Einfachheit halber als „Schüler" bezeichnet; das Gleiche gilt auch für alle anderen Bezeichnungen, die es in maskuliner und femininer Form gibt.

 Dieses Symbol weist auf Beziehungen zur *TOK* hin.

 Dieses Symbol weist auf Beziehungen zum *CAS*-Programm hin.

Wie benutzt man das Buch?

Es gibt keine vorgeschriebene Reihenfolge, in der man die Kapitel behandeln muss. Es ist auch nicht notwendig, alle Kapitel im Buch durchzuarbeiten. Ihr Lehrer wird die Themen auswählen, die am besten Ihren Interessen und Ihrem Sprachniveau entsprechen. Für Sprache B muss man die drei Kernthemen und **zwei** Wahlthemen behandeln. Man kann auch nach Bedarf Teile von Kapiteln auslassen.

Wir haben in den Kapiteln jeweils einige zentrale Fragen ausgesucht, während es Ihrem Lehrer überlassen wird, diese zu vertiefen oder durch andere zu erweitern. Die Aspekte in verschiedenen Kapiteln überschneiden sich manchmal, da die Themenbereiche des *IB* breit gefächert sind.

Die Grammatikübungen sind als Wiederholungsübungen gedacht. Sie sind nicht allumfassend und sollen Grammatikbücher bzw. -unterricht nicht ersetzen. Sie müssen also damit rechnen, dass Ihr Lehrer solche Übungen vertiefen wird.

Wir wünschen Ihnen bei der Arbeit mit diesem Buch viel Freude daran, die deutsche Sprache anzuwenden und Ihre Kenntnisse zu vertiefen. Außerdem möchten wir, dass die Diskussion der Texte sowohl den Blick in die deutschsprachige Welt öffnet, als auch zu interessanten neuen Ideen und Meinungen inspiriert. Vor allem soll das Buch natürlich zum erfolgreichen Abschluss des *IB*-Deutsch-B-Kurses führen!

Was befindet sich im Lehrerbuch?

Das Lehrerbuch enthält:

- Lösungen bzw. Lösungshilfen für alle Übungen
- Hinweise, wie man die spezifischen Übungen und Aufgaben angeht
- umfangreiche Vorschläge zur Vertiefung bzw. Ergänzung einzelner Übungen
- eine Kopiervorlage zur Analyse der Textsortenvorlagen.

Katrin Fox

Alan Marshall

Conny Brock

Sophie Duncker

1. Kommunikation und Medien

Einheiten	Fernsehen: die Macht des Publikums	S. 10
	Kino mal auf Deutsch	S. 22
	Werbung: Spaß, Verdummung oder Manipulation?	S. 31
Aspekte	Die Rolle des Publikums früher und heute	
	Zuschauerhit Castingshow: eine kritische Betrachtung des weltweiten Phänomens	
	Filmgenres, deutsches Kino und deutsche Stars	
	Mechanismen der Werbung	
LERNZIELE	**Textsorten**	Interview
		Filmrezension
	Sprache	Relativpronomen
		Passiv
	Die *IB*-Ecke	Mündliche Einzelprüfung
		Mündliche interaktive Prüfung
		TOK

Fernsehen: die Macht des Publikums

Einstieg

Diskutieren Sie folgende Fragen in kleinen Gruppen.

- Welche Rolle spielt das Publikum heutzutage in den Medien?

- Hat das Publikum Einfluss auf die Fernsehprogramme, die letztendlich produziert und gesendet werden?

- Was denken Sie, welche Programme sind bei einem jüngeren, welche bei einem älteren Publikum beliebt?

In dem Gedicht, das Sie als Nächstes lesen, beschreibt Kurt Tucholsky seinen Eindruck vom Einfluss des Publikums.

¹ Filmfritze	antiquierte, negative Beschreibung für Regisseure
² daß	alte Schreibweise von „dass", weil dies ein historischer Text ist
³ Bangigkeit	Sorge
⁴ Reichsverbände	industrielle Unternehmerverbände zur Zeit der Weimarer Republik
⁵ Grießbrei	leicht verdauliche, süße Speise – in diesem Kontext ist ein Grießbrei-Fresser jemand, der sich mit Mittelmäßigkeit zufrieden gibt.

An das Publikum

O hochverehrtes Publikum,
sag mal: bist du wirklich so dumm,
wie uns das an allen Tagen
alle Unternehmer sagen?
Jeder Direktor mit dickem Popo
spricht: „Das Publikum will es so!"
Jeder Filmfritze¹ sagt: „Was soll ich machen?
Das Publikum wünscht diese zuckrigen Sachen!"
Jeder Verleger zuckt die Achseln und spricht:
„Gute Bücher gehn eben nicht!"
Sag mal, verehrtes Publikum:
Bist du wirklich so dumm?

So dumm, daß² in Zeitungen, früh und spät,
immer weniger zu lesen steht?
Aus lauter Furcht, du könntest verletzt sein;
aus lauter Angst, es soll niemand verhetzt sein;
aus lauter Besorgnis, Müller und Cohn
könnten mit Abbestellung drohn?
Aus Bangigkeit³, es käme am Ende
einer der zahllosen Reichsverbände⁴
und protestierte und denunzierte
und·demonstrierte und prozessierte ...
Sag mal, verehrtes Publikum:
Bist du wirklich so dumm?

Ja dann ...
Es lastet auf dieser Zeit
der Fluch der Mittelmäßigkeit.
Hast du so einen schwachen Magen?
Kannst du keine Wahrheit vertragen?
Bist also nur ein Grießbrei⁵-Fresser?
Ja, dann ...
Ja, dann verdienst dus nicht besser.

Kurt Tucholsky

Textverständnis

Diskutieren Sie die folgenden Fragen mit einem Mitschüler und vergleichen Sie anschließend Ihre Antworten. Begründen Sie, worauf Sie Ihre Antworten basiert haben.

- Wie ist Ihr erster Eindruck von diesem lyrischen Werk? Woran wird Kritik geübt? Was bedeutet z. B. der folgende Vers: „Das Publikum wünscht diese zuckrigen Sachen!"?

- Um welche Art von Frage handelt es sich bei der Wiederholung: „Sag mal, verehrtes Publikum: Bist du wirklich so dumm?" Welche Wirkung hat die Verwendung des Personalpronomens „du" auf den Leser?

- Was meinen Sie, was wollte Tucholsky zur damaligen Zeit – 1931 – kritisieren?

- Das Gedicht wurde vor über 80 Jahren veröffentlicht. Finden Sie es im Kontext der heutigen Medien noch aktuell?

Zur Diskussion CAS

„Nichts ist schwerer und erfordert mehr Charakter, als sich in offenem Gegensatz zu seiner Zeit zu befinden und zu sagen: Nein!"

Kurt Tucholsky

Diskutieren Sie die Aussage Kurt Tucholskys in kleinen Gruppen. Stimmen Sie ihm zu oder nicht? Warum? Ist seine Meinung auch heute noch relevant?

Wussten Sie das? Kurt Tucholsky (1890-1935)

Kurt Tucholsky war einer der wichtigsten und umstrittensten Schriftsteller und Journalisten der Weimarer Republik.

Während seiner Mitarbeit an der Zeitung „Weltbühne", die sich vor allem in Rezensionen von Büchern, Theater- und Kabarettaufführungen manifestierte, benutzte er zahlreiche Pseudonyme, unter anderem Theobald Tiger, Ignaz Wrobel, Peter Pan und Kaspar Hauser.

Der Sommerroman „Rheinsberg" gilt als sein Hauptwerk, aber nicht weniger berühmt sind seine satirischen Schriften und Gedichte.

Tucholsky bekannte sich öffentlich gegen das nationalsozialistische Streben und Schriftstellerkollegen, die sich von der Kriegseuphorie mitreißen ließen.

Seine politische Haltung zwang ihn ins schwedische Exil zu gehen, wo er sich letztlich, desillusioniert und enttäuscht, das Leben nahm.

Unvergessen und nach wie vor aktuell bleiben seine scharfen Beobachtungen und Kommentare.

Einstieg CAS

Diskutieren Sie folgende Fragen zu den Fotos in kleinen Gruppen.

- Mögen Sie Castingshows? Begründen Sie Ihre Meinung. Besprechen Sie die verschiedenen Formate, die Sie kennen.

- Was glauben Sie, warum sind Castingshows bei Kandidaten schon so lange beliebt? Welche Nachteile haben diese talentsuchenden Shows für die Teilnehmer?

- Weshalb sehen sich Zuschauer diese Sendungen gern an?

- Welche Vorteile ziehen Fernsehsender aus Talentshows?

- Könnten Sie sich vorstellen, selbst bei einer Talentshow mitzumachen? Nennen Sie Gründe für Ihre Antwort.

- Was denken Sie, hatte Andy Warhol mit folgendem Zitat aus den sechziger Jahren recht?

„In Zukunft kann jeder Mensch für 15 Minuten Berühmtheit erlangen."

Andy Warhol

Seit dem Einzug der Castingshows ins Fernsehen sucht Deutschland jedes Jahr einen neuen Superstar – wird aber wirklich ein solcher gefunden, und zu welchem Preis für die Kandidaten? Wie erklärt sich die fortwährende Popularität dieser Shows? Diese Fragen werden im folgenden Text angesprochen.

Castingshows – Fluch und Segen zugleich

Einmal auf der Bühne stehen vor jubelnden Fans: Viele Teenager träumen davon. Castingshows erscheinen als ideale Strategie, um das zu erreichen. Doch die Teilnehmer sollten realistisch bleiben: Oft starten sie nicht die große Karriere, sondern kämpfen mit Stress und einem aufgepfropften Image.

X Factor, DSDS[1] und Popstars – Castingshows sind aus dem deutschen Fernsehen kaum noch wegzudenken. Obwohl die Chart-Erfolge der meisten Sieger überschaubar sind, ist der Glaube an die große Karriere ungebrochen. Doch wer an so einer Show teilnehmen will, sollte sich vorher nach den eigenen Beweggründen fragen. Denn viele wissen nicht, welche Folgen die TV-Präsenz haben kann. | 5

Im Moment erlebt Meike aus Schwarzenbach an der Saale, wie es ist, im Rampenlicht zu stehen. Sie hat zwar aktuell den Einzug in die Endrunde der „Popstars"-Staffel geschafft, ein leichter Weg war es aber nicht: Die junge Frau gilt bei den anderen Kandidatinnen als Außenseiterin. Und wie sieht es aus, wenn sie die Show gewinnt? Bei vielen Kandidaten ist danach in Sachen Ruhm nicht viel passiert. | 10

Martin Kesici zum Beispiel gewann vor sieben Jahren die Castingshow „Star Search". Inzwischen bezeichnet der Berliner seinen Sieg als Fluch und Segen zugleich. „Ich wollte schon immer Rockstar werden, hab' vor der Show bereits Musik gemacht. Einige meiner Rocker-Kollegen haben mich nach der Sendung eher belächelt", sagt der 37-Jährige. Außerdem habe er feststellen müssen, dass ihn viele Leute aus der Musikbranche fallen ließen, als der große Erfolg plötzlich ausblieb. | 15

Raus aus der anonymen Masse

Doch nicht jedem, der an einer Castingshow teilnimmt, geht es um die Musik, glaubt der Psychologe Stefan Woinoff aus München. „Viele wollen einfach was Bedeutsames sein. Sie glauben, sich aus der anonymen Masse der Menschen herausheben zu können, sobald sie bekannt sind", sagt der Experte. Gerade junge Leute glaubten, eine Castingshow sei der kürzeste Weg, reich und berühmt zu werden. | 20

Für andere sei der Eventcharakter besonders wichtig. „Viele langweilen sich und wollen mal etwas Besonderes erleben, ihre Gefühle pushen", erklärt Casting Psychologe. Ihnen allen rät Woinoff zur ehrlichen Selbstanalyse: „Sie sollten sich fragen, wie wichtig es ihnen wirklich ist, Musik zu machen. Sind sie überhaupt bereit, den Preis für ein bisschen Ruhm zu zahlen?" Dieser Preis könne sehr hoch sein, warnt Woinoff. Wer in die Öffentlichkeit geht, werde nicht nur positives Feedback bekommen. | 25

Produktionsfirma bestimmt den Tagesablauf

Hat jemand musikalisches Talent, warten im Laufe einer Castingstaffel aber noch ganz andere Probleme, so Woinoff. „Je weiter man kommt, desto häufiger wird man fremdbestimmt. Irgendwann entscheidet die Produktionsfirma über den gesamten Tagesablauf." Die eigene Selbstdarstellung haben Teilnehmer von Anfang an nicht selbst in der Hand. „Wie man in der Öffentlichkeit gezeigt wird und welche Aufnahmen über den Sender gehen, entscheiden ebenfalls die Redakteure, die das Format für einen Sender produzieren", sagt Martin Kesici.

Je weniger Talent vorhanden ist, desto größer ist die Wahrscheinlichkeit, lächerlich gemacht zu werden. Darum rät Stefan Woinoff, sich von einem objektiven Publikum auf Popstartauglichkeit testen zu lassen. Freunde, die ehrlich ihre Meinung sagen, sind dafür bestens geeignet. „Die sind sicher keine Fachleute, aber können schon mal eine erste Resonanz geben", glaubt auch Vocal Coach und ehemaliges „Popstars"-Jurymitglied Jane Comerford („Texas Lightning") aus Hamburg.

Ausbildung muss Plan A sein

Wer sich nicht der Illusion hingibt, durch die Teilnahme an einer Castingshow schnell erfolgreich zu werden, sei in der Lage, das Ganze mit der notwendigen Portion Gelassenheit zu sehen, sagt der Medienpsychologe Jo Groebel. „Auf keinen Fall sollten junge Leute für dieses Abenteuer ihre Ausbildung abbrechen", warnt der Wahl-Berliner, der im Gegensatz zu Stefan Woinoff und Martin Kesici in einer Castingshow einen spannenden Wettbewerb sieht. „Eine ordentliche Ausbildung sollte immer Plan A sein – eine Castingshow maximal Plan B", so Groebel.

In einem Punkt sind sich alle drei jedoch einig: Wer nicht weiß, wie Medien funktionieren, kann nicht abschätzen, was im Falle einer mehr oder weniger erfolgreichen Castingshow-Teilnahme auf ihn einstürzt. Um nicht abzuheben braucht es Menschen, die es gut mit einem meinen. „Das sind in erster Linie Eltern und Geschwister", so Stefan Woinoff. Eins sollte jedem, der an so einer TV-Show teilnehmen will, vorher bewusst sein, stellt der Experte klar: Durch die schnelle Popularität entkommt man seinem alten Leben nicht, sondern ist mehr denn je darauf angewiesen, Menschen zu haben, denen man vertraut.

Manja Greß, Deutsche Presse Agentur (dpa)

¹ **DSDS**   „Deutschland sucht den Superstar" – eine beliebte deutsche Castingshow

Textverständnis

1 Entscheiden Sie, welche Begriffe in der rechten Spalte den Begriffen aus dem Text (Z. 1–18) in der linken Spalte am besten entsprechen.

1 überschaubar (Z. 6) ☐	**A.** Einzelgängerin
2 ungebrochen (Z. 6) ☐	**B.** schockiert
3 Beweggründe (Z. 7) ☐	**C.** einsetzte
4 Folgen (Z. 8) ☐	**D.** Ausländerin
5 geschafft (Z. 11) ☐	**E.** kontinuierlich
6 Außenseiterin (Z. 12) ☐	**F.** bewerkstelligt
7 Ruhm (Z. 13) ☐	**G.** Konsequenzen
8 belächelt (Z. 16) ☐	**H.** aussetzte
9 fallen ließen (Z. 17) ☐	**I.** im Stich ließen
10 ausblieb (Z. 18) ☐	**J.** Anerkennung
	K. Schluss machten
	L. begrenzt
	M. amüsiert
	N. Veranlassung
	O. verspottet

2 Bei den folgenden Aussagen kreuzen Sie an, ob sie aufgrund des Textes richtig oder falsch sind. Begründen Sie Ihre Antwort mit Informationen aus dem Text (Z. 1–47).

	richtig	falsch
Beispiel: Castingshows erweisen sich oftmals nicht als Sprungbrett für die ersehnte Karriere, sondern verursachen viele Probleme für die Teilnehmer.	☒	☐

Begründung: sondern kämpfen mit Stress

		richtig	falsch
11	Castingshows erfreuen sich nach wie vor großer Beliebtheit.	☐	☐

Begründung: ....

		richtig	falsch
12	Gewinner Martin Kesici betrachtet diese Shows auch kritisch, da er nach seiner Teilnahme von Kollegen nicht mehr ernst genommen wurde.	☐	☐

Begründung: ....

		richtig	falsch
13	Die Motivation für die Teilnahme an Castinghows führt Woinoff auf die Liebe zur Musik zurück.	☐	☐

Begründung: ....

		richtig	falsch
14	Teilnehmer jeden Alters glauben, dass Castingshows eine schnelle und lukrative Karriere ermöglichen.	☐	☐

Begründung: ....

		richtig	falsch
15	Interessierte sollten ihr Talent kritisch betrachten.	☐	☐

Begründung: ....

		richtig	falsch
16	Woinoff betont, dass Kandidaten vom Publikum nicht nur unterstützt werden.	☐	☐

Begründung: ....

3 Beantworten Sie folgende Fragen zum Text (Z. 28–47).

17 Mit welchen Hindernissen müssen begabte Kandidaten rechnen?

18 Auf welches weitere Problem weist Ex-Teilnehmer Kesici hin?

19 Worauf sollten sich weniger talentierte Bewerber einstellen?

20 Wozu rät Woinoff?

21 Wovor warnt Groebel übereifrige Kandidaten?

22 Weshalb findet Woinoff die familiäre Unterstützung der Kandidaten unheimlich wichtig?

23 Was bedeutet der letzte Satz „Durch die schnelle Popularität entkommt man seinem alten Leben nicht, sondern ist mehr denn je darauf angewiesen, Menschen zu haben, denen man vertraut."?

4 Bestimmen Sie, worauf sich die unterstrichenen Wörter beziehen, und tragen Sie es in die rechte Spalte ein.

In der Zeile ...	bezieht sich das Wort ...	auf ...
Beispiel: der Berliner (Z. 14–15)	*„Berliner"*	*Martin Kesici*
24 der an einer Castingshow teilnimmt (Z. 19)	„der"	
25 Die sind sicher keine Fachleute (Z. 35)	„die"	
26 denen man vertraut (Z. 47)	„denen"	

5 Wie würden Sie die Gefühle der drei Personen in Bezug auf Castingshows charakterisieren? Welches Wort von der Liste rechts passt am besten auf die jeweilige Person?

27 Martin Kesici ☐

28 Stefan Woinoff ☐

29 Jo Groebel ☐

A. angespannt

B. desillusioniert

C. zustimmend

D. warnend

E. argwöhnisch

F. gleichgültig

6 Fassen Sie die Vor- und Nachteile (Fluch und Segen) von Castingshows in der Tabelle stichpunktartig zusammen.

Castingshows	
Fluch	**Segen**

Grammatik unter der Lupe: Relativpronomen

1 Lesen Sie die vier Sätze mit Relativpronomen. Wie entscheidet man, welches Pronomen verwendet werden muss? Fassen Sie gemeinsam die Regeln zusammen, die Sie zu Relativpronomen kennen.

1 Doch nicht jedem, **der** an einer Castingshow teilnimmt, geht es um die Musik, glaubt der Psychologe Stefan Woinoff aus München.

2 Die Kandidatin Meike, **die** aus Schwarzenbach kommt, hat es bis in die Endrunde geschafft.

3 Das Phänomen Castingshows, **das** vor Jahren Einzug ins Fernsehen hielt, ist aus Gegenwart kaum wegzudenken.

4 Um nicht abzuheben braucht es Menschen, **die** es gut mit einem meinen.

Die folgende Tabelle fasst noch einmal alle Relativpronomen zusammen.

Relativpronomen

	Maskulinum	Femininum	Neutrum	Plural
Nominativ	der	die	das	die
Akkusativ	den	die	das	die
Genitiv	dessen	deren	dessen	deren
Dativ	dem	der	dem	denen

2 Fügen Sie beide Sätze zu einem Satz zusammen, indem Sie ein Relativpronomen verwenden.

Beispiel

Martin Kesici sieht den Castingprozess kritisch. Er gewann den Talentwettbewerb „Star Search" vor mehreren Jahren.

Lösung

Martin Kesici, <u>der</u> den Talentwettbewerb „Star Search" vor mehreren Jahren gewann, sieht den Castingprozess kritisch.

1 Kandidaten müssen mit Kritik und Rückschlägen rechnen. Sie hoffen auf eine schnelle Karriere.

2 Jo Groebel empfiehlt eine Ausbildung als Plan A. Er ist Medienexperte.

3 Martin Kesici wurde nach seinem Sieg von vielen Freunden in der Musikbranche belächelt. Er wollte schon immer Rockstar werden.

4 Finalistin Meike will als erfolgreiche Sängerin durchstarten. Sie gilt bei den anderen Kandidaten als Außenseiterin.

5 Der Psychologe Stephan Woinoff rät zu einer ehrlichen Einschätzung des eigenen Talents. Er betont die Wichtigkeit der Familie als Rückenstärkung.

Wussten Sie das?
Castingshows in Deutschland

Die beliebtesten Castingshows sind „DSDS" (Deutschland sucht den Superstar), „Germany's next Topmodel", „Das Supertalent", „Popstars", „The Voice of Germany" und „X Factor".

Durchschnittlich bewerben sich 30.000–40.000 Kandidaten.

Die höchste Einschaltquote bisher konnte DSDS mit 12 Millionen Zuschauern im Finale der ersten Staffel 2003 verbuchen.

Es gibt nur wenige Gewinner dieser TV-Formate, die danach erfolgreiche Karrieren hatten.

In den letzten Jahren hat Fernsehmoderator Stefan Raab in der Castingshow „Unser Star für …" den deutschen Teilnehmer für den alljährlichen Grand-Prix gesucht.

Weiterdenken

Diskutieren Sie in kleinen Gruppen:

- Welche Funktion erfüllen die Juroren?

- Nach welchen Kriterien werden Kandidaten ausgewählt? Zählt einzig das Gesangstalent? Wie werden Kandidaten dann in Castingshows behandelt?

- Weshalb schalten die Zuschauer Castingshows ein? Genießen sie vorwiegend die Musik, oder gibt es andere Beweggründe? Was könnte wohl der Begriff „Fremdschämen" bedeuten? Inwiefern lässt er sich auf das Phänomen Castingshows beziehen?

- Was glauben Sie persönlich – sind Castingshows eher ein Fluch oder ein Segen?

Schriftliche Übung

Sie verfolgen Castingshows schon seit längerer Zeit mit großem Interesse, und sind sich sowohl der positiven als auch der negativen Aspekte dieser öffentlichen Talentsuche bewusst. An Ihrer Schule gibt es mehrere Mitschüler, die eine Teilnahme in Betracht ziehen, und einen, der bereits Kandidat war. Schreiben Sie einen Schülerzeitungsartikel, in dem Sie dieses Phänomen näher beleuchten. Benutzen Sie die Checkliste für einen Zeitungsbericht auf S. 347.

Mündliche Übung CAS

1 Arbeiten Sie in Gruppen bis maximal acht Personen.
Lesen Sie zuerst die folgende Situationsbeschreibung und dann die Rollenbeschreibungen unten. Verteilen Sie die Rollen untereinander. Denken Sie über Ihre Rolle nach. Machen Sie sich Notizen – aber versuchen Sie, in der Diskussion möglichst spontan auf die Argumente der anderen Mitspieler zu reagieren. Der Moderator Oliver Schmidt stellt zunächst die einzelnen Teilnehmer vor und leitet die Diskussionsrunde.

Die Situation

Gerade sind mehrere Staffeln verschiedener Castingshows fast gleichzeitig gestartet, „DSDS", „Germany's next Topmodel", „Das Supertalent" und „The Voice". Tausende von Bewerbern haben sich gemeldet, die Sender berichten von Rekordquoten, allerdings scheint sich auch eine ernstzunehmende Gegenbewegung zu entwickeln, da kritische Stimmen in Bezug auf die Vermarktung von Menschen immer lauter werden. Aufgrund der Aktualität des Themas hat der bekannte Moderator Oliver Schmidt mehrere Personen zu einer Talkrunde mit dem Thema: „Castingshows – Fluch oder Segen?" eingeladen, in der alle Teilnehmer klar Stellung beziehen und ihre Meinung vertreten können.

---

1 Lisa Lieb, 25 Jahre, Gewinnerin der letztjährigen Staffel von „Deutschland sucht den Superstar"

● ist eine begabte Sängerin und Gewinnerin der letzten DSDS-Staffel

● hatte eine Nummer 1 in den Charts, danach allerdings blieben die großen Erfolge aus

● vor drei Monaten trennte sich ihre Plattenfirma von ihr, seitdem versucht sie, ein neues Label zu finden

● genoss ihre Erfahrung mit DSDS, sieht aber auch die Schattenseiten dieses Prozesses und möchte ambitionierte Kandidaten davor warnen

2 Harry Hansen, 45 Jahre, Chef des Privatsenders, der DSDS und andere Castingshowformate produziert

● ist seit mehreren Jahren im Fernsehgeschäft tätig

● will wegen der hohen Einschaltquoten weiterhin Sendungen wie Castingshows zeigen

● glaubt zu wissen, welche Art von Sendungen die Zuschauer sehen wollen

● ist versiert im Umgang mit den Medien

3 Joana Hoffmann, 23 Jahre, erfolglose Kandidatin

- arbeitet in einem Supermarkt an der Kasse nachdem sie ihre Ausbildung als Bürokauffrau für eine Teilnahme an DSDS aufgab
- versucht schon seit drei Jahren vergeblich in die nächste Runde zu kommen
- weiß, dass sie nicht die beste Stimme hat, gibt aber trotzdem die Hoffnung nicht auf und nimmt weiterhin Gesangsstunden
- möchte unbedingt etwas Besseres aus ihrem Leben machen und etwas Besonderes sein
- wird von der Presse „jaulende Joana" genannt und verspottet, will aber lieber schlechte als gar keine Aufmerksamkeit

4 Inga Blume, 35, Fernsehkritikerin

- möchte qualitativ anspruchsvollere Fernsehsendungen
- ist entschieden gegen die Verdummung des Publikums durch viele Castingshows
- verabscheut, wie Kandidaten zugunsten hoher Einschaltquoten ausgebeutet und vorgeführt werden

5 Dieter Dreist, 50 Jahre, Juror bei „Deutschland sucht den Superstar"

- ist selbstverliebt und schnippisch
- ist schon lange im Musikgeschäft, da er einst selbst Mitglied in einer Popgruppe war
- hat keine Angst davor, Kandidaten in ihre Schranken zu weisen und öffentlich bloßzustellen

6 Susanne Schulze, 41 Jahre, Zuschauerin

- will sich nach Feierabend einfach nur entspannen und sich nicht mit kritischen Themen auseinandersetzen
- trifft sich jeden Samstagabend mit ihren Freundinnen, um zusammen DSDS zu schauen
- amüsiert sich über talentlose Bewerber, und fiebert mit ihren Favoriten mit

7 Max Meier, 19 Jahre, interessierter Teilnehmer und Sänger

- ist ambitioniert, enthusiastisch, aber auch etwas arrogant
- singt seitdem er 6 Jahre alt ist und hat eine echte Begabung
- hofft auf eine schnelle Karriere im Musikgeschäft
- hat schon mehrere lokale Talentwettbewerbe gewonnen und hat es gerade in die nächste Runde, den sogenannten „Recall", geschafft
- hört nicht auf Warnungen, da er glaubt, besser als alle anderen Teilnehmer vor ihm zu sein

8 Oliver Schmidt, 42, Moderator

- langjähriger Talkshow-Moderator
- muss dafür sorgen, dass alle zu Wort kommen
- stellt die einzelnen Teilnehmer der Gesprächsrunde vor und leitet die Diskussion mit geschickten Fragen

Kino mal auf Deutsch

Einstieg

Finden Sie zu jedem Filmgenre ein Filmbeispiel. Vergleichen Sie Ihre Antworten mit einem Mitschüler. Diskutieren Sie, worauf Ihre Antworten basieren. Es muss sich bei Ihren Antworten nicht um deutschsprachige Filme handeln.

Filmgenres

der Science-Fiction-Film	der Dokumentarfilm	der Historienfilm
der Katastrophenfilm	der Horrorfilm	der Actionfilm
der Western	der Zeichentrickfilm	die Literaturverfilmung
der Kriegsfilm	der Thriller	die Komödie
der Fantasyfilm	der Liebesfilm	das Drama

Zur Diskussion

Zu welchem Genre gehören wohl diese deutschsprachigen Filme? Sie können als Hilfe auch das Internet nutzen.

Filmtitel	Genre
Männerherzen	
Die Päpstin	
Der kleine Eisbär	
Nosferatu	
Die verlorene Ehre der Katharina Blum	
Bang Boom Bang	
Olympia	
Das Boot	
Die Wolke	

Zur Diskussion CAS

Diskutieren Sie die folgenden Fragen in kleinen Gruppen.

- Welche der oben aufgeführten Filme sind Ihnen bekannt? Zu welchem Genre gehören sie?
- Kennen Sie weitere deutschsprachige Filme? Wenn nicht, recherchieren Sie im Internet.

Wortschatz

Sie lernen nun Wörter kennen, die Sie in einer Filmbesprechung verwenden können. Suchen Sie zu jedem Begriff links die passende Definition aus der Spalte rechts aus.

1	das Filmgenre	☐
2	der Regisseur	☐
3	das Erscheinungsjahr	☐
4	das Drehbuch	☐
5	die Handlung	☐
6	die Charaktere	☐
7	die Hauptdarsteller	☐
8	die Hauptrolle	☐
9	die Nebenrolle	☐
10	der Produzent	☐

A. Zeitpunkt, zu dem der Film erstmals gezeigt wird

B. Person, die für die geschäftliche Seite der Verfilmung verantwortlich ist, z. B. für die Finanzierung

C. die wichtigsten Schauspieler eines Films

D. kleine Rolle in einem Film

E. wichtigste Rolle eines Films, steht im Mittelpunkt der Handlung

F. Gattung des Films

G. Person, die für die künstlerische Seite der Verfilmung verantwortlich ist, z. B. für die Auswahl des Drehbuchs und der Darsteller

H. die verschiedenen Figuren der Handlung

I. textliche Basis eines Films

J. Geschehen eines Films

Wortschatz

Entscheiden Sie, welche der unten aufgeführten Phrasen in eine positive Kritik gehören und welche in eine negative, und schreiben Sie sie in eine Tabelle. Kennen Sie weitere Ausdrücke?

Ein Meisterwerk!	Lächerlich!
Der Überraschungshit des Jahres!	Die Schauspieler sind völlig fehlbesetzt.
Aufrüttelnd!	Ein wahres Vergnügen!
Fesselnd!	Bleiben Sie zu Hause!
Es herrscht gähnende Leere!	Langatmig!
Die Charaktere sind unglaubwürdig.	Einer der besten Filme des Jahres!
Die Handlung ist vorhersehbar.	Sparen Sie das Geld!
Franka Potente in einer Paraderolle!	Ein Flop!
Unterstes Niveau!	Die Leistung der Hauptdarsteller ist besonders erwähnenswert.
Der Film wird dem Buch nicht gerecht.	

positive Filmkritik	negative Filmkritik

Nachdruck verboten

Im folgenden Interview wird der Schauspieler Daniel Brühl interviewt. Im Film „Good Bye, Lenin!" spielt er Alex Kerner, die Hauptrolle.

Im Interview fehlen die Fragen/Aussagen des Interviewers und in den letzten zwei Antworten von Daniel Brühl fehlen Wörter, die Sie im ersten bzw. zweiten Schritt der Textverständnisübung einordnen müssen.

Interview mit Daniel Brühl (Alex)

[–1–]

Es war ganz selten bisher bei mir so, dass ein Buch mich so bewegt hat. Ich konnte mich auch sofort in der Rolle des Alex sehen, obwohl ganz viele Sachen bei ihm nicht meiner Biographie entsprechen. Aber es machte mir keine
5 Angst, dass ich kein Berliner bin, dass ich nicht in der DDR aufgewachsen bin. Mir war einfach klar, dass das eine tolle Rolle ist, die mir viel Spaß bereiten würde. Am besten lässt sich Alex beschreiben als Matrose auf einem Boot, das Leck schlägt[1], und der nun damit beschäftigt
10 ist, ein Loch nach dem anderen zu stopfen. Angesprochen fühlte ich mich auch von der tragischen Komponente der Geschichte. Gleich beim ersten Lesen musste ich am Schluss fürchterlich flennen, weil ich so gerührt war – und das passiert mir nur höchst selten.

[–2–]

15 Ich fand es von Anfang an gut, und es hat sich ständig gesteigert. Aber ganz klar war es mir, dass ich das machen wollte, als Alex diesen ganz gewaltigen Betrug am Schluss inszeniert mit Sigmund Jähn in der Fernsehübertragung. Das ist eine wunderbare Sequenz, weil sie ganz herrlich
20 aufgelöst wird. Das ist zum einen zum Schreien komisch, gleichzeitig aber auch wahnsinnig bewegend. Überhaupt gefiel mir die Idee, dass Alex aus Liebe zu seiner Mutter einfach die Geschichte umdreht und sich die Geschichte verselbständigt.

[–3–]

Ich will ja nicht, dass das zu langweilig klingt, aber er ist 25
ein ganz normaler Typ, ein sympathischer, humorvoller, aufgeweckter junger Mann, der in dieser Phase seines Lebens aber auch nicht so recht weiß, wohin mit sich, und sich viele Fragen stellt. Das wird im Film nicht genauer thematisiert, aber so muss man ihn sehen. Sehr stark 30
definiert er sich, und das trifft auch auf mich persönlich zu, über die Bindung zu seiner Familie und der großen Liebe zu diesen Menschen: am stärksten zu seiner Mutter, aber auch zu Lara und seiner Schwester.

[–4–]

Was ich wahnsinnig *(X)* _____ finde, 35
sind Figuren, die so an der Kippe stehen[2], die
(6) _____ haben, zugleich tragisch und komisch sind. Dann finde ich es spannend, komische Szenen, wie es sie in GOOD BYE, LENIN! ja mit Alex und Denis zuhauf gibt, komisch zu machen, (7) _____ sie unbedingt 40
komisch zu spielen: also den Slapstick-Faktor minimal halten, (8) _____ ganz normal spielen und die Komik der Situation wirken lassen. Das (9) _____
mir viel Spaß; und gerade diese Art von Humor steckt sehr stark in dem Drehbuch. Gleichzeitig müssen die 45
dramatischen Gefühlsmomente auch auf dieser Ebene funktionieren. Dann kann man die Figur auch immer leicht schräg spielen, was mir sehr (10) _____.

[–5–]

Ein Thema wie dieses muss sich erst einmal ein paar Jahre lang setzen, bis man sich ernsthaft damit auseinandersetzen 50
kann und bis die Menschen eine filmische Aufarbeitung wirklich (11) _____. Wenn man das früher gemacht hätte, hätte ich es nicht gut gefunden: Es hätte der nötige Abstand gefehlt, wäre zu nahe dran gewesen. Ich darf mir als Kölner kein wirkliches (12) _____ 55
anmaßen, und wahrscheinlich müsste man andere fragen. Aber ich habe den (13) _____, dass Osten und Westen jetzt erst anfangen, sich richtig anzunähern[3] und zusammenzuwachsen. Erst wenn man ein Land ist, kann man sich das mit der nötigen (14) _____ 60
betrachten, wie es war, als das noch nicht der Fall war. Das trifft doch auf die meisten bedeutenden historischen Ereignisse zu. So etwas muss reifen. Und für GOOD BYE, LENIN! war die Zeit reif.

Gebhard Hölzl und Thomas Lassonczyk,
X Verleih AG

---

[1] **Leck schlagen**   ein Loch bekommen (nur bei Booten)

[2] **an der Kippe stehen**   sich am Rand/Abgrund befinden

[3] **annähern**   hier: sich kennenlernen, ähnlicher werden

Textverständnis

1 Im Interview fehlen die Fragen/Aussagen des Interviewers. Wählen Sie aus der Liste unten rechts die Fragen/Aussagen, die am besten passen, und schreiben Sie die Buchstaben in die Kästchen.

1 ☐

2 ☐

3 ☐

4 ☐

5 ☐

A. Gab es eine Szene im Drehbuch, die für Sie der Knackpunkt war?

B. Wie würden Sie Alex als Typen beschreiben?

C. Es gibt für einen Schauspieler kaum eine größere Herausforderung, als normale Typen zu spielen und sie dennoch interessant und spannend zu gestalten.

D. Wer brachte Sie auf die Idee, für diesen Film vorzusprechen?

E. Was sind die Gründe dafür, dass der Mauerfall in deutschen Filmen bislang kaum thematisiert wurde? Warum musste man zwölf Jahre darauf warten?

F. Warum haben Sie sich für dieses Projekt interessiert?

G. War es für Sie als erfolgreichen Jungschauspieler nicht unglaublich langweilig, die Rolle des anfangs lethargischen Alex zu übernehmen?

2 In den Interviewantworten der Fragen 4 und 5 fehlen Wörter. Suchen Sie für jede Lücke im Text das passende Wort von den angebotenen rechts aus.

Beispiel (X)	**A.** *REIZVOLL*	**B.** *REIZEND*	**C.** *ENTSPANNEND*	**A**
6	**A.** ALLES	**B.** BEIDE	**C.** BEIDES	☐
7	**A.** OHNE	**B.** UND	**C** ABER	☐
8	**A.** DENNOCH	**B.** STATTDESSEN	**C.** ANSTELLE	☐
9	**A.** BEDEUTET	**B.** IST	**C.** BEREITET	☐
10	**A.** WIDERSPRICHT	**B.** ZUSAGT	**C.** VERGNÜGT	☐
11	**A.** FASZINIERT	**B.** INTERESSIERT	**C.** INTERESSIEREN	☐
12	**A.** ANSICHT	**B.** MEINUNG	**C.** URTEIL	☐
13	**A.** EINDRUCK	**B.** GLAUBEN	**C.** HOFFNUNG	☐
14	**A.** WISSEN	**B.** VERNUNFT	**C.** KENNTNISSE	☐

Nachdruck verboten

3 Entscheiden Sie, welche Wörter in der rechten Spalte den Wörtern aus dem Text (Z. 2–63) in der linken Spalte am besten entsprechen.

15 bewegt (Z. 2) ☐	**A.** Schwindel
16 flennen (Z. 13) ☐	**B.** gescheiter
17 Betrug (Z. 17) ☐	**C.** eigenartig
18 umdreht (Z. 23) ☐	**D.** sich beschäftigen
19 aufgeweckter (Z. 27) ☐	**E.** ändert
20 zugleich (Z. 37) ☐	**F.** Distanz
21 schräg (Z. 48) ☐	**G.** gleichermaßen
22 sich... auseinandersetzen (Z. 50) ☐	**H.** berührt
23 Abstand (Z. 54) ☐	**I.** Betragen
24 reifen (Z. 63) ☐	**J.** aufrichtiger
	K. weinen
	L. Anstand
	M. einfältiger
	N. heranwachsen
	O. diskutieren
	P. Beanspruchung

Wussten Sie das? Daniel Brühl

Daniel Brühl ist einer der erfolgreichsten, bekanntesten und beschäftigsten Schauspieler Deutschlands. Seine Mutter ist Spanierin, sein Vater Deutscher. Folglich wuchs Brühl, der 1978 in Spanien geboren wurde, zweisprachig auf. Deshalb wirkt er auch in spanischsprachigen Projekten wie „Salvador" mit.

Wolfgang Beckers Wende-Komödie „Good Bye, Lenin!" war sein Durchbruch als Schauspieler. Weitere deutsche Filme, in denen er mitwirkte, sind „Das weiße Rauschen", „Nichts bereuen", „Was nützt die Liebe in Gedanken", „Die fetten Jahre sind vorbei" und „Der ganz große Traum".

Auch auf internationaler Ebene ist Brühl erfolgreich – er spielte in „Die Bourne Verschwörung" und in Quentin Tarantinos „Inglorious Basterds" mit.

Nun lesen Sie eine Filmrezension eines schon erwähnten, vielfach ausgezeichneten deutschen Films von Regisseur Wolfgang Becker.

Good Bye, Lenin!

1.Teil

Deutschland 2003, 119 Minuten FSK: ab 6

Regie: Wolfgang Becker

Drehbuch: Bernd Lichtenberg, Wolfgang Becker

Kamera: Martin Kukula

Darsteller: Daniel Brühl, Katrin Saß, Florian Lukas, Chulpan Khamatova u. a.

Lenin ist von seinem Sockel gestiegen. Die Faust zum sozialistischen Gruß gereckt schwebt er von einem Helikopter baumelnd ein letztes Mal durch die Straßen der Hauptstadt. Good Bye, Lenin! Welcome D-Mark.

5 Es ist 1990, Wendezeit in Deutschland. In irrwitzigem Tempo wird der sozialistische Traum entsorgt. DDR-Produkte verschwinden aus den Regalen, Coca-Cola-Banner schmücken Plattenbauten. Eine Übernahme im Handstreich.

10 Christiane Kerner hat von all dem nichts mitgekriegt. Acht Monate hat die überzeugte Genossin im Koma gelegen. Nun lebt sie auf einer kleinen sozialistischen Insel mitten im brodelnden Berlin und wird von ihrem Sohn Alex mit Spreewaldgurken versorgt,
15 die eigentlich schon aus dem Westen kommen. Christiane droht ein erneuter Herzinfarkt, sobald sie sich aufregt – Grund dazu gibt's mehr als genug. Und so lässt Alex auf 79 Quadratmetern Plattenbau die DDR wieder auferstehen, mit Ständchen von den
20 jungen Pionieren und allem Drum und Dran.

2.Teil Wolfgang Becker ist mit seinem Film ein wunderbares Schelmenstück gelungen, und jeder

kann sich ausmalen, welch komisches Potential in dieser grotesken Situation steckt. Doch wie bei jeder wirklich guten Komödie ist der Stoff eigentlich zutiefst 25
tragisch. Der Film lässt noch einmal all jene zu Wort kommen, für die die Wende zu spät kam. Menschen wie Christiane, die wirklich an die sozialistische Idee glaubten und nach der Wende mit leeren Händen da standen. Für andere wieder kam die 30
Wiedervereinigung zu früh: Die Montagsmarschierer[1] haben Freiheit, Leib und Leben sicher nicht für ein Stück Westschokolade riskiert, sondern für das Recht, das eigene Schicksal mitzubestimmen. Wir sind das Volk riefen sie, und mussten dann 35
feststellen, dass auch im Westen Volkes Stimme nur auf dem Wahlschein etwas zählt.

Doch im Jahre 1990 ist diese bittere Erkenntnis **3.Te**
noch weit weg. Der Berliner Sommer ist noch bunt, die große Liebe in Gestalt einer russischen Krankenschwester süß und ansonsten hat Alex mit der Aufrechterhaltung seiner gut gemeinten Scharade alle Hände voll zu tun. Die Wirklichkeit lässt sich nicht aussperren. Unaufhaltsam kriecht sie durch die Ritzen. Da sind die Kolonnen von 45
Westautos, die plötzlich vor dem Fenster kreuzen. Da sind die neuen Nachbarn mit dem Lampenschirm aus pinkem Plüsch. Um all das zu erklären, schreibt Alex kurzerhand die Geschichte um. Für seine Mutter erschafft er eine DDR aus dem marxistischen 50
Märchenbuch. Lässt den Traum vom Sozialismus mit menschlichem Antlitz noch einmal auferstehen, bis er ihn mit einer selbstgebastelten Rakete Richtung Mond schießt, wo er in tausend glitzernden Funken zerstiebt und endgültig am Nachthimmel verglüht. 55

Christiane Fux, artechock.de

---

[1] **Montagsmarschierer**   friedliche Demonstranten, die vor der Wende für eine Demokratisierung der DDR protestierten

Textverständnis

1 Entscheiden Sie, welcher Teil des Textes folgende Informationen über den Film enthält. Achtung: Die Kriterien auf der rechten Seite können in mehreren Absätzen vorkommen.

1. Teil (Z. 1–20) ☐ ☐ ☐ ☐ ☐

2. Teil (Z. 21–37) ☐ ☐ ☐

3. Teil (Z. 38–55) ☐ ☐

A. Erscheinungsjahr

B. Handlung

C. Filmszenen

D. Bewertung

E. Regisseur

F. Geschichtlicher Hintergrund

2 Bestimmen Sie, worauf sich die unterstrichenen Wörter beziehen und tragen Sie es in die rechte Spalte ein.

In der Zeile ...	bezieht sich das Wort ...	auf ...
Beispiel: __die__ eigentlich schon aus dem Westen kommen (Z.15)	*„die"*	*Spreewaldgurken*
4 Der Film lässt noch einmal all jene zu Wort kommen (Z. 26–27)	„jene"	
5 Unaufhaltsam kriecht sie durch die Ritzen (Z. 44– 45)	„sie"	
6 bis er ihn mit einer selbstgebastelten Rakete Richtung Mond schießt (Z. 52–54)	„ihn"	

3 Beantworten Sie folgende Fragen.

7   Was bedeutet „Good Bye, Lenin! Welcome D-Mark" im Kontext dieses Films?

8   Zu welcher historisch interessanten Zeit spielt der Film?

9   Wozu entschließt sich Alex?

10 Warum macht er das?

11 Welche Aspekte erschweren sein Vorhaben?

12 Was meint die Autorin mit der folgenden Aussage: „Der Film lässt noch einmal all jene zu Wort kommen, für die die Wende zu spät kam. Menschen wie Christiane, die wirklich an die sozialistische Idee glaubten und nach der Wende mit leeren Händen da standen." (Z. 26–30)?

13 Wie beurteilt die Autorin dieser Filmkritik den Film? Positiv oder negativ? Diskutieren Sie mit einem Mitschüler und begründen Sie Ihre Entscheidung mit Beispielen aus dem Text.

Schriftliche Übung CAS

Schreiben Sie nun selbst zwei Filmkritiken, eine positive und eine negative. Mindestens eine sollte für einen deutschsprachigen Film sein.

Berücksichtigen Sie die oben erwähnten Aspekte – Regisseur, Erscheinungsjahr, Schauspieler, Filmgenre, Handlung, Hauptrolle, Filmszenen, geschichtlichen Hintergrund und natürlich auch Ihre Bewertung des Films. Verwenden Sie die vorher geübten Begriffe und Phrasen aus der Tabelle sowohl für eine begeisterte Kritik als auch einen Filmverriss.

Wussten Sie das? „Good Bye, Lenin!"

Good Bye, Lenin! war der erfolgreichste deutsche Film des Jahres 2003.

Wolfgang Beckers Film wurde mit neun Deutschen Filmpreisen ausgezeichnet: *Bester Film* (mit dem Filmpreis in Gold), Daniel Brühl als *Bester Hauptdarsteller*, Florian Lukas als *Bester Nebendarsteller*, Wolfgang Becker für die *Beste Regie*, *Weitere hervorragende Leistungen* für Schnitt, Szenenbild und Musik, sowie die Publikumspreise *Deutscher Kinofilm des Jahres* und Daniel Brühl in der Kategorie *Schauspieler/-in des Jahres*.

Dem Film wurde als erstem deutschen Film der *Europäische Filmpreis Felix* als *Europäischer Film des Jahres* verliehen, im Folgejahr gewann er auch den spanischen Filmpreis *Goya* in der Kategorie *Bester europäischer Film* und den französischen Filmpreis *César*.

Tipp für die Prüfung

Wenn möglich, schreiben Sie über einen deutschsprachigen Film – das beeindruckt den Prüfer mehr. Sollte es sich um eine Literaturverfilmung handeln, zum Beispiel „Nirgendwo in Afrika", dann vergleichen Sie den Film auch mit dem Buch. Erwähnen Sie in diesem Zusammenhang weitere Filme, die thematische Parallelen oder Unterschiede aufweisen.

Werbung: Spaß, Verdummung oder Manipulation?

Einstieg

Diskutieren Sie folgende Fragen zu dem Diagramm in kleinen Gruppen.

- Welches Adjektiv trifft Ihrer Meinung nach am besten auf Werbung zu? Begründen Sie Ihre Meinung mit konkreten Beispielen.

- Wählen Sie nun das Adjektiv, das Sie am wenigsten mit der Werbung in Verbindung bringen. Weshalb? Nennen Sie Gründe und Beispiele für Ihre Antwort.

- Welche weiteren Adjektive fallen Ihnen zum Thema Werbung ein?

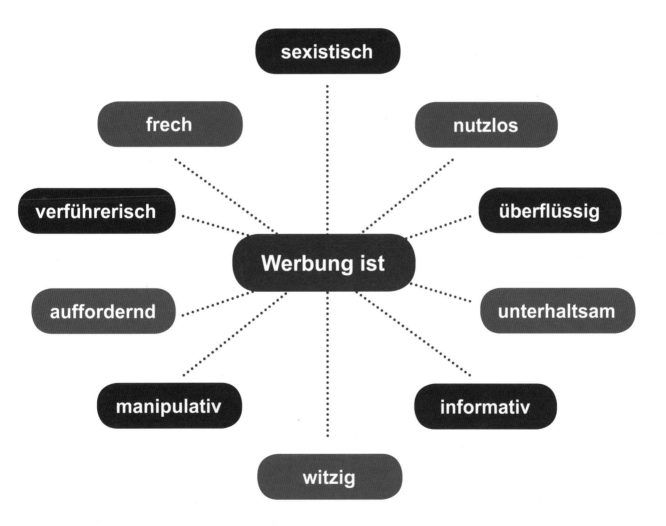

Sie lesen nun ein Gedicht von Ingeborg Bachmann, in dem sie ihre Meinung zur Werbung ausdrückt.

Reklame

Wohin aber gehen wir
ohne sorge sei ohne sorge
wenn es dunkel und wenn es kalt wird
sei ohne sorge
aber
mit musik
was sollen wir tun
heiter und mit musik
und denken
heiter
angesichts eines Endes
mit musik
und wohin tragen wir
am besten
unsre Fragen und den Schauer aller Jahre
in die Traumwäscherei ohne sorge sei ohne sorge
was aber geschieht
am besten
wenn Totenstille

eintritt

Ingeborg Bachmann

Wussten Sie das? Ingeborg Bachmann (1926-1973)

Ingeborg Bachmann ist eine der wichtigsten Schriftstellerinnen des 20. Jahrhunderts. Die gebürtige Österreicherin war vorwiegend als Lyrikerin tätig und feierte auf diesem Gebiet auch ihre größten Erfolge. Abschied, Veränderung, Vergangenheitsbewältigung und Flucht werden in ihren Werken thematisiert.

Aufgrund ihrer herausragenden schriftstellerischen Leistungen wurde sie mit zahlreichen Literaturpreisen ausgezeichnet. Es wurde sogar eine Literaturauszeichnung nach ihr benannt. Der Bachmann-Preis wird ausgewählten Autoren und Autorinnen verliehen.

Sie führte ein eher unruhiges Dasein und lebte z. B. in Wien, Prag, Rom, Paris, Neapel, London und Zürich. Sie war mit Schriftstellerkollegen wie Paul Celan und Max Frisch liiert.

Ingeborg Bachmann: Grafitti von Jef Aerosol am Musilhaus in Klagenfurt

Textverständnis

Beantworten Sie die folgenden Fragen, die sich auf Ingeborg Bachmanns „Reklame" beziehen.
Für Satz 1 schreiben Sie den Buchstaben der richtigen Antwort in das Kästchen.

1   Welche Situation wird hier angesprochen?

   A. Die Oberflächlichkeit und die gewollte
       Beeinflussung der Werbebranche werden kritisiert.

   B. Ein Produkt wird angepriesen.

   C. Der Konsumrausch der Menschen wird dargestellt.

2   Warum sind einige Verse kursiv gedruckt, andere nicht? Welche Funktion könnten sie haben?

3   Warum existiert eine Leerzeile vor dem letzten Vers?

4   Welche Bedeutung hat das Wort „Traumwäscherei"?

5   Welches Urteil wird über die Werbebranche gefällt?

Zur Diskussion

Welcher Werbespruch wirbt für welches Produkt? Ordnen Sie die Paare einander zu und besprechen
Sie Ihre Entscheidungen.

1   Wecke den Tiger in dir!

2   Essen gut, alles gut.

3   Die Freiheit nehm' ich mir.

4   Quadratisch. Praktisch. Gut.

5   Der Duft, der Frauen provoziert.

6   Wohnst du noch oder lebst du schon?

A. Ritter Sport

B. VISA

C. Axe-Deodorant

D. Kellogg's Frosties

E. Ikea

F. Knorr Saucen

Im folgenden Text geht es um die Frage, ob Werbung die Käufer wirklich manipuliert.

Die Macht der Werbung – oder das Märchen vom bösen Wolf

Du wirst manipuliert. Durch Werbung. Ferngesteuert greifen die Menschen nach Markenprodukten.

Du gehst durch den Supermarkt und willst Bier kaufen, aber nicht irgendeins, sondern nur Becks, weil es nach der großen weiten Welt schmeckt. Du kaufst Zigaretten und greifst nach den Gauloises, der Marke, die Dich als Individualisten ausweist. Du willst eine Jeans und holst die nicht bei Aldi, sondern im neuen Diesel-
5 Store.

Warum? Ganz einfach! Du wurdest manipuliert. Durch Werbung. Wie in Science-Fiction-Romanen werden Dir immer und immer wieder Markenbotschaften eingetrichtert. Wie ein Mantra graben sich die Produktnamen in Dein Hirn. Du wurdest manipuliert. Durch Werbung. Du würdest Dich ja gerne anders entscheiden. Nach dem Preis. Nach Qualität. Nach objektiven Kriterien. Aber Du wurdest manipuliert. Durch die böse Werbung …

10 Ich arbeite seit zehn Jahren in dieser Branche und diese Argumentation begegnet mir immer wieder. Und jedes Mal verblüfft sie mich aufs Neue. Intelligente und selbstbewusste Menschen versuchen mir zu erklären, dass sie durch Werbung manipuliert werden. Sie glauben allen Ernstes, dass sie gegen die Markenbotschaften wehrlos sind. Doch das ist Unsinn. Denn Werbung kann niemandem den freien Willen nehmen. Jeder bleibt zu jedem Zeitpunkt Herr seiner Entscheidungen.

15 Werbung schafft es lediglich, die Entscheidung für eine bestimmte Marke wahrscheinlicher zu machen. Dadurch, dass die Marke sympathisch dargestellt wird. Durch die Lieferung von Argumenten, die die Wahl für dieses Produkt und gegen die Konkurrenz leichter machen soll. Oder durch eine häufige Wiederholung des Logos an allen Orten, damit die Marke wichtig und präsent erscheint. Die letztendliche Entscheidung liegt aber ganz in der Hand des selbstständig denkenden Menschen.

20 An diesem Punkt der Diskussion trumpft dann immer jemand auf, dass es aber in den 50er Jahren dieses Experiment in Amerika gegeben hat. Damals wurden im Kino in nicht wahrnehmbaren Sekundenbruchteilen Befehle wie „Iss Popcorn" oder „Trink Cola" eingeblendet. Der Verkauf schnellte dann in die Höhe. Die Menschen wurden durch sogenannte „unterschwellige Werbung" manipuliert und konnten sich dem Konsumzwang nicht entziehen.

25 Ein schönes Beispiel. Nur es hat einen Haken: Es ist erlogen. Es stammt aus dem Buch „Die geheimen Verführer" des Werbefachmannes James Vicarny. Fünf Jahre später gab der Autor in einem Interview dann zu, dass er die Geschichte nur erfunden hatte, um Kunden für sein Unternehmen zu akquirieren. Bei allen zukünftigen Experimenten unter Laborbedingungen wurden die Ergebnisse stets widerlegt. So wurden bei einem groß angelegten Versuch eines kanadischen TV-Senders versteckte Botschaften in einer
30 Fernsehsendung eingeblendet. Danach wurden 500 Zuschauer befragt: Fast die Hälfte der Befragten gab an, sie hätten Hunger oder Durst, denn sie vermuteten wohl, dass bei dem Experiment ähnlich wie bei dem bekannten Kino-Experiment zum Konsum von Lebensmitteln aufgefordert wurde. Die tatsächlich versteckte Botschaft „Call now!" hatte niemand wahrgenommen.

Genauso wenig wie Vicarnys Befehle machen Werbeanzeigen oder TV-Spots die Menschen zu willenlosen
35 Konsum-Zombies und Marken-Junkies. Sie haben den freien Willen und sie können frei entscheiden. Gruppenzwang, Prestigesucht oder Gewohnheit kann Menschen zu mancher Markenwahl manipulieren. Werbung vermag das zum Glück nicht.

Ingo Rütten, NEON.de

Textverständnis

1 Beantworten Sie die folgenden Fragen zum Text (Z. 1–19). Schreiben Sie den Buchstaben der richtigen Antwort in das Kästchen.

1   Wie ist der Ton des Autors im gesamten Text?

   A. bissig

   B. wütend

   C. verständnisvoll

   D. entsetzt

2   Die Annahme vieler Menschen, sie würden durch Werbung in ihrem Kaufverhalten manipuliert ...

   A. sieht der Autor häufig und sie erstaunt ihn.

   B. begegnet dem Autor immer wieder, lässt ihn aber gleichgültig.

   C. stößt beim Autoren auf Verständnis.

   D. verursacht beim Autor ernste Zweifel an seiner Tätigkeit in der Werbebranche.

3   Welchen Stellenwert misst der Autor der Werbung zu?

   A. Sie steuert den Konsumenten dazu, unbewusst ein bestimmtes Produkt zu kaufen.

   B. Sie soll dem Konsumenten die Entscheidung für ein bestimmtes Produkt erleichtern.

   C. Er spricht der Werbung jegliche Stärke ab, da der Konsument das letzte Wort hat.

   D. Sie suggeriert Konsumenten, dass sie nur Waren mit bestimmten Logos kaufen dürfen.

2 Beantworten Sie folgende Fragen, die sich auf Z. 20–37 des Textes beziehen.

4   Warum ist ein angeblich vor mehreren Jahrzehnten durchgeführter Versuch vielen Kritikern in Erinnerung geblieben?

5   Wo liegt die Ironie dieses Versuchs?

6   Was wollte James Vicarny damit erreichen?

7   Was geschah bei einem ähnlichen Experiment in Kanada?

8   Wie lautet das Schlussurteil des Autors – was bewirkt Werbung und was nicht?

Grammatik unter der Lupe: das Passiv

1 Schauen Sie sich die folgenden zwei Beispiele an. Wo liegt der Unterschied? Bei welchem Beispiel steht die Tätigkeit im Vordergrund, und bei welchem die Person?

1 Das kleine Mädchen isst die leckere Schokolade.

2 Die leckere Schokolade wird vom kleinen Mädchen gegessen.

Im Text verwendet der Autor verschiedene Passivformen. Das Passiv steht in starkem Kontrast zum Aktiv, da hier die Tätigkeit, aber nicht die Person, die es tut, wichtig ist. Das Passiv wird durch die gebeugte Form des Hilfsverbs *werden* und des Partizip Perfekts eines anderen Verbs gebildet.

Das Passiv kann durch die Präpositionen von (mit Dativ) und durch (mit Akkusativ) ergänzt werden. So kann man zeigen, wer oder was die Handlung (Verb) durchführt. Von wird verwendet, wenn dies eine Person oder ein belebtes Objekt ist:

● *Ich wurde **von** einem Autofahrer angefahren.*

Durch benutzt man, wenn es sich um ein unbelebtes oder abstraktes Objekt handelt:

● *Ich wurde **durch** einen Unfall verletzt.*

Hier ist eine kurze Zusammenfassung der Formen.

Formen

	Passiv Präsens		Passiv Präteritum		Passiv Perfekt		
ich	werde		wurde		bin		worden
du	wirst	gefragt	wurdest	gefragt	bist	gefragt	
er/sie/es	wird	manipuliert	wurde	manipuliert	ist	manipuliert	
wir	werden	angerufen	wurden	angerufen	sind	angerufen	
ihr	werdet		wurdet		seid		
Sie/sie	werden		wurden		sind		

2 Wandeln Sie die folgenden Beispiele aus dem Aktiv in das Passiv um. Achten Sie dabei auf die verschiedenen Zeitformen.

1 **Aktiv:** Die Menschen kaufen viele Produkte aus der Werbung.

2 **Aktiv:** Die Werbung beeinflusst die Bedürfnisse vieler Konsumenten.

3 **Aktiv:** Viele Menschen glaubten die Geschichte von James Vicarny.

4 **Aktiv:** Die Teilnehmer des kanadischen Experiments interpretierten die versteckten Botschaften falsch.

5 **Aktiv:** Sie haben die eigentliche Botschaft „Call now!" nicht gesehen.

6 **Aktiv:** Der Autor hat viele Menschen nach ihrer Meinung über Werbung gefragt.

Weiterdenken

Diskutieren Sie die folgenden Fragen in kleinen Gruppen:

- Sind Ihnen Marken wichtig? Woher kennen Sie diese Marken? Warum müssen Markenprodukte immer so teuer sein?

- Gibt es eine Werbung, die Sie nachhaltig beeindruckt hat? Wenn ja, weshalb?

- In den 1990er Jahren gab es eine Benetton-Werbung, die sehr umstritten war. Recherchieren Sie diese. Darf Werbung provozieren?

- Unterschwellige Werbung nennt man auch „Schleichwerbung". Hierbei handelt es sich um Produkte, die in Filmen, Serien oder Büchern gezeigt oder erwähnt werden. So wird für sie versteckt geworben. Sind Ihnen Beispiele bekannt? Was halten Sie davon?

- Inwiefern werden Jugendliche positiv oder auch negativ von Werbung beeinflusst?

- Glauben Sie, dass Werbung für bestimmte Produkte wie Alkohol und Zigaretten verboten werden sollte?

Schriftliche Übung

Stellen Sie sich vor, Sie sind ein Journalist/eine Journalistin bei einem Jugendmagazin und erstellen ein Interview zum Thema Manipulation Jugendlicher durch Werbung. Sie sprechen mit einem Angestellten aus der Werbebranche, der Person, die den Artikel „Die Macht der Werbung" geschrieben hat. Beziehen Sie sich bei der Planung Ihres Interviews sowohl auf den Inhalt des Artikels, als auch auf Ihre Diskussionen mit Mitschülern. Informationen zu der Textsorte Interview finden Sie in dem Textsorte-Kasten unten links. Benutzen Sie auch die Checkliste für ein Interview auf S. 337.

Schriftliche Übung CAS

Erstellen Sie eine Werbeanzeige für ein Produkt Ihrer Wahl (Zahnpasta, Schokoriegel, Getränk, Spülmittel usw.). Seien Sie so kreativ wie möglich, denn Ihr Anliegen ist es, dieses Produkt möglichst interessant anzupreisen und es von der Konkurrenz abzusetzen.

Textsorte: Interview

Ein Interview ist ein Frage-Antwort Text/Gespräch, das meistens zwischen zwei Personen stattfindet. Wenn Sie ein Interview planen, sollten Sie immer berücksichtigen, dass es zwei Perspektiven gibt, die des Interviewers und die der befragten Person. Die gestellten Fragen sind abhängig vom Gesprächspartner, dem Thema des Interviews (eine Buchbesprechung; ein Erfolg z. B. ein schwieriger Aufstieg auf das Matterhorn; eine politische oder soziale Frage usw.). Wichtig ist auch, wo das Interview veröffentlicht wird und welche Leser es dort haben wird.

Ein Interview sollte jedoch immer interessant und bedeutend sein. Ein guter Interviewer betreibt zuvor eine gründliche Recherche über sein Thema und wenn möglich über den Befragten. Somit können sowohl informative als auch persönliche Fragen gestellt werden.

2. Globale Fragen

Einheiten	Die Welt ist global	S. 40
	Der Mensch als Konsument	S. 46
	Der Mensch in der Natur	S. 57
	Der Mensch und seine Mitmenschen	S. 67
Aspekte	Die Wechselbeziehungen der Globalisierung	
	Die globalen Auswirkungen unserer Konsumgesellschaft	
	Ursachen und Auswirkungen der heutigen Umweltprobleme	
	Migration, Asyl und das Ausländerdasein	

LERNZIELE

Textsorten	Formeller Brief
	Stellungnahme
	Aufsatz
	Gedicht
Sprache	Zeit- und Gradadverbien
	Satzaufbau – Ursache und Wirkung, Kontrast, Konzession
	Satzaufbau – Temporale Textmerkmale
Die *IB*-Ecke	Mündliche interaktive Prüfung
	Mündliche Einzelprüfung
	TOK
	CAS

Die Welt ist global

Einstieg

Die Globalisierung ist …

… ein Prozess, bei dem weltweit alle Bereiche des Lebens (Politik, Wirtschaft, Kommunikation, Umwelt, Konsum, Kultur usw.) enger zusammenwachsen und einander beeinflussen. Diese Vernetzung der Beziehungen gilt für Staaten, Unternehmen, Organisationen, Gesellschaften und auch Einzelpersonen. Die Ursachen sind vielfältig. Dazu gehören u. a. der rasche technische Fortschritt, insbesondere die digitale Revolution, sowie der zunehmende Einfluss transnationaler Konzerne.

1 Die folgenden Aspekte des Lebens illustrieren diese Definition. Welche der folgenden Bereiche sind für die Aspekte in der Tabelle relevant? Ein Aspekt kann Beziehungen zu mehreren Einflussbereichen haben.

- Amerikanisierung
- digitale Revolution
- Kommunikation
- Konsum
- Kultur
- Individuen
- Organisationen

- Politik
- Staaten
- Technologie
- transnationale Konzerne
- Umwelt
- Unternehmen
- Wirtschaft

Aspekt	Bereich
Beispiel: Erdbeeren ganzjährig	*Konsum, Wirtschaft, Umwelt, Individuen*
der Euro	
die US-Fernsehserie „Die Simpsons"	
Arbeitslosigkeit in „westlichen" Ländern	
Smartphones	
Containerschiffe	
Urlaub auf den Malediven	
Eisbären in Gefahr	
Starbucks	
finanzielle Deregulierung	

2 Welche dieser Beispiele sind positiv und welche sind negativ? Warum? Und für wen?

3 Welche anderen Beispiele können Sie nennen? Nehmen Sie die Fotos und Zitate unten als Anregung.

„Uns wird ständig eingeredet, dass wir kaufen, kaufen und nochmals kaufen müssen. Das ist natürlich für die Nachhaltigkeit eine Katastrophe."

Hannes Jaenicke, Schauspieler

„Es gab Zeiten, da sprach noch keiner von Globalisierung, aber der VW Käfer lief in aller Welt."

Horst Köhler, von 2004 bis 2010 Bundespräsident der Bundesrepublik Deutschland. Er war bis zum 4. März 2004 Geschäftsführender Direktor des Internationalen Währungsfonds (IWF).

Zur Diskussion CAS

Die folgenden Hintergrundfragen sollen zum Nachdenken anregen. Sie sind nicht als Test gedacht! Versuchen Sie zuerst, die Fragen selbst allein zu antworten.

1   Welches Land ist der weltweit größte Ölproduzent?

A. Russland

B. Saudi-Arabien

C. die USA

D. die Vereinigten Arabischen Emirate

2   Welches Land ist der weltweit größte Ölverbraucher?

A. Japan

B. Russland

C. China

D. die USA

3   Wie viele Flugpassagiere gab es weltweit 2010?

A. knapp 500 Millionen

B. mehr als eine Milliarde

C. über fünf Milliarden

D. fast zehn Milliarden

4   Die weltweite Bevölkerungszahl wird 2050 …

A. … niedriger sein als 2010.

B. … auf 8–10,5 Milliarden ansteigen.

C. … auf 15–16,5 Milliarden ansteigen.

D. … so hoch sein wie 2010.

5   Wie hoch ist der Anteil des Süßwassers am weltweiten Wasserbestand?

A. etwa 50 %

B. mehr als 90 %

C. rund 10 %

D. nur 2,5 %

6   In Brasilien geht eine Waldfläche so groß wie rund sieben Fußballfelder …

A. … pro Minute verloren.

B. … pro Stunde verloren.

C. … pro Tag verloren.

D. … pro Monat verloren.

7   Der Anteil der Weltbevölkerung, der in einer Stadt lebt, lag 2010 bei …

A. … weniger als 10 %.

B. … fast 100 %.

C. … etwa der Hälfte.

D. … mehr als zwei Dritteln.

8   Wie viele Menschen lebten im Jahr 2010 in einem
    Staat, in dem sie nicht geboren wurden?

    A. rund zehn Millionen

    B. gut 200 Millionen

    C. etwa 500 Millionen

    D. knapp eine Milliarde

9   Wie viele Kinder waren 2010 von Kinderarbeit
    betroffen?

    A. 500.000

    B. etwa eine Million

    C. fast 60 Millionen

    D. über 200 Millionen

10 Luxemburg hat das höchste Bruttoinlandsprodukt
    pro Kopf, Burundi das niedrigste. In Luxemburg ist
    es x-mal so hoch wie in Burundi, wobei x = …

    A. … mehr als 850.

    B. … etwa 150.

    C. … um 20.

    D. … weniger als zehn.

Nützliche Ausdrücke

			Ihre Reaktionen, Gefühle usw. ausdrücken			
Es	erstaunt				überraschend	
	überrascht				beruhigend	
	beruhigt	mich, dass …			beunruhigend	
	beunruhigt		Ich finde es		erstaunlich	, dass …
	schockiert				verwunderlich	
	wundert				unglaublich	
Es	macht mir	Sorgen, dass …			schrecklich	
		Angst, dass …				
		Freude, dass …				

Weiterdenken

Diskutieren Sie die Quiz-Antworten in kleinen Gruppen. Welcher Aspekt der Globalisierung überrascht, beunruhigt
oder schockiert Sie am meisten? Warum?

Die globale Vernetzung des modernen Modegeschäfts wird in dem folgenden kurzen Zeitungsartikel beschrieben.

Die Weltumrundung der Jeans

Am Beispiel einer Jeans wird deutlich, welche Reise ein Kleidungsstück in der Regel macht, bevor es ins Geschäft kommt.

Baumwolle, der Rohstoff für Jeans, wird in Indien angebaut. Auf großen Plantagen, mit viel Dünge- und Pflanzenschutzmitteln. Kinderhände pflegen das Saatgut. Es sind schätzungsweise 450.000.

Nach der Ernte wird die Baumwolle mit dem LKW nach China transportiert und dort mit einer Schweizer Maschine versponnen. Verschifft wird die Baumwolle nach Taiwan, wo sie in Indigofarbe aus Deutschland eingelegt wird. Der Stoff wird nach Polen geflogen und dort auf deutschen Ringspinnmaschinen gewebt. Viele der dort arbeitenden Menschen leiden unter dem so genannten Weberhusten, ausgelöst durch eingeatmete Baumwollfasern. Das Innenfutter kommt aus Frankreich.

Aus Schweden werden Schnittmuster und Design per E-Mail auf die Philippinen geschickt. Dort werden die Stoffe zusammengenäht, in der Regel in so genannten Sweatshops, in denen Gesetze, Mindestlöhne und Steuern missachtet werden. In Griechenland wird die Jeans mit Bimsstein bearbeitet. Schließlich landet sie in Österreich, wo sie verkauft und getragen wird. Nachdem die Hose in die Altkleidersammlung gesteckt wurde, wird sie in den Niederlanden sortiert und dann mit dem Schiff nach Afrika transportiert und erneut verkauft.

Damit legt jede Jeans im Laufe ihres „Lebens" mindestens 50.000 km zurück.

Die Presse

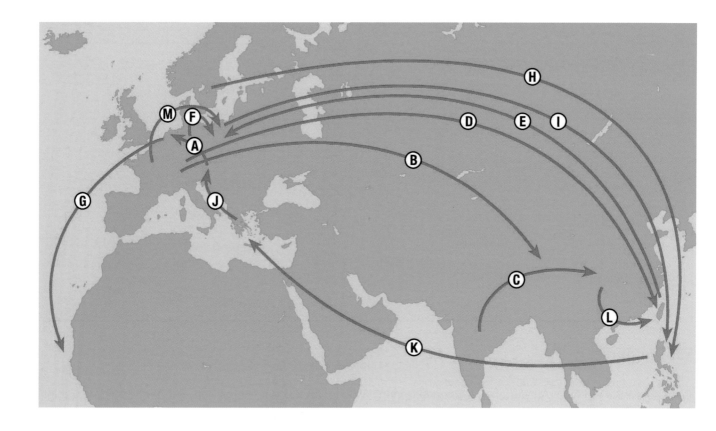

Textverständnis

Sehen Sie die Weltkarte an. Entscheiden Sie aufgrund der Informationen im Text, welcher Satz unten zu welchem Pfeil auf der Weltkarte passt.

	Pfeil
Beispiel: Das Material wird per Flugzeug nach Europa transportiert	E
1 Ein Lastwagen bringt die Baumwolle nach China.	☐
2 Deutschland verkauft Maschinen an sein osteuropäisches Nachbarland.	☐
3 Deutschland exportiert Farbstoff nach Asien.	☐
4 Die Chinesen kaufen Maschinen von der Schweiz.	☐
5 Die Entwürfe werden aus Skandinavien geschickt.	☐
6 Die verbrauchte Jeans wird nach Holland geschickt.	☐
7 Die Stoffe werden zurück in den Fernen Osten transportiert.	☐
8 Die Franzosen liefern das Innenfutter für den Stoff.	☐
9 Das fertige Kleidungsstück landet in österreichischen Läden.	☐
10 Die Baumwolle wird dann anderswo gefärbt.	☐
11 Die Jeans macht eine letzte Reise zu einem dritten Kontinent.	☐
12 Als fertig genähte Jeans kommt sie nach Europa zurück.	☐

Weiterdenken

Denken Sie in Gruppen über die Globalisierung im Alltag nach. Erstellen Sie eine Liste von Beispielen in Ihrer Stadt oder Region. Was ist Ihnen in der Gruppe wichtig? Was finden Sie gut und nicht so gut? Was können Sie oder wollen Sie als Einzelne ändern?

Mündliche Übung

Nehmen Sie einen Aspekt der Globalisierung im Alltag und bereiten Sie ein kurzes Referat vor. Erforschen Sie dabei aktuelle Statistiken und lokale Beispiele und bauen Sie sie in Ihr Referat ein. Beantworten Sie am Ende die Fragen Ihrer Mitschüler, sodass eine Diskussion entsteht.

Tipp für die Prüfung

Eine Möglichkeit bei der interaktiven mündlichen Prüfung wäre so ein kurzes Referat mit darauffolgender Diskussion. Sie können dabei Bilder oder Grafiken zeigen, um Ihr Referat zu unterstützen. Sie sollten sich natürlich Notizen machen, aber vermeiden Sie, einen Text vorzulesen, da es sich unnatürlich anhört.

Seien Sie am Ende des Referats bereit, Fragen von Mitschülern zu beantworten und eine kurze Diskussion zu leiten. Gleichermaßen sollten Sie auch an Fragen für die Diskussionsphase denken, wenn Mitschüler ein Referat halten. Bei diesem Teil der Prüfung wird auch die **Interaktion** bewertet.

Der Mensch als Konsument

Einstieg CAS

1 Sind Sie als Konsument verantwortungsbewusst? Kreuzen Sie bei den folgenden Aussagen Ihre eigene Meinung an.

	nie	manchmal	immer
1 Ich achte mehr auf Preis als auf Qualität.	☐	☐	☐
2 Ich kaufe Bioprodukte.	☐	☐	☐
3 Ich kaufe frische Lebensmittel lieber auf dem Markt als im Supermarkt.	☐	☐	☐
4 Ich kaufe nur Markenartikel.	☐	☐	☐
5 Ich benutze Stofftaschen, wenn ich einkaufe.	☐	☐	☐
6 Ich kontrolliere die Herkunft von Kleidung im Geschäft.	☐	☐	☐
7 Ich kaufe lieber im Internet als in der Stadt.	☐	☐	☐
8 Ich kaufe Erdbeeren auch im Winter.	☐	☐	☐
9 Ich kaufe Produkte mit dem Fair-Trade-Siegel.	☐	☐	☐
10 Ich kaufe gern im Secondhandladen ein.	☐	☐	☐

2 Danach fragen Sie einen Mitschüler. Vergleichen Sie Ihre Antworten.

Weiterdenken

1 Wie wichtig sind beim Einkaufen die folgenden Faktoren?

Preis, Qualität, Herkunft, Marke, Image, Verpackung, Meinung von anderen

2 Nennen Sie andere mögliche Faktoren.

3 Entscheiden Sie, wohin diese Faktoren auf der Linie gehören. Vergleichen Sie Ihre Entscheidungen mit anderen in der Klasse.

nicht wichtig ⟵――――――――――――――――――――⟶ sehr wichtig

Grammatik unter der Lupe: Adverbien

Entscheidungen sind selten schwarz oder weiß. Bei Fragen wie z. B. „Wie oft?" oder „Wie wichtig?" und in Diskussionen will man normalerweise seine Meinungen differenzieren. Dazu kann man eine Reihe von Adverbien verwenden.

1 Entscheiden Sie bei der Auswahl in der Tabelle unten ob die Ausdrücke Zeitadverbien oder Gradadverbien sind. Ergänzen Sie die Tabelle mit zusätzlichen Beispielen.

überhaupt nicht	teilweise	regelmäßig	völlig
ab und zu	gelegentlich	wenig	einigermaßen
unheimlich	höchst	gar nicht	normalerweise
nicht allzu	vollkommen	häufig	kaum
ständig	von Zeit zu Zeit	gewissermaßen	hin und wieder
besonders	auf keinen Fall	ganz	absolut
ziemlich		selten	

Zeitadverbien	Gradadverbien
Beispiel: ab und zu	*Beispiel: überhaupt nicht*

2 Entscheiden Sie nun, wohin die Ausdrücke auf der entsprechenden Skala gehören.

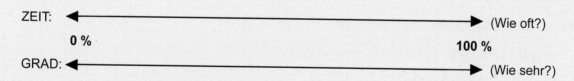

ZEIT: ⟵——————————————————⟶ (Wie oft?)

      0 %   100 %

GRAD: ⟵——————————————————⟶ (Wie sehr?)

3 Denken Sie nun über Ihre Antworten am Anfang nach. Können Sie diese Antworten jetzt etwas präziser ausdrücken?

Weiterdenken CAS

Diskutieren Sie in kleinen Gruppen, wie die Einkaufsmöglichkeiten bei Ihnen sind, zum Beispiel:

- Ist die Auswahl von Geschäften gut, besonders für Jugendliche?

- Was fehlt an Geschäften in Ihrer Stadt?

- Gibt es einen Markt oder einen Laden, wo man frisches, lokales Obst und Gemüse kaufen kann?

- Kann man relativ einfach Bioprodukte bzw. Produkte aus Fairem Handel kaufen?

- Sind solche Produkte populär?

- Meinen Sie, dass die Menschen in Ihrer Stadt bzw. in Ihrem Land verantwortungsbewusste Konsumenten sind?

Einstieg

Fair Trade kennt man meistens in Verbindung mit Bananen oder Kaffee. Mittlerweile ist die Auswahl an Fair-Trade-Produkten etwas breiter geworden. Bevor Sie den Text lesen, testen Sie sich. Welche der folgenden Produkte gibt es heute aus fairem Handel?

Blumen, Fruchtsaft, Fußbälle, Honig, Jeans, Kerzen, Lederwaren,

Nüsse, Reis, Schmuck, Schokolade, Tee, Wein, Zucker.

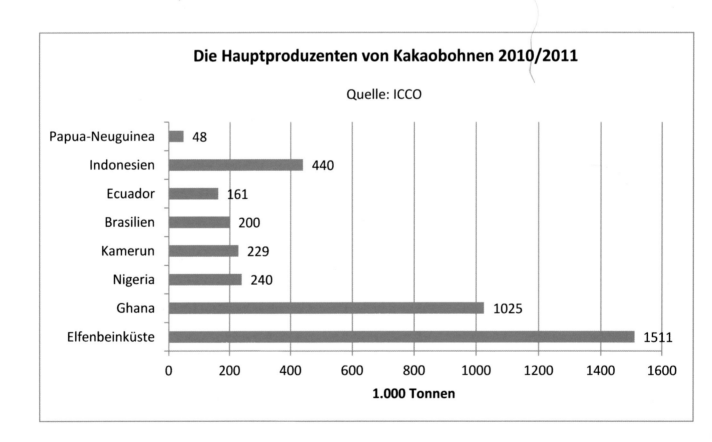

Die Hauptproduzenten von Kakaobohnen 2010/2011

Quelle: ICCO

Land	1.000 Tonnen
Papua-Neuguinea	48
Indonesien	440
Ecuador	161
Brasilien	200
Kamerun	229
Nigeria	240
Ghana	1025
Elfenbeinküste	1511

Der folgende Text ist ein Blogeintrag eines deutschen Schülers im Rahmen eines Schulprojekts.

Was ist Fair Trade?

Schulhofgeflüster

Wir alle lieben Schokolade. Einige mögen mehr Haselnussschokolade, andere wiederum Vollmilchschokolade oder auch weiße Schokolade. Wir sehen die Schokolade im Supermarkt, greifen zu und genießen sie z. B. zu Hause vor dem Fernseher. Dabei machen wir uns keine Gedanken darüber, woher die Schokolade kommt. Nun denken wir uns, sie kommt von Milka oder Ritter Sport. Das meine ich gar nicht, woher kommt die wichtigste Zutat der Schokolade: der Kakao?!

Er kommt hauptsächlich aus der Elfenbeinküste, im westlichen Afrika. Die Arbeiter dort haben viel zu tun, denn alle **10** Schokoladenhersteller brauchen viele Kakaobohnen. Die meisten Kakaoplantagen sind Familienbetriebe, d. h. die ganze Familie arbeitet auf dieser Plantage. Der Vater, die Mutter und die Kinder. Die Kinder sind in diesem Fall ganz normale Arbeiter. Sie tragen von morgens bis abends und das jeden Tag die schweren Körbe mit den Kakaobohnen von Baum zu Baum, damit der Vater, der die Bohnen vom Baum löst, sie sofort in die Körbe hineinlegen kann. Wenn die Bohnen gepflückt worden sind, müssen die Kinder die Kakaobohnen öffnen und die Samen herausschneiden. **15**

Doch wo bleibt bei diesem geregelten Tagesablauf die Zeit für die Schule? Die Kinder in einer Arbeiterfamilie gehen nicht zur Schule, treffen sich nachmittags auch nicht mit Freunden oder spielen Fußball. Die Familie hat kein Geld, um ihre Kinder auf eine Schule zu schicken. Diese Kinder werden wahrscheinlich ihr ganzes Leben lang nichts anderes tun können, als auf der Kakaoplantage zu arbeiten. Als ob dieses Problem nicht schon groß genug wäre, gibt es noch eine viel schrecklichere Folge dieser Plantagenarbeit. In den meisten Fällen verformen sich die Knochen der Kinder so **20** stark durch diese harte Arbeit mit nur wenigen Pausen, dass ihnen nichts anderes übrig bleibt als auf diesen Plantagen zu arbeiten. Es arbeiten nicht nur die Kinder der Arbeiterfamilie, der die Kakaoplantage gehört, mit, sondern auch Sklavenkinder aus den umliegenden Ländern. Diese arbeiten oft noch härter und haben kaum eine Pause.

Doch wieso müssen so viele Kinder mit helfen anstatt Erwachsene? Kinder sind billigere Arbeitskräfte. Im Übrigen haben die Arbeiterkinder noch nie in ihrem Leben Schokolade gegessen. **25**

Fair Trade garantiert, dass auf den Plantagen der Firma keine Kinder arbeiten und die erwachsenen Arbeiter mehr Lohn bekommen, sodass die Kinder die Schule besuchen können und ihre Kindheit so richtig ausleben können. Leider gibt es nicht viel Käufer von Fair-Trade-Produkten, aber es gibt schon viele Menschen weltweit, die Fair Trade mit Projekten bekannter gemacht haben. Probiert es auch! Ihr helft den Kindern in der Elfenbeinküste schon viel, wenn ihr eurer Familie, euren Freunden und den Menschen, die ihr sonst noch so kennt, **30** über Fair Trade berichtet. Vielleicht seht ihr euch bei dem nächsten Einkauf einfach mal nach Fair-Trade-Schokolade bzw. -Produkten um oder fragt im Geschäft/Supermarkt nach. Bei vielen Nachfragen ist eine Einlieferung dieser Produkte sehr wahrscheinlich.

Falls ihr euch zu diesem Artikel ein Video anschauen wollt, das meinen **35** Artikel widerspiegelt, habe ich einen Link für euch: http://www.youtube.com/watch?v=b-Y5NXgQ1FI

Alina Borowski, http://schulhofgefluester.over-blog.de

Tipp für die Prüfung

Bei *Paper 2* und der Schriftlichen Aufgabe wird manchmal die Textsorte **Blogeintrag** verlangt. Neben anderen stilistischen Elementen dienen auch Links wie hier im letzten Absatz dazu, einen Text als Blogeintrag zu kennzeichnen. Andere Blogmerkmale werden auf S. 129 und S. 225 erwähnt sowie in der Checkliste für einen Blogeintrag auf S. 325.

Textverständnis

1 Beantworten Sie die folgenden vier Fragen, indem Sie den Buchstaben der richtigen Antwort in das Kästchen schreiben.

1 Welche Beschreibung passt am besten zum Text?

    A. ein Vortrag, um Mitschüler von den Vorteilen der Fair-Trade-Produkte zu überzeugen

    B. ein Versuch, andere dazu zu bewegen, Fair-Trade-Produkte zu fördern

    C. ein Bericht über Kinderarbeit in Afrika

    D. ein Aufruf an Erwachsene, die Ziele von Fair Trade zu unterstützen

2 Für den Autor ist das größte Problem mit der Schokolade, dass …

    A. … die Kakaoplantagen alle Familienbetriebe sind.

    B. … Konsumenten nicht genug Fair-Trade-Schokolade kaufen.

    C. … viele Kinder in der Kakaoproduktion beschäftigt sind.

    D. … die Kinder in Afrika nie Schokolade zu essen bekommen.

3 Welcher der folgenden Missstände bei Kinderarbeit wird *nicht* erwähnt?

    A. Die Kinder haben keine Zeit, ihre Kindheit zu genießen.

    B. Die Kinder sind oft unterernährt.

    C. Die Kinder bekommen keine Schulausbildung.

    D. Die Kinder leiden an Gesundheitsstörungen.

4 Welche Merkmale der normalen Kindheit fehlen bei allen Kindern auf den Plantagen?

    A. Fußball, Armut und Großeltern

    B. Freunde, Gesundheit und Arbeit

    C. Schule, Familienleben und Geld

    D. Sport, Ausbildung und Freizeit

2 Geben Sie kurze Antworten auf die folgenden Fragen.

5 Wer betreibt eine typische Kakaoplantage?

6 Wer pflückt die Kakaobohnen?

7 Warum werden so viele Kinder auf den Plantagen beschäftigt?

8 Was soll man laut Text tun, wenn man im Supermarkt keine Fair-Trade-Produkte findet?

3 Entscheiden Sie, welche Wörter in der rechten Spalte den Wörtern aus dem Text in der linken Spalte am besten entsprechen.

9 Zutat (Z. 9) ☐	**A.** Arbeitsentgeld
10 hauptsächlich (Z. 10) ☐	**B.** außerdem
11 geregelten (Z. 16) ☐	**C.** besonders
12 Folge (Z. 20) ☐	**D.** Bestandteil
13 im Übrigen (Z. 24) ☐	**E.** erzählt
14 Lohn (Z. 26) ☐	**F.** Freizeit
15 berichtet (Z. 31) ☐	**G.** Konsequenz
	H. korrigiert
	I. Kredit
	J. meistens
	K. nebenbei
	L. regelmäßigen
	M. regulierten
	N. Serie

Wussten Sie das?
Schoko-Schocks

- Die Deutschen essen pro Jahr über 850.000 Tonnen schokoladenhaltige Produkte.

- Würde man einfache Schokoladentafeln aneinanderlegen, erreichte man eine Strecke von 1,7 Millionen Kilometern.

- Über 40 Prozent des Kakaos in der Welt kommt aus der Elfenbeinküste.

- Bei „normaler" Schokolade erhält der Bauer ungefähr 5 Prozent des Endpreises.

- Nach Angaben der Organisation TransFair sind mehr als 600.000 Kinder zwischen 6 und 16 auf Kakaoplantagen in der Elfenbeinküste beschäftigt.

Kinderarbeit auf den Kakaoplantagen in Afrika ist nicht das einzige Problem, dem Fair Trade gegenübersteht. In Pakistan kämpft die deutsche Fair-Trade-Organisation GEPA um verbesserte Arbeitszustände bei der Herstellung von Fußbällen. Im folgenden Text lesen Sie zwei Fallstudien über das Leben im Zentrum der Weltfußballproduktion.

In der zweiten Fallstudie fehlen Wörter, die Sie im ersten Schritt der Textverständnisübung einordnen müssen.

MATERIAL-DOWNLOAD

Fair Trade: zwei Fallstudien

Roma

Romas Hände fliegen. In jeder Hand hält sie eine Nadel, gleichzeitig stößt sie die gegenläufig durch die vorgestanzten Löcher und zieht den Faden mit einem Ruck fest. Dabei lacht und scherzt sie mit ihren Nachbarinnen, die ebenfalls Fußbälle nähen. Doch was so leicht aussieht, erfordert eine Menge Übung und Konzentration, denn die Löcher zu treffen ist ganz schön knifflig. Für ihren ersten Ball, erinnert sie sich, hat sie noch über zwei Stunden gebraucht. Jetzt schafft sie es in knapp eineinhalb Stunden die 32 Kunstlederstück zu einem Ball zusammen zu fügen.

Auch wenn die Arbeit manchmal etwas eintönig ist – Roma weiß genau, warum sie jeden Tag hier ins Frauennähzentrum im Dörfchen Gillan Chak bei Sialkot in Pakistan kommt: Mit den Fußbällen, die sie näht, finanziert sie den Schulbesuch ihrer Geschwister. Roma ist die älteste Tochter der Familie, und damit kommt der 21-Jährigen eine besondere Verantwortung zu. Ihr Vater verdient als Schmied zwar genug, um seine Familie zu ernähren. Doch um auch noch Schuluniform, Hefte und Bücher für Romas vier Schwestern und vier Brüder zu bezahlen, dazu reicht sein Einkommen nicht.

Fußbälle zu nähen, das ist eigentlich eine schlecht bezahlte Arbeit. Doch Roma hat Glück: Ihr Arbeitgeber Talon stellt auch die Fußbälle für die GEPA her. Und jedes Mal, wenn Roma einen Ball zusammen näht, auf dem das GEPA-Logo steht, bekommt sie fast das Doppelte von dem, was sie üblicherweise mit einem Ball verdient. Mit dem, was Romas Fußbälle reinbringen, ist der Schulbesuch für die jüngeren Geschwister gesichert. Roma hofft, dass sich so der Traum ihrer Familie erfüllen wird: Ihre Geschwister sollen einmal Ärzte, Lehrerinnen und Manager werden.

Sabur

(X) _____ er 15 Jahre alt ist, näht Sabur Fußbälle.

Und er ist nicht der (1) _____ in seiner Familie. Auch seine Frau und sein ältester Sohn nähen Fußbälle, und mit den drei Einkommen kann die neunköpfige Familie so gerade eben (2) _____. Für kleine Extras reicht es aber trotzdem kaum. (3) _____ letzten Id al-Adha, dem islamischen Opferfest, musste er sich Geld leihen, um seine Familie so, wie es der Brauch an diesem wichtigen religiösen Fest will, neu einkleiden zu (4) _____.

Und an das traditionelle Festessen wäre ohne ein kleines Darlehen auch nicht zu denken gewesen.

Aber Sabur hat Glück, (5) _____ es ist allgemein bekannt, dass er bei Talon arbeitet und so immer wieder faire Fußbälle nähen darf. Dann verdient er fast doppelt so viel wie (6) _____ und das macht ihn kreditwürdig. Letzten Monat zum Beispiel, da waren 80 Prozent der Bälle, die er nähte, für die GEPA und Sabur konnte auf einen Schlag all sein Schulden zurück (7) _____.

„Wenn ich nur noch faire Fußbälle nähen würde, dann (8) _____ ich ein reicher Mann", sagt er, und hofft, dass auch in Zukunft viele Aufträge von der GEPA kommen.

Fair Trade e.V., www.fair4you-online.de

Textverständnis

1 Im zweiten Text, über Sabur, fehlen Wörter. Suchen Sie für jede Lücke im Text das richtige Wort von den vier rechts angebotenen aus.

Beispiel (X)	A. ALS	B. WENN	C. SEIT	D. WEIL	C
1	A. EINZIGE	B. JÜNGSTE	C. ALLEIN	D. LETZTE	☐
2	A. SPAREN	B. WOHNEN	C. ERNÄHREN	D. ÜBERLEBEN	☐
3	A. IM	B. BEIM	C. FÜR DEN	D. WEGEN	☐
4	A. KAUFEN	B. KÖNNEN	C. SOLLEN	D. ANZIEHEN	☐
5	A. DENN	B. SO	C. WEGEN	D. WEIL	☐
6	A. ALLGEMEIN	B. ANDERE	C. NORMALERWEISE	D. JETZT	☐
7	A. BEZAHLEN	B. BEKOMMEN	C. GEBEN	D. LEIHEN	☐
8	A. BIN	B. WAR	C. WÜRDE	D. WÄRE	☐

2 Entscheiden Sie, ob die folgenden Aussagen sich auf Roma, Sabur oder beide beziehen.

	Roma	Sabur	beide
9 Es gibt neun Personen in der Familie.	☐	☐	☐
10 Die Arbeit findet in einer Art Gemeinschaftszentrum statt.	☐	☐	☐
11 Für einen Fair-Trade-Fußball wird beinahe zweimal so viel bezahlt.	☐	☐	☐
12 Das verdiente Geld wird für Ausbildung benutzt.	☐	☐	☐
13 Er/Sie ist verheiratet.	☐	☐	☐
14 Er/Sie scheint zufrieden zu sein.	☐	☐	☐

3 Die folgenden Aussagen beziehen sich auf den Text. Kreuzen Sie an, ob sie aufgrund des Textes richtig oder falsch sind. Begründen Sie Ihre Antwort mit Informationen aus dem Text.

	richtig	falsch
Beispiel: Roma arbeitet nicht allein.	X	☐

Begründung: Dabei lacht und scherzt sie mit ihren Nachbarinnen

15 Roma findet die Arbeit jetzt unproblematisch.	☐	☐

Begründung: ....

16 Romas Vater ist arbeitslos.	☐	☐

Begründung: ....

17 Roma möchte, dass ihre Geschwister eine bessere Zukunft haben.	☐	☐

Begründung: ....

18 Sabur findet religiöse Festtage wichtig.	☐	☐

Begründung: ....

19 Sabur näht ausschließlich Fair-Trade-Fußbälle.	☐	☐

Begründung: ....

Schriftliche Übung CAS

Bei Ihrem Aufenthalt in Deutschland sind Sie regelmäßig mit zum Sportverein gegangen. Sie haben beim Fußball zugeschaut, sowie auch verschiedene Sportarten mitgespielt. Sie haben auch oft mit Freunden im kleinen Café im Sportverein gesessen. Das Thema Fair Trade wurde in der Schule viel diskutiert und Sie haben sich entschieden, auch an der Aktion teilzunehmen, fair gehandelte Produkte in der Stadt zu fördern.

Wählen Sie **eine** der folgenden Situationen und schreiben Sie einen Brief an den Vorsitzenden des Sportvereins, in dem Sie dafür argumentieren, dass der Sportverein in Zukunft Fair-Trade-Produkte benutzen sollte. Schildern Sie dabei die Situation im Herkunftsland und erklären Sie, wie man helfen könnte, diese Situation zu ändern. Benutzen Sie die Checkliste für einen formellen Brief auf S. 327. Schreiben Sie 250–400 Wörter.

1 Die Fußbälle, die im Sportverein benutzt werden, sind ziemlich alt. Außerdem gibt es zu wenig Bälle für die anderen Sportarten.

2 Im Café ist die Auswahl an Schokoladenriegeln sehr begrenzt. Darüber hinaus schmeckt die heiße Schokolade nicht besonders.

Textsorte: Formeller Brief

Beim formellen Brief handelt es sich um Korrespondenz mit einer Autorität (z. B. dem Schulleiter), einer Behörde (z. B. der Stadtverwaltung), einer Firma (z. B. bei einer Bewerbung) und Ähnliches. Dabei ist nicht nur der Inhalt, sondern auch der Stil wichtig, und man sollte den entsprechenden Briefkonventionen folgen.

Stilistische Übung

Wenn man so einen formellen Brief schreibt, um etwas zu bewirken oder jemanden zu beeinflussen, dann ist man selbst sehr engagiert und spricht oft vom Herzen. Man muss sich aber im Stil etwas beherrschen und einen sachlichen und höflichen Ton bewahren.

1 Bei den folgenden Sätzen entscheiden Sie, ob sie in einem formellen Brief angemessen sind oder nicht. Wenn nicht, warum nicht? Und wenn nicht, schlagen Sie eine angemessene Alternative vor.

		angemessen?	
		ja	nein
1	Kannst du dir so was vorstellen?	☐	☐
2	Man muss gegen diese Zustände etwas unternehmen.	☐	☐
3	Ich bin mir sicher, dass Sie meine Meinung teilen.	☐	☐
4	Ich glaube, ich werde wahnsinnig, wenn das so weiter geht.	☐	☐
5	Die Kinder schuften von morgens bis abends und kriegen nicht mal was Richtiges zu essen.	☐	☐
6	Sie haben die Gelegenheit, einen kleinen Schritt zur Verbesserung beizutragen.	☐	☐
7	Tu was, bevor es zu spät ist!	☐	☐
8	Ich wäre Ihnen sehr dankbar, wenn ich mit Ihrer Unterstützung rechnen könnte.	☐	☐

2 Jetzt lesen Sie Ihren Brief noch einmal durch. Korrigieren Sie eventuelle Ausdrücke, die Sie für unangemessen halten.

Wussten Sie das?
Faire und unfaire Fakten

- Die deutschen Verbraucher gaben 2010 über 410 Millionen Euro für fair gehandelte Produkte aus.

- Trotzdem liegt der Marktanteil für Fair-Trade-Produkte in Deutschland bei unter 2 Prozent.

- Über drei Viertel aller Fußbälle in der Welt werden in Sialkot produziert, und dabei werden schätzungsweise vier- bis fünftausend Kinder beschäftigt.

- Jeder dritte Blumenstrauß in Europa kommt aus Kenia.

- Ein Arbeiter in Brasilien muss 2000 kg Orangen pro Tag pflücken, damit er genug Geld verdient, um seine Familie zu ernähren.

- Pro Jahr werden in Deutschland 1,5 Milliarden Kleidungsstücke aussortiert – das würde eine LKW-Kolonne von München bis Kiel füllen.

Mündliche Übung CAS

1 Es gibt heutzutage viele verschiedene Fair-Trade-Produkte. Suchen Sie ein Produkt aus und recherchieren Sie es, um ein kurzes Referat vor der Klasse oder vor einer Gruppe zu halten. Denken Sie dabei an folgende Aspekte:

- Herkunft – wo kommt das Produkt her?
- Produktion – vergleichen Sie „normale" und „faire" Zustände
- Markt – wie verbreitet und wie populär ist das Fair-Trade-Produkt bei Ihnen und in deutschsprachigen Ländern?
- Probleme, eventuelle Lösungen, Aktionspunkte

2 Sehen Sie sich noch einmal die Tipps zur interaktiven mündlichen Prüfung auf S. 45 an.

Schriftliche Übung

„Erst kommt das Fressen, dann die Moral."

Berthold Brecht, Dreigroschenoper

Schreiben Sie zu diesem Zitat eine Stellungnahme von 150–250 Wörtern in Bezug auf fair gehandelte Produkte. Benutzen Sie die Checkliste für eine Stellungnahme auf S. 319.

Textsorte: Stellungnahme

Im zweiten Teil der **HL**-Paper 2-Prüfung sollen Sie eine Argumentation von 150–250 Wörtern schreiben, als Antwort auf ein kurzes Zitat bzw. eine kurze Aussage. Die Stellungnahme bezieht sich auf die Kernthemen und ist im Prinzip ein etwas kurz gehaltener Aufsatz, mit Einleitung, logisch aufgebauten Argumenten und Schlussfolgerung.

Die Preiszusammensetzung eines typischen T-Shirts

(nach Informationen der Universität Bremen)

13 — ■ Fabrikkosten
25
11 — ■ Transport
1 — ■ Einzelhandelgewinn
50 — ■ Lohnkosten
■ Werbung

Der Mensch in der Natur

Einstieg

Diskutieren Sie folgende Fragen zu den Fotos in kleinen Gruppen.

- Welche Umweltprobleme sind hier dargestellt? Was sind die Ursachen davon?
- Gibt es eine Verbindung zwischen allen vier Fotos?
- Was könnte man als Einzelperson dagegen machen? Was tun Sie persönlich?
- Und was könnte oder sollte der Staat machen?
- Sind diese oder ähnliche Probleme in Ihrem Land zu sehen?
- Welche anderen Umweltprobleme gibt es in Ihrem Land?

Grammatik unter der Lupe: Satzverbindungen (1)

Die Ursachen und Folgen der meisten Umweltprobleme sind vielfach. Das gilt besonders für den Klimawandel. In den Alpen sind die Wechselbeziehungen zwischen Mensch und Natur sehr komplex.

Verbinden Sie folgende Satzteile zu vollständigen sinnvollen Sätzen. Beachten Sie dabei die verschiedenen Ausdrücke, um Ursache und Folge zu zeigen.

1	Der Tourismus ist sehr wichtig für die Wirtschaft in den Alpen und deshalb …	☐
2	Weltweit steigen die Temperaturen und aus diesem …	☐
3	Weitere Folgen des Temperaturanstiegs …	☐
4	Einige Skigebiete müssen sogar aufgegeben werden und dies …	☐
5	Junge Leute finden in den Dörfern oft keine Arbeit und darum …	☐
6	Der Mangel an Schnee bedeutet, …	☐
7	Die Schneekanonen brauchen so viel Wasser, …	☐
8	Andere Skigebiete werden höher verlagert und als …	☐
9	Neue Straßen werden gebaut und das …	☐
10	Die Wälder werden für Liftanlagen und Pisten abgeholzt und …	☐

A. … dass man neue Speicherseen graben muss.

B. … führt zu mehr Autoabgasen.

C. … verursacht Arbeitslosigkeit in den Dörfern.

D. … hat man viel Geld in Skiorte investiert.

E. … Folge davon muss man die Infrastruktur neu aufbauen.

F. … Grund gibt es nicht so viel Schnee in den Bergen.

G. … deswegen werden Tiere aus ihrer Heimat vertrieben.

H. … sind Lawinen und schmelzende Gletscher.

I. … verlassen sie ihre Heimat.

J. … dass man immer mehr Schneekanonen benutzt.

Wussten Sie das?

Kalte Tatsachen

- In den Alpen werden 30 % aller Pisten künstlich beschneit – und in Österreich sind es schon 50 %.

- Experten rechnen, dass die künstliche Beschneiung durchschnittlich 136.000 Euro pro Hektar kostet.

- Im gesamten Alpenraum gleicht der Stromverbrauch für Kunstschnee dem von 130.000 Vierpersonenhaushalten.

- Rund 95 Mio. Kubikmeter Wasser werden für Kunstschnee gebraucht – das entspricht den Wasserverbrauch von einer Stadt mit 1,5 Mio. Einwohnern.

- Mehr als 20 % des Wasserverbrauchs der Region Davos in der Schweiz geht auf die künstliche Beschneiung.

© Advance Materials 2013

Weil der Wintertourismus für die Wirtschaft der Alpenländer so wichtig ist, stehen Umweltfragen bei Debatten immer im Mittelpunkt. „TINK" ist ein Medienprojekt für junge Leute in der Schweiz, die den Sprung in die Welt des professionellen Journalismus suchen. Im folgenden Artikel argumentiert Adrian Mangold, dass die Wechselbeziehungen zwischen Mensch und Natur weiter gehen.

Im letzten Teil des Textes fehlen Wörter, die Sie im vierten Schritt der Textverständnisübung einordnen müssen.

Alpen unter Druck

Der Schnee ist da, die Wintersaison kann richtig beginnen. Für die Natur kann der Tourismus in den Alpen jedoch zur Belastung werden. Die schwindende Biodiversität wird jedoch nicht nur durch das Gastgewerbe unter Druck gesetzt – nachhaltige Lösungen sind gefragt.

Tourismus oder Natur? Diese Frage stellen sich die Schweizer in den Bergregionen immer öfter. Der Tourismus, zurzeit der am schnellsten wachsende Wirtschaftszweig der Welt, bringt die schaulustigen Auswärtigen in die Region und beschert viele Arbeitsplätze, aber gleichzeitig leidet mit dem Ausbau der Dörfer die Natur darunter. Als Beispiel für dieses Dilemma kann man das Andermatt Resort nehmen, welches sich noch im Bau befindet. Eine Milliarde Franken wird das Projekt kosten und nimmt eine Fläche von etwa 200 Fussballfeldern ein. Durch dieses Grossprojekt sollten rund 1000 neue Betten für wohlhabende Touristen entstehen und Arbeitsstellen für die Bergdorfbewohner geschaffen werden. Doch dabei wird auch das idyllische Bergdorf Andermatt innerhalb von wenigen Jahren zu einem modernen Touristentreffpunkt. Im Alltag von uns allen wird regelmässig das Ökosystem in der Bergwelt belastet. Ein Beispiel sind die Schneekanonen, die künstlichen Schnee auf den Skipisten verteilen. Alleine schon die Zahlen zeigen ein deutliches Bild auf: Vor zehn Jahren wurden lediglich 7 % aller Pisten mit Kunstschnee beschneit. Heute stehen wir bei 37 %. Der zunehmende Tourismus im Winter und die steigenden Temperaturen fordern immer mehr Kunstschnee. Schlussendlich verliert der Schwächste: Vegetation und Wildtiere müssen leiden und die Speicherseen mit dem Wasser für den Kunstschnee verunstalten die Landschaft.

Drei Herausforderungen

Grob betrachtet, finden sich momentan die grössten Probleme für das ökologische Gleichgewicht in der Alpenregion beim Tourismus, dem Transport und der Verstädterung. Mit rund 120 Millionen Besuchern pro Jahr wird die Alpenregion Schweiz von vielen Touristen bereist und dementsprechend auch „abgenutzt". Gleichzeitig sind die Alpen eine der wichtigsten Ökoregionen der Welt. Der in den letzten Jahren zunehmende Massentourismus hat zur Zerstörung von einzigartigen Tier- und Pflanzenwelten im Alpenraum und zur Zersiedelung beigetragen. Dennoch finden sich immer wieder Tourismusorte, die mit der Natur und Umwelt respektvoll umgehen. Die zukünftige Entwicklung weist hier ein positives Bild auf. Ein Umdenken hat schon stattgefunden.

Eng verknüpft mit dem Tourismus ist natürlich der Verkehr durch die Bergwelt. In den letzten Jahren nahm der motorisierte Verkehr stetig zu und belastete die Umwelt dadurch stark. Das Volk nahm immer wieder Initiativen zur Bekämpfung der Blechlawine durch die Alpenlandschaft an. In der Realität sieht man leider noch zu wenig davon. Der Bund fördert effektiv die Verlagerung auf den Schienenverkehr. Doch von einer optimalen Lösung ist man noch weit entfernt.

Die Alpen sind auch Heimat für viele Menschen. Nur 16 % der Gesamtfläche von den Alpen beinhaltet das unbewohnbare Hochgebirge. 43 % ist Wald und 22 % liegen im Tal und sind Siedlungsflächen. Doch die sind hart umkämpft und werden Stück für Stück verbaut. Bereits zwei Drittel der Menschen in den Alpenregionen wohnen in städtischer Umgebung. Der Ausbau fordert immer mehr freie Fläche und ein stärkeres Eindringen in die Natur. Hier muss besonders auf die zukünftige Raumplanungspolitik achtgegeben werden, so dass der Mensch und die Natur harmonisch nebeneinander leben können.

Vielfalt stärken

Doch nur Naturschutz ist nicht des Rätsels Lösung. Es gehört weit mehr dazu, um das wichtige Gleichgewicht zwischen Natur und Zivilisation zu erhalten. Das Zauberwort heisst in dieser Hinsicht Biodiversität. (16) _____ Begriff setzt sich aus den folgenden drei Elementen zusammen: Vielfalt innerhalb der Arten (Artenvielfalt), zwischen den Arten (genetische Vielfalt) und die Vielfalt der Ökosysteme. Die Schweiz hatte am Erdgipfel 1992 in Rio ein Abkommen abgeschlossen, (17) _____ die Nationen dazu verpflichtet, eine nationale Strategie zur Stärkung der Biodiversität zu erarbeiten. Nach rund 19 Jahren hat nun der Bund einen Entwurf zur Strategie der Biodiversität in die Vernehmlassung[1] geschickt. Dieses beinhaltet zehn Punkte, (18) _____ bis 2020 erreicht werden sollen. Im Dokument erachtet der Bund die Biodiversität als extrem wichtig, obwohl sie weltweit rapide abnimmt. Durch die intensivere Nutzung des Raums und Bodens werden nicht nur naturnahe Landschaften zerstört, sondern auch das empfindliche Ökosystem aus dem Gleichgewicht gebracht.

Wir sind abhängig von den Bergen und sind (19) _____ uns nicht mal richtig bewusst. Berge beherbergen weltweit rund die Hälfte aller „Hot Spots" der Biodiversität und bedecken 27 % der Landoberflächen. (20) _____ geben besonders der genetischen Vielfalt einen grossen Lebensraum und liefern für viele Menschen frisches Wasser aus ihren Bergquellen, auch hier in der Schweiz. Trotz ihrer grossen Bedeutung mussten in den vergangenen 40 Jahren immer mehr Berge und deren umliegende Landschaften geschützt werden. Ob diese Entwicklung gestoppt wird oder nicht, liegt alleine in der Hand der Menschen.

Adrian Mangold, Jugendmagazin Tink.ch

[1] **die Vernehmlassung**   ein gesetzliches Verfahren in der Schweiz, um zu sichern, dass bei wichtigen öffentlichen Fragen alle Interessengruppen konsultiert werden

Textverständnis

1 Beantworten Sie die folgenden Fragen, die sich auf den ersten Teil des Textes (Z. 1–14) beziehen. Schreiben Sie den Buchstaben der richtigen Antwort in das Kästchen.

1 Wie steht es mit dem Tourismus heutzutage?

    A. In der Schweiz wächst er mehr als anderswo.

    B. Diese Branche wird weltweit immer größer.

    C. Die Zahl der Urlauber nimmt in den letzten Jahren ab.

    D. Er kann sich in der Schweiz nicht weiter entwickeln.

2 Wie ist die Situation in Andermatt?

    A. Es ist ein großer Urlaubsort und wird noch weiter entwickelt.

    B. Man plant in der Gegend ein neues Fußballstadion.

    C. Immer mehr Schneekanonen werden dort eingesetzt.

    D. Man hofft in Zukunft reiche Urlauber anzuziehen.

3 Laut Text, was ist eine Folge des künstlichen Schnees?

    A. Mehr Touristen kommen in die Alpen.

    B. Es gibt Wassermangel für die Dorfbewohner.

    C. Das Leben der Tiere wird negativ beeinflusst.

    D. Es gibt ein schönes Landschaftsbild.

2 Die folgenden Aussagen beziehen sich auf Z. 15–29. Kreuzen Sie an, ob sie aufgrund des Textes richtig oder falsch sind. Begründen Sie Ihre Antwort mit Informationen aus dem Text.

	richtig	falsch
Beispiel: Die Zahl der Besucher wächst.	X	☐
Begründung: der … zunehmende Massentourismus		
4 Wegen dem Tourismus werden die Städte und Dörfer in den Alpen immer größer.	☐	☐
Begründung:		
5 Langsam wird es manchen Einwohnern klar, dass man Alternativen zum Massentourismus suchen sollte.	☐	☐
Begründung:		
6 Vor ein paar Jahren gab es noch mehr Autoverkehr in den Alpen als heutzutage.	☐	☐
Begründung:		
7 Die Regierung bemüht sich, Bahnfahren attraktiver zu machen.	☐	☐
Begründung:		
8 Die Hälfte aller Alpenbewohner lebt in Städten.	☐	☐
Begründung:		

3 Die nächsten Fragen beziehen sich auf die ersten zwei Teile (bis Z. 29). Welche Wörter in der rechten Spalte entsprechen am besten den Wörtern aus dem Text in der linken Spalte?

9   Auswärtigen (Z. 5)   ☐

10 beschert (Z. 5)   ☐

11 lediglich (Z. 12)   ☐

12 zunehmende (Z. 18)   ☐

13 verknüpft (Z. 21)   ☐

14 Siedlungsflächen (Z. 26)   ☐

15 achtgegeben (Z. 29)   ☐

A. abhängig

B. Ackerland

C. aufgepasst

D. Ausländer

E. beeinflusst

F. Besucher

G. kaum

H. nur

I. schafft

J. schenkt

K. verbunden

L. wachsende

M. wohlhabende

N. Wohngebiete

4 Im letzten Teil des Textes (Z. 30–43) fehlen einige Wörter. Suchen Sie aus der folgenden Liste die passenden Wörter aus.

16 ☐

17 ☐

18 ☐

19 ☐

20 ☐

A. DIE

B. DIESE

C. DIESER

D. DIESES

E. DORT

F. ES

H. HIER

I. SIE

J. WELCHES

K. WIR

Grammatik unter der Lupe: Satzverbindungen (2)

Um eine Gegenaussage einzuleiten, kann man eine einfache Konjunktion benutzen:

- *Der Tourismus bringt Arbeitsplätze, **aber** gleichzeitig leidet die Natur darunter.* (Z. 4–6)

Man kann auch ein Adverb in einem zweiten Satz benutzen:

- *Die Wintersaison kann richtig beginnen. Für die Natur kann der Tourismus **jedoch** zur Belastung werden.* (Z. 1)

Stilistisch ist es gut, wenn man verschiedene Bindewörter benutzt. Neben *jedoch* gibt es mehrere Adverbien, wie zum Beispiel: *dennoch, allerdings, hingegen, andererseits, trotzdem.*

Die Bedeutung dieser Wörter ist aber nicht ganz gleich, und man muss vorsichtig mit ihnen umgehen.

1 Welches dieser fünf Adverbien passt in den folgenden Sätzen? In einigen Sätzen ist mehr als eine Antwort möglich.

1 Viele Touristen mögen Kunstschnee nicht. _____ gibt es ohne Schneekanonen keinen Skiurlaub.

2 Es schneite seit Stunden. Er wollte _____ spazieren gehen.

3 Die Skigebiete wollen bessere Straßenverbindungen. Die Regierung will _____ den Zugverkehr fördern.

4 Die Alpenlandschaft zieht viele Touristen an. Der Tourismus bringt _____ viele Probleme.

5 Das Hotelzimmer war luxuriös. _____ war das Essen im Hotelrestaurant ziemlich geschmacklos.

Solche Adverbien können entweder am Anfang oder in der Mitte vom zweiten Satz stehen. Im Text wird auch oft *doch* benutzt, um einen Kontrast einzuleiten. Mit dieser Bedeutung steht *doch* immer zur Betonung am Anfang:

- ***Doch** von einer optimalen Lösung ist man noch weit entfernt.* (Z. 24)

- ***Doch** die sind hart umkämpft.* (Z. 26)

Um eine Konzession auszudrücken, wird *trotzdem* als Adverb benutzt. Im gleichen Sinn kann man auch die Konjunktion *obwohl* oder die Präposition *trotz* (+ Genitiv) benutzen.

- *… erachtet der Bund die Biodiversität als extrem wichtig, **obwohl** sie weltweit abnimmt.* (Z. 36–37)

- ***Trotz** ihrer grossen Bedeutung mussten immer mehr Berge geschützt werden.* (Z. 42–43)

2 Was passt in die folgenden Sätze – *trotzdem*, *trotz* oder *obwohl*?

1 Viele Leute wollen mit dem Auto in den Urlaub fahren, _____ man versucht, Bahnreisen attraktiv zu machen.

2 Die Skigebiete benutzen immer mehr Schneekanonen _____ Warnungen von Klimaexperten.

3 Skifahren wird immer teurer. _____ ist es immer noch sehr populär.

4 _____ er eigentlich Geld für ein Auto sparen wollte, hat er ein neues Snowboard gekauft.

5 _____ der Lawinengefahr ist er in die Berge gefahren.

Nachdruck verboten

3 Schreiben Sie folgende Sätze um, ohne den Sinn zu ändern.

Beispiel

<u>Obwohl</u> **es geregnet hat, haben wir den Ausflug genossen.**

Lösung

<u>Trotz</u> **des Regens haben wir den Ausflug genossen.**

1 Obwohl sie erfahren war, fand sie die neue Piste schwierig.

Trotz …

2 Trotz seiner E-Mail hat das Hotel ihm ein Zimmer ohne Blick auf die Alpen gegeben.

Obwohl …

3 Obwohl er verletzt war, wollte er immer noch Snowboard fahren.

Trotz …

4 Trotz des hohen Preises haben sie eine Familienkarte gekauft.

Obwohl …

5 Das Hotel ist sehr populär, obwohl es am Dorfrand liegt.

Trotz …

Weiterdenken

Es gibt immer mehr Menschen, die Alternativen zum traditionellen Wintertourismus in den Alpen fordern. Neben Umweltgruppen äußern sich zunehmend auch Politiker, Wirtschaftler und Tourismusexperten zum Thema „sanfter Tourismus".

Diskutieren Sie die folgenden Fragen in kleinen Gruppen. Versuchen Sie dabei, die verschiedenen Perspektiven zu beachten: Einwohner, Urlauber, Arbeitgeber, Arbeitnehmer, Umweltschützer usw.

1 Wer ist von den Problemen des Alpentourismus am meisten betroffen?

2 Sollten die Skigebiete mehr Geld investieren, um den Wintersport zu unterstützen? Wofür sollten sie das Geld ausgeben?

3 Könnten die Skigebiete alternative Einnahmequellen suchen? Was, zum Beispiel?

4 Was für Alternativen haben die Leute, die in der Tourismusbranche arbeiten?

5 Sollten Touristen mehr für den Alpenurlaub zahlen, um zum Umweltschutz beizutragen?

6 Was wünschen sich Urlauber vom Winterurlaub in den Bergen? Welche Aspekte sind am wichtigsten?

7 Wollen junge Leute einen traditionellen Winterurlaub machen? Wenn nicht, was wollen sie stattdessen?

8 Ist Sommerurlaub in den Bergen attraktiv? Was wollen die verschiedenen Altersgruppen?

9 Was können Alpengebiete machen, um Gäste auch im Sommer anzulocken?

10 Gibt es auch Umweltprobleme, die vom Sommertourismus in den Alpen kommen? Welche?

Mündliche Übung

Arbeiten Sie in Gruppen bis maximal acht Personen.

Lesen Sie zuerst die folgende Situationsbeschreibung und dann die Rollenbeschreibungen unten. Verteilen Sie die Rollen. Denken Sie über Ihre Rolle nach. Machen Sie sich Notizen, aber Sie sollen keinen fertigen Text vorlesen. Versuchen Sie, möglichst spontan auf die Argumente der anderen Mitspieler zu reagieren. Überlegen Sie sich auch mögliche Fragen, die Sie den anderen stellen können.

Der Bürgermeister leitet die Diskussion und die Versammlung soll am Schluss ein paar konkrete Vorschläge haben.

DER BÜRGERMEISTER LÄDT EIN ZUR BÜRGERVERSAMMLUNG IM RATHAUS AM 3. APRIL:

Tourismus und Umweltschutz in Alpenbach – wie soll es weitergehen?

Alle Bürger und Touristen Alpenbachs sind herzlich willkommen.

Die Situation

Das Dorf Alpenbach liegt in einem Skigebiet, wo der Schnee in den letzten Jahren deutlich weniger geworden ist. Die Winterurlauberzahlen fallen. Ein großer Sporthotelkomplex am Rande des Dorfes droht zu schließen. Das Dorf sucht nach Initiativen und Ideen, um mehr Besucher anzuziehen. Die Einwohner können sich aber nicht einigen. Jetzt hat der Bürgermeister eine Bürgerversammlung einberufen, um die Situation zu debattieren.

---

1 Herr Kaiser, der Bürgermeister

- leitet die Diskussion und sorgt für Ordnung.

- muss zusehen, dass jede Person zu Wort kommt.

- möchte einen Kompromiss finden, womit möglichst alle zufrieden sind.

- erkennt selbst, wie wichtig der Tourismus ist, hat aber auch viel Verständnis für die Sorgen der Umweltschützer.

- hat in den kommenden Monaten Kommunalwahlen.

2 Frau Bach, Vertreterin der Umweltgruppe „Grüner Berg"

- wohnt im Dorf und war früher Erdkundelehrerin in einer Großstadt.

- kämpft jetzt für die Erhaltung der Natur, besonders der Pflanzen- und Tierwelt.

- war vor zehn Jahren sehr aktiv in der Opposition zum Bau des Sporthotels.

- findet, dass es schon zu viele Hotels und Pensionen im Dorf gibt.

- ist gegen alle Pläne, die zum Ausbau der existierenden Skianlagen und Straßen führen.

3 Herr Francke, Manager des Sporthotels

- hält nichts von Umweltschützern.
- glaubt, dass die meisten Einwohner unflexibel und gegen Fortschritt sind.
- möchte eine neue, längere Skiliftanlage, um höher gelegene, schneesichere Skipisten zu erreichen.
- hat auch Ideen für die Entwicklung des Sommertourismus.
- hat die Chance, bald Manager von einem größeren Hotel in der selben Hotelgruppe zu werden.

4 Frau Freund, zur Zeit im Urlaub im Dorf

- kommt seit fünf Jahren jedes Jahr mit ihrer Familie (Mann, zwei Teenager).
- ist im Prinzip für den Umweltschutz und hat schon mal Grün gewählt.
- fährt nicht so gern Ski, mag aber die Landschaft in der Gegend sehr.
- zieht es vor, in einer kleinen Pension zu übernachten.
- möchte den Urlaub attraktiver für ihre 13- und 16-jährigen Kinder machen.

5 Herr Feldmann, Landwirt und Skilehrer

- hat einen Bauernhof in der Nähe des Dorfes, arbeitet aber im Winter als Skilehrer.
- vermietet Zimmer an Familien, die Urlaub auf einem Bauernhof machen wollen.
- würde gern mehr Gäste zum Bauernhof anlocken.
- ist Naturfreund und will als Bauer sein Land vor weiteren Eingriffen von Skiliftanlagen usw. schützen.
- braucht das Einkommen von der Skischule im Winter.

6 Frau Hauss, Einwohnerin

- arbeitet an der Rezeption im Sporthotel.
- hat einen 18-jährigen Sohn, der keine Arbeit im Dorf findet und wegziehen will.
- findet den Naturschutz wichtig, muss aber an ihre Familie denken.
- findet, dass es zu wenig für junge Leute in der Gegend zu tun gibt.
- ihr Mann arbeitet an der Skiliftstation im Dorf.

7 Anna Ludewig, 17-jährige Schülerin

- fährt jeden Tag 20 km zur Schule; ihre Familie wohnt seit Generationen im Dorf.
- möchte gern einen Teilzeitjob in den Schulferien im Dorf.
- findet die Berge und die Landschaft wunderbar und möchte nicht wegziehen.
- mag es, wenn viele Urlauber da sind, weil es Leben ins Dorf bringt.
- hat Schwierigkeiten, Freunde zu besuchen
- Freunde kommen auch nicht oft zu ihr, weil es im Dorf so wenig zu tun gibt.

8 Herr Bergmann, Einwohner

- wohnt sein ganzes Leben im Dorf; war früher Busfahrer.
- findet das Dorf besonders schön im Sommer, wenn es weniger Touristen gibt.
- findet es extrem wichtig, die Berglandschaft zu schützen.
- Seine Frau arbeitet nachmittags in einem kleinen Café im Dorf.
- Seine Kinder sind groß geworden und wohnen in einer Stadt 20 km entfernt.

Schriftliche Übung

Schreiben Sie einen Aufsatz von 250–400 Wörtern zur folgenden Frage. Sie können dabei die Informationen und Ideen in dieser Einheit verwenden. Benutzen Sie auch die Checkliste für einen Aufsatz auf S. 319.

Haben die Alpengebiete eine Zukunft als Urlaubsziel für junge Leute?

Textsorte: Aufsatz

Der Aufsatz erscheint als Textsorte nur bei der *SL-Paper 2*-Prüfung – nicht bei *HL-Paper 2*. Er sollte im formellen Stil geschrieben werden, mit Einleitung, logisch aufgebauten Argumenten und Schlussfolgerung.

Schriftliche Übung

Eine Definition von „sanfter Tourismus"

Eine Form von Tourismus, der die Natur und die Landschaft so wenig wie möglich belastet und die Interessen der lokalen Einwohner berücksichtigt.

Schreiben Sie eine Stellungnahme von 150–250 Wörtern zu dieser Definition aus der Perspektive: Kann der Tourismus in den Alpen sanfter Tourismus sein? Sie können dabei die Informationen und Ideen in dieser Einheit verwenden. Benutzen Sie auch die Checkliste für eine Stellungnahme auf S. 319.

Der Mensch und seine Mitmenschen

Einstieg

1 Fakt oder Mythos? Meinen Sie, dass die folgenden Aussagen richtig oder falsch sind?

		richtig	falsch
1	Jeder zweite Ausländer in Deutschland ist Europäer.	☐	☐
2	Die Zahl der Asylanträge in Deutschland und Österreich steigt jedes Jahr.	☐	☐
3	Die Zahl der Menschen in Deutschland ohne legalen Aufenthaltsstatus war 2010 fast eine halbe Million.	☐	☐
4	Schon 1970 erreichte die Zahl der Gastarbeiter in Deutschland eine Million.	☐	☐
5	Der größte Anteil der Asylbewerber in Deutschland kam 2010 aus Afghanistan.	☐	☐
6	Der größte Anteil der Ausländer in Österreich und in der Schweiz sind Deutsche.	☐	☐
7	Die Zahl der Türken in Deutschland steigt Jahr für Jahr wegen nachkommender Familienmitglieder.	☐	☐
8	Die meisten Asylbewerber in Österreich kamen 2010 aus dem Irak.	☐	☐
9	Der größte Anteil ausländischer Studenten in Deutschland kommt aus China.	☐	☐
10	Wie in Deutschland war 2010 in Österreich der größte Anteil der nicht-EU-Ausländer türkischer Herkunft.	☐	☐

2 Vergleichen Sie Ihre Antworten mit einem Mitschüler. Diskutieren Sie, worauf Sie Ihre Antworten basiert haben.

Weiterdenken TOK

Diskutieren Sie die folgenden Fragen in kleinen Gruppen:

- Worauf basieren Sie Ihre Meinungen in Bezug auf Immigranten, Asylbewerber usw.?
- Woher bekommen Sie die „Fakten", die Sie zitieren?
- Welche Quellen sind zuverlässig und welche weniger so? Warum?

Hier sind einige mögliche Antworten und Anregungen:

- Ich habe es im Fernsehen gesehen.
- Ich habe es in der Zeitung gelesen.
- Ich habe es im Internet gelesen.
- Ich habe es selbst erfahren/gesehen.
- Ich habe es in der Schule gelernt.
- Meine Eltern haben es mir gesagt.
- Meine Freunde haben es mir gesagt.
- Ich habe das Gefühl, dass es so ist.

In Österreich gab es 2010 über 11.000 neue Asylanträge, zum größten Teil aus osteuropäischen Staaten. Oft dauert es einige Jahre, bevor die Behörden eine Entscheidung fällen. Hier nimmt der Wiener Autor Doron Rabinovici die Geschichte von der Abschiebung einer Familie aus dem Kosovo als Basis dafür, das Asylantenschicksal zu untersuchen.

Darf man Säuglinge aus dem Land schicken?

Am 10. Oktober wurde in der österreichischen Bundeshauptstadt Wien der Gemeinderat gewählt. Vier Tage vor dem Urnengang drangen mitten in der Nacht Polizisten in eine Wohnung ein. Das Wiener Sonderkommando Wega, eine Spezialeinheit für besonders riskante Einsätze, holte zwei kleine Mädchen und ihren Vater aus dem Bett. Einer der Beamten sicherte das Kinderzimmer mit einem Sturmgewehr, als drohe von den Volksschülerinnen äußerst große Gefahr. — 5

Sechs ihrer acht Lebensjahre hatten die beiden Schwestern in Österreich verbracht. Ihr Geburtsland, den Kosovo, kannten sie nicht. Die zuständige Behörde der oberösterreichischen Stadt Steyr, in der die Familie lange wohnhaft war, hatte erklärt, die Zwillingstöchter seien bestens integriert. Die Mutter lag – — 10 nach einem Nervenzusammenbruch – in einem Wiener Spital. Die Frau war vor Kurzem wegen Selbstmordgefahr stationär aufgenommen worden. Sie ahnte nicht, dass ihre Töchter gerade nach Pristina ausgeflogen wurden.

Der österreichische Staatsapparat hatte viel Zeit vergehen lassen, um den Asylantrag der Familie Komani abzulehnen. Die Innenministerin der konservativen Volkspartei (ÖVP), Maria Fekter, verteidigte zunächst die — 15 Amtshandlung gegen die Kleinen. Selbst das Sturmgewehr im Kinderzimmer sei legitim gewesen, meinte sie, wobei sie der Familie auch noch indirekt Gewalttätigkeit unterstellte: „Ist von einer Familie Widerstand bei der Abschiebung zu erwarten, muss entsprechend vorgegangen werden." Zudem müsse Recht eben Recht bleiben, verkündete die Ministerin, die das österreichische Asylgesetz ohne Unterlass verschärft. Der Verweis auf die Paragrafen taugt indes nicht als — 20 Ausrede, denn eine menschlichere Auslegung wäre durchaus möglich gewesen. Aber es ging wohl darum, einmal mehr ein Exempel zu statuieren und nicht Milde walten zu lassen.

Die Komanis sind ein Fall unter vielen. Im Wiener Polizeigefangenenhaus, so die Wiener Stadtzeitung „Falter", werden jede Woche unschuldige Kinder eingesperrt. Es gibt dort sogar ein Kästchen voller Babybrei, denn der Mensch kann in — 25 manchen Staaten gar nicht klein genug sein, um nicht als illegal zu gelten, und deshalb finden sich in manchen Zellen auf den Toiletten auch Töpfchen.

Eine Politik, die vorgibt, die Familie sei ihr heilig, reißt Familien auseinander. Sie fordert fürs Land mehr Kinder, die Deutsch können, und schickt jene Minderjährigen fort, die längst die Sprache beherrschen. Die Regierung, die von Zugewanderten Anpassung einmahnt, entledigt sich jener, die bereits integriert sind. Das Fremdenrecht verlangt — 30 Säuglingen, die in Österreich geboren wurden, aber nicht sogleich mit dem richtigen Pass aus dem Bauch der Mutter purzeln, beinah schon im Kreißsaal, spätestens aber im Laufe des ersten Halbjahres, eine Aufenthaltsgenehmigung ab. Die rassistische Hetze des Populismus und des Boulevards prägt das Land. Die Regierungskoalition von SPÖ und ÖVP wird zum Erfüllungsgehilfen der rechten Scharfmacher.

Es wäre indes zu billig, die Wiener Verhältnisse zu verurteilen, ohne davon zu reden, was in anderen Staaten der Union — 35 geschieht. Die Hetze gegen Fremde und gegen Asylsuchende ist nicht bloß in Österreich modern geworden. Rechte Parteien sind in nicht wenigen Staaten Europas im Vormarsch. In der ganzen Union wird das Asylrecht stufenweise eingeengt. Da der Erdteil noch nicht weiß, was er sein will, grenzt er sich umso heftiger von jenen ab, die nicht dazugehören dürfen.

Während immer mehr Menschen ihre Länder verlassen, um einen Ort zu finden, wo sie in Freiheit überleben können, — 40 nimmt die Bereitschaft, Verfolgte aufzunehmen, ab. Wer Asyl beantragt, steht unter Verdacht. Wer flieht, muss, um der Verfolgung zu entkommen, alle seine Spuren verwischen, doch kaum wähnt er sich in Sicherheit, hat er seinen Leidensweg lückenlos nachzuweisen. Das Wort „Lebenslauf" erfährt eine eigene Bedeutung für jene, die um ihr nacktes Überleben rennen.

Asyl ist die letzte Sicherheitsgarantie menschlichen Seins. Dieses Recht fordern jene ein, denen alle anderen Garantien — 45 bereits verweigert wurden. Es gilt dem Individuum, das vom eigenen Staat nicht mehr geschützt wird. Es macht den Bürger erst zum Menschen. Asyl ist Ausfallshaftung und Grundlage aller Menschenrechte. Wird dieses Recht in Europa abgewürgt, verliert die Union jene Eigenschaft, der sie sich so gerne rühmt. Sie gibt damit den hehren Anspruch preis, ein Festland der Freiheit zu sein.

Doron Rabinovici, www.welt.de

Textverständnis

1 Ermitteln Sie aufgrund der ersten zwei Absätze (Z. 1–13) die richtige Reihenfolge der Geschehnisse. Nummerieren Sie sie.

A.	Die Kinder gehen zur Schule.	☐
B.	Die Kinder fliegen in den Kosovo.	☐
C.	Die Mutter wird ins Krankenhaus eingeliefert.	☐
D.	Die Kinder werden geboren.	☐
E.	Die Mutter erleidet einen Nervenzusammenbruch.	☐
F.	Die Familie kommt nach Österreich.	☐
G.	Die Kinder werden festgenommen.	☐
H.	Die Polizei dringt in die Wohnung ein.	☐

2 Die folgenden Aussagen beziehen sich auf den ersten Teil des Textes (Z. 1–26). Kreuzen Sie an, ob sie aufgrund des Textes richtig oder falsch sind. Begründen Sie Ihre Antwort mit Informationen aus dem Text.

	richtig	falsch
Beispiel: Die Polizei war beim Einsatz mehr als üblich bewaffnet.	☒	☐
Begründung: mit einem Sturmgewehr		
1 Die Zwillinge waren in Österreich geboren.	☐	☐
Begründung:		
2 Die Mutter war in Pristina im Krankenhaus.	☐	☐
Begründung:		
3 Die Innenministerin billigte die Polizeiaktion.	☐	☐
Begründung:		
4 Die Polizei hat damit gerechnet, dass die Familie ihre Festnahme nicht ruhig akzeptieren würde.	☐	☐
Begründung:		
5 Die Polizei überreicht alle mitverhafteten Kleinkinder dem Sozialamt.	☐	☐
Begründung:		

③ In der zweiten Hälfte des Textes (Z. 27–48) kritisiert der Autor die Asylpolitik in Österreich und anderswo in Europa. Welche drei der folgenden Kritiken äußert er?

		ja	nein
6	Babys werden von ihren Müttern entfernt.	☐	☐
7	Rechte Parteien haben mehr Einfluss auf die Asylpolitik.	☐	☐
8	Asylbewerber haben keine Gelegenheit, die Sprache des neuen Landes zu lernen.	☐	☐
9	Familien, die sich gut eingelebt haben, werden ausgewiesen.	☐	☐
10	Die Bedingungen für einen erfolgreichen Asylantrag werden immer schärfer.	☐	☐

④ Geben Sie kurze Antworten auf die folgenden drei Fragen zu den letzten zwei Absätzen (Z. 39–48).

11 Was ist laut Doron Rabinovici die erste Reaktion auf einen Asylantrag?

12 Warum können viele Asylbewerber ihren Weg nach Europa nicht nachweisen?

13 Welche Eigenschaft verlieren europäische Staaten, die das Asylrecht zu sehr einschränken?

⑤ Diese letzte Frage bezieht sich wiederum auf den ganzen Text.

Suchen Sie einige Wörter und Ausdrücke aus, die der Autor benutzt, um seine kritische Haltung gegenüber a) der Polizeiaktion in Wien und b) der Asylpolitik im Allgemeinen zu betonen. Was für Ausdrücke wären „neutraler"?

Grammatik unter der Lupe: Satzverbindungen (3)

Die zeitliche Folge von Geschehnissen kann einfach durch die Präpositionen *vor* oder *nach* + Substantiv ausgedrückt werden. So zum Beispiel im Text:

- *vier Tage **vor** dem Urnengang* (Z. 2)
- ***nach** einem Nervenzusammenbruch* (Z. 11)
- Manchmal braucht man mehr als nur ein Substantiv, und dann kann man entweder eine Konjunktion (*bevor* oder *nachdem*) verwenden:
- ***Bevor** die Polizei kam, haben die Kinder geschlafen.*
- ***Nachdem** die Familie festgenommen worden war, hat die Innenministerin die Aktion verteidigt.*

oder mit einem Zeitadverb (*vorher* oder *nachher*) auf die Zeitfolge hindeuten:

- *Die Polizei drang in die Wohnung. **Vorher** hatten die Kinder geschlafen.*
- *Die Polizei hat die Familie festgenommen. **Nachher** hat die Innenministerin die Aktion verteidigt.*

❶ Bilden Sie mit der geeigneten Konjunktion aus den zwei Sätzen jeweils einen Satz:

1 Die Familie kam nach Wien. Vorher hat sie in Steyr gewohnt.

2 Die Polizei holte die Kinder aus dem Bett. Nachher sicherte ein Polizist das Zimmer mit einem Sturmgewehr.

3 Die Mutter erlitt einen Nervenzusammenbruch. Nachher ist sie ins Krankenhaus gekommen.

4 Die Familie wurde festgenommen. Nachher ist sie nach Pristina ausgeflogen worden.

Wenn es darum geht, eine Reihe von Geschehnissen oder eine Handlungsfolge zu schildern, kann man auch verschiedene Adverbien als Bindewörter verwenden, zum Beispiel:

- am Anfang: *zuerst, erstens, zunächst*
- als Zeitfolge: *dann, danach, nachher, hinterher, anschließend, als Nächstes, später*
- parallel: *gleichzeitig, zur gleichen Zeit, mittlerweile, inzwischen, unterdessen*
- am Ende: *zuletzt, schließlich, zum Schluss*

2 Füllen Sie die Lücken in der folgenden Zusammenfassung der Geschichte der Familie Komani. Wählen Sie, was passt: eine Präposition, eine Konjunktion oder ein Adverb.

Die Familie Komani lebt seit sechs Jahren in Österreich, (1) _____ in Steyr, wo die zwei Töchter Deutsch gelernt haben. (2) _____ sind sie nach Wien gezogen. In einer Oktobernacht ist die Polizei zu ihnen gekommen. Sie hat den Vater und die zwei Mädchen festgenommen und (3) _____ das Kinderzimmer mit einem Sturmgewehr gesichert. (4) _____ hat die Innenministerin die Polizeiaktion für legitim erklärt. (5) _____ der Festnahme wurden die Mädchen mit ihrem Vater in den Kosovo zurückgeflogen. (6) _____ lag die Mutter im Krankenhaus in Wien, (7) _____ sie einen Nervenzusammenbruch erlitten hatte.

Schriftliche Übung

„Als mein gelber Wellensittich aus dem Fenster flog,

hackte eine Schar von Spatzen auf ihn ein,

denn er sang wohl etwas anders

und war nicht so grau wie sie

und das paßt in Spatzenhirne nicht hinein."

Gerhard Schöne, CD (1985, 1995) „Menschenskind", Titel 12

Schreiben Sie zu diesem Zitat aus dem Lied „Wellensittich und Spatzen" vom deutschen Liedermacher Gerhard Schöne eine Stellungnahme von 150–250 Wörtern in Bezug auf Asylanten bzw. Ausländer. Informationen zu der Textsorte Stellungnahme finden Sie in dem Textsorte-Kasten auf S. 56. Benutzen Sie auch die Checkliste für eine Stellungnahme auf S. 319.

Der Syrer M. Abu Salem lebt seit über 20 Jahren in Deutschland. Als Autor schreibt er viel über seine zweite Heimat. Hier erzählt er die kurze Geschichte von Ahmed, dem Gastarbeiter.

Der Migrant

Ahmed, der Migrant, hat große Sehnsucht nach seiner Heimat und seiner Familie.

Er hat auf der Baustelle gearbeitet, Geld gespart und Geschenke gekauft. Er wartet aufgeregt auf den Tag, an dem er nachhause gehen kann; man kann sich kaum vorstellen, wie glücklich er auf dem Weg zum Flughafen ist. Er ist ein glücklicher Mann, der alles Glück der Welt mit sich trägt.

5   Er freut sich auf das Wiedersehen und hat viele Geschichten darüber zu erzählen, was er in Deutschland gesehen und erlebt hat. Von einer so faszinierenden Welt, die anderen Regeln und Werten folgt.

Nach vier Wochen kehrt er zurück, ein sehr trauriger Mann mit gebrochenem Herzen, aus einem Ort, dem du viele Namen geben kannst, aber nicht „Heimat". Seine Rückkehr gleicht der eines Glücksspielers, der alles verloren hat.

„Was ist los, Ahmed?", frage ich ihn. Nach langem Schweigen sagt er weinend: „Ich habe einen neuen Titel. Ich bin
10   dort in meinem Dorf der Emigrant geworden."

So nannten ihn die Leute nun dort. Ein Fremder, der Geld bringt und bald wieder geht.

„Hör zu, mein Freund! Wir wechseln zwischen zwei Welten, der hier und der dort. Wir sind hier Gastarbeiter und jeder Gast wird irgendwann wieder gehen wie er gekommen ist.

Ich bin der Immigrant, der auf dem Weg zu seinen Träumen und Sehnsüchten wandert, der zwischen hier und dort lebt.
15   Ich bin verloren. Ich habe das Maß der Dinge verloren. Hier vermissen wir dort und dort vermissen wir hier. Denn wir haben auch hier gelebt und wir haben Erlebnisse und Erinnerungen. Wir leben in einem Sehnsuchtszustand auf dem Weg zwischen zwei Welten. Auf diesem Weg fühlt man sich sesshaft. Auf dem Weg zum Flughafen oder im Zug fühlt man sich zuhause. Ich bin hier der Gastarbeiter und dort der Emigrant, der ab und zu mal kommt und bald wieder geht."

20   Als Ahmed dies alles gesagt hatte, hat er bitterlich geweint, und ich auch. „Ja, mein Freund, du hast Recht. Du hast genau das gesagt, was ich sagen will oder einmal gefühlt habe."

M. Abu Salem, www.mig-mag.com

Textverständnis

1 Warum freut sich Ahmed darauf, nach Hause zu fliegen?

2 Welche Worte deuten darauf hin?

3 Warum mag er es nicht, „Emigrant" genannt zu werden?

4 Ahmed fühlt sich nun heimatlos. Warum?

Weiterdenken

Zur Diskussion in kleinen Gruppen: Deutschland ist für Ahmed „eine faszinierende Welt, die anderen Regeln und Werten folgt".

● Inwiefern gilt das auch für Ihr Heimatland, wenn man als Ausländer da lebt?

● Welche Aspekte vom Leben in einem anderen Land würden Sie schwierig finden bzw. finden Sie schwierig?

● Was würden Sie an Ihrem Heimatland vermissen bzw. was vermissen Sie?

Yadé Karas Roman „Selam Berlin" erhielt den Deutschen Bücherpreis 2004 für das beste Debüt und den Adalbert-von-Chamisso-Förderpreis für deutschsprachige Literatur von Autoren, die nichtdeutscher Sprachherkunft sind. Ihr Roman schildert das Leben des 19-jährigen Berlin-Türken Hasan Kazan zur Zeit der Wende.

Selam Berlin

Ich erstarrte vor dem Fernseher. Vor mir liefen Bilder von einem anderen Stern. Nach einigen Lichtjahren kam ich dann endlich zu mir und begann langsam zu verstehen, was da geschah. Es war eine Revolution. Ja, genau – eine Revoooluuutiiion in Beeerliiin!

Plötzlich standen Straßen, Plätze, Orte meiner Kindheit im Interesse des Weltgeschehens. Autos hupten, Leute brüllten, grölten, jubelten und feierten bis spät in die Nacht. Sie tanzten, lachten und sangen auf ein neues Berlin. [...] `5`

Baba schaltete von einer Nachrichtensendung zur anderen. Dabei zog er nervös an seiner Perlenkette und zündete eine Zigarette nach der anderen an. Was er selten tat. Mama knurrte leise was von Qualm und neuen Gardinen vor sich hin. Normalerweise hätte sie es über den Bosporus hinaus geschrien, so daß man es auf der asiatischen Seite gehört hätte. Aber an diesem Abend schien sie von der Intensität Babas eingeschüchtert zu sein. Was ungewöhnlich war. Überhaupt `10` war dieser ganze Novemberabend ungewöhnlich. Mama saß kerzengerade vor dem Fernseher und verfolgte alles. Das letzte Mal, daß sie sich für ein Ereignis so interessiert hatte, war bei der Direktübertragung der Hochzeit von Charles und Diana, im Sommer 1981. Damals hatte sie mit den Frauen aus dem deutschen Verein „Die Brücke" sämtliche Schachteln türkischen Honig leer geputzt. Der Verein war gut organisiert, und das mochte Mama. Schließlich war es auch das einzig Organisierte in ihrem Leben. Sonst hatte ich immer das Gefühl, daß alles andere bei Mama auf der Kippe stand; irgendwie `15` war alles transit bei ihr.

Aber diesmal war es anders: Mama aß weder türkischen Honig noch Schokolade, trank keinen Tee und vergaß sogar das Abendessen im Backofen. Sie schien zu fasten, was ein Durchbruch in ihren Dauerdiäten gewesen wäre. Sie verteidigte heftig ihre runde Figur. „Ich bin Orientalin und keine Schwedin", sagte sie immer. Damit meinte Mama, daß sie dem osmanischen Schönheitsideal folgte und nicht den blonden Barbie Bimbos des Westens.

Für Mama hörte Europa südlich der Alpen auf. Alles darüber war für sie zu nordisch und zu kühl. Baba ging in Opposition. `20` Für ihn begann Europa nördlich der Alpen. Er mochte die Ordnung und Sicherheit auf deutschen Autobahnen. Ihm gefielen die sauberen Straßen und tüchtigen Leute. Vor allem mochte er die zuverlässigen Behörden und Bürokraten. In Istanbul rastete Baba jedesmal aus, wenn er mit schlampigen und korrupten Behörden zu tun hatte. Sie brachten ihn an den Rand eines Herzinfarktes.

Über dieses Thema gerieten meine Eltern sich oft in die Haare, und meistens endete es in der Grundsatzfrage: Wo sollen `25` wir leben? In Berlin oder in Istanbul? Meine Eltern waren ein Nord-Süd-Gefälle.

Yadé Kara, „Selam Berlin", © Diogenes Verlag AG

Da es sich hier um ein Beispiel aus der Literatur handelt, wurde die Orthografie beibehalten, die zur Zeit des Schreibens korrekt war, z. B. *daß* statt heute *dass* und *jedesmal* statt *jedes Mal*.

Textverständnis

1 Wie würden Sie die Gefühle der drei Personen über die Geschehnisse in der Stadt charakterisieren? Welches Wort von der Liste rechts passt am besten?

1	Hasan	☐	**A.**	gespannt	
2	Baba	☐	**B.**	bestürzt	
			C.	gleichgültig	
3	Mama	☐	**D.**	beunruhigt	
			E.	aufgeregt	
			F.	verängstigt	

2 Kreuzen Sie an, ob die folgenden Aussagen aufgrund des Textes richtig oder falsch sind. Begründen Sie Ihre Antwort mit Informationen aus dem Text.

	richtig	falsch
Beispiel: Hasan hat die Leute auf der Straße im Fernsehen beobachtet.	☒	☐

Begründung: Ich erstarrte vor dem Fernseher. Vor mir liefen Bilder

	richtig	falsch
4 Hasan musste erst nachdenken, bevor ihm klar wurde, was in der Stadt los war.	☐	☐

Begründung: ....

	richtig	falsch
5 Der Vater war immer Kettenraucher.	☐	☐

Begründung: ....

	richtig	falsch
6 Die Mutter hat gewöhnlich keine Bedenken, mit ihrem Mann laut zu streiten.	☐	☐

Begründung: ....

	richtig	falsch
7 Die Mutter hat in Berlin nur Kontakt mit ihren eigenen Landsleuten.	☐	☐

Begründung: ....

	richtig	falsch
8 Die Mutter ist mit ihrem Gewicht nicht zufrieden.	☐	☐

Begründung: ....

	richtig	falsch
9 Der Vater regt sich immer über seine Landsleute in den türkischen Ämtern auf.	☐	☐

Begründung: ....

3 Entscheiden Sie, welche Wörter in der rechten Spalte den Wörtern aus dem Text in der linken Spalte am besten entsprechen.

10 knurrte (Z. 7)	☐
11 Qualm (Z. 7)	☐
12 eingeschüchtert (Z. 9)	☐
13 leer geputzt (Z. 13)	☐
14 auf der Kippe (Z. 14)	☐
15 tüchtigen (Z. 22)	☐
16 schlampigen (Z. 23)	☐

A. aufgegessen

B. außer Acht

C. bedenken

D. beruhigt

E. brummte

F. faulen

G. fleißigen

H. flüsterte

I. langsamen

J. nachlässigen

K. Rauch

L. sauber gemacht

M. ungewiss

N. verängstigt

„Dein Christus ist ein Jude.

Dein Auto ein Japaner.

Deine Pizza italienisch.

Deine Demokratie griechisch.

Dein Kaffee brasilianisch.

Dein Urlaub türkisch.

Deine Zahlen arabisch.

Deine Schrift lateinisch.

Und Dein Nachbar nur ein Ausländer."

Gedicht von Unbekannt

Die Thematik von Asylsuchenden und Migranten in Deutschland wird natürlich auch in der Lyrik behandelt. Hier ist ein Beispiel.

Multi-Kulti

Ich muss nicht nach Antalya fahren,
das hab' ich fast zu Hause.
Im Sommer dringt dort Musel-Sang,
bei schönem Wetter stundenlang,
5 ins Ohr mir ohne Pause.

Ich muss auch nicht nach Russland reisen,
will ich mal riechen Borschtsch
und Wodka für den Dorscht
Auf dem Balkon im Nebenhaus
10 isst man das wie wir Worscht.

Nach Vietnam brauch' ich nicht zu fliegen,
auch China grüßt im Hause.
Der fernen Länder Wohlgerüche,
sie wabern aus der Nachbarn Küche
15 mir zu zum Nasenschmause.

Ich sollte mal nach Deutschland fahren,
wo finde ich das nur?
Es fremdelt die Kultur.
Im Rundfunk, schon seit vielen Jahren,
20 singt man fast Denglisch nur.

Ingrid Drewing

Weiterdenken

Aufgrund des Auszugs, inwiefern meinen Sie, dass die drei Personen sich in Berlin bzw. Deutschland eingelebt haben?

Textverständnis

Beantworten Sie die folgenden Fragen zum Gedicht auf S. 75, indem Sie den Buchstaben der richtigen Antwort in das Kästchen schreiben.

1   „Musel-Sang" (Z. 3) bedeutet:

    A. Kinderlieder

    B. islamische Lieder

    C. Vogelgesang

    D. Instrumentalmusik

2   „Dorscht" (Z. 8) sollte eigentlich heißen:

    A. Durst

    B. Dorst

    C. Dorsch

    D. Dort

3   Ein anderes Wort für „wabern" (Z. 14) wäre:

    A. schleichen

    B. stinken

    C. eindringen

    D. wehen

4   „Es fremdelt die Kultur" (Z. 18) heißt hier:

    A. Man erkennt die eigene Kultur nicht mehr.

    B. Man wird von der Kultur schockiert.

    C. Die Kultur wird unterdrückt.

    D. Die Kultur hat sich gut mit anderen Kulturen integriert.

5   Welche Interpretation vom gesamten Gedicht ist für Sie am ehesten zutreffend?

    A. Der Einfluss anderer Kulturen stört in vielen Bereichen des täglichen Lebens.

    B. Der Einfluss anderer Kulturen ist immer willkommen und demonstriert Weltoffenheit.

    C. Der Einfluss anderer Kulturen ist zu begrüßen, wenn er zur Vielfalt in einem Land beiträgt. Er ist aber unerwünscht, wenn er das Deutsche ganz ersetzt.

    D. Der Einfluss anderer Kulturen wird ständig von vielen Deutschen kritisiert.

6   Welche Wörter wurden hier benutzt, die diese Interpretation unterstützen?

Schriftliche Übung

Lyrische Texte oder Liedtexte können viele Formen und Stile verwenden. Sie müssen sich zum Beispiel nicht immer reimen, und bei Liedtexten (wie beim Auszug auf S. 71) geht es oft mehr um den Rhythmus. Hauptsache ist, der Text sucht eine Verbindung mit den Lesern und versucht Gefühle, Meinungen oder eine Botschaft mitzuteilen. Vielleicht will man dabei zum Nachdenken anregen, oder auch zur Tat aufrufen.

Denken Sie über die verschiedenen Themen und Situationen in dieser Einheit nach. Versuchen Sie dazu Ihre Gefühle oder Meinungen in lyrischer Form auszudrücken.

Mündliche Übung

Diskutieren Sie diese politische Karikatur in kleinen Gruppen.

3. Soziale Beziehungen

Aspekte	Vorlieben und Werte
	Jugend und neue Technologien
	Beziehungen zu Erwachsenen
	Schulische Lebenswelten
	Soziales Engagement
	Vereine

LERNZIELE	**Textsorten**	Informeller Brief
		Tagebucheintrag
		Interview
	Sprache	Präpositionen mit Fällen/Artikeln
		Adjektivendungen mit bestimmten/unbestimmten Artikeln
		Vokabular für Diskussionen
		Zeiten: der Gebrauch des Futurs
	Die *IB*-Ecke	Mündliche interaktive Prüfung
		CAS

Was ist der Jugend wichtig?

Haben Sie einen Gegenstand, der Ihnen besonders wichtig ist? Was ist es und warum hängen Sie an diesem Ding? Die Antworten zu diesen Fragen erlauben, einen Menschen besser kennenzulernen. Der folgende Text zeigt Ihnen die Dinge, die deutsche Jugendliche gewählt haben, und gibt Gründe für die Auswahl. Sie erlauben eine Annäherung an die Welt von deutschen Jugendlichen.

Lieblingsdinge

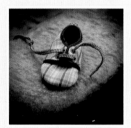

Auf dem Bild ist mein Freundschaftsschuh zu sehen. Es ist nur einer, weil meine beste Freundin, die ich vor zwei Jahren verlassen musste, den zweiten hat. Wir haben uns fest versprochen, dass wir diese zwei Kinderschuhe wieder zusammen bringen, wenn etwas passieren würde, was unser Leben stark beeinflusst, sei es die Geburt eines Kindes, Hochzeit oder der Tod eines lieben Menschen. Wir werden dann gemeinsam alles durchstehen.

Carla, 20 Jahre

Ich arbeite gern mit dem Computer und ich lerne immer wieder etwas Neues. Darüber hinaus bin ich durch meinen Laptop und das Internet mit meinen Freunden in der ganzen Welt verbunden.

Tim, 16 Jahre

Mit diesen Schuhen habe ich gute und schlechte Sachen erlebt: Mit ihnen habe ich vor Wut auf den Boden gestampft, Tränen sind darauf gefallen, ich bin mit ihnen vor Freude in die Luft gesprungen und außerdem halten sie sehr viel aus, auch das tägliche Motorradfahren. Die Schuhe sind übrigens nicht neu gekauft, sondern secondhand. Ich finde es toll, dass sie so eine Geschichte haben, die ich nur ahnen kann.

Charlotte, 17 Jahre

Wenn ich Klavier spiele oder anderen zuhöre, habe ich das Gefühl, auf eine Reise zu gehen. Ob ich traurig bin oder glücklich; verzweifelt, verträumt, verliebt; die schöne Sprache der Musik ermöglicht es mir, die richtigen Worte zu finden. Denn diese Sprache versteht jeder auf der ganzen Welt. Sie ist universell. Die Musik verbindet mich mit anderen Menschen und verleiht meiner Stimmung Ausdruck.

Laura, 18 Jahre

Textverständnis

1 Drei der vier Autoren erwähnen Angenehmes und Unangenehmes, was Jugendliche erfahren. Ergänzen Sie die Tabelle, indem Sie die Reaktionen, Ereignisse und Gefühle zusammenstellen:

	Positive Erfahrungen/Gefühle	Negative Erfahrungen/Gefühle
Welche Ereignisse werden Carla und die Freundin in der Zukunft zusammenbringen?	....	....
Wie reagiert Charlotte auf Erfahrungen?	....	....
Welche Gefühle beschreibt Laura?	....	....

2 Was ist sowohl Carla als auch Tim und Laura wichtig?

Mündliche Übung

1 Machen Sie ein Foto von Ihrem Lieblingsgegenstand und bringen Sie dieses zum Unterricht mit. Bereiten Sie dann einen Vortrag vor, in dem Sie erklären, warum das Ding Ihnen so wichtig ist. Der Vortrag muss eine Einleitung, einen Hauptteil und einen Schluss haben. Als Stütze bereiten Sie eine Karte mit höchstens zehn Stichpunkten vor, die Ihnen beim Vortrag hilft. Üben Sie den Vortrag vor dem Unterricht mit einem Freund.

2 Dann halten Sie den Vortrag, der nicht länger als drei Minuten dauern darf, vor der Klasse.

3 Nach Ihrem Vortrag beantworten Sie die Fragen der Klasse zu dem Gegenstand und Ihren Erklärungen.

Schriftliche Übung

Gestalten Sie als Gruppe eine Klassenausstellung. Verfassen Sie kurze Texte zu Ihren Fotos und veröffentlichen Sie diese mit den Fotos entweder in einer Wandausstellung oder auf einer Website.

Tipp für die Prüfung

Wenn Sie Gegenstände oder Situationen beschreiben, versuchen Sie Adjektive zu benutzen, um die Beschreibung anschaulicher und klarer zu machen. Es ist besser zu sagen, dass der Lieblingsgegenstand ein besonders **bunter**, **ausdrucksstarker** Pulli ist, der durch sein **ungewöhnliches** Muster auffällt, als einfach nur von einem Pulli mit Muster zu reden.

Grammatik unter der Lupe: Präpositionen

In den Texten der Jugendlichen kommen viele Präpositionen vor, denen ein Nomen mit Artikel folgt. Die Präpositionen bestimmen, ob das Nomen, das folgt, im Akkusativ, Dativ oder Genitiv steht, und daher ist es wichtig, diese zu lernen. Die folgende Textarbeit hilft Ihnen, Präpositionen zu verwenden.

1. Arbeiten Sie zunächst mit den Präpositionen im Text. Unterstreichen Sie alle Präpositionen und den Artikel nach der Präposition. Ergänzen Sie nun die linke Spalte in der Tabelle um die Textbeispiele, die Sie unterstrichen haben.

2. Füllen Sie nun die zweite Spalte aus. In welchem Fall steht der Artikel nach der Präposition?

3. Füllen Sie nun die dritte Spalte aus, indem Sie die Präposition mit den Wörtern der Schuh (Mask.), die Schule (Fem.) das Haus (Neutr.) und die Schulen (Pl.) kombinieren. Der Plural ist für Maskulinum (der), Femininum (die) und Neutrum (das) gleich.

4. Erweitern Sie nun Ihre Tabelle um andere Präpositionen, die Sie kennen, indem Sie den Schritten 1–3 folgen.

Das Beispiel in der ersten Zeile der Tabelle hilft Ihnen beim Ausfüllen der Tabelle.

Textbeispiel	Präposition und Fall	Beispiele von Maskulinum/Femininum/Neutrum/Plural
Beispiel: von meinem Freundschaftsschuh	*von* + Dativ	von dem Schuh von der Schule von dem Haus von den Schulen
...		
...		

Präposition

bezüglich dank diesseits aufgrund außerhalb entlang zeit neben inmitten gegenüber infolge unterhalb jenseits innerhalb ab angesichts statt oberhalb außer einschließlich wegen trotz

Übersicht der wichtigsten Präpositionen mit Fällen

	Akkusativ	Dativ	Akkusativ (wohin?) und Dativ (wo?)	Genitiv
örtlich (wo?/wohin?)	durch gegen um	bei außer gegenüber nach zu	in an auf unter hinter vor neben zwischen über	außerhalb diesseits jenseits entlang inmitten innerhalb oberhalb unterhalb
temporal (wann?)	bis gegen um für über	an in ab bei mit nach von vor zu zwischen seit		außerhalb innerhalb während zeit
kausal (warum?)		bei unter		angesichts wegen aufgrund dank infolge trotz bezüglich
modal (wie?)	ohne bis auf	auf aus bei mit in		außer statt einschließlich

Nachdruck verboten   Deutsch im Einsatz

Schriftliche Übung

Ergänzen Sie den Artikel in Klammern mit der richtigen Endung oder benutzen Sie keinen Artikel.

Während (die) Sommerferien habe ich mit (mein) Bruder einen Fotokurs gemacht. Trotz (das) schlechten Wetters haben wir Spaß mit (mein) Lieblingsding gehabt: meiner Kamera. Bei (der) raren Sonnenschein haben wir ohne (die) nervigen Gummistiefel interessante Bilder an (das) Meer gemacht, in (die) Dünen, an (der) Strand, hinter (der) Deich. Herrlich! Ich rannte in (das) Meer und mein Bruder fotografierte mit (das) Vergnügen. Bis auf (das) Wetter war alles perfekt. Dank (die) Bilder habe ich immer etwas, was mich an (der) Urlaub erinnert: ein Album voll mit (die) Fotos.

Weiterdenken

Arbeiten Sie in Gruppen daran, was Jugendlichen wichtig ist, was ihre Welt bestimmt. Versuchen Sie dann eine Rangliste zu erstellen, auf die Sie sich in der Gruppe einigen können.

Vergleichen Sie nun Ihre Ergebnisse mit denen der Shellstudie, die die Werte der deutschen Jugend zeigt.

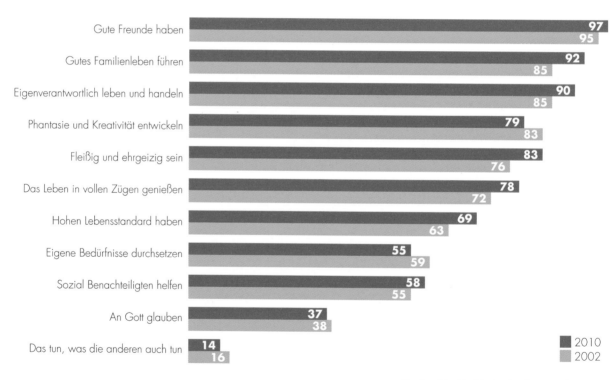

Wertorientierungen: Pragmatisch, aber nicht angepasst
Jugendliche im Alter von 12 bis 25 Jahren (Angaben in %)

	2010	2002
Gute Freunde haben	97	95
Gutes Familienleben führen	92	85
Eigenverantwortlich leben und handeln	90	85
Phantasie und Kreativität entwickeln	79	83
Fleißig und ehrgeizig sein	83	76
Das Leben in vollen Zügen genießen	78	72
Hohen Lebensstandard haben	69	63
Eigene Bedürfnisse durchsetzen	55	59
Sozial Benachteiligten helfen	58	55
An Gott glauben	37	38
Das tun, was die anderen auch tun	14	16

Quelle: 16. Shell Jugendstudie, Stand: 2010

Werte und Verhalten, wie Sie gerade diskutiert haben, begründen sich häufig im sozialen Milieu, aus dem man kommt. Der folgende Text behandelt dieses Konzept genauer und gibt Beispiele von Jugendlichen, die aus unterschiedlichen sozialen Milieus kommen.

Soziale Milieus der Jugendlichen

Jasmin (18 Jahre)

lebt nach dem Motto: „Genieße den Tag". Sie möchte ihre Freiheiten als Jugendliche voll ausnutzen. Nach der Schule will sie Spaß haben und mit ihren Freunden coole Sachen erleben. Zwar hätte sie auch aufs Gymnasium gehen können, aber auf der Realschule ist es stressfreier. Oftmals nerven sie ihre Eltern mit ihren Vorstellungen von Pflichtbewusstsein und Zielstrebigkeit, die sie altmodisch findet. Seit ein paar Jahren ist sie in der Hip-Hop-Szene unterwegs, weil ihr die Musik gefällt und dort die besten Partys gefeiert werden.

Jenny (16 Jahre)

geht auf die Hauptschule, und auch ihre Eltern haben keine höhere Schule besucht. Obwohl sie nicht so viel Geld im Monat zur Verfügung hat, gibt Jenny es gerne für Klamotten aus (es kann auch mal ein Marken-Fake sein). Damit will sie zeigen, dass sie sich was leisten kann, stylish und modebewusst ist. Dafür kann sie oftmals nicht in Diskos gehen, weil sie ihr ganzes Geld schon ausgegeben hat. Dann schaut sie verdrossen auf Jugendliche aus anderen Gruppen und hofft, dass sie es später im Leben einmal besser haben wird.

Marco (17 Jahre)

hat sich zuerst für die Realschule entschieden und wechselte nach der 10. Klasse auf ein Berufliches Gymnasium. Er weiß schon, worauf es im Leben ankommt, und würde sich selbst als vernünftig und eher normal bezeichnen. Er freut sich immer aufs Wochenende, wenn er sich mit seinen Freunden treffen kann. Manchmal gehen sie dann zusammen in einen Club, aber lange Partynächte sind nicht so seine Sache.

Philipp (16 Jahre)

ist in der Schule sehr fleißig, auch wenn es ihm nicht immer so leicht fällt. Aber er weiß, dass er gute Noten für einen guten Ausbildungsplatz braucht. In eine Disko geht er ganz selten. Erstens gefällt ihm die Musik nicht so gut und zweitens ist er am Wochenende oft mit seiner Blaskapelle unterwegs. Darauf ist er sehr stolz, weil auch schon sein Vater und sein Opa dort mitgespielt haben und aufgetreten sind. Um das auch zu erreichen, hat er immer sehr diszipliniert geübt.

Übrigens kann Philipp Fast-Food gar nicht leiden, die Schnitzel seiner Mutter sind ihm lieber.

Julia (17 Jahre)

möchte ein sehr gutes Abi machen. Sie hat sich bereits über die Fächer informiert, die sie danach studieren will. Bereits im Schulalltag ist sie sehr gut organisiert, und so will sie das auch im Studium machen. Ihre Freizeit verbringt sie unter anderem mit Trendsportarten wie Beach-Volleyball oder Snowboarden. Gerne liest sie auch mal ein Lifestyle-Magazin, um immer auf dem neuesten Stand zu bleiben. Zu Weihnachten wünscht sie sich ein iPad.

Nadine (18 Jahre)

hatte früher Probleme in der Schule und mit ihren Eltern, weil sie oft abends und am Wochenende ausging. Darunter haben ihre Noten gelitten und ihre Eltern haben sich beschwert, dass sie zu selten zu Hause ist. Nadine verbringt viel Zeit mit ihren Freunden, und gemeinsam ziehen sie gerne durch diverse Clubs. Früher mochte sie eher Punk-Musik, aber mittlerweile fährt sie auf Elektro ab. Sie hat einen ausgefallenen Kleidungsstil, der sie von anderen unterscheidet. Mindestens einmal im Monat versucht Nadine einen Billigflug nach London zu ergattern, weil sie die Club-Szene dort sehr mag und ihr Freund dort lebt, den sie über Facebook kennengelernt hat.

Jonas (17 Jahre)

besucht das Gymnasium und möchte danach studieren. Mit 15 hat er beschlossen, Vegetarier zu werden, um dadurch ein Zeichen gegen Massentierhaltung zu setzen. Seit einigen Monaten engagiert er sich auch bei Greenpeace, weil er Umweltschutz für eine sehr wichtige Sache hält. In eine Partei wollte er nicht eintreten, weil man dort eh nichts bewegen kann. Gerne geht er manchmal ins Theater.

In den verschiedenen „Sozialen Milieus" leben jeweils Menschen mit einem ähnlichen Lebensstil und gleichen Zielen; ihnen sind dieselben Werte wichtig. Auch die Höhe des Einkommens sowie der Bildungsgrad gleichen sich innerhalb eines Sozialen Milieus. In Deutschland unterscheidet ein bekanntes Institut bei den Jugendlichen zwischen 14 und 19 Jahren sieben Milieus.

Robby Geyer, „Gesellschaft für Einsteiger", Bundeszentrale für politische Bildung

Textverständnis

1 Welcher Jugendliche gehört zu welchem sozialem Milieu? Ordnen Sie die Namen zu.

		Name
1	Traditionelle Jugendliche (konservativ, sozial eingebunden)	
2	Bürgerliche Jugendliche („Normalo")	
3	Hedonistische Jugendliche (leben im Hier und Jetzt, lehnen geordnetes Leben ab)	
4	Postmaterielle Jugendliche (authentisch, haben Ideale)	
5	Performer-Jugendliche (Ehrgeiz, Stil)	
6	Experimentalistische Jugendliche (kreativ, individuell)	
7	Konsummaterialistische Jugendliche (mithalten wollen, modisch)	

2 Auf wen trifft die Aussage zu? Es können mehr als ein Kreuz in jeder Reihe gemacht werden.

Welcher der Jugendlichen …	Jasmin	Jenny	Marco	Philipp	Julia	Nadine	Jonas
8 nimmt die Schule wichtig?							
9 geht oft abends tanzen?							
10 isst kein Fleisch?							
11 will Abitur machen?							
12 treibt Sport?							
13 findet Mode wichtig?							
14 interessiert sich für Kultur?							
15 engagiert sich ehrenamtlich?							

Mündliche Übung

In einer Gameshow werden Jugendliche eingeladen, um über die Zukunft Deutschlands zu diskutieren. Dafür müssen die Jugendlichen sich als Gruppen einigen, wie man am besten eine bestimmte Geldsumme (500.000 Euro) ausgeben sollte, um der Jugend einen guten Start ins Leben zu ermöglichen.

Als Vorbereitung für die Show arbeiten Sie in Gruppen und stellen zusammen, wie die Jugendlichen eines der oben aufgelisteten sozialen Milieus das Geld verplanen würden. Dann schicken Sie einen Repräsentanten Ihrer Gruppe in die Gameshow, um ihre Idee vorzustellen und mit den Repräsentanten der anderen Gruppen zu diskutieren.

Benutzen Sie den Wortschatz aus dem Text und die nützlichen Ausdrücke für Diskussionen.

Nützliche Ausdrücke

Zustimmen	Ablehnen	Vorschlagen	Das Wort ergreifen
Das stimmt!	So ein Unsinn!	Warum nicht auch mal versuchen, …	Wenn du mich fragst, …
Genau!	Finde ich überhaupt nicht.	Sollen wir es so machen?	Einerseits hast du recht, aber andererseits muss ich sagen, dass …
Genauso ist es.	Ich bin völlig dagegen, dass …	Ich habe eine Idee: …	Kann ich auch mal was sagen?
Ich finde auch, dass …	Ich halte es für falsch, dass …	Mein Vorschlag wäre …	Also, ich würde behaupten …
Meiner Meinung nach ist das richtig.	Ich frage mich ernsthaft, ob …	Wenn es nach mir ginge, würden wir …	Interessant, aber du vergisst, dass …
Er/Sie hat vollkommen/ teilweise recht.			
Interessante Idee.			

Tipp für die Prüfung

Wichtig ist es, im Interview offene Fragen zu stellen, auf die der Partner mit vielen Informationen und Beispielen antworten kann. Sie wollen, dass der Partner frei spricht und Raum hat, sich selbst zu erklären. Zum Beispiel ist „Erzählen Sie mir, was Sie gern in der Freizeit tun" eine offene Frage, die der Partner mit einer langen Antwort beantworten kann. „Treiben Sie Sport?" kann mit „Ja" beantwortet werden und ist so keine gute Interviewfrage, da Sie wenig erfahren.

Mündliche Übung

Üben Sie, *Ja/nein*-Fragen zu vermeiden. Arbeiten Sie mit einem Partner. Interviewen Sie einander zu Ihren Vorlieben und Hobbys. Wenn der Partner auf eine Frage mit *Ja* oder *Nein* antworten kann, wechseln Sie. Der Partner stellt dann die Fragen. Wer mehr Fragen gestellt hat, bevor eine *Ja/nein* Frage kam, hat gewonnen.

Mündliche Übung

Stellen Sie als Gruppe gute Fragen an Jugendliche zusammen. Diese sollten offen sein und nach Hobbys, Vorlieben, Plänen und Ideen fragen. Interviewen Sie dann mündlich einen anderen Schüler aus Ihrer Klasse.

Schriftliche Übung

Schreiben Sie ein Interview mit einem der sieben Jugendlichen, in dem Sie nach Interessen, Zukunftsplänen, Sorgen und Träumen fragen. Benutzen Sie die Checkliste für ein Interview auf S. 337.

Textsorte: Interview

Ein Interview braucht eine Begrüßung, einen Hauptteil und eine Verabschiedung. Wichtig für den Hauptteil sind offene Fragen. Vermeiden Sie Ja/nein-Fragen. Das Interview soll für den Adressaten interessant sein: Wenn Sie also einen berühmten Fußballspieler für die Leser eines Fußballmagazins interviewen, sind die Fragen sicherlich viel spezifischer auf Fußball gerichtet, als wenn das Interview in einer Schülerzeitung der Schule erscheint, die der Fußballer in seiner Jugend besucht hat.

Grammatik unter der Lupe: über die Zukunft sprechen und spekulieren

Das Futur (*werden* +Infinitiv) wird im Deutschen gebraucht, um Prognosen und Vermutungen und Spekulationen auszudrücken. Wenn sich jemand sicher ist, dass er etwas in der Zukunft macht, dann benutzt er das Präsens.

*Ich **werde** dich immer **lieben**.* (Versprechen → Futur)

*Dein Freund **wird** wohl krank **sein**.* (Vermutung → Futur)

*In 20 Jahren **wird** die Welt der Jugend eine ganz andere **sein**.* (Prognose → Futur)

Aber:

- *Ich **gehe** heute Abend ins Kino. Kommst du mit?* (konkreter Plan → Präsens)

Wünsche und Spekulationen, die nicht in der Zukunft umgesetzt werden, werden mit der Konjunktion *wenn* eingeleitet und benutzen den Konjunktiv I (*würden* + Infinitiv) oder Konjunktiv II (*hätten/wären* + Partizip). Der Konjunktiv wird dann im Deutschen im Nebensatz **und** im Hauptsatz gebraucht.

- *<u>Wenn</u> ich Geld **hätte**, **würde** ich noch mehr Kleidung **kaufen**.*

- *<u>Wenn</u> meine Eltern mehr Zeit **gehabt hätten**, **hätten** wir vielleicht mehr miteinander gemacht.*

Weiterdenken

Vergleichen Sie die Zukunftsperspektiven der sieben Jugendlichen Jasmin, Jenny, Marco, Philipp, Julia, Nadine und Jonas. Diskutieren Sie die folgenden Fragen:

- Wer wird Ihrer Meinung nach beruflichen Erfolg haben, wer wird glücklich werden?

- Welche Charakterzüge werden dazu beitragen, dass die Jugendlichen ihre Träume verwirklichen können?

- Wer hat Unterstützung von anderen?

- Wo erwarten Sie Schwierigkeiten?

- Wer soll/kann helfen, dass alle das vom Leben bekommen, was sie erwarten?

- Wie kann eine Gesellschaft und jeder Einzelne dazu beitragen, allen Jugendlichen Chancen zu geben?

- Ist es unfair, dass junge Menschen unterschiedliche Chancen haben? Begründen Sie Ihre Meinung.

Beim Spekulieren werden Sie Vorurteile und frühere Erfahrungen heranziehen, die Sie kritisch reflektieren sollten.

Die digitale Welt: das goldene Zeitalter der „Digital Natives"?

Einstieg

„Als ‚Digital Natives' werden Kinder und Jugendliche bezeichnet, die mit digitalen Geräten aufgewachsen sind und Jahrgang 1980 haben oder jünger. Als ‚Digital Immigrants' werden Erwachsene ab Jahrgang 1980 und älter bezeichnet."

www.schweizerfamilie.ch

Diskutieren Sie diese Definition in einer kleinen Gruppe: Inwiefern würden Sie sich selbst als „Digital Natives" bezeichnen? Wie wichtig sind digitale Medien in Ihrem Leben? Ihre Eltern und andere Erwachsene werden als „Digital Immigrants" bezeichnet. Beschreiben Sie deren Zugang zu digitalen Medien. Inwiefern unterscheiden Sie sich von „Digital Immigrants"? Geben Sie Beispiele und erzählen Sie Erfahrungen.

Der folgende Text ist ein Interview mit Silvie Spiess, einer Dozentin an der Pädagogischen Hochschule Zürich im Bereich Medienbildung. Im Interview kommentiert sie den Umgang von jungen Menschen mit Medien.

Im Interview fehlen drei Fragen, die Sie im ersten Schritt der Textverständnisübung einordnen müssen.

Kinder.Jugendliche@facebook.com – Das Interview zu den sozialen Netzwerken

schweizerfamilie.ch: Laut der James-Studie, die von Forschern der Zürcher Hochschule für Angewandte Wissenschaften, der Uni Genf und der Uni der italienischen Schweiz durchgeführt wurde, surfen Schweizer Mädchen und Jungs zwischen 12 und 19 Jahren [täglich] zwei Stunden im Internet und sind auf Facebook registriert. Finden Sie das beunruhigend?

Silvie Spiess: Nein, ich finde es per se nicht beunruhigend. Es kommt natürlich darauf an, was die Jugendlichen im Netz machen. Neben den Aktivitäten in sozialen Netzwerken wie Facebook und dem Anschauen von Videos auf YouTube sind sie zum Teil auch für schulische Zwecke im Internet. Sie erhalten von ihren Lehrpersonen Aufgaben, für die [sie] den Computer benötigen, oder sie recherchieren im Netz. Es ist aber vor allem wichtig, was die Kinder und Jugendlichen neben ihrer Aktivität im Netz sonst noch machen. Wenn sie nebenher auch Sport treiben oder ein Instrument spielen und ein intaktes soziales Umfeld haben, dann ist das nicht beunruhigend. Gemäss der James-Studie ist die Beschäftigung mit dem Computer die erste Wahl, wenn die Jugendlichen allein sind. Sind sie mit Freunden zusammen, gehen sie am liebsten in den Ausgang, plaudern, shoppen, treffen sich. Grundsätzlich steht bei den neuen Medien die Kommunikation im Zentrum: das Handy zum Telefonieren und zum Smslen[1] und der Computer zum Pflegen der sozialen Kontakte in Facebook und anderen sozialen Netzwerken. Dort chatten sie, senden sich Mails, schauen Fotos an… Es geht hauptsächlich um den Austausch von Gefühlen und Informationen mit Freundinnen und Freunden.

> **schweizerfamilie.ch: [–1–]**

Spiess: Digital Natives sind sehr gut, wenn es darum geht, verschiedene Sachen gleichzeitig zu machen. Das Stichwort lautet Multitasking. Sie können sehr gut vernetzt denken und haben den Vorteil, mehrere Kanäle gleichzeitig aufnehmen zu können. Wir als „Digital Immigrants" – d. h. Erwachsene mit einem Jahrgang älter als 1980 – sind in unserem Denken linear, das heißt, wir machen eines nach dem anderen.

---

schweizerfamilie.ch: [–2–]

Spiess: Ein Nachteil, welcher die Multitaskfähigkeit haben kann, ist, dass die Kinder eventuell mehr gefordert sind, wenn es darum geht, sich auf etwas Einzelnes zu konzentrieren oder fokussieren.

schweizerfamilie.ch: [–3–]

Spiess: Für Facebook muss man schon lesen und schreiben können. Offiziell darf man ab dreizehn Jahren bei Facebook mit dabei sein. Es gibt aber schon viele Kinder, die mit zehn Jahren ein Profil haben und bei der Anmeldung ein falsches Alter angeben. Den Einstieg in die digitale Welt haben die meisten Kinder schon vor dem Kindergarten, da viele von ihnen zu Hause oft vor dem Fernseher sitzen. Später kommen Spiele auf dem Computer dazu, Videos auf YouTube. Gemeinsam ist allen diesen Beschäftigungen, dass sie sich durch – oft unreflektiert – Konsum auszeichnen. Die Kinder hinterfragen die Medien nicht, sie sind nicht selber aktiv.

schweizerfamilie.ch: In der James-Studie wird auch festgehalten, dass es vereinzelte Jugendliche gibt, die nicht nur konsumieren, sondern Inhalte im Netz auch gestalten, in Form von Beiträgen in Foren oder Blogs. Was sind Ihre Beobachtungen?

Spiess: Blogs sind bei Kindern und Jugendlichen nicht wirklich ein Thema. Es sind nur vereinzelte Jugendliche, die bloggen. Der Blog wird dann aber nicht im eigentlichen Sinne eines Tagebuchs gebraucht, wie wir es aus unserer Kindheit kennen. Es ist dann viel mehr eine Plattform, um beispielsweise ein spezielles Hobby in den Mittelpunkt zu stellen.

*Als **Digital Natives** werden Kinder und Jugendliche bezeichnet, die mit digitalen Geräten aufgewachsen sind und Jahrgang 1980 haben oder jünger. Als **Digital Immigrants** werden Erwachsene ab Jahrgang 1980 und älter bezeichnet.*

Interview: Claudia Müller, www.schweizerfamilie.ch

---

[1] **Smslen**   SMSen

Textverständnis

1 Im Interview fehlen drei Fragen. Wählen Sie hier drei Fragen aus, die zu den Antworten passen, und schreiben Sie die Buchstaben in die Kästchen.

1 ☐

2 ☐

3 ☐

A. Trägt der Computer zur Verbesserung des Lebens bei?

B. Warum sitzen Jugendliche so gern am Computer?

C. Wo werden hingegen Probleme aufkommen?

D. Ist Facebook für viele der Einstieg in die digitale Welt?

E. Finden Jugendliche Facebook gut?

F. Was werden die „Digital Natives" besser können als die älteren Generationen?

2 Was machen Jugendliche laut Frau Spiess in ihrer Freizeit:

Wenn sie am Computer sind?	Wenn sie nicht am Computer sind?

3 Die folgenden Aussagen beziehen sich auf das Interview. Kreuzen Sie an, ob sie aufgrund des Textes richtig oder falsch sind. Begründen Sie Ihre Antwort mit Informationen aus dem Text.

	richtig	falsch
Beispiel: Frau Spiess ist selbst kein Digital Native.	☒	☐

Begründung: Wir als „Digital Immigrants" … in unserem Denken

		richtig	falsch
1	Frau Spiess sieht es mit Sorge, wenn Jugendliche Zeit am Computer verbringen.	☐	☐

Begründung: ....

		richtig	falsch
2	Der Computer dient allein der Gestaltung der Freizeit.	☐	☐

Begründung: ....

		richtig	falsch
3	Frau Spiess rät zu einer Kombination von Computer und anderen Freizeitaktivitäten.	☐	☐

Begründung: ....

		richtig	falsch
4	Jugendliche sitzen am liebsten vor dem Computer.	☐	☐

Begründung: ....

		richtig	falsch
5	Beschäftigung mit neuen Medien fördert das Verständnis von Zusammenhängen.	☐	☐

Begründung: ....

		richtig	falsch
6	Beschäftigung mit neuen Medien hat nur Vorteile für die Jugend.	☐	☐

Begründung: ....

Nützliche Ausdrücke

Bewerten und sich äußern

Es kommt darauf an, …	Es ist (nicht) beunruhigend, dass …
Es ist vor allem wichtig, …	Es geht darum, …
Ein Nachteil/Vorteil ist, …	Das heißt, …

Einstieg

In Industrienationen, wie z. B. Deutschland, Österreich oder der Schweiz, verbringen die Mehrzahl der Jugendlichen Zeit in sozialen Netzwerken.

Diskutieren Sie in kleinen Gruppen, wie Sie selbst soziale Medien benutzen. Beziehen Sie sich in der Diskussion auf die folgenden Fragen:

- Wie viel Zeit verbringen Sie in sozialen Netzwerken?
- Was tun Sie dort?
- Was gefällt Ihnen dabei?
- Was nicht?
- Welche Gefahren gibt es?

Der folgende Text ist ein Tagebucheintrag von einem Jugendlichen, der einen großen Teil seiner Zeit online auf Facebook zu verbringen scheint.

Im Tagebuch fehlen Einträge, die Sie in der Textverständnisübung einordnen müssen.

Tagebuch eines jugendlichen Facebook-Nutzers

„Vier Personen gefällt das"

6.55 Uhr:	
7.30 Uhr:	
10.14 Uhr:	
14.05 Uhr:	
15.11 Uhr:	Langeweile … Dieses eine neue Lied ist schon ziemlich gut. Posten wir es gleich mal auf meine Pinnwand. Youtube-Link kopiert, eingefügt, und fertig. Gefällt in ein paar Stunden sicher einigen Leuten …
16.32 Uhr:	Du wurdest auf drei Fotos markiert. Aha. Das bin ich aber nicht. Sehr lustig diese Spaßvögel … Schon interessant, was für peinliche Fotos manche hochladen. Ob die damit später einen Job bekommen?
19.47 Uhr:	Handy läutet. „Hallo?" „Servas, ich bins. Morgen Abend geh ma fort. Auf diese eine Party. Schau Facebook." Na gut. Eine neue Veranstaltungseinladung. Klick auf „Nehme teil". Bereits 142 bestätigte Gäste. Ah, da kenn ich eh einige. Wird sicher lässig.
22.08 Uhr:	
00.17 Uhr:	

Die Presse

Textverständnis

Es fehlen Einträge im Tagebuch. Ergänzen Sie den Text um die unten stehenden Einträge.

1   Hausaufgaben mehr oder weniger gemacht, im Fernsehen spielt's auch nix[1]. Morgen eh[2] erst um 9 Uhr Schule. Und fad[3] ist mir auch noch… Ab auf die Facebook-Homepage.

2   Schule aus. Endlich. Gleich nach Hause, Essen auf den Tisch. Laptop daneben aufgeklappt, Facebook als Startseite. Aha, Freund hat neues Profilbild. Schaut cool aus. Gleich auf „Gefällt mir". Acht Personen gefällt das. Sogar vier Kommentare … Ups, das Essen wird ja kalt.

3   Wecker läutet in den Schultag. Aufstehen ist so unnötig! Griffbereit liegt das Smartphone. Na gut, checken wir halt mal Facebook. Aha. Drei neue Benachrichtigungen über Nacht. „2 Freunde haben dein Foto kommentiert." Schlafen die in der Nacht nicht?

4   Na super, kann nicht schlafen. Aber da gibt's ja noch das Facebook-App. Im Chat-Fenster immer noch 25 Freunde online: „Bist auch noch wach?" Tja, sieht wohl ganz danach aus.

5   Auf dem Weg in die Schule. Eine ungelesene Inbox-Nachricht. „Hast du morgen Abend Zeit? Geh ma[4] fort!" Puh, noch keine Ahnung. Antwort: „Vllt[5], schreib ma uns noch!;-)" Ab in den Chat. 26 Freunde online. Und das um diese Uhrzeit? Interessant. Haben die kein Leben? Aber Moment, bin ja selbst auch online …

6   Doppelstunde Informatik. Facebook ist im Lehrsaal zwar gesperrt, aber wir kommen dennoch rein (hihi), der Lehrer merkt eh nix. Aktuellste Meldung: „Hocke in da schule und es is ua zach".[6] Vier Personen gefällt das. Kommentar: „Pass lieber auf im Unterricht haha." Denen ist anscheinend auch fad. Nachricht an Michi, zwei Reihen weiter vorn, ebenfalls mit Facebook geöffnet: „Sauu[7] spannend der Unterricht heute oder?

Diese Wörter aus dem Text sind umgangssprachlich oder Abkürzungen:.

[1] *nix*   nichts

[2] *eh*   sowieso

[3] *fad*   langweilig

[4] *geh ma*   gehen wir

[5] *vllt*   Abkürzung für „vielleicht"

[6] *ua zach*   sehr langweilig

[7] *sau*   sehr

Schriftliche Übung

Verfassen Sie einen Tag lang Ihr eigenes Tagebuch, in dem Sie Ihre Nutzung von digitalen Medien kommentieren. Welche Medien benutzen Sie? Wann und für wie lange? Warum? Was denken und/oder fühlen Sie dabei? Benutzen Sie die Checkliste für einen Tagebucheintrag auf S. 345.

Textsorte: Tagebucheintrag

Ein Tagebuch hilft bei der Reflexion von Erlebtem und Gefühlen, da der Autor seine Gedanken zu einem Erlebnis aufschreibt, um sich beim Schreiben oder späteren Lesen selbst besser zu verstehen. Der Autor schreibt nur für sich selbst und kann so ganz persönlich und ehrlich sein. Gedanken und Emotionen werden im Detail und mit emotiver Sprache beschrieben. Fragen und Ausrufe erlauben den Gefühlszustand des Autors wiederzugeben.

Weiterdenken

Könnten Sie sich vorstellen, ohne digitale Medien zu leben? Wie würde Ihr Leben aussehen? Und wie sehen Sie die Zukunft: Werden digitale Medien immer wichtiger? Oder kommt es zu einem Einbruch? Diskutieren Sie mit einem Mitschüler. Spekulieren Sie.

Generationenkonflikte

Der folgende Text ist ein Gedicht zum Thema Generationenkonflikt. Das Gedicht regt zum Nachdenken darüber an, wie Vorurteile, die Jugendliche und Erwachsene voneinander haben, das Zusammenleben belasten.

Jugend

Er trägt ein Shirt auf dem steht:

Ihr werdet es nie vermuten

wir gehören zu den GUTEN!

Auf seinem Rucksack steht

5 Kotzbrocken

Lässig an die Ampel gelehnt steht er rauchend vor
mir, vielleicht 16 Jahre alt. Er dreht sich um, schaut
mich an. Wut in seinen Augen. Ich muss lächeln,
er dreht sich schnell wieder nach Vorn[1], sein Blick
10 verwirrt.

Ich mag die Wut der Jugend gegen die Welt, zur
Schau getragen in zerrissenen Klamotten und bunten
Haaren.

*Lisa Südecum, jetzt.de,
Süddeutsche Zeitung*

[1] Beachten Sie, dass *vorn* normalerweise klein geschrieben wird, der Autor des Gedichtes es allerdings groß schreibt.

Textverständnis

1 Beantworten Sie die folgenden Fragen zum Text.

1 Stellen Sie die Informationen zum Jugendlichen, der beschrieben wird, zusammen.

2 Was zeigen sein Verhalten und der Spruch auf dem T-Shirt darüber, welche Haltung der Jugendliche von Erwachsenen erwartet?

3 Wer spricht?

4 Wie verhält sich der Sprecher im Gedicht?

5 Warum ist der Jugendliche am Ende verwirrt?

2 Füllen Sie die Tabelle aus.

In der Zeile …	bezieht sich das Pronomen …	auf …
Beispiel: „auf <u>dem</u> steht" (Z. 1)	*„dem"*	*das T-Shirt*
6 <u>Ihr</u> werdet es nie (Z. 2)	„Ihr"	
7 <u>wir</u> gehören (Z. 3)	„wir"	
8 auf <u>seinem</u> Rucksack (Z. 4)	„seinem"	

Weiterdenken

1 Die folgenden Fragen und Arbeitsaufträge erlauben Ihnen auf die Ideen im Gedicht zu reagieren. Geben Sie Ihre eigene Meinung und Erfahrungen zu dem Thema Generationenkonflikt.

a) Worauf könnte der Jugendliche wütend sein? Was gefällt ihm vielleicht nicht an der Welt, die die Erwachsenen bestimmen? Sammeln Sie in Gruppen alle Bereiche der Lebenswelt von Jugendlichen, die Konflikt mit Erwachsenen bergen.

b) „Kotzbrocken" steht auf dem T-Shirt des Jugendlichen. Warum könnten Erwachsene Jugendliche so negativ beschreiben? Warum könnten Erwachsene auf die Jugend wütend sein?

c) In beiden Fällen, wenn Jugendliche oder Erwachsene das Verhalten des anderen nicht akzeptieren, kommt es zu Konflikten. Was tun Jugendliche, wenn Sie Schwierigkeiten haben? Diskutieren Sie, wie Sie sich in Konfliktsituationen verhalten.

2 Fassen Sie Ihre Ideen in der folgenden Tabelle zusammen.

Konfliktsituation 1 a) / b)	Lösungsstrategie 1 c)
Beispiel: Das Taschengeld reicht nicht.	*1 Diskussion mit den Eltern, um mehr Taschengeld zu bekommen.*
	2 einen Nebenjob finden, um Geld zu verdienen.
	3 sparsamer sein.
schlechte Noten in der Schule	1 …
	2 …
…	

3 Vergleichen Sie Ihre Strategien mit dem Verhalten der deutschen Jugend in der folgenden Infografik der Shellstudie.

Was Jugendliche tun, wenn sie Schwierigkeiten oder große Probleme haben

Jugendliche im Alter von 12 bis 25 Jahren (Angaben in %)

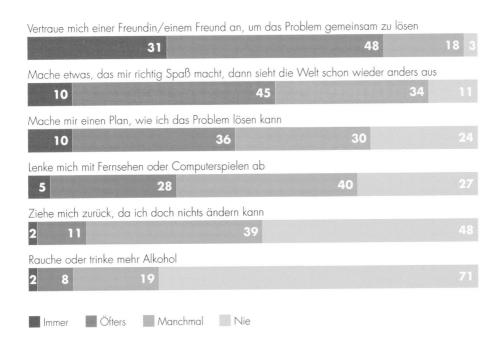

Vertraue mich einer Freundin/einem Freund an, um das Problem gemeinsam zu lösen
31 | 48 | 18 | 3

Mache etwas, das mir richtig Spaß macht, dann sieht die Welt schon wieder anders aus
10 | 45 | 34 | 11

Mache mir einen Plan, wie ich das Problem lösen kann
10 | 36 | 30 | 24

Lenke mich mit Fernsehen oder Computerspielen ab
5 | 28 | 40 | 27

Ziehe mich zurück, da ich doch nichts ändern kann
2 | 11 | 39 | 48

Rauche oder trinke mehr Alkohol
2 | 8 | 19 | 71

■ Immer   ■ Öfters   ■ Manchmal   ■ Nie

Quelle: 16. Shell Jugendstudie, Stand: 2010

Mündliche Übung

Arbeiten Sie mit einem Partner. Eine(r) ist ein Jugendlicher, eine(r) ein Erwachsener. Wählen Sie eine Konfliktsituation und diskutieren Sie, wie dieser Konflikt zu lösen ist. Benutzen Sie Beispiele, die Sie in der Aufgabe 2 unter Weiterdenken zusammengestellt haben, oder Ideen von der folgenden Erklärung.

Mögliche Konflikte können mit **Regeln** zu tun haben, z. B.

● Darf ein Jugendlicher Alkohol trinken oder rauchen?

● Welche Regeln soll es z. B. in der Schule geben, z. B. in Bezug auf die Benutzung des Internets?

● Was passiert bei Regelbruch, z. B. wenn ein Schüler beim Stehlen erwischt wird?

Andere können **Verantwortung** betreffen, z. B.

● Wer entscheidet über die Nutzung des Computers?

● Wer bestimmt, wann ein Jugendlicher nach Hause kommen muss?

● Darf ein Jugendlicher ohne Erwachsene in den Urlaub fahren?

Einstieg

Bevor Sie den Text lesen, diskutieren Sie mit einem Partner über Ihr Verhältnis zu Ihren Eltern: Warum sind die Eltern wichtig in Ihrem Leben? Gibt es einen Unterschied in Ihrer Beziehung zu Ihrer Mutter und zu Ihrem Vater? Beschreiben Sie Ihre Idealvorstellung von Eltern und von einer Beziehung zwischen Kind und Eltern.

Als Nächstes lesen Sie nun einen Text über Anna, die das Verhältnis zu ihren Eltern, besonders zu ihrer Mutter, in verschiedenen Phasen ihres Lebens beschreibt. Für Anna gab es viele Ereignisse, die ihr Leben in den letzten Jahren beeinflusst haben und die sie zu der jungen Frau gemacht haben, die sie jetzt ist. In allen Phasen hat die Mutter und teilweise auch der Vater eine Rolle gespielt und ihr Handeln beeinflusst.

Im Text fehlen im letzten Abschnitt Präpositionen, die Sie im zweiten Schritt der Textverständnisübung einsetzen müssen.

Anna: „Ich habe nie Haschisch und Alkohol kombiniert"

Wenn es eine Konstante gibt im Leben von Anna, dann sind es diese Fragen: „Anna, räumst du dein Zimmer auf?" – „Hast du dich für die Geschenke bedankt?" – „Was ist mit deinem Praktikumsplatz, willst du da nicht mal anrufen?" Mit 13 hofft Anna noch, ihre Mutter würde bald damit aufhören, mit 16 rebelliert sie dagegen, heute sagt sie: Lieber etwas Genörgel als gar keinen Rückhalt. Sie hat am eigenen Leib erlebt, wie tief man fallen kann.

Dies geschah im Sommer vor drei Jahren: Anna ist 17 und macht mit ihren Eltern Urlaub an der türkischen Riviera. Sie liegt mit ihrer Mutter am Strand, der Vater streift allein umher. Zu Hause erfährt sie dann, dass sich ihre Eltern trennen wollen: Der Vater hat eine neue Freundin, kaum älter als seine Tochter. Anna steht noch unter Schock, da stirbt ihr innig geliebter Großvater. Und wenig später trennt sie sich von ihrem Freund, der seit Wochen nur noch kifft. Der Albtraum scheint kein Ende zu nehmen.

Aber Anna hat ja ihre Mutter, die zwar manchmal nörgelt, aber immer Rat weiß. Mit ihr spricht Anna über alles, etwa wenn sie Stress mit ihrem Freund hat. Freundinnen seien da schlechte Ratgeber, „zu loyal, die sagen sofort: ach, der Arsch". Ihre Mutter dagegen hat stets auch die Perspektive des Freundes im Blick. Sie ist Sozialarbeiterin, betreut psychisch Kranke, die Probleme anderer sind ihr Alltag, so leicht erschüttert sie nichts.

Da ist zum Beispiel die Sache mit den Alcopops: Als Anna 14 wird, geht die Mutter mit ihr zur Tankstelle und kauft ein paar Flaschen. Kichernd sitzen beide dann zu Hause in der Küche und testen, wie viel Anna verträgt. Drogen? Die Mutter warnt Anna nur, Haschisch mit Alkohol zu kombinieren, das führe geradewegs in die Psychose. „Hab ich auch nie gemacht", sagt die Tochter heute. Mit 16 hat Anna eine Zeit lang „einen reicheren Freundeskreis". Ein Freund holt sie oft im goldenen Porsche seiner Eltern ab, dann fährt er mit ihr die Düsseldorfer Einkaufsstraßen entlang. Die Begeisterung der Mutter, eher rot-grün sozialisiert, hält sich in Grenzen. Trotzdem redet sie Anna die Freunde nicht schlecht, das rechnet ihr die Tochter hoch an. Selten erlebt sie ihre Mutter ratlos, am ehesten bei den Wutanfällen des Vaters. Doch in diesen Situationen rücken die beiden noch näher zusammen.

Umso härter trifft es Anna, dass sie nach der Trennung der Eltern mit ihren Problemen auf einmal allein dasteht. Ihre Mutter ist mit sich beschäftigt – die Freundin ihres Mannes, sie ahnte ja nichts. Ständig ist sie gereizt, jedes Paar Schuhe, das nicht aufgeräumt ist, bedeutet Streit zwischen Mutter und Tochter. Anna kämpft auch mit dem Vater: Er weigert sich, Unterhalt zu zahlen. Überall Krisenherde, überall Spannungen. Annas Körper hält diesen Zustand nicht lang aus. Sie schläft zwanzig Stunden am Tag und fühlt sich die übrigen vier schlapp. Schließlich landet sie in einer Spezialklinik am Starnberger See, Diagnose: Burnout.

Sommer heute. Anna sitzt im „Rosie's", einem Bistro (1) _____ der Düsseldorfer Innenstadt. Die reichen Freunde hat sie längst (2) _____ sich gelassen, manche halten sie trotzdem noch „für eine Schickimicki-Ziege", erzählt sie genervt. Anna ist 1,82 Meter groß, schlank, hat lange braune Haare. Sie trägt einen kurzen, weißen Rock, graues Top, braune Lederjacke. Wie es (3) _____ ihr aussieht, wissen nur ihre Mutter und ein paar Freunde. (4) _____ der Therapie hat sie recht genaue Vorstellungen davon, was im Leben zählt. Sie hat das schlimme Jahr überstanden, und das (5) _____ die Hilfe der Mutter; (6) _____ Therapie zu gehen war ihre eigene Idee. Diese Zeit war „eine enorme Bereicherung für mich", sagt sie. (7) _____ zwei Monaten starb Annas Vater (8) _____ Lungenkrebs. Da fiel auch der Mutter auf, wie erwachsen ihre Tochter geworden war: Wie selbstverständlich beteiligte sie sich (9) _____ der Organisation des Begräbnisses. (10) _____ derselben Zeit legte sie ihre letzte Abiturprüfung ab. Ihre Mutter, stolz, überraschte sie (11) _____ einer spontanen Party. Und ermahnte sie (12) _____ Ende, auch allen (13) _____ die Geschenke zu danken. „Sie kann einfach nicht anders", sagt Anna belustigt.

Rainer Stadler, Suddeutsche Zeitung GmbH

Textverständnis

1 Bringen Sie die Ereignisse in die richtige Reihenfolge. Nummerieren Sie sie.

A. Annas Eltern lassen sich scheiden. ☐

B. Annas Großvater stirbt. ☐

C. Anna hofft, dass die Mutter mit den Ermahnungen aufhört. ☐

D. Annas Vater stirbt. ☐

E. Anna macht Urlaub mit den Eltern in der Türkei. ☐

F. Anna kommt mit Burnout in die Spezialklinik. ☐

G. Annas Mutter gibt eine Überraschungsparty für Anna. ☐

H. Anna macht ihre letzte Abiturprüfung. ☐

I. Anna probiert Alcopops mit der Mutter. ☐

J. Anna trennt sich von dem Freund, der kifft. ☐

2 Ergänzen Sie die folgenden Präpositionen im letzten Abschnitt des Textes. Jede Präposition kann nur einmal gebraucht werden.

AM	AN	AN	FÜR	HINTER
IN	IN	IN	IN	MIT
OHNE	SEIT	VOR		

3 Füllen Sie die folgende Tabelle aus.

Was gefällt Anna an Ihrer Mutter?	Was findet Anna nervig?

4 Welche Probleme hat Anna mit den Eltern nach der Scheidung:

1 mit der Mutter

2 mit dem Vater

Schriftliche Übung

Schreiben Sie zwei Tagebucheinträge von Anna, in denen Anna erzählt, wie sie sich fühlt und was sie über ihre Situation denkt. Benutzen Sie die Checkliste für einen Tagebucheintrag auf S. 345.

1 Erster Eintrag: nach der Scheidung, dem Tod des Großvaters und der Trennung vom Freund

2 Zweiter Eintrag: nach der Party nach der letzten Abiturprüfung

Nützliche Ausdrücke

Auf ein positives Erlebnis reagieren	Auf ein negatives Erlebnis reagieren
Ich fühle mich großartig/wunderbar/voller Energie.	Ich fühle mich fürchterlich/entsetzlich.
… hat mich echt glücklich/zuversichtlich/optimistisch gemacht.	Ich bin deprimiert/verletzt.
Das hat mich total gefreut.	Musste das wirklich mir passieren?
Wie kann ich nur so ein Glück haben!	Ich bin immer noch ganz benommen von dem Schock.
Ich kann es gar nicht fassen, dass so etwas unglaublich Tolles mir passiert!	Wie kann man nur so tief fallen?
Einfach klasse!	Es ist, als ob mir jemand den Teppich unter den Füßen weggezogen hätte.
	Was soll ich jetzt nur machen?
	Mir ist ganz elend zumute.
	Lass das alles nicht wahr sein!

Schule: für das Leben lernen?

„Heute noch zur Schule gehen,

wo so schönes Wetter ist,

warum soll man lernen,

was man später doch vergisst?"

Deutsches Sprichwort

Zur Diskussion

Diskutieren Sie das Sprichwort in kleinen Gruppen. Was spricht dafür, in die Schule zu gehen, warum haben Schüler keine Lust auf Schule und schwänzen sogar? Stimmen Sie zu, dass Schule Zeitverschwendung ist? Tragen Sie Argumente für und gegen den Schulbesuch in einer Tabelle zusammen.

Schriftliche Übung

Sie haben von einem Freund/einer Freundin gehört, dass er/sie mit 16 ganz mit der Schule aufhören und jobben will. Schreiben Sie einen persönlichen Brief, in dem Sie dem Freund/der Freundin Ihre Gedanken und Bedenken zu der Entscheidung erklären. Benutzen Sie die Checkliste für einen informellen Brief auf S. 331.

Textsorte: Informeller Brief

Jeder kann einen Brief schreiben, aber nicht jeden Brief liest man gern.

Ein sehr guter, persönlicher Brief ist einer, der deutlich macht,

- wie gut der Autor den Adressaten kennt (erwähnen Sie Hobbys, Lieblingsdinge, Ideen),

- wie eng die Beziehung zwischen Autor und Adressat ist,

- wie wichtig dem Autor der Kontakt ist,

- warum Ratschläge, Beobachtungen und Erlebnisse für den Adressaten interessant sind.

Beachten Sie auch das Format eines Briefes. Ein Brief braucht ein Datum, eine Anrede, eine Verabschiedung.

Zur informellen Brief gehört informelle Sprache, z. B. der Adressat wird geduzt, Jugendsprache wird gebraucht.

Wussten Sie das?

Das deutsche Schulsystem

In Deutschland ist Bildungspolitik Ländersache, sodass jedes Bundesland entscheidet, wie es das Schulsystem organisiert. Daher entstehen regionale Unterschiede. Einerseits gibt es Länder, die je nach Leistung Schüler an Hauptschulen, Realschulen und Gymnasien unterrichten. In anderen Ländern werden alle Schüler an der Gesamtschule unterrichtet und dort nach Leistungsniveau in den Fächern differenziert. Einen allgemeinen Überblick finden Sie in der folgenden Abbildung:

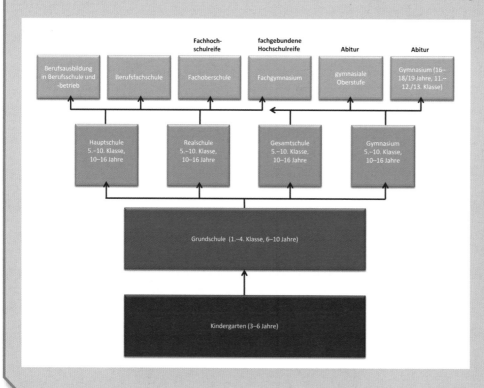

Weiterdenken

Vergleichen Sie das deutsche Schulsystem mit dem Ihrer eigenen Kultur. Wo gibt es Unterschiede? Wo Gemeinsamkeiten? Wo sehen Sie Vorteile in dem Ihnen bekannten System, wo finden Sie das deutsche besser? Schreiben Sie Ihre Beobachtungen zunächst als Liste auf und diskutieren Sie diese dann in einer kleinen Gruppe.

Im folgenden Text lesen Sie nun von einer ganz anderen Schule, die die neuen Technologien nutzt, um den traditionellen Unterricht im Klassenraum zu ersetzen.

Die Internetschule

Ein Klassenzimmer, 30 Schüler, vorne an der Tafel steht der Lehrer und unterrichtet. So sieht Schule aus. Oder vielleicht doch nicht immer? Es geht nämlich auch anders: die Web-Individualschule hat keine Klassenräume, keinen Pausenhof und keine Tafeln – sie ist eine Internetschule. Hier findet der Unterricht nur über den Computer statt.

Manche Schüler, deren Eltern zum Beispiel beruflich für längere Zeit ins Ausland müssen, können keine normale Schule besuchen. Sie verpassen zu viel Unterricht und verlieren irgendwann ganz den Anschluss. Diese Kinder und Jugendlichen haben aber meistens – egal wo auf der Welt sie gerade unterwegs sind – einen Internetanschluss. Und das reicht aus, um an der Internetschule unterrichtet zu werden.

Schulaufgaben, die Spaß machen

Jeder Schüler bekommt einen eigenen Lernplan per E-Mail zugeschickt. Das sind Aufgaben aus verschiedenen Themengebieten, die extra für diesen Schüler ausgesucht wurden. Der Schüler lässt sich so viel Zeit, wie er braucht und schickt dann die fertigen Aufgaben zurück an die Schule. Dann bekommt er sein nächstes „Lernpaket".

Das Besondere dabei ist, dass die Schüler nicht einfach irgendwelche Aufgaben bekommen. Nein – jeder Schüler bekommt Übungen, die extra für ihn entworfen wurden. Da berechnet dann ein Fußball-Fan, wie hoch die Wahrscheinlichkeit ist, ein Tor zu treffen. Ein Schüler, der sich gerne mit Autos beschäftigt, lernt, wie ein Automotor funktioniert. Schüler, die Computerspiele mögen, schreiben Aufsätze darüber, warum es Altersbeschränkungen für viele Spiele gibt. Und so bedeutet Lernen nicht mehr „trockener Unterricht", sondern mehr über interessante Themen zu erfahren.

Alleine Lernen

Deshalb ist die Internetschule auch oft die letzte Hoffnung für Schüler, die von „normalen" Schulen geflogen sind. Jugendliche, die gar keinen Abschluss haben, können hier auf einmal doch noch lernen. Sie können sich ihre Zeit frei einteilen und bekommen spannende Lernpakete. Da lernt plötzlich noch der schlimmste Schulschwänzer freiwillig.

Manche kritisieren das „alleine Lernen vor dem Computer" an der Internetschule: Schließlich soll man in der Schulzeit auch lernen, mit anderen zusammen zu arbeiten und auszukommen – das allerdings lernen die Internet-Schüler nicht.

Die Abschlussprüfung findet dann aber nicht im Internet statt. Wie alle anderen auch, müssen die Web-Individualschüler eine offizielle Prüfung an einer staatlichen Schule mitschreiben. Doch da machen sich die Internet-Schüler keine Sorgen: Bisher hat noch jeder seinen gewünschten Abschluss geschafft.

Anna Sandner, GEOlino.de

Textverständnis

1 Ordnen Sie zu: Was gehört laut Artikel zur traditionellen Schule, was zur Internetschule? Einer der Begriffe gehört zu beiden.

- Lernpaket per E-Mail
- Lernen mit anderen
- 30 Schüler mit einem Lehrer
- Pausenhof
- Tafel
- individuelle Lernpläne
- individualisiertes Lernen
- Abschlussprüfung in einer staatlichen Schule

Traditionelle Schule	Internetschule

2 Wann ist eine Internetschule besonders attraktiv für einen Jugendlichen? Geben Sie zwei Antworten auf diese Frage.

Weiterdenken

Welche Vor- und Nachteile bietet Ihrer Meinung nach die Internetschule? Stellen Sie diese in einer Tabelle zusammen.

Mündliche Übung

Die Situation

Ihre Schule überlegt, die Oberstufe abzuschaffen und Kurse online anzubieten. Die Abiturprüfungen können die Schüler nach zwei Jahren an der Schule ablegen. Der Rektor lädt zu einer Versammlung ein, um den Vorschlag zu diskutieren. Am Ende der Versammlung müssen sich alle auf eine Empfehlung einigen, die begründet ist. Ein Journalist ist auch dabei, um Interviews mit den Interessengruppen zu veröffentlichen und die Diskussion zu moderieren.

Lesen Sie zuerst die folgende Situationsbeschreibung oben und dann die Rollenbeschreibungen unten. Arbeiten Sie in Gruppen, die jeweils eine Rolle vorbereiten. Stellen Sie Argumente zusammen, die in der Diskussion die Position der Rolle unterstützen.

Benutzen Sie die Ausdrücke für Diskussionen aus diesem Kapitel auf S. 92.

Der Journalist leitet die Diskussion. Er muss darauf achten, dass alle an der Diskussion teilnehmen.

Mutter/Vater 1

Sie haben eine Tochter, die gern in die Schule geht und dort ihre Freunde trifft. Sie tut das Nötigste für die Schule, da die Lehrer es erwarten. Einerseits erkennen Sie die Bedeutung des Computers, da Schüler online gut selbstständig lernen können. Andererseits machen Sie sich Sorgen: Wird Ihre Tochter genug Zeit und Energie investieren? Wer unterstützt das Lernen, wenn Probleme auftreten? Wie kann sie ohne Schule die Freunde treffen?

Mutter/Vater 2

Sie wohnen weit von der Schule und haben einen Sohn, der gern am Computer sitzt. Häufig verschwendet er dort seine Zeit mit Spielen. Gleichzeitig spielt er Fußball, wo er regelmäßig seine Freunde trifft. Sie stehen der Internetschule positiv gegenüber, aber wollen sichergehen, dass der Sohn optimal gefördert wird. Er braucht ein gutes Abitur, um Medizin zu studieren.

Schüler/-in 1

Sie sind ein guter Schüler und wollen nach dem Abitur Jura studieren. Im Unterricht langweilen Sie sich oft, da der Lehrer/die Lehrerin Zeit mit Schülern verbringt, die stören oder Probleme beim Verstehen haben. Sie sehen die Internetschule als Chance, keine Zeit in der Klasse zu verlieren. Sie haben aber auch Sorgen, dass Sie sozial isoliert sein könnten, da Sie soziale Netzwerke online nicht gern nutzen.

Schüler/-in 2

Sie wollen gern Abitur machen, sind aber sehr faul. Sie gehen zur Schule, weil Sie dort Spaß mit den Freunden haben. Es hilft, wenn Ihnen die Lehrer das Nötigste erklären, um die Prüfungen zu bestehen. Daher sind Sie nicht überzeugt, dass die Internetschule das Richtige für Sie ist.

Lehrer/-in 1

Sie lieben den persönlichen Kontakt mit den Schülern und glauben im Klassenraum besonders motivierend zu wirken. Sie können sich nicht vorstellen, nur am Computer zu arbeiten und nur schriftlich Feedback zu geben. Sie glauben auch fest daran, dass Schüler in der Schule voneinander und außerhalb des Unterrichts lernen. Soll das alles verschwinden?

Lehrer/-in 2

Sie finden die Strukturen der traditionellen Schule unflexibel. Online könnten Sie auch außerhalb der festgelegten Zeiten mit Schülern kommunizieren. Sie könnten zu Hause arbeiten. Außerdem wäre da nicht der Lärm und die Klassendisziplin, die Sie anstrengend finden.

Rektor/-in

Sie finden, dass die Schule die Entwicklung der modernen Medien nicht genügend nutzt. Daher finden Sie die Internetschule gut. Darüber hinaus sehen Sie eine Chance für Schüler, die Schwierigkeiten haben, Strukturen wie Stundenpläne und Klassengruppen zu akzeptieren. Außerdem investieren Sie Ihr Budget dann mehr in das Lernen: nicht in ein Gebäude, das Schüler als sozialen Treffpunkt nutzen, sondern in Lehrer und die Computerabteilung, die Lernpakete entwickeln und mehr Feedback geben.

Journalist/-in

Vor der Versammlung interviewen Sie alle Interessengruppen und veröffentlichen die Interviews. Während der Diskussion übernehmen Sie die Moderation.

Außerschulische Lebenswelten

Einstieg CAS

CAS und das *IB Learner Profile* fordern *IB-DP* Schüler auf, sich zu engagieren und zu einer Gemeinschaft beizutragen. Dabei erkennen Jugendliche, dass sie ein Teil der Welt sind und diese positiv verändern können. Gleichzeitig wird auch deutlich, dass Handeln auch negative Folgen haben kann, z. B. wenn beim Reisen nicht an die Umwelt gedacht wird. Junge Menschen leben noch lange auf dieser Welt und haben mehr Einfluss als viele denken. Daher ist es wichtig zu überlegen, was für einen Beitrag jeder leisten will.

Diskutieren Sie in der Klasse oder in Kleingruppen:

- Kann die Jugend die Welt verändern?
- Sollen junge Leute sich für die Welt einsetzen?
- Warum sollte das die Aufgabe der Jugend sein?
- Warum sind Jugendliche vielleicht nicht geeignet, die Welt zu verändern?
- Was können Jugendliche machen, um ihre Welt zu verbessern?

„Ich kümmere mich um Hunde im Tierheim im meiner Freizeit, warum auch nicht?"

„Ja klar. Mitmachen ist alles und zusammen können wir etwas verändern!"

„Warum soll ich im Turnverein helfen, wenn ich da kein Geld verdiene?"

„Was geht das mich an?"

„Was kann ich als Einzelner schon ausrichten?"

„Erst mal will ich Spaß haben. Da ist keine Zeit für das Ehrenamt."

Was halten Jugendliche davon, sich ehrenamtlich zu engagieren?

„Wir als Jugendliche haben doch gar keine Kontrolle über diese Welt. Lass die Erwachsenen doch erst mal Gutes tun."

„Ich will nicht ausgenutzt werden. So mache ich lieber nur das, was für mich von Vorteil ist."

„Es macht einfach Spaß zu sehen, wie alte Menschen sich freuen, wenn man zuhört."

„Ich habe mein eigenes Fußballteam, das ich jede Woche trainiere. Großartig!"

Im folgenden Text werden Wirkcamps vorgestellt, eine Initiative, in der sich Menschen in begrenzter Zeit zusammen mit anderen einsetzen können und dabei auch noch Spaß haben.

Im Text fehlen im letzten Abschnitt Endungen der Adjektive, die Sie im ersten Schritt der Textverständnisübung einsetzen müssen.

Wirkcamps: Endlich mal was tun

„Eigentlich sollte ich etwas dagegen tun", denken wahrscheinlich viele Jugendliche, wenn sie wieder einmal von den aktuellen Problemen der Menschheit hören. „Bloß wann und wo?", geht der Gedanke vielleicht bei vielen weiter. Moderne Ausbildungen und Studiengänge lassen wenig Zeit für zusätzliches Engagement. Gleichzeitig wirken manche etablierten Initiativen so groß und abstrakt, dass man kaum das Gefühl hat, dort etwas bewegen zu können. Für alle, denen es so geht, gibt es nun eine Lösung: ein „Wirkcamp".

Unter dem Motto „Weltretten am Wochenende" kann man auf einem Wirkcamp all sein aufgestautes Engagement in nur drei Tagen loswerden. Das grundlegende Konzept ist einfach. Junge Menschen aus ganz Deutschland treffen sich für ein Wochenende, um intensiv in einer Gruppe gemeinsam zu arbeiten – zu synergieren. Sie bringen dabei alle ihre eigenen Ideen und Fähigkeiten mit ein und schaffen etwas, das sie alleine nicht vollbracht hätten.

Auf dem vergangenen Wirkcamp im Mai in Leipzig gab es sieben solcher Projekte. Zum Beispiel ein vegetarischer Aktionstag in der Mensa oder der Bau eines Beachvolleyballfeldes auf einer Brache in der Stadt. Ina Weisser, die das Camp mitorganisierte, findet, dass es genau auf diese Ergebnisse ankommt: „Wenn wir alle dann nach einem Wochenende konzentrierter Arbeit und regem Austausch vor den Ergebnissen stehen und staunen – dieses Gefühl des ‚Wir haben etwas geschafft' ist es, worum es uns geht."

Typisch für unsere Zeit?

Die Projekte sollen, so sind die Bedingungen, ein konkretes Ergebnis ansteuern, zeitlich klar abgesteckt sein und dabei eine bunte Mischung von Menschen zusammenbringen. Das Wirkcamp stellt dafür aber nur den Rahmen. Jede Arbeitsgruppe entscheidet selbst, wie viel sie tun möchte. Wer selbst eine Idee hat, kann natürlich auch eine eigene Gruppe aufmachen.

Alles in allem ist die Idee des Wirkcamps typisch für unsere Zeit: kompakt, pragmatisch und nachhaltig.

Arbeiten, Denken, Feiern

Auch die persönlich____ (1) und menschlich____ (2) Entwicklung der Teilnehmer/-innen ist ein Ziel des Wirkcamps. Nach getaner Arbeit bekommt man durch interessant____ (3) Vorträge weiter____ (4) Anregungen. So gab es in Leipzig unter anderem eine Podiumsdiskussion über den „Grün____ (5) Kapitalismus" und einen lehrreich____ (6) Vortrag über Biodiversität. Und damit der Spaß nicht zu kurz kommt, gehören auch Partys zum Abendprogramm.

Aber was kann man in drei Tagen überhaupt erreichen? Die Antwort ist: Mehr, als man denkt. Dank des Wirkcamps in Leipzig gibt es nun zum Beispiel ein Beachvolleyballfeld in der Stadt mehr und eine Brache weniger. Die konsumkritisch____ (7) Stadtführung Leipzig hat besser____ (8) Werbemittel, und eine neu____ (9) Kampagne informiert über den Stromverbrauch des Internets. Wie viel man selber zum Wirkcamp beigetragen hat, mag einem gering erscheinen – spätestens bei der Abschlusspräsentation ist man aber beeindruckt vom Umfang der erreicht____ (10) Verbesserungen.

Patrick Rein, www.fluter.de, Redaktion und Alltag

Textverständnis

1 Im Text fehlen im letzten Abschnitt Endungen der Adjektive. Ergänzen Sie diese. Nehmen Sie dazu die Tabelle aus *Grammatik unter der Lupe* auf S. 109 zu Hilfe.

2 Schreiben Sie den Buchstaben der richtigen Antwort in das Kästchen.

1 Obwohl junge Menschen sich engagieren wollen, machen viele es nicht. Der Text sagt warum. Welche Antwort trifft zu?

    A. Jugendliche haben keine Zeit und denken nicht, dass ihr Beitrag zu großen Initiativen etwas positiv verändern wird.

    B. Jugendliche haben kein Geld und glauben nicht, dass ihr Beitrag zu großen Initiativen etwas positiv verändern wird.

    C. Jugendliche haben keine Zeit und keine Ideen.

    D. Jugendliche denken nicht, dass ihr Beitrag zu großen Initiativen etwas positiv verändern wird und haben selbst keine Ideen.

    E. Jugendliche haben kein Geld und keine Zeit.

2 Wie lange dauert ein Wirkcamp?

    A. zwei Tage

    B. drei Tage

    C. eine Woche

3 Was sind die Kriterien für ein Projekt eines Wirkcamps? Drei Nennungen werden erwartet.

    A. Es soll Menschen in Kontakt bringen.

    B. Es soll von Spezialisten gemacht werden.

    C. Es soll ein genaues Resultat haben.

    D. Es soll zeitlich klar definiert sein.

    E. Es soll Spaß machen.

Schriftliche Übung

Sie haben am Wirkcamp in Leipzig teilgenommen und kommen begeistert nach Hause. Schreiben Sie einen Brief an Ihre Eltern, um ihnen davon zu berichten, was Ihnen an dem Wochenende besonders gefallen hat. Versuchen Sie die Eltern davon zu überzeugen, gemeinsam mit Ihnen an einem Wirkcamp teilzunehmen. Benutzen Sie die Checkliste für einen informellen Brief auf S. 331 und die Hinweise für einen informellen Brief auf S. 102 in diesem Kapitel.

Weiterdenken

Im Text fragt der Autor, was man überhaupt in drei Tagen erreichen kann. Planen Sie in der Gruppe ein Wirkcamp an Ihrer Schule, bei dem der Einsatz für andere wichtig ist. Erstellen Sie ein Programm und stellen Sie es der Gruppe vor. Machen Sie deutlich, was Sie alles an einem Wochenende erreichen können und was dafür benötigt wird. Vielleicht können Sie es mit Ihrem *CAS Coordinator* auch in die Realität umsetzen.

Grammatik unter der Lupe: Adjektivendungen

Sie haben schon im Text ein paar Adjektivendungen eingesetzt. Diese Tabelle zeigt noch einmal alle Endungen in der Übersicht. Können Sie sich noch erinnern, welche Faktoren bestimmen, welche Endung verwendet werden muss? Die Tabelle zeigt die Endungen in den Fällen bei Maskulinum, Femininum, Neutrum und Plural.

	Maskulinum	Femininum	Neutrum	Plural (für alle gleich)
Nominativ Wer? Was?	der gute Mann	die gute Frau	das gute Kind	die guten Männer
	ein guter Mann	eine gute Frau	ein gutes Kind	gute Männer
	guter Mann	gute Frau	gutes Kind	
Akkusativ Wen? Was?	den guten Mann	die gute Frau	das gute Kind	die guten Männer
	einen guten Mann	eine gute Frau	ein gutes Kind	gute Männer
	guten Mann	gute Frau	gutes Kind	
Dativ Wem?	dem guten Mann	der guten Frau	dem guten Kind	den guten Männern
	einem guten Mann	einer guten Frau	einem guten Kind	guten Männern
	gutem Mann	guter Frau	gutem Kind	
Genitiv Wessen?	des guten Mannes	der guten Frau	des guten Kindes	der guten Männer
	eines guten Mannes	einer guten Frau	eines guten Kindes	guter Männer
	guten Mannes	guter Frau	gutes Kindes	

Ergänzen Sie die Endungen im folgenden Text.

Während des letzt____ (1) Wirkcamps lernten sich Lotta und Michael kennen. Sie bemerkten einander während des gemeinsam____ (2) Frühstücks am früh____ (3) Morgen. Michael trug einen lang____ (4), modisch____ (5) Mantel und eine schwarz____ (6) Brille. Lotta hatte blau____ (7) Augen und kurz____ (8) Haare. In dem spannend____ (9) Gespräch, das folgte, erfuhr Lotta, dass Michael seit viel____ (10) Jahren eine nett____ (11) Freundin in Bonn hatte. Erleichtert erzählte sie ihm von ihrer groß____ (12) Liebe daheim. Dann arbeiteten die neu____ (13) Freunde das ganz____ (14) Wochenende zusammen, um zerstört____ (15) Infotafeln im ruhig____ (16) Wald zu reparieren. Später versprachen sie sich, beim nächst____ (17) Wirkcamp wieder dabei zu sein – dann mit den langjährig____ (18) Partnern.

Im folgenden Text lesen Sie, wie Jugendliche ihre freie Zeit nutzen können, um das zu machen, was ihnen Spaß macht, und dabei viel zu lernen.

Nicht nur in der Schule lernen wir …

Vom Fußballclub bis zur Theatergruppe: Neben Wissen und speziellen Fertigkeiten kann man im Verein auch das Miteinander trainieren. Doch was ist das Erfolgsgeheimnis des „Lernorts Verein"? Eine Spurensuche im Saarland.

Fragt man Kinder und Jugendliche, warum sie in einem Verein, einer Gruppe mitmachen, dann heißt es meist: weil es Spaß macht. Spaß, Fußball, Basketball oder Tennis zu spielen, in der Theatergruppe, bei der Feuerwehr, den Pfadfindern mitzumachen. Spaß, immer besser zu werden, sich mit anderen zu messen, auch Spaß, Verantwortung zu übernehmen. Und natürlich Spaß, mit anderen gemeinsam etwas zu unternehmen.

„Es ist die Bestätigung, dass man Qualitäten hat, die anderswo – zum Beispiel in der Schule – nicht gefordert sind", sagt Georg Vogel, Geschäftsführer beim Landesjugendring Saar, einer Arbeitsgemeinschaft von 21 saarländischen Kinder- und Jugendverbänden.

In einem Verein, einer Gruppe mitzumachen heißt also: freiwilliges Lernen, das Spaß macht. Freiwillig, weil man in der Regel den Verein nach seinen Interessen und Neigungen aussucht. Lernen, weil man seine Fertigkeiten verbessert. Spaß, weil man Erfolgserlebnisse hat und Selbstbestätigung bekommt – und das ist etwas, was schließlich jeder Mensch braucht.

Den Umgang mit anderen lernen

Lernen im Verein bezieht sich jedoch nicht nur auf Fertigkeiten und Wissen. „Kinder und Jugendliche können im Verein viel Selbsterfahrung sammeln, was ja besonders für die Entwicklung von Einzelkindern wichtig ist", sagt Thomas Dastbaz, Vorsitzender der Sportjugend Saar. „Kinder können sich in der Gruppe austesten. Sie können den Umgang mit anderen Menschen lernen, lernen, sich in der Gruppe durchzusetzen, aber auch mal zurückzustehen. Sowohl bei Gleichaltrigen als auch bei Älteren – schließlich haben sie ja auch mit Trainern, Betreuern und auch mit Vereinsvorsitzenden zu tun, gegenüber denen sie ihre Interessen vertreten müssen."

Es geht also um das soziale Miteinander. Und das können wir nur im Umgang mit anderen lernen.

Das Ehrenamt leidet unter Zeitdruck

In zahlreichen der 2200 allein im Saarland aktiven Jugendsportvereinen sind bereits 16-Jährige als Trainer oder Assistenten aktiv – ebenso wie in anderen Jugendgruppen. Und sie sind sehr gefragt, denn allen Unkenrufen von Computer- und Videokids zum Trotz, Jugendvereine – zumindest im Saarland – haben in der Regel keine Probleme, Kinder zu finden, die mitmachen wollen.

Doch die zeitlichen Rahmenbedingungen für jugendliche Ehrenamtliche würden immer schwieriger, sagt Vogel. Der Schulalltag der Gymnasiasten sei länger und dichter geworden, die Studenten müssten Studiengebühren zahlen und verstärkt Geld verdienen. Feuerwehr, Jugendrotkreuz und THW-Jugend beispielsweise erfreuten sich zwar einer großen Nachfrage, „aber sie haben zugleich ein Riesen-Problem, genug Ehrenamtliche zu finden". Überhaupt sei durch den erhöhten Arbeitsdruck das Engagement der Ehrenamtlichen insgesamt zurückgegangen, bestätigt auch Thomas Dastbaz von der Sportjugend.

Wenn die Zahl der Ehrenamtlichen immer mehr zurück geht – geraten damit nun auch die Vereine in Gefahr? Und was wären die Folgen? „Wenn eine Kommune keine Kinder und Jugendlichen mehr hat, die gelernt haben, sich demokratisch im Gemeinwesen zu engagieren, dann geht auch die Demokratie ein Stück weit kaputt", sagt dazu Georg Vogel.

Dagmar Scherer, ARD.de

Textverständnis

1 Kreuzen Sie die richtigen Antworten an. Mehrere Antworten für eine Frage sind möglich. Ihre Antworten müssen aus dem Text kommen.

1 Was macht Spaß im Verein?

☐ **A.** sich zu verbessern

☐ **B.** mit der Mannschaft zu verreisen

☐ **C.** Konkurrenz mit anderen

☐ **D.** die Eltern stolz zu machen

☐ **E.** Verantwortung zu übernehmen

☐ **F.** Erfolg zu haben

☐ **G.** Freunde zu finden

☐ **H.** Tennis zu spielen

☐ **I.** beschäftigt zu sein

☐ **J.** mit anderen Menschen zusammen zu sein

2 Was lernen Jugendliche im Verein?

☐ **A.** soziales Miteinander

☐ **B.** Wissen und Fertigkeiten

☐ **C.** gewinnen

☐ **D.** Zeitmanagement

☐ **E.** Enttäuschungen verarbeiten

☐ **F.** Entscheidungen treffen

☐ **G.** sich für das Gemeinwohl einsetzen

☐ **H.** einen Beruf finden

3 Was führt dazu, dass immer weniger Ehrenamtliche in Vereinen aktiv sind?

☐ **A.** mangelndes Interesse bei Jugendlichen

☐ **B.** zu hohe Anforderungen an Ehrenamtliche

☐ **C.** Gelddruck für Studenten

☐ **D.** Image der Vereine

☐ **E.** mehr Schulstress im Gymnasium

☐ **F.** Gesetze gegen Kinderarbeit

☐ **G.** zu viel Arbeit im Allgemeinen

2 Finden Sie Wörter in der rechten Spalte, mit denen Sie die Wörter aus dem Text (Z. 1–28) in der linken Spalte ersetzen können.

4	trainieren (Z. 2)	☐	**A.**	sich erproben
5	mitzumachen (Z. 8)	☐	**B.**	zu machen
6	sich zu messen (Z. 8)	☐	**C.**	dabei zu sein
7	zu unternehmen (Z. 10)	☐	**D.**	nachzugeben
8	aussucht (Z. 17)	☐	**E.**	üben
9	sich austesten (Z. 23–24)	☐	**F.**	sich zu behaupten
10	sich durchzusetzen (Z. 25)	☐	**G.**	wählt
11	zurückzustehen (Z. 25)	☐	**H.**	sich mit anderen zu vergleichen

Wussten Sie das?

Freiwilliges Engagement in Deutschland

Freiwilliges Engagement für die Gesellschaft

Jeder Dritte in Deutschland übernimmt in seiner Freizeit auch freiwillige Aufgaben. Durchschnittlich 14 bis 21 Stunden im Monat engagieren sich die Bürger vor allem in der Sport- und Freizeitgestaltung, in der Kinder- und Jugendarbeit, in ihrer Kirche, im Gesundheits- und Sozialbereich oder für Kultur und Bildung. In den letzten Jahren hat dieses Engagement zugenommen. Leute engagieren sich gerne in kleinen, selbstorganisierten Gruppen. Das freiwillige Engagement hat zunehmend eine volkswirtschaftliche Bedeutung. Man schätzt, dass über 4,6 Milliarden Arbeitsstunden pro Jahr von Freiwilligen geleistet werden. Auch die Stiftungen werden immer wichtiger. Sie verwalten heute ein Vermögen von ca. 100 Milliarden Euro. Stark im Kommen sind Bürgerstiftungen, bei denen mehrere Bürger und Unternehmen gemeinsam als Stifter auftreten.

Die größten Bereiche des freiwilligen Engagements
(in Prozent)

Sport	11
Erziehung	7
Soziales	5,5

Nachdruck verboten

Weiterdenken

1 Was machen Sie in Ihrer Freizeit? Sind Sie Mitglied eines Vereins, einer Sportmannschaft oder einer anderen Gruppe? Diskutieren Sie in der Klasse, welche Erfahrungen Sie mit Vereinen und Organisationen gemacht haben und was ein aktives Vereinsleben bedeutet.

2 Ist jemand von Ihnen ehrenamtlich tätig, z. B. als Teil des *CAS Programmes*? Besprechen Sie auch diese Erfahrungen.

3 In vielen Ländern bieten Schulen Freizeitaktivitäten an, wie es in deutschsprachigen Ländern die Vereine tun. Diskutieren Sie die Vor- und Nachteile von Ganztagsschulen, wo Sport, Musik und anderes Engagement in der Schule stattfindet. Vergleichen Sie dies mit dem deutschen System, wo Schüler oft mittags die Schule beenden und dann im Verein aktiv sind. Welches Modell ziehen Sie vor? Warum?

Mündliche Übung

Die Fotos helfen Ihnen, sich auf die mündliche Einzelprüfung vorzubereiten. Sie zeigen Freizeitangebote, bei denen freiwillige Helfer aktiv sind.

1 Erfinden Sie Titel für die Fotos, die einen Vortrag stimulieren.

2 Bereiten Sie auf der Basis von einem der Fotos einen drei- bis vierminütigen, klar strukturierten Vortrag zum Thema „Freiwilliges Engagement in der Freizeit" vor. Benutzen Sie dabei das Foto als Einstieg und präsentieren Sie dann interessante Ideen und Standpunkte zum Thema.

Integration
Sprache
Bildung
Willkommenskultur
Arbeit
Anerkennung

4. Kulturelle Vielfalt

Einheiten	Klischees kritisch hinterfragt	S. 116
	Eine Sprache – eine Kultur? Der deutschsprachige Raum	S. 125
	Deutschland: ein Migrantenland	S. 130
	Multikulturelles Berlin	S. 142
	Migranten verändern die deutsche Sprache: das Kiezdeutsch	S. 146
Aspekte	Was ist typisch deutsch?	
	Das Austauschjahr – mehr als Spracherwerb	
	Immigranten zwischen Ausgrenzung und Integration	
	Kreuzberg als Vielvölkerstaat	
	Sprache als Spiegelung von Identität	
LERNZIELE	**Textsorten**	Kurzgeschichte
		Blogeintrag
		Zeitungsbericht
	Sprache	Adjektivsteigerung
		Modaladverbien
		Strukturwörter
		Reflexive Verben
	Die *IB*-Ecke	Mündliche interaktive Prüfung
		Mündliche Einzelprüfung
		TOK

Klischees kritisch hinterfragt

Wortschatz

Ordnen Sie jedem Adjektiv in der linken Spalte ein Synonym und ein Antonym zu.

Adjektiv	Synonym		Antonym/Gegenteil	
tüchtig 3 6	1	verantwortungsbewusst	A.	unfreundlich
pflichtbewusst 1	2	chaotisch	B.	witzig
unordentlich 2	3	fleißig	C.	unbeschwert
humorlos	4	gedankenvoll	D.	verantwortungslos
nachdenklich 4	5	eigenständig	E.	faul
höflich , N	6	tatkräftig	F.	unsympathisch
engagiert	7	ernst	G.	unselbstständig
ehrlich	8	naturverbunden	H.	passiv
locker	9	freundlich	I.	selbstsicher
herzlich	10	verschlossen	J.	steif
schüchtern	11	arrogant	K.	verlogen
umweltbewusst	12	aufmerksam	L.	ignorant gegenüber der Natur
überheblich	13	entspannt	M.	bescheiden
sympathisch	14	aufrichtig	N.	unhöflich
selbstständig	15	liebenswert	O.	ordentlich

Einstieg

Die oben genannten Adjektive beschreiben, wie ein Mensch ist. Überlegen Sie, welche Adjektive Sie benutzen würden, um einen typischen Deutschen zu beschreiben. Diskutieren Sie Ihr Bild eines Deutschen/einer Deutschen in Paaren und geben Sie Gründe.

Als Nächstes lesen Sie nun einen Zeitschriftenartikel, der die Vorurteile über Eigenschaften der typischen Deutschen behandelt. Zwei junge Menschen berichten, was sie in Deutschland erlebt haben.

Typisch deutsch!

Humorlos, ordentlich und verklemmt. Was denken junge Menschen aus anderen Ländern über deutsche Jugendliche?

Wenn man Menschen in anderen Ländern fragt, wie sie sich einen „typischen Deutschen" vorstellen, dann bekommt man oft die gleichen Antworten. Er ist tüchtig, sehr pünktlich und ordentlich ist er sowieso. Leider versteht er aber auch keinen Humor und besonders herzlich ist er auch nicht. Aber gilt dieses zugegebenermaßen nicht besonders ansprechende Bild auch für die jüngere Generation? Sind deutsche Jugendliche denn angeblich genauso pflichtbewusst und langweilig wie ihre Eltern oder gibt es vielleicht ganz andere Vorurteile, von denen wir noch gar nichts wissen?

Andrew ist im Alter von zehn Jahren mit seinen Eltern und seinem jüngeren Bruder von England nach Deutschland gezogen. Mit im Gepäck waren auch ein paar Vorurteile: „Ich hatte schon die Vorstellung, dass deutsche Schüler ziemlich ordentlich und brav sind. Das sagt man ja über die Deutschen", erzählt Andrew. Nach einer Begegnung mit seiner damaligen Klasse hätte das aber wohl niemand mehr behauptet: „Gleich in den ersten zwei Minuten habe ich alle Vorurteile über Bord geworfen. Meine Mitschüler sind über die Bänke geklettert und rumgesprungen wie Affen! Das hätte ich mich in England niemals getraut. Meine Eltern waren total geschockt, wie unerzogen deutsche Kinder sein können." Auch in seiner weiteren Schullaufbahn bis zum Abitur hat Andrew die „ziemlich lockere" Atmosphäre im Unterricht genossen. Trotz der ganzen Blödeleien ist der deutsche Humor für ihn aber immer noch nicht ganz nachzuvollziehen: „Alle deutschen Jugendlichen, die ich kenne, stehen auf Mr. Bean. Auch wenn das keiner glaubt: in England findet das wirklich keiner lustig. Humor ist in Deutschland aber sowieso nicht so wichtig, glaube ich."

Dass wir weniger lachen als andere Nationalitäten, konnte Amanda während ihres Austauschjahres nicht bestätigen. Die damals 16-jährige Brasilianerin sagt heute, dass das Jahr in Deutschland eines der lustigsten ihres Lebens war – von Langeweile keine Spur! „Wir haben so viel Quatsch gemacht und waren ständig unterwegs. Meine Freunde haben mich sofort integriert und waren total herzlich. Das hab ich mir vorher schon anders vorgestellt." Außerdem findet sie toll, dass Jugendliche in Deutschland so selbstständig sind, weil sie überall ohne ihre Eltern hingehen dürfen – und können. In Rio de Janeiro kann Amanda nicht alleine mit dem Rad fahren oder auf Partys gehen, weil es einfach zu gefährlich ist. Und wie sieht es mit der Ordnung und Pünktlichkeit aus? „Deutsche sind definitiv viel ordentlicher und vor allem organisierter als wir. Aber das stört mich nicht – im Gegenteil. Das riesige Chaos bei uns geht mir oft auf die Nerven!" Ein Vorurteil habe sich für die Südamerikanerin dann aber doch bestätigt, fügt sie mit einem Augenzwinkern hinzu: „Bei uns sagt man, dass Europäer ein bisschen steif und verklemmt sind. Und es gibt eine Sache, bei der ich das wirklich gemerkt habe: besonders gut tanzen könnt ihr ja nicht."

Daniela Kurtz, Yaez Verlag GmbH

Textverständnis

1 Ergänzen Sie alle Adjektive, die Deutsche im Text beschreiben, in der folgenden Tabelle. Es gibt acht Adjektive zu positiven Eigenschaften und vier Adjektive zu negativen Eigenschaften.

Positive Eigenschaften	Negative Eigenschaften

2 Beantworten Sie die Fragen zu Andrew und Amanda.

Frage	Andrew	Amanda
1 Wie alt waren sie, als sie nach Deutschland kamen?		
2 Warum kamen sie nach Deutschland?		
3 Wo sammelten sie ihre Erfahrungen mit Deutschen?		

Weiterdenken

Was hat Andrews und Amandas Bild von den Deutschen beeinflusst? Inwieweit können hier auch das Alter, der Grund für den Umzug nach Deutschland oder der Kontext der Erfahrungen einen Einfluss haben?

Diskutieren Sie Umstände, die zu positiven oder negativen Bildern von Deutschen führen können.

Wussten Sie das?
Ausländer in Deutschland

Momentan leben etwa 6,7 Millionen Ausländer in Deutschland. Sie machen 8,2 Prozent der Gesamtbevölkerung aus. 2,4 Millionen von ihnen kommen aus der Europäischen Union. Fast jeder fünfte in Deutschland lebende Ausländer ist in Deutschland geboren, das heißt, entweder die Eltern oder Großeltern sind nach Deutschland eingewandert. Zu den 6,7 Millionen Ausländern, die dauerhaft in Deutschland leben, kommen noch einmal circa 6 Millionen deutsche Staatsbürger, deren Eltern oder Großeltern aus dem Ausland stammen. Das heißt, dass jeder zehnte Mensch in Deutschland aus einer anderen Kultur als der Deutschen stammt und so das Bild eines typischen Menschen, den man in Deutschland trifft, von vielen Kulturen beeinflusst wird.

Grammatik unter der Lupe: Vergleiche

Der Komparativ

Schauen Sie sich die folgenden Beispiele zum Komparativ an:

- *Das Wetter war gestern **schöner als** heute.*
- *Das Bild der Deutschen ist **schlechter als** die Realität.*
- *Klischees sind **gefährlicher, als** man denkt.*

1 Nun benutzen Sie das Adjektiv und das Verb links in der Tabelle, um die zwei Dinge in Spalte 2 und 3 zu vergleichen.

Beispiel: laut lachen	mein Bruder	meine Schwester
1 fleißig sein	Thomas	sein Freund
2 lecker kochen	die Franzosen	die Deutschen
3 schnell fahren	die Deutschen	die Holländer

Beispiel
Mein Bruder lacht lauter als meine Schwester.

Der Superlativ

Schauen Sie sich die folgenden Beispiele zum Superlativ an:

- *Carla ist das **sportlichste** Mädchen in meiner Klasse. Carla rennt **am schnellsten**.*
- *Nicholas stellt die **interessantesten** Fragen. Er ist **am interessantesten**.*
- *Charlotte hat die **lauteste** Stimme. Sie singt **am lautesten**.*

2 Nun benutzen Sie das Adjektiv links in der Tabelle, um mit den Begriffen in Spalte 2 und 3 ähnliche Sätze zu bilden.

Beispiel: ordentlich	Jugendliche	Menschen
4 fleißig	Michael	Klassenkamerad
5 kritisch	mein Vater	Leser
6 hilfsbereit	Vertrauenslehrer	Erwachsene

Nachdruck verboten

Beispiel

Jugendliche sind die ordentlichsten Menschen. Sie sind am ordentlichsten.

Einige Adjektive brauchen einen Umlaut im Komparativ und Superlativ:

Adjektiv	Komparativ	Superlativ
alt	älter	am ältesten
arm	ärmer	am ärmsten
groß	größer	am größten
jung	jünger	am jüngsten
kalt	kälter	am kältesten
klug	klüger	am klügsten
kurz	kürzer	am kürzesten
lang	länger	am längsten

3 Kennen Sie noch weitere Adjektive, die einen Umlaut bei der Steigerung brauchen? Stellen Sie eine Liste zusammen.

Einige wenige Adjektive sind **unregelmäßig**. Dazu gehören:

Adjektiv	Komparativ	Superlativ
gut	besser	am besten
hoch	höher	am höchsten
nah	näher	am nächsten

Schriftliche Übung

Beschreiben Sie eine Person, die Ihnen sympathisch ist. Vergleichen Sie sich dann mit dieser Person. Benutzen Sie bei der Steigerung von Adjektiven die Grammatikerklärung.

Das folgende Gedicht zeigt im ironischen Ton, wie gefährlich die Steigerung nationalen Denkens ist. Friedrich Rückert benutzt den Superlativ und Komparativ, um zu zeigen, dass Nationalstolz dazu führen kann, dass ein Mensch sich besser als andere findet.

Lyrisch gesehen

Ich bin deutscher als deutsch,
ich deutscher,
Deutschester bin ich.
Ich bin der Deutschereste oder der Deutschestere.
Drauf durch Komparativ und Superlativ fortdeutschend
deutschten sie auf bis zum Deutschesteresteresten,
bis sie vor komparativisch- und superlativistischer Deutschung
den Positiv von Deutsch hatten vergessen zuletzt.

Friedrich Rückert (1788–1866)

Grammatik unter der Lupe: Modaladverbien

Wenn Sie danach gefragt werden, wie Ihnen jemand gefällt, könnten Sie z. B. sagen:

1 Anna ist nett.

2 Thomas ist ziemlich nett.

3 Güngör ist unsagbar nett.

Wie unterscheiden sich diese Aussagen? Welcher der drei Leute ist der netteste? Woran sieht man das?

Schriftliche Übung

Die nachfolgenden Adverbien erklären, in welchem Maße ein Adjektiv zutrifft. Ergänzen Sie diese in Ihrer Beschreibung der sympathischen Person, sodass die Beschreibung deutlich macht, wie sehr Sie den Menschen schätzen.

- sehr
- höchst
- unsagbar
- überaus
- äußerst
- außerordentlich
- vergleichsweise
- ziemlich
- kaum
- wenig

Weiterdenken TOK

1 Schreiben Sie Adjektive auf, die einen typischen Menschen Ihrer Kultur beschreiben. Arbeiten Sie anschließend mit einem Partner: Erklären Sie ihm, was für Sie einen Menschen aus Ihrer Kultur ausmacht.

2 Nun vergleichen Sie das Bild mit dem Bild eines typischen Deutschen. Sehen Sie Unterschiede zu den Adjektiven, die Sie für einen Deutschen verwendet haben? Woher kommen diese?

3 Fühlen Sie sich als typischer Vertreter Ihrer Kultur? Warum und warum nicht? Warum denken wir in diesen Stereotypen? Was sind die Vor- und Nachteile?

4 Es gibt viele Menschen, deren Eltern aus unterschiedlichen Kulturen kommen oder die in einem Land leben, dessen Kultur nicht ihre ursprüngliche ist. Vielleicht sind Sie so ein Mensch. Wenn ja, welcher Kultur fühlen Sie sich zugehörig? Welche Vor- und Nachteile hat ein Heranwachsen zwischen mehreren Kulturen?

Wie man eine bestimmte Situation interpretiert, hängt oft von der eigenen Perspektive ab. Dabei kommen manchmal eigene Vorurteile oder Ängste zum Vorschein, die eventuell mehr über uns aussagen als über die Leute, die wir beurteilen. Die folgende Kurzgeschichte zeigt dies in lustiger Weise.

Immer diese Ausländer

„Immer diese Hetzerei, nie kann man mal in Ruhe eine Kleinigkeit essen! Dieses muss bis zum Mittag noch fertig werden, jenes eilt!" Leise vor sich hin schimpfend betrat Petra das Selbstbedienungsrestaurant und reihte sich in die Schlange der hungrigen – eiligen Mittagspausierenden. Wie so oft hatte sie im letzten Augenblick noch einen ganz dringenden Auftrag bekommen, so dass für die Mittagspause eigentlich gar keine Zeit blieb.

Endlich kam die Reihe an sie. „Eine Gulaschsuppe mit Brötchen bitte!"

Na wenigstens das war schon mal geschafft. Suchend schaute sich Petra nach einem Sitzplatz um. Aja, dort hinten sah es doch recht gemütlich aus. Schnell an den Tisch und erst einmal das Tablett und die Tasche abgestellt.

Kaum saß die sowieso schon Gestresste, da bemerkte sie, dass der Löffel fehlte. Also schnell noch einmal zurück und das nötige Esswerkzeug besorgen.

„Das Tablett und die Tasche kannst du einen Augenblick stehen lassen!" dachte sie bei sich. Schließlich war man hier unter zivilisierten Mitteleuropäern, da würde ja wohl niemand die Suppe auslöffeln und die Tasche entwenden!

Mit diesem Gedanken marschierte Petra noch einmal zurück und kam bald darauf mit einem Löffel bewaffnet an ihren Tisch. Sie staunte nicht schlecht, denn ein männlicher Mensch undefinierbarer Herkunft saß vor ihrer Gulaschsuppe und tauchte gerade seinen Löffel ein. Völlig verblüfft setzte sich Petra erst einmal hin. „Entschuldigung, das ist meine Suppe!"

Der Angesprochene lächelte freundlich, „Perdone, no entiendo", sagte er in höflichem Ton, führte seinen Löffel zum Mund und biss herzhaft in das Brötchen.

„Natürlich, ein Ausländer und verstehen tut er auch nichts… " Petra war entschlossen ihre Mahlzeit zu verteidigen. Sie tauchte ihrerseits den Löffel in die Suppe und führte ihn zum Mund. Sollte der fremdländische Suppenräuber doch sehen wo er blieb.

Der runzelte verwirrt die Augenbrauen, löffelte aber weiter, während er höflich etwas fragte, das Petra völlig unverständlich war. Sie ließ sich nicht beirren, sondern brach sich ein Stück Brötchen von der unangegessenen Seite ab. „Sicher ist sicher!"

„Das ist meine Suppe", betonte sie noch einmal. Der unverschämte Mensch zuckte die Schultern. Was blieb der sowieso schon Gestressten übrig: Sie teilte ihre Suppe zwangsläufig, wobei sie den Suppendieb mit bösen Blicken aufspießte.

Nachdem die kleine Terrine bis fast auf den Grund geleert war, stand der inzwischen völlig verwirrte Mann auf und entfernte sich hastig.

„Na so etwas", Petra tastete nach ihrer Tasche, die sie unter dem Tisch abgestellt hatte. Panik überkam sie, denn offensichtlich war die nicht mehr vorhanden. Sie schlug sich vor den Kopf. Natürlich, der dreiste Ausländer war gar nicht auf ihre Suppe aus gewesen. Er hatte es von Anfang an auf ihre Handtasche abgesehen gehabt. Das las man doch immer wieder.

„Ich Kamel, da meckere ich wegen dem Essen und in der Zwischenzeit haut der Typ mit meiner Tasche ab!"

Petra sprang auf und schaute sich um. Vielleicht würde sie den frechen Dieb noch sehen. Das war nicht der Fall, aber sie sah etwas völlig anderes: Eine Tischreihe weiter stand eine Terrine mit jetzt kalter Gulaschsuppe auf und ihre Handtasche unter dem Tisch…

Angie Pfeiffer

Textverständnis

1 Diese Adjektive kommen im Text vor. Wen oder was beschreiben sie? Kreuzen Sie an.

Adjektiv	Petra und ihr Handeln	Mann und sein Handeln	Restaurant und andere Gäste
fremdländisch			
unverschämt			
verwirrt			
gemütlich			
hastig			
frech			
dreist			
gestresst			
eilig			
verblüfft			
höflich			
entschlossen			
bewaffnet			

2 Welcher Eindruck entsteht von Petra und von dem Mann, wenn Sie die Adjektive ansehen? Wer hat diesen Eindruck?

3 Welche Vorurteile hat Petra?

4 Kreuzen Sie an, ob die folgenden Aussagen aufgrund des Textes richtig oder falsch sind. Begründen Sie Ihre Antwort mit Informationen aus dem Text.

	richtig	falsch
Beispiel: Petra hat kein Interesse, den Ausländer näher kennenzulernen.	☒	☐
Begründung: Sollte der ... doch sehen wo er blieb		
1 Menschen aus Petras eigenem Kulturkreis respektieren das Eigentum der anderen.	☐	☐
Begründung:..		
2 Ausländer sind dumm.	☐	☐
Begründung:..		
3 Ausländer respektieren das Eigentum anderer nicht.	☐	☐
Begründung:..		
4 Ausländer haben Krankheiten, die ansteckend sind.	☐	☐
Begründung:..		
5 Dieser Ausländer ist ein Dieb.	☐	☐
Begründung:..		

5 Geben Sie kurze Antworten auf die folgenden 3 Fragen.

6   Woher kommen Petras Vorurteile? Begründen Sie Ihre Antwort mit Informationen aus dem Text.

7   Der letzte Satz sagt: „Eine Tischreihe weiter stand eine Terrine mit jetzt kalter Gulaschsuppe auf und ihrer Handtasche unter dem Tisch…" Wem gehört die kalte Suppe?

8   Wie ist der Ton des Textes?

    A. nachdenklich

    B. witzig

    C. informativ

    D. poetisch

Wortschatz

Ergänzen Sie die Liste der Adjektive auf S. 123 um Synonyme und Antonyme.

Zur Diskussion

Bei der Geschichte handelt es sich um einen fiktionalen Text. Benutzen Sie die Checkliste für eine Kurzgeschichte auf S. 339, um die Merkmale einer Kurzgeschichte kennenzulernen. Diskutieren Sie mit einem Partner und finden Sie gemeinsam Beispiele für die einzelnen Punkte der Checkliste. Handelt es sich bei „Immer diese Ausländer" um eine typische Kurzgeschichte?

Schriftliche Übung

Versetzen Sie sich in die Lage des ausländischen Mannes und schreiben Sie eine Kurzgeschichte aus der Perspektive des Mannes über die Begebenheit im Schnellrestaurant. Der Titel der Geschichte lautet: „Immer diese Deutschen …" (400 Wörter). Benutzen Sie die Checkliste für eine Kurzgeschichte auf S. 339. Für *HL*-Schüler ist die Aufgabe eine gute Vorbereitung auf die Schriftliche Aufgabe, die ein Teil ihres *Internal Assessments* ist.

Eine Sprache – eine Kultur? Der deutschsprachige Raum

Einstieg

Viele Schüler machen während ihrer Schulzeit ein Auslandsjahr. Stellen Sie eine Liste von Gründen zusammen, warum Schüler von so einem Jahr profitieren.

Oft wird ein Land gewählt, um eine fremde Sprache zu lernen. Ist jedoch ein Aufenthalt in einem Land, in dem die Verständigung kein Problem ist, nicht besser? In der folgenden Diskussion in einem Webforum für Auslandsaufenthalte beraten Teilnehmer einen Österreicher, der überlegt, ein Jahr in Deutschland zur Schule zu gehen.

Im Text fehlen Wörter, die Sie in der stilistischen Übung unten einordnen müssen.

Austausch Österreich – Deutschland

(neuesThema)   (antworten)   **Seite 1 von 3** [37 Beiträge]   **Gehe zu Seite 1, 2, 3 Nächste**

Autor	Nachricht
Michael (OFFLINE) **Registriert:** 07.09.2012, 19:32	**Betreff:** Austauschjahr Österreich – Deutschland Hallo, ich überlege, im nächsten Jahr ein Austauschjahr zu machen und nach (West) Deutschland zu gehen. Macht das (1) _____ Sinn, wo ich doch die Sprache spreche? Oder ist es besonders schlau, (2) _____ ich dann keine Sprachbarrieren habe und (3) _____ nicht immer gleich als Ausländer abgestempelt werde? Es gibt doch ganz schön viele Unterschiede in der Kultur, selbst in meinem eigenen Land. Vielleicht will ich ja auch (4) _____ in Deutschland studieren.
Hannah (OFFLINE) **Registriert:** 12.01.2013, 20:02	**Betreff:** Austauschjahr Österreich – Deutschland Machst Du Witze? Warum soll man denn ein Jahr von Zuhause weggehen, die Freunde verlassen, um (5) _____ so gut wie nichts Neues zu lernen? Also ich hab einen österreichischen Vater und wohne nahe an der Grenze, ich seh da keine großen Unterschiede zwischen Bayern und Österreich, (6) _____ der Dialekt schon ganz anders ist. Vor allem denke ich, dass die interessantesten kulturellen Unterschiede in den ex-DDR-Ländern zu finden sind. Vielleicht wäre das was für Dich?
Jonas (OFFLINE) **Registriert:** 11.09.2011, 10:46	**Betreff:** Austauschjahr Österreich – Deutschland Guten Tag, (7) _____ meine ich, dass Sachen in Österreich schon ganz anders sind als in Deutschland. Meine Schwester studiert in Wien und redet viel davon, wie viel gemütlicher alles in Österreich ist, wie anders der Humor ist, wie Kartoffeln auf Österreichisch Erdäpfel heißen und ein Busserl ein Kuss ist. Warum (8) _____ nicht ein Jahr dort leben? (9) _____ Du also überlegst nach Deutschland zu gehen, kann ich den Osten nur empfehlen. Hier ist es billiger zu leben und (10) _____ ist die Gegend abwechslungsreicher als der Westen. Warum willst Du unbedingt in den Westen?
Michael (OFFLINE) **Registriert:** 07.09.2012, 19:32	**Betreff:** Austauschjahr Österreich – Deutschland Ich hab gehört, dass Ostdeutschland dreckig und heruntergekommen ist. Stimmt das etwa nicht? Ist es nicht angenehmer in Bayern oder Hessen zu leben?

(neuesThema)　(antworten)　**Seite 1 von 3** [37 Beiträge]　　**Gehe zu Seite 1, 2, 3 Nächste**

Autor	Nachricht
Jonas (OFFLINE) **Registriert:** 11.09.2011, 10:46	**Betreff:** Austauschjahr Österreich – Deutschland Gehst Du nicht ins Ausland, um mit Vorurteilen aufzuräumen? (11) _____ solltest Du unbedingt in den Osten kommen. Unsere Geschichte vor der Wiedervereinigung ist vielleicht etwas, was Dir viel Neues gibt. Da Du schon Deutsch sprichst, kannst Du mit der Familie, bei der Du lebst, einiges im Detail diskutieren. Vielleicht sind wir ja ganz anders, als Du Dir einen Deutschen vorstellst? Aber Deine Ansicht, dass Ostdeutschland heruntergekommen ist… na schönen Dank auch… es gibt überall hübsche und dreckige Ecken, ob nun in Ost- oder Westdeutschland oder in Deinem Österreich.
Michael (OFFLINE) **Registriert:** 07.09.2012, 19:32	**Betreff:** Austauschjahr Österreich – Deutschland Servus, naja, stimmt, entschuldige, man sieht und hört auch so viel im Fernsehen und im Internet. Also mittlerweile ist es mir egal, ob in den Osten oder den Westen. Wie sieht es denn mit dem Schulsystem aus, ist das überall gleich?
Thomas (OFFLINE) **Registriert:** 02.03.2013, 22:09	**Betreff:** Austauschjahr Österreich – Deutschland Hab' bisher nur gelesen, aber muss jetzt doch mal selbst was schreiben: Also je mehr ich da sehe, desto besser gefällt mir die Idee des Austausches im deutschsprachigen Ausland – bestimmt wäre ein Austausch im eigenen Land auch kulturell spannend. Spannender bestimmt als jedes Jahr die gleichen Sachen zu machen… Jetzt aber zu Deiner Frage J. Jedes Bundesland in Deutschland hat sein eigenes Schulsystem, also pass auf, wo Du hinwillst. Aber eigentlich ist die Schule weniger wichtig als das neue Leben, das Dich im Ausland erwartet, oder? Neue Hobbys, Freunde, Reisen, Abenteuer… alles ohne Eltern… Und sowieso sind Deutsche die liebsten Menschen der Welt!
Nette (ONLINE) **Registriert:** 12.12.2012, 00:34	**Betreff: Austauschjahr Österreich – Deutschland** Also, jetzt hört aber auf! Es gibt nicht „die Deutschen" und auch nicht „die Österreicher". Das ist einfach eine Pauschalisierung der eigenen Erfahrungen und Vorurteile. Und vergesst nicht, dass gerade wenn die Sprache gleich sein sollte, die Missverständnisse umso fataler sind: Wir hatten einen Austauschschüler hier in Frankfurt, der kam aus Luxemburg und sprach fließend Deutsch. (12) _____ hat es mich doch sehr irritiert, als ich die Milch gefroren fand, die er doch einfach in den Eisschrank packen sollte. Wie kann ich auch wissen, dass das für ihn das Gefrierfach war?

Stilistische Übung

Strukturwörter helfen, Ideen und Ereignisse zu verbinden und Zusammenhänge darzustellen. Sie tragen zur Komplexität und auch zum besseren Verständnis der Sprache bei. Daher sollten Ihre Texte Strukturwörter enthalten.

Hier einige Beispiele für Strukturwörter:

ALS	ALSO	BEVOR	DA	DAHER
DANACH	DANN	DARÜBER HINAUS	DENN	NACHDEM
OBSCHON	OBWOHL	SO	SPÄTER	ÜBERHAUPT
VOR ALLEM	WEIL	WENN	WENNGLEICH	ZUERST

Suchen Sie für jede Lücke im oben stehenden Text ein passendes Strukturwort aus der Liste aus. Für einige Lücken gibt es mehrere Möglichkeiten und einige Wörter können mehr als einmal verwendet werden. Sie werden nicht alle der Strukturwörter, die hier genannt werden, benötigen.

Textverständnis

Wer hat welche Meinung? Kreuzen Sie die richtige Lösung an.

		Michael	Hannah	Jonas	Thomas	Nette
1	Der Unterschied zwischen Süddeutschland und Österreich ist gering.					
2	Ein Austauschjahr bietet mehr als eine neue Schulerfahrung.					
3	Alle Deutschen sind sympathisch.					
4	Man darf nicht verallgemeinern – weder in Bezug auf ein Land noch in Bezug auf Menschen.					
5	Sprachliche Missverständnisse gibt es auch unter Muttersprachlern aus verschiedenen Kulturen.					
6	Ostdeutschland ist besser geeignet, um ein interessantes Jahr zu erleben.					
7	Es ist ein großer Vorteil, die Sprache gut zu sprechen, da man die Kultur besser mit Einheimischen diskutieren kann.					

Nachdruck verboten

Mündliche Übung

Vergleichen Sie Ihre Argumente, die Sie zu Beginn des Kapitels zusammengestellt haben, mit denen im Text. Entscheiden Sie, ob Sie einen Austausch für Deutsche im deutschsprachigen Ausland besser finden als einen Austausch im Ausland mit anderer Sprache.

Nun diskutieren Sie Ihre Meinungen in der Klasse: Teilen Sie die Klasse in zwei Gruppen. Auf der einen Seite stehen alle die, die denken, dass es besser ist ins deutschsprachige Ausland zu gehen, auf der anderen diejenigen, die ein anderes Land vorziehen. Versuchen Sie, das Gegenlager zu überzeugen. Schüler können während der Diskussion die Seite wechseln, wenn sie ihre Meinung ändern.

Mündliche Übung

Recherchieren Sie eine Gegend in Deutschland, Österreich oder der Schweiz. Finden Sie Informationen über eine Schule, an der Sie lernen könnten, das Leben in dem Ort, die Besonderheiten und die Menschen. Finden Sie drei Fotos von der Gegend, einer Schule und dem Leben dort. Nun stellen Sie sich vor, dass Sie dort ein Jahr zur Schule gegangen sind.

Halten Sie einen kurzen Vortrag mit den drei Fotos, in dem Sie darstellen, welche Erfahrungen Sie in dem Jahr gemacht haben und was Sie gelernt haben. Ermutigen Sie mit dem Vortrag andere Schüler zu einem Austauschjahr in der Gegend.

Schriftliche Übung

Schreiben Sie Ihren eigenen Blogeintrag über Ihre Meinung dazu, wie gut und nützlich das Austauschjahr war, das Sie in der vorhergehenden Übung erfunden haben. Benutzen Sie dazu die Informationen zum Blog auf dieser Seite sowie die Checkliste für einen Blogeintrag auf S. 325.

Textsorte: Blog

Ein Blog ist ein Text, in dem ein Autor seine Meinung, Gedanken und Eindrücke zu einem (aktuellen) Thema unterhaltsam und überzeugend den Lesern seines Blogs vermittelt. Häufig schreibt derselbe Autor jede Woche zu einem anderen Thema, das ihn beschäftigt.

Stil: Der Blogeintrag kann persönlich, anschaulich, polemisch und literarisch anspruchsvoll geschrieben sein. Er ist oft pointiert und witzig zu lesen.

Struktur: Der Blogeintrag ist klar strukturiert mit einem Anfang und einem Endparagraf.

Deutschland: ein Migrantenland

Einstieg

Mobilität bedeutet, dass Menschen ihr Heimatland verlassen (auswandern, emigrieren), um in ein anderes Land zu gehen (dort einzuwandern, zu immigrieren) und dann dort zu leben. Einige ziehen freiwillig um, andere sind gezwungen, ihr Land zu verlassen. Deren Kinder und Enkelkinder wachsen dann in einem Land auf, das nicht das Ursprungsland der Eltern ist. Man spricht von Immigranten in zweiter oder dritter Generation, was bedeutet, dass die Eltern oder Großeltern Einwanderer waren.

1 Stellen Sie Gründe zusammen, die zu Einwanderung führen. Dazu können Sie eine Mindmap benutzen.

2 Sammeln Sie Ideen zu Herausforderungen und Chancen, die einen Immigranten in einem neuen Land erwarten können.

Schriftliche Übung

1 Recherchieren Sie zur Einwanderung in Deutschland nach 1945.

- Woher kamen die Menschen?
- Warum?
- In welchen Perioden?
- Wo leben Sie?

2 Veröffentlichen Sie Ihre Ergebnisse als Wandausstellung.

Nachdruck verboten © Advance Materials 2013

Die folgenden Texte beschreiben deutsche Arbeitnehmer, die in Deutschland zu Hause sind, aber aus anderen Kulturen kommen. Es handelt sich um Erfolgsgeschichten, da die Integration und der Alltag mit mehreren Kulturen von den Immigranten gemeistert werden.

Die Porträts: Menschen mit Migrationshintergrund im öffentlichen Dienst

Hamburg wirbt aktiv für Menschen mit Migrationshintergrund im öffentlichen Dienst. Hier einige Beispiele.

Sujeetha Hermanns (34) schreibt derzeit ihre Bachelor-Arbeit im Studium „Public Management". Sie ist multikulturell aufgewachsen, viele ihrer Verwandten haben eine andere Nationalität als sie selbst. Hermanns wurde zwar auf Sri Lanka geboren, ist aber in der Schweiz groß geworden und ist mit einem Deutschen verheiratet. „Ich hatte nie Berührungsängste und deshalb auch keine Probleme, mich zu integrieren", sagt sie. Sie unterstützt die Kampagne „Wir sind Hamburg! Bist Du dabei?" beispielsweise bei Motivationsworkshops für Jugendliche mit Migrationshintergrund. Ihre Erfahrung: „Viele denken, dass sie nicht gewollt sind und wissen nicht, dass es diese Möglichkeit einer Ausbildung bei der Stadt gibt."

Shahin Taghdimi (26) wurde im Iran geboren, kam als Fünfjähriger nach Deutschland. Er lebte mit seiner Familie zunächst in einem „Problemviertel" von Hamburg. Er ist froh, dass seine Eltern Wert darauf legten, dass er eine gute Schule besucht. „Sonst würde ich nicht so gut Deutsch sprechen und hätte kein Abitur gemacht", sagt er. Taghdimi findet es besonders gut, dass bei der Kampagne „Wir sind Hamburg! Bist Du dabei?" auch Eltern gezielt angesprochen werden. Gerade bei Jugendlichen mit türkischem, afghanischem oder iranischem Hintergrund sei es wichtig, die Familien einzubinden. „Meine Eltern erfüllt es mit Stolz, dass ich hier beim Finanzamt anfange", sagt er.

Der Feuerwehrbeamte Sinol Kahveci (38) lebt seit 32 Jahren in Deutschland, hat aber seinen türkischen Pass behalten. „Wenn man sich anpasst und die Sprache lernt, dann kommt man sehr gut klar. Ich erwarte aber auch Rücksicht auf meine Kultur und Tradition. Es ist ein Geben und Nehmen", sagt er. Wenn er als Moslem von Kollegen zum Essen eingeladen werde, nähmen sie zum Beispiel Rücksicht darauf, dass er kein Schweinefleisch isst. Umgekehrt verzichtet er darauf, alle Beschränkungen im islamischen Fastenmonat Ramadan einzuhalten, wenn er zu dieser Zeit auf einem Löschzug eingesetzt ist.

Passon Habib (24) ist Afghane, hat aber inzwischen einen deutschen Pass. Bei seinen ersten Erfahrungen im Polizeidienst hat er immer wieder festgestellt, dass Menschen mit Migrationshintergrund sehr genau zur Kenntnis nehmen, wenn ihr Gegenüber ihre Kultur kennt. „Das wirkt konfliktentschärfend, weil Menschen gelassener reagieren, wenn man auch ihre Sprache spricht", so Habib. Sein älterer Kollege Daniel Ravlić (32) findet es deshalb gut, „wenn sich die Polizei dem multikulturellen Querschnitt der Bevölkerung anpasst".

Marco Heinen, bundesregierung.de

Nachdruck verboten **Deutsch im Einsatz**

Textverständnis

Beantworten Sie die folgenden Fragen mit kurzen Antworten.

1   Sinol Kahveci spricht von „Geben und Nehmen". Was meint er damit? Welche Beispiele gibt er hierfür?

2   Nennen Sie zwei Handlungen, die die Kampagne „Wir sind Hamburg! Bist Du dabei?" Jugendliche mit Migrationshintergrund erreichen will.

3   Wie haben Shahins Eltern zu seinem Erfolg beigetragen?

4   Stellen Sie alle Vorteile zusammen, die die Integration von Menschen verschiedener Kulturen hat. Nennen Sie, wer das Argument bringt.

   a) Vorteile für den öffentlichen Dienst

   b) Vorteile für den Migranten

5   Welcher Migrant hat seine eigene Nationalität behalten?

6   Welcher Migrant hat die deutsche Nationalität angenommen?

7   Welche der Migranten sind in Deutschland aufgewachsen?

8   Welcher Migrant ist religiös?

Nachdruck verboten

Das folgende Interview greift die Frage des Lebens zwischen zwei Kulturen, welche schon im Artikel über Hamburg angesprochen wurde, wieder auf.

Im Interview fehlen Fragen/Aussagen der Interviewerin, die Sie im ersten Schritt der Textverständnisübung einordnen müssen. Der Text ist ein Trankskript des Interviews, was man an Füllwörtern und Verzögerungen wie „ähm" erkennen kann.

Herausforderungen des Lebens zwischen den Kulturen – ein Interview

Hallo und herzlich willkommen zum Young Germany Podcast. In diesem Podcast hörst Du ein Interview mit Frau Dr. Bahadir zum Thema Integration. Viel Spaß dabei!

Frau Dr. Bahadir ist sozusagen eine Expertin auf dem Gebiet „Integration": Ihre Eltern kommen aus der Türkei und lebten lange Zeit in Deutschland. Sie selbst wurde in Deutschland geboren und wuchs hier auf. Mit 20 Jahren ging sie dann für ihr Studium in die Türkei und nach ihrem Studium kehrte sie wieder nach Deutschland zurück.

Young Germany: [–1–]

Dr. Bahadir: Also, ich muss sagen, dass, ähm, nach meinen acht Jahren in Istanbul musste ich sehen, dass vieles doch positiver in Deutschland war, ähm, und vieles doch eher meiner Persönlichkeit entsprach, als ich es zuvor – äh, bevor ich zum Studium in die Türkei ging – wahrgenommen hatte. Als Migrantenkind hatte ich so ein absolut kritisches Verhältnis zu Deutschland. Also, dieses Gefühl, dass man nicht richtig akzeptiert wird, dass man eben immer mit diesen Fragen konfrontiert wird: Ja, wann gehst du zurück? Ähm, und: Wo fühlst du dich wohler? Ich mein', ich hab' keine große Diskriminierung erlebt, ich mein', es war dann aber so latent immer etwas da, wenn eben ganz einfach wir immer die Türken waren und blieben. Und dann auch immer diese kritische Haltung! Ähm, es ist kalt hier und es ist nicht so schön wie in der Türkei, es gibt kein Meer und das Essen und so weiter – blablabla, so sehr viele Stereotypen! Und dann bin ich hergekommen und dann kam eben diese, diese, dieser aufschlussreiche Moment, wo ich gesehen hab': Oh, in Deutschland ist doch alles nicht so schlimm, wie ich mir das so vorgestellt hatte, beziehungsweise in Deutschland läuft einiges so, wie ich es gerne in der Türkei hätte!

Young Germany: [–2–]

Dr. Bahadir: Also, ich bin eigentlich grundsätzlich dagegen, dass man jetzt das Englische sozusagen als ein Pidgin oder als ein, ein, ein Esperanto, als eine Sprache, die alle anderen Sprachen ersetzen kann, propagiert und in den Vordergrund rückt. Das ist in Deutschland so 'n bisschen, äh, eine, eine nicht so begrüßenswerte Tendenz. Außerdem finde ich, und wie Sie schon angesprochen haben, um sich in der Gesellschaft, ähm, durchsetzen zu können, ist Deutsch sehr wichtig. Und Deutsch ist eine sehr schöne Sprache. Und Deutsch ist eine Sprache, durch die man die deutsche Kultur, ähm, erlernen beziehungsweise durch die man an die deutsche Kultur herankommen kann. Sprache ist ja nicht nur das, was als Wörter vor uns steht, sondern hinter diesen Begriffen, hinter diesen Worten, hinter diesen Ausdrucksformen, äh, Sprichwörtern, idiomatischen Wendungen, da steckt die Kultur! Und diese Sprache ist der Zugang zur Kultur. Und wenn Sie sich dann in einem Land nur mit Englisch durchschlagen, dann glaube ich nicht daran, dass man einen, ähm, richtigen Zugang zur Kultur haben kann.

Young Germany: [–3–]

Dr. Bahadir: Offen sein! Ähm, ich glaub', das ist das Wichtigste. Bereit sein, auch Unangenehmes anzunehmen. Ähm, das gilt sowohl für den Migranten, für den Fremden in einer Gesellschaft als auch für die aufnehmende Gesellschaft. Es wird einiges, ähm, vorkommen oder den, den ausländischen Studierenden entgegen strömen, was sie nicht mögen werden. Und das ist normal! Also, ähm, ich muss mich einfach auf dieses Land, ähm, einlassen! Hingehen und sagen: Hey, Moment, jetzt möcht' ich mal sehen: Wie funktioniert hier, was weiß ich, das Verkehrssystem, wie funktionieren hier die Behörden, wie funktioniert hier ähm… sagen wir mal, die Gastronomie? Ähm, das ist unheimlich wichtig! Dass man so diesen ersten Schritt auf diese Kultur zu geht und sich nicht dabei irgendwie von, von Idealen leiten lässt, sondern offen ist auch für die negativen Erfahrungen. Das ist das Wichtigste. Dass man bereit ist, gefasst ist auf alles, was dieses Land zu bieten hat.

Young Germany: [–4–]

Dr. Bahadir: Danke.

Sandra Evans, Young Germany

Textverständnis

1 Im Interview fehlen vier Fragen/Aussagen der Interviewerin. Wählen Sie hier passende Beiträge aus und schreiben Sie die Buchstaben in die Kästchen.

1 ☐

2 ☐

3 ☐

4 ☐

A. Gibt es noch weitere Aspekte, die Ihrer Meinung nach wichtig wären, um sich hier auch wohl zu fühlen in der Gesellschaft? Was kann man selber tun?

B. OK, Frau Dr. Bahadir, vielen Dank für das Interview und dass Sie sich die Zeit dafür genommen haben!

C. Haben Sie als Türkin schlechte Erfahrungen in Deutschland gemacht?

D. Ihre Familie ist in Deutschland geblieben, als Sie in die Türkei gingen. Hat sich Ihr Verhältnis zu Ihrer Familie verändert?

E. Inzwischen kommt man ja zum Beispiel auch in Deutschland in vielen Städten sehr gut mit Englisch durch. Es werden auch an den Universitäten Studiengänge auf Englisch angeboten, in vielen Firmen ist die Firmensprache Englisch. Würden in solchem Fall Ihrer Meinung nach Grundkenntnisse auf Deutsch ausreichen? Inwieweit bewerten Sie die Sprachkenntnisse als wichtig?

F. Als Sie … nach Ihrem Studium nach Deutschland zurückkehrten, gab es da dann Punkte, die Sie plötzlich an der deutschen Kultur oder Mentalität auffallend fanden?

G. Was vermissen Sie in Deutschland?

H. Wir haben oft das Gefühl, dass uns andere Kulturen ihre eigene Lebensweise aufdrängen wollen. Geht es Ihnen in Deutschland auch so?

2 Frau Bahadir betont zwei Aspekte, die im Zusammenleben von verschiedenen Kulturen eine Rolle spielen. Nennen Sie beide. Begründen Sie Ihre Antwort mit Informationen aus dem Text.

3 Welche Grundhaltung fördert Integration laut des Interviews? Begründen Sie Ihre Antwort mit Informationen aus dem Text.

4 Die folgenden Bedingungen, die Integration verhindern, sind dem Interview entnommen. Geben Sie das Zitat aus dem Text, in dem die Bedingung genannt wird.

Aussage – Es ist schädlich für die Integration, wenn …	Zitat
… Einheimische direkt fragen, wie ein Migrant Deutschland erlebt und wie lang er bleibt.	
… Migranten sich darauf konzentrieren, was im Heimatland anders ist.	
… Migranten kein Interesse haben, die Landessprache zu lernen.	
… Migranten sich keine Mühe geben, die Sachen, die im Gastland anders sind, zu verstehen.	
… Einheimische von Migranten verlangen, dass sie sich so verhalten wie Einheimische.	

Weiterdenken

Bewerten Sie, wie stark Sie Dr. Bahadir zustimmen. Schreiben Sie hinter jede Bedingung in Aufgabe 4, die Dr. Bahadir als hinderlich nennt, wie sehr Sie diese als negativ empfinden. Verwenden Sie die Zahlen 0–7. 0 bedeutet, dass Sie ganz und gar nicht zustimmen, 7 bedeutet, dass Sie vollkommen zustimmen. Anschließend vergleichen Sie Ihre Bewertungen in der Gruppe und diskutieren Ihre Gründe.

Schriftliche Übung

Schreiben Sie einen Blogeintrag aus Frau Bahadirs Sicht, in dem diese ihre eigenen Erfahrungen benutzt, um für einen offenen Umgang zwischen Einheimischen und Migranten zu werben. Benutzen Sie für Ihren Text die Erklärung auf S. 129 und die Checkliste für einen Blogeintrag auf S. 325.

Grammatik unter der Lupe: reflexive Verben

Dr. Bahadir benutzt Verben, die das Verhalten auf den Sprecher beziehen. Es sind die folgenden Verben:

- *sich durchschlagen*
- *sich einlassen (auf)*
- *sich durchsetzen*

1 Schreiben Sie die Sätze oder Satzteile auf, in denen die Verben vorkommen. Vorsicht, das Reflexivpronomen *sich* verändert sich (*mich, dich, sich, uns, euch*).

2 Kennen Sie noch weitere Beispiele von Verben, die ein Reflexivpronomen brauchen? Schreiben Sie alle auf und üben Sie diese mit einem Partner. Ein Partner nennt ein Verb und ein Pronomen, der andere bildet die richtige Verbform mit Reflexivpronomen.

Beispiel
Partner A: sich verlaufen – wir, Partner B: wir verlaufen uns

3 Im folgenden Text fehlen die Reflexivpronomen. Füllen Sie die Pronomen ein:

Ich habe (1) _____ verletzt!

Beruhige (2) _____. Der Arzt wird (3) _____ bemühen, in wenigen Minuten hier zu sein. Wir sollten (4) _____ darüber informieren, ob du (5) _____ hinlegen kannst.

Mündliche Übung

Die mündliche Einzelprüfung basiert auf einem Foto, auf das Sie sich in einem Kurzvortrag beziehen sollen, um eines der Wahlthemen zu kommentieren. Das Foto wird eine kurze Unterschrift haben, die Sie kommentieren sollen. Die folgende Aufgabe bereitet Sie auf diese Prüfung vor.

Finden Sie eine Überschrift zu einem der Fotos und bereiten Sie einen Kurzvortrag (3 Minuten) vor, in dem Sie das Foto benutzen, um über die Gründe, Herausforderungen und Erfahrungen von Migranten in Deutschland zu sprechen.

Der Kurzvortrag braucht eine klare Struktur. In der Einleitung erklären Sie die Struktur des Vortrags und die Themen. Im Hauptteil arbeiten Sie die Ideen im Bezug auf das Foto aus. Im Schlussteil fassen Sie Ihre Hauptpunkte zusammen.

Die folgende persönliche Erzählung verdeutlicht, wie ein Mädchen im Schulalter mit Migrantenhintergrund das Leben zwischen der Kultur ihrer Eltern und der Kultur des Gastlandes, in dem sie aufgewachsen ist, empfindet. Die Sprecherin benutzt teilweise Jugendsprache, wie z.B. in der Frage: „Warum, glaubt ihr, hänge ich lieber mit Ayse, Hakan, Ahmet und Ali ab?" „Abhängen" bedeutet „mit jemandem Zeit verbringen" unter Jugendlichen.

Hier bin ich Ausländer, dort wie ein Tourist

„Fatma, erzähl du uns doch mal was du davon hältst. Als was siehst du dich? Als Türkin oder als Deutsche?"

Ich schaute mich um. Alle Blicke waren auf mich gerichtet. Ich spürte wie mein Herz lauter schlug. Für einen kurzen Moment schloss ich die Augen, holte tief Luft und fing an, die Frage zu beantworten:

„Diese Frage habe ich mir oft gestellt. Was bin ich? Ich bin hier in Deutschland geboren und aufgewachsen. Ich habe türkische Eltern. Ich spreche besser Deutsch als Türkisch. Hier in Deutschland werde ich als Türkin angesehen. Wenn man von ‚Fatma' spricht, dann sprecht ihr alle von ‚Türkin' und nicht von einer Deutschen. Ich werde hier nicht akzeptiert als Deutsche. Hier bin ich Ausländer.

Ich habe oft Sprüche gehört wie: Geh doch zurück in dein Land. Aber wo ist mein Land? Ist es die Türkei? Wenn ja, warum werde ich dann dort als Deutsche angesehen? Wenn man dort von mir, von ‚Fatma' spricht, dann spricht man von einer ‚Deutschen'.

Jetzt frage ich euch, als was soll ich mich sehen, wenn man bei mir von zwei verschiedenen Nationalitäten spricht?

Hier bin ich Ausländer, dort wie ein Tourist. Der einzige Unterschied ist nur, in der Türkei werde ich mit voller Faszination in die Arme geschlossen, hier hält man erst einmal Abstand von mir. Ich bin ja ‚Türkin'."

Ich schaute jedem Einzelnen ins Gesicht, bevor ich fortfuhr.

„Ihr kennt das Gefühl nicht, nicht akzeptiert zu werden. Warum, glaubt ihr, hänge ich lieber mit Ayse, Hakan, Ahmet und Ali ab? Sie sind genauso wie ich!

Solche Leute wie ich und Ayse und Ahmet leben zwischen zwei Welten. Wisst ihr eigentlich, wie schwer so was ist? Immerzu werden wir kritisiert, immerzu hören wir nur: Integriert euch!

Es gibt bestimmt viele, die hier in Deutschland leben und noch nie ein Wort Deutsch gesprochen haben. Aber wie wäre es, wenn man auch einmal ein Lob hört, wenn man sagt: Klar gibt es viele, die sich weigern die deutsche Sprache zu lernen et cetera, aber es sind noch viel mehr, die es tun und jeden Tag aufs Neue versuchen, akzeptiert zu werden. Die drauf hinarbeiten, zu zeigen, dass man nicht alle in einen Topf werfen kann.

Man kennt mich nur lachend. Aber wisst ihr, wie schwer es für mich eigentlich ist? Zu Hause heißt es, ich benehme mich zu deutsch, hier heißt es, ich bin türkisch. Was bin ich? Ich werde diese Frage nur auf einer Art und Weise beantworten können:

Ich habe türkische Eltern, bin geboren in Deutschland und lebe in Deutschland."

Pempe Tulak

Textverständnis

Beantworten Sie die folgenden Fragen zum Text.

1   Was erfahren Sie über die Erzählerin? (Name, Alter, Nationalität, Freunde, Sprache, Identität, Konflikte usw.)

2   Zu wem spricht die Erzählerin?

3   Wen meint die Erzählerin, wenn sie im viertletzten Abschnitt von *ihr* und *wir* redet?

4   Wie kommentieren die Eltern das Verhalten der Tochter? Was erwarten die Eltern von der Tochter? Nehmen Sie dazu Stellung: Ist dies eine realistische Erwartung? Wozu kann diese Haltung führen?

5   Was will Fatma mit dem Vortrag erreichen?

6   Welche Adjektive beschreiben die Stimmung der Erzählerin? Füllen Sie die drei zutreffenden Buchstaben ein. Warum denken Sie das? Finden Sie die Textstellen, die das Adjektiv belegen.

   A. wütend   ☐

   B. selbstbewusst   ☐

   C. froh   ☐

   D. ängstlich

   E. frustriert

Schriftliche Übung

Schreiben Sie Fatma einen informellen Brief. Zeigen Sie ihr, dass Sie das Leben zwischen mehreren Kulturen verstehen, und helfen Sie Fatma, die Erfahrung positiv zu sehen. Erwähnen Sie eigene Erfahrungen mit anderen Kulturen und geben Sie Ratschläge, wie Fatma eine eigene Identität zwischen den Kulturen entwickeln kann. Benutzen Sie die Checkliste für einen informellen Brief auf S. 331.

Die folgende Kurzgeschichte kehrt zum Thema Vorurteile zurück. Diesmal geht es um die Vorurteile, die Ausländern in Deutschland begegnen. Es geht darum, was passieren kann, wenn jemandem Unrecht geschieht.

Im Text fehlen Überschriften, die Sie im zweiten Schritt der Textverständnisübung einordnen müssen.

Machtspiel

[–1–]

Tayfun ist still. Sein Leben ist routiniert. Er ist fleißig in der Schule, gut im Sport und loyal zu seinen Freunden. Schule, Sport, Freunde. Schule, Sport, Freunde. Ein ruhiger Mensch. Eine geballte Faust.

[–2–]

Es ist Donnerstagabend vor ein paar Jahren in Hamburg. Tayfun ist fertig mit dem Kickbox-Training und schaut auf die Uhr. In 15 Minuten schließt die Servicestelle des Hamburger Verkehrsverbunds in Billstedt. Er rennt los. Morgen macht seine Klasse einen Ausflug, seine Monatskarte ist abgelaufen. Er muss sie heute unbedingt erneuern.

[–3–]

Als er erschöpft ankommt, hat der Schalter bereits geschlossen. Dann entdeckt er das Schild: Die Servicestelle am Hauptbahnhof habe heute noch bis 20 Uhr auf. Sieben Stationen und 12 Minuten. 62 Euro hat er dabei. Exakt so viel, wie die Monatskarte kostet. Nicht mehr. Er steigt trotzdem in die Bahn, ohne Ticket. Wird schon.

[–4–]

Als er am Hauptbahnhof aussteigt, geht es nur langsam voran. Oben, am Ende der Treppe, stehen Fahrkartenkontrolleure und lassen niemanden unkontrolliert durch. Tayfun versucht es trotzdem. „Fahrkarte?", fragt ihn der Kontrolleur. „Ich war gerade auf dem Weg mir eine Monatskarte zu holen", erklärt Tayfun. Jetzt ist er doch ein bisschen aufgeregt. „Ja, ja, erzähl das der Polizei!", sagt der Kontrolleur, nimmt ihn am Arm und führt ihn aus der Menge. Tayfun ist überrascht. „Warum denn gleich die Polizei? Ich sagte Ihnen doch, ich war gerade dabei meine Monatskarte zu holen. In Billstedt hatten sie zu", ruft er. Der Kontrolleur zerrt ihn in einen Hinterraum.

[–5–]

Tayfun hat Angst, das hatte er nicht erwartet. Zwei Polizisten betreten den Raum. Tayfun versucht, sich zu erklären. Einer der Polizisten baut sich vor ihm auf. „Setz dich!", sagt er. Ein Machtspiel. Tayfun kann nicht glauben, was passiert. „Nein, ich setz mich nicht!" – „Setz dich!" – „Hier!", Tayfun holt aus seiner Hosentasche den sorgfältig ausgefüllten und gefalteten Bogen für die Monatskarte und knallt ihn zusammen mit dem Geld auf den Tisch, „Sehen Sie?" Der Polizist packt ihn an den Schultern und drückt ihn auf den Stuhl. „Setzen!" Tayfun wehrt sich. Sofort schlägt ihn der Polizist zusammen mit seinem Kollegen auf den Boden. Tayfun fühlt, wie sich seine Schulter verrenkt. Er versucht, sich zu befreien. Die Polizisten drücken noch fester zu – und der Kontrolleur trifft Tayfun mit dem Knie mitten ins Gesicht.

[–6–]

Ein Passant, der gerade an der offenen Tür vorbeigeht, beobachtet die Szene und stürmt rein. „Was machen Sie?", ruft er. Tayfun gibt auf.

[–7–]

Es folgen zwei Gerichtsverhandlungen. Tayfuns Vater ist sauer auf seinen Sohn. Trotzdem heuert er einen Anwalt an. Viel Geld geht drauf. Der Passant ist nicht auffindbar. Ein junger Deutschtürke gegen zwei Polizisten und einen Kontrolleur. Tayfun muss 20 Sozialstunden ableisten, wegen Widerstand gegen die Staatsgewalt. Er sei milde, sagt der Richter über sich, weil Tayfun nicht vorbestraft sei.

[–8–]

So fängt Tayfuns Routine an. Still nimmt er das Urteil entgegen. Still leistet er die Sozialstunden ab. Still bleibt er. Er schaut Fremden nicht mehr in die Augen. Manchmal selbst Freunden nicht. Dann knirscht er mit den Zähnen. Seine Augen sprechen tausend Worte. Tayfun presst die Lippen zusammen und geht. Mit seiner immer geballten Faust.

Kübra Gümüsay, Tageszeitung

Textverständnis

1 Was ist in Tayfuns Leben wichtig? Kreuzen Sie an.

A. Partys ☐

B. gute Freunde ☐

C. Erfolg im Sport ☐

D. Geld ☐

E. gute Leistungen in der Schule ☐

2 In diesem Text fehlen Überschriften. Wählen Sie aus der Liste unten rechts die Überschriften aus, die am besten passen, und schreiben Sie die Buchstaben in die Kästchen.

1 ☐   **A.** Hilfe naht?

2 ☐   **B.** Schnell noch die Monatskarte verlängern

3 ☐   **C.** Vor Gericht – ein gerechtes Urteil?

4 ☐   **D.** Leben mit dem Unrecht – innere Immigration

5 ☐   **E.** Auf der Polizeiwache – wer bricht das Gesetz?

6 ☐   **F.** Tayfun muss zum Hauptbahnhof – ohne Ticket?

7 ☐   **G.** Tayfun – ein Musterdeutschtürke

8 ☐   **H.** Erwischt! Aber warum gleich zur Polizei?

3 Kreuzen Sie an, ob die folgenden Aussagen aufgrund des Textes richtig oder falsch sind. Begründen Sie Ihre Antwort mit Informationen aus dem Text.

	richtig	falsch
Beispiel: Tayfun verbringt seine Freizeit nicht nur vor dem Fernsehen.	[X]	[ ]

Begründung: Schule, Sport, Freunde

		richtig	falsch
1	Tayfun muss eine neue Fahrkarte kaufen, da er die alte verloren hat.	[ ]	[ ]

Begründung:...

		richtig	falsch
2	Tayfun kauft keine Fahrkarte zum Hauptbahnhof, da ihm das Extrageld fehlt.	[ ]	[ ]

Begründung:...

		richtig	falsch
3	Der Kontrolleur hört Tayfuns Erklärung zu.	[ ]	[ ]

Begründung:...

		richtig	falsch
4	Die Polizisten wenden Gewalt an.	[ ]	[ ]

Begründung:...

		richtig	falsch
5	Tayfun macht, was die Polizisten wollen und bleibt freundlich.	[ ]	[ ]

Begründung:...

		richtig	falsch
6	Die Polizisten verletzen Tayfun im Gesicht.	[ ]	[ ]

Begründung:...

		richtig	falsch
7	Ein Passant greift ein und hilft Tayfun zu seinem Recht.	[ ]	[ ]

Begründung:...

		richtig	falsch
8	Tayfuns Vater unterstützt den Sohn.	[ ]	[ ]

Begründung:...

Nachdruck verboten

Mündliche Übung

Die folgende Simulation erlaubt Ihrer Gruppe Gerichtsverhandlungen nachzuspielen. Die zwei Szenarien beruhen beide auf der Kurzgeschichte. Das erste Szenario ergänzt die Geschichte, das zweite erlaubt Ihrer Klasse einen alternativen Ausgang des Geschehens zu erfinden.

Die Sprache in einer Gerichtsverhandlung ist formell, Plädoyers des Anwaltes und des Staatsanwaltes sind überzeugend und beinhalten Fakten. Eine Zeugenbefragung ist Teil der Verhandlung, um Fakten und Details festzustellen. Das Urteil muss begründet werden.

1 Stellen Sie die Gerichtsverhandlung in der Klasse nach. Verteilen Sie die folgenden Rollen:

- Richter
- Angeklagter: Tayfun
- Tayfuns Anwalt
- Kläger: Staatsanwalt
- Zeugen: Polizisten und Kontrolleur

2 Nun spielen Sie eine Gerichtsverhandlung, bei der der Passant als Zeuge auftritt und die Polizisten und der Kontrolleur die Angeklagten sind. Verteilen Sie die folgenden Rollen:

- Richter
- Angeklagte: Polizisten und der Kontrolleur
- Anwalt der Polizisten und des Kontrolleurs
- Kläger: Tayfun
- Zeuge: Passant

3 Welches Urteil wird in der zweiten Verhandlung gefällt? In welcher Verhandlung wird gerecht geurteilt und warum halten Sie das Urteil für gerecht?

Grundwerte als Teil des IB Learner Profiles

Als *IB*-Schüler sollen Sie nicht nur Ihr Wissen und Können entwickeln, sondern auch das Handeln anderer und Ihr eigenes aufgrund von Grundwerten, wie z. B. Gerechtigkeit, kritisch hinterfragen. Das kritische Hinterfragen von Handeln und auch von Rechtsprechung hilft Ihnen dabei zu erkennen, was richtig und falsch ist, wo die Werte begründet liegen und wie richtiges Handeln aussieht. Nicht immer führt richtiges Handeln zu persönlichen Vorteilen, jedoch macht die Kurzgeschichte deutlich, wie falsches Handeln und dessen Akzeptanz negative Folgen für einen Unschuldigen haben können.

Weiterdenken

Im Text verhalten sich einige Personen nicht richtig. Sie legen ihrem Handeln nicht Grundwerte wie Gleichheit, Gerechtigkeit und Respekt vor anderen zugrunde. Welche Menschen sind dies? Diskutieren Sie auch das Verhalten des Passanten.

Schriftliche Übung

Entscheiden Sie zusammen mit Ihrem Lehrer, welche der folgenden Übungen zu leisten ist.

1 Der Passant entscheidet sich am Ende doch, zur Polizei zu gehen und einen Augenzeugenbericht von dem Geschehenen zu geben. Schreiben Sie diesen Augenzeugenbericht. Benutzen Sie die Checkliste für einen Bericht auf S. 321.

2 Wie wäre Tayfuns Leben anders verlaufen, wenn der Passant eingegriffen hätte? Schreiben Sie ein neues Ende der Kurzgeschichte. Benutzen Sie die Checkliste für eine Kurzgeschichte auf S. 339.

3 Tayfun merkt, dass er das Stillsein und die Ungerechtigkeit nicht länger erträgt. Er erzählt die Begebenheit einem Vertrauenslehrer an seiner Schule. Der Lehrer schreibt einen offenen Beschwerdebrief an die lokale Zeitung, in dem er mehr Zivilcourage fordert und den Passanten bittet, eine Aussage zu machen. Schreiben Sie diesen Brief. Benutzen Sie die Checkliste für einen Leserbrief an eine Zeitung auf S. 329.

4 Das „Hamburger Abendblatt" veröffentlicht einen Zeitungsbericht von Tayfuns Misshandlung. Teil des Zeitungsberichtes sind Interviews mit Tayfun und dem Passanten sowie dem Polizisten. Benutzen Sie die Checkliste für einen Zeitungsbericht auf S. 347.

Multikulturelles Berlin

Diese Einheit präsentiert Berlin als multikulturelles Zentrum, das von den kulturellen Einflüssen seiner Bewohner profitiert.

Wussten Sie das? Berlin nach 1945

Von 1947 bis 1989 war Berlin in Ost- und Westberlin geteilt. Die Grenze zwischen der Bundesrepublik und der Deutschen Demokratischen Republik (DDR) ging mitten durch die Stadt. 1960 schloss die DDR-Regierung die Grenze und baute die Berliner Mauer, die am 9. November 1989 geöffnet wurde. Mit der Wiedervereinigung 1990 wurde Berlin wieder deutsche Hauptstadt und ist gleichzeitig die größte Stadt Deutschlands. Hier sitzen das deutsche Parlament – der Bundestag – und die Bundesregierung.
Berlin ist heute eine der populärsten Städte Europas. Viele Künstler und Musiker kommen wegen der kreativen Atmosphäre nach Berlin. Touristen aus aller Welt besuchen die Stadt. Berlin ist multikulturell und international, viele Menschen aus der ganzen Welt leben hier.

Mündliche Übung

Lernen Sie selbst durch Recherche im Internet Berlin kennen. Bereiten Sie dann eine Reise nach Berlin für Ihre Klasse vor. Das Thema der Reise ist das Zusammenleben verschiedener Kulturen, also Multikulturalität. Das Programm der Reise und die Orte, die besichtigt werden, sollen den multikulturellen Charakter der Stadt und ihrer Geschichte zeigen: Recherchieren Sie zur Stadt und ihrem Angebot. Stellen Sie ein Programm für ein Wochenende zusammen, das Sie in einem Vortrag der Klasse vorstellen.

Der Zeitungsbericht beschreibt, wie Jugendliche aus Brandenburg das Zusammenleben vieler Kulturen in Berlin kennenlernen. Besonders im Stadtteil Kreuzberg leben viele Menschen mit Migrantenhintergrund.

Buntes Berlin

Drei junge deutsch-türkische bzw. kurdische Kreuzbergerinnen laden Jugendgruppen, Schulklassen und Familien aus Brandenburg in ihr Stadtviertel ein.

Zuhause sind sie vor den Toren Berlins, in einem Ort mit ein paar tausend Einwohnern: Schülerinnen und Schüler der Gesamtschule Petershagen. Mit S-Bahn und U-Bahn dauert es eine Stunde, dann sind die Jugendlichen in einer für sie fremden Welt: in Kreuzberg, einem Stadtteil von Berlin. Hier wohnt die „Multikulti"-Gesellschaft. In Kreuzberg leben 160.000 Menschen aus hundert Nationen. Fast ein Drittel sind Migranten, die meisten von ihnen Türken oder türkischer Herkunft. Darum wird Kreuzberg auch „Klein-Istanbul" genannt. Kaum zu glauben, aber wahr: Keiner der Schüler aus Brandenburg war schon mal hier. Alle haben Vorurteile oder irgendeine ungenaue Vorstellung vom Leben und von den Leuten in Kreuzberg: „Die meisten haben eine andere Religion als wir Europäer", meint der 15-jährige Falk. „Überall gibt es Gekritzel an den Wänden", hat die 14-jährige Stefanie im Fernsehen gesehen. Der 16-jährige Michael hat von Straßengangs gehört. Er spielt den starken Mann: „Wenn die mich anmachen und beleidigen, werde ich rabiat."

Stadtführerin Nadja führt ihre Schülergruppe ins Kreuzbergmuseum. Vor einem Modell des Stadtteils mit allen Häusern und Straßenzügen erklärt sie den Schülern die Geschichte ihres „Kiez"[1]. In den sechziger Jahren warb Deutschland Arbeitskräfte aus dem Ausland an, die so genannten „Gastarbeiter". Die Mieten in Kreuzberg waren niedrig, weil die Wohnungen von Deutschen nicht so begehrt waren, erläutert Nadja. Denn viele Häuser standen ziemlich nahe an der Berliner Mauer. Ein Teil von Kreuzberg war sogar von drei Seiten von der Mauer umgeben.

Nadja berichtet auch von den Studenten, die hier billige Wohnungen suchten. Und von den Hausbesitzern, die ihre Gebäude zerfallen und leer stehen ließen. Damals begann die wilde Zeit der Kreuzberger Hausbesetzer. Junge Leute zogen gegen den Willen der Besitzer in die leer stehenden Häuser.

Hausbesetzer gibt es heute nicht mehr, dafür aber ein buntes Gemisch von Geschäften, Galerien und Werkstätten. Nadja führt ihre Gäste in einen Spezialitätenladen mit ungewöhnlichen Gewürzen, Gemüse- und Obstsorten. Sie verteilt Kichererbsen zum Probieren. So richtig begeistert sind die Brandenburger nicht. „Schmeckt eigenartig", sagen sie.

Nachdruck verboten

Um die Ecke, in einem türkischen Café, gibt es Tee. Falk, Anika und die anderen können sich dort endlich einmal setzen. „Manche Teesorten kannte ich nicht", erzählt Stefanie. „Das hat gut geschmeckt, besonders der Apfeltee." Von Nadja hören sie, dass Frauen selten in das Café gehen. Hier treffen sich eher die türkischen Männer, um zu reden, Tee zu trinken oder Brettspiele zu spielen. Ein paar Meter vom Eingang des Cafés entfernt lernen die Schüler noch etwas über die wechselvolle Geschichte des Stadtteils: „Stolpersteine" auf dem Fußweg erinnern an Juden, die in Kreuzberg gewohnt haben und im Dritten Reich deportiert und getötet wurden.

Anika und Stefanie: „Das Projekt hat 'ne Menge Vorurteile beseitigt." Es hilft, die Neugierde der Jugendlichen zu wecken und Berührungsängste abzubauen.

Weiter geht's zum Oranienplatz: Dort haben vor drei Jahrhunderten französische Hugenotten gelebt. Sie haben Maulbeerbäume gepflanzt, die heute noch stehen.

Der Platz ist so groß, das Nadja mit ihren Gästen einen türkischen Hochzeitstanz üben kann: Alle fassen sich an und drehen sich zur Musik im Kreis hin und her. Drei Jungs finden das blöd. Sie setzen sich lieber auf eine Parkbank. Eine kleine Pause für die Brandenburger, die nach knapp vier Stunden Kreuzberg-Tour ziemlich geschafft sind. Einfach sitzen und sich dort mit Bekannten treffen, das machen auch andere auf dem Oranienplatz – zum Beispiel türkische oder arabische Männer.

Ein paar Meter neben dem Oranienplatz gibt es einen neu gestalteten Park – früher war dort die Berliner Mauer. Einige Reste davon hat man zur Erinnerung im Boden gelassen. Dann erleben die Schüler eine große Überraschung: Pferde und Ziegen mitten in der Großstadt. Sie gehören zu einem Kinderbauernhof, den es bereits seit Jahrzehnten gibt, mitten zwischen alten Häusern.

Von hier geht es in eine Moschee: Ein altes Hinterhofhaus, das von außen wie alle anderen Gebäude aussieht. Innen befinden sich meterhohe Räume. Die Schüler müssen ihre Schuhe ausziehen, bevor sie den Raum betreten. Innen darf nur leise gesprochen werden, denn hier treffen sich einige Männer zum Gebet. Nadja und eine türkische Freundin erklären die Sitten und Gebräuche, dann geht es wieder ins Freie.

Letzte Station ist ein türkisches Restaurant. Es liegt nur ein paar Meter von der Hochbahntrasse entfernt, auf der die U-Bahn in Kreuzberg verläuft. Ziemlich hektisch ist es hier: viele Menschen, viele Autos. Die Brandenburger Schüler ziehen ein Resümee: Michael hatte keine Begegnung mit Straßengangs. Und: „Ich dachte, es kommen ständig kleine Kinder an und wollen was von mir, aber das war gar nicht so", meint er. Und Falk meint: „Die leben doch so wie wir." Anika findet, dass das Projekt viele Vorurteile beseitigt hat: „Ich dachte, in Kreuzberg laufen ganz viele Punks herum." Doch dafür hätte sie wahrscheinlich vor zehn oder 15 Jahren dorthin kommen müssen. Toll findet sie die großen alten Häuser. „Bei uns gibt es nur Einfamilien- und Reihenhäuser." Oliver fand besonders den Park neben dem Oranienplatz interessant. Er möchte gerne mit Freunden wieder nach Kreuzberg kommen, um sich alles noch einmal in Ruhe anzuschauen.

Klaus Martin Höfer, xbergtag.de

---

[1] der Kiez   Begriff für den Stadtteil Kreuzberg in Berlin

Textverständnis

1 In welcher Reihenfolge werden die Orte besucht? Nummerieren Sie sie.

A.	Bauernhof im Park	☐
B.	Oranienplatz	☐
C.	Kreuzbergmuseum	☐
D.	türkisches Restaurant	☐
E.	türkisches Café	☐
F.	Stolpersteine	☐
G.	Moschee	☐
H.	Laden mit Gewürzen und Früchten	☐

2 Welche Vorurteile haben die jungen Brandenburger von Kreuzberg? Bestätigen diese sich bei dem Besuch?

3 Welche Wirkung haben solche Rundgänge, wie sie die Kreuzbergerinnen anbieten?

Schriftliche Übung

Entscheiden Sie zusammen mit Ihrem Lehrer, welche der folgenden Übungen zu leisten ist.

1 Nach dem Tag schreibt einer der Schüler aus Brandenburg einen Tagebucheintrag über seinen Eindruck von Kreuzberg und der multikulturellen Gesellschaft dort. Schreiben Sie aus der Sicht eines der Jugendlichen Ihre Meinung über Kreuzberg. Was fasziniert Sie? Was finden Sie weniger attraktiv? Vergleichen Sie die Realität und Ihre Erwartungen. Benutzen Sie die Checkliste für einen Tagebucheintrag auf S. 345.

2 Nach ihrem Besuch in Kreuzberg möchten die Schüler anderen Jugendlichen helfen ihre Vorurteile abzubauen. Schreiben Sie aus der Sicht eines Schülers einen Blogeintrag, in der Sie anderen zeigen, dass Kreuzberg lebhaft und faszinierend ist. Zeigen Sie, wie Vorurteile ein ganz falsches Bild der Realität entstehen lassen. Verwenden Sie den Textsorte-Kasten zum Blog auf S. 129 und die Checkliste für einen Blogeintrag auf S. 325.

Weiterdenken

Die Vorurteile der Brandenburger Schüler weisen auf negative Aspekte einer multikulturellen Gesellschaft hin und auf Konflikte, die es geben kann. Welche positiven Seiten einer solchen Gesellschaft sehen Sie? Tragen Sie Ihre Ideen zusammen. Tragen Sie auch Ideen dazu zusammen, wie mögliche Konflikte entschärft werden könnten.

Migranten verändern die deutsche Sprache: das Kiezdeutsch

Einstieg

Viele von Ihnen kennen die Erfahrung, in mehreren Sprachen zu leben. Sie haben vielleicht erlebt, dass Sprache nicht nur ein Mittel der Verständigung ist, sondern viel mit Identität und Gefühlen zu tun hat. Was bedeutet es für Sie, mit mehreren Sprachen aufzuwachsen?

Diskutieren Sie in der Gruppe, welche Sprachen Sie kennen und wie das Leben mit mehreren Sprachen für Ihren Alltag und ihre eigene Persönlichkeit wichtig ist.

Wortschatz

Hier bereiten Sie den Wortschatz für den nächsten Lesetext vor und lernen dabei eine Reihe von nützlichen, idiomatischen Verben kennen. Ordnen Sie den Verben aus dem Text die Synonyme aus der rechten Spalte zu.

Ausdruck aus dem Artikel		Synonym
1 die Wände hoch gehen	☐	A. betonen
2 bangen	☐	B. eher still sein
3 auf den Mund gefallen sein	☐	C. sehr wütend werden
4 erforschen	☐	D. wechseln
5 anerkennen	☐	E. respektieren
6 sich einstellen auf	☐	F. ins Auge fassen
7 beschimpfen	☐	G. berücksichtigen
8 hervorheben	☐	H. wütend machen
9 umschalten	☐	J. untersuchen
10 anstreben	☐	K. beleidigen, angreifen
11 ärgern	☐	L. Angst haben

Viele Menschen in Berlin sprechen neben Deutsch andere Sprachen, die auch das dort gesprochene Deutsch beeinflussen. So verändern sie die deutsche Sprache, schaffen eine Variante, z. B. das Kiezdeutsch, von der Sie in diesem Artikel mehr erfahren. Kiezdeutsch ist eine Jugendsprache, die ein gutes Beispiel dafür ist, dass Sprache dynamisch ist und die Realität der sie sprechenden Kultur widerspiegelt sowie die Identität einer Gruppe stärkt.

Lass ma' lesen, yallah!

Bei Kiezdeutsch gehen Sprachbewahrer die Wände hoch. Sie bangen um die Reinheit der Sprache Goethes oder Schillers. Weil sie den Schulhof-Slang für wertvoll hält, wird Sprachforscherin Heike Wiese regelmäßig angefeindet. Sie findet: Die Jugendsprache ist oft viel logischer als Standarddeutsch.

Sharon Wendzich, 18, ist nicht auf den Mund gefallen, aber eines Tages blieb sie sprachlos auf der Straße stehen. Sie redete gerade mit ihren Freunden, als ein älteres Ehepaar auf sie zukam und einer der beiden fragte: „Wie sprecht ihr Jugendlichen eigentlich heutzutage?" Viele Monate ist das schon her und nun sitzt Sharon in der Bibliothek der Carl-von-Ossietzky-Schule in Berlin-Kreuzberg und erzählt diese Anekdote, während neben ihr die Sprachwissenschaftlerin Heike Wiese, 46, verständnisvoll nickt.

Die Professorin der Universität Potsdam erforscht seit den neunziger Jahren Kiezdeutsch – den Slang der Jugendlichen in den Multikulti-Vierteln deutscher Städte. Arabisch klingende Worte wie „yallah" („Auf geht's!") gehören in diesen Gegenden zum Wortschatz selbst deutschstämmiger Jugendlicher. Und der Satz „Gestern war ich Schule" wird allgemein als richtig anerkannt – auch wenn Präposition und Artikel fehlen.

Mitte Februar bringt Wiese ihr Buch „Kiezdeutsch. Ein neuer Dialekt entsteht" auf den Markt und stellt sich auf erboste Reaktionen ein – denn der Jugendslang ist ein hochemotionales Thema. Immer, wenn darüber etwas in den Medien erscheint, wird sie von Kritikern beschimpft, die die Reinheit der Sprache gefährdet sehen. Einmal habe jemand sogar gedroht, ihren beiden kleinen Töchtern etwas anzutun, sagt Wiese.

Die Professorin kämpft dafür, dass Kiezdeutsch als Dialekt anerkannt wird. Wer Wiese wütend erleben will, der sagt am besten, Kiezsprache sei falsches, schlechtes Deutsch. Wiese ist überzeugt, dass die Sprache aus den sozialen Brennpunkten oftmals logischer ist als Standarddeutsch. Die häufige Verwendung des Wörtchens „so" sei ein Beispiel – es werde benutzt, um die Bedeutung eines Objekts hervorzuheben: „Sind wir so Kino gegangen".

Wiese ist überzeugt, dass Kiezdeutsch sprechende Jugendliche von einem Moment auf den anderen zur formalen Sprache umschalten können. „Niemand spricht mit seiner Lehrerin so wie mit Freunden – außer man will die Lehrerin ärgern", sagt sie.

Umschalten zwischen Arabisch, Deutsch und Kiezdeutsch

Doch wie entstand der Slang? Vor allem, indem junge Menschen mit einer breiten Sprachkompetenz in deutschen Städten zusammen kämen, lautet Wieses Theorie. Es sei dabei vielerorts ein „Multiethnolekt" entstanden – also ein Dialekt, der sich aus diversen ethnischen Wurzeln gebildet hat. Dominierend seien dabei die türkisch- und arabischsprachigen jungen Leute gewesen.

Zu denen gehört etwa Dalia Hibish, 15. Auch sie besucht eine Kreuzberger Schule und arbeitet mit in einem Sprachprojekt, das Heike Wiese begleitet. Dalias Familie stammt aus dem Irak. Zu Hause spricht sie oft Arabisch, die meisten Verwandten leben in Australien und sprechen Englisch, im Unterricht redet sie Deutsch und auf dem Schulhof auch mal ein bisschen Mischmasch.

Kiezdeutsch zu sprechen mache auch gebildeten Jugendlichen einfach Spaß, sagt die Schülerin Aichat Wendlandt, die in Madagaskar geboren wurde. Weder Sharon, noch Dalia oder Aichat, die alle das Abitur anstreben, sprechen tatsächlich ständig Kiezdeutsch. Der Slang sei einfach nur die vorherrschende Sprache in ihrer Umgebung und manchmal rutsche man eben hinein, sagen alle drei.

Auch Sharon, die keine ausländischen Wurzeln hat, ist mit dem Multikulti-Slang vertraut und erzählt, wie sie einmal versehentlich in einer schriftlichen Schularbeit in den Jargon rutschte. Die Lehrerin habe an den Rand geschrieben: „Was willst du mir damit sagen?" Aber das passiere wohl jedem mal, der wie sie seit acht Jahren eine Kreuzberger Schule besucht, sagt Sharon.

Jens Twiehaus, Spiegel/dapd

Textverständnis

1 Was ist Kiezdeutsch? Wer spricht es? Wo? Wer versteht es? Geben Sie kurze Antworten.

2 Wessen Eltern kommen aus welchem Land? Ordnen Sie zu.

Dalia Hibish ☐

Aichat Wendlandt ☐

Sharon Wendzich ☐

A. USA

B. Türkei

C. Deutschland

D. Irak

E. Madagaskar

F. Spanien

3 Übersetzen Sie die folgenden Kiezdeutschsätze in Standarddeutsch:

1 Gestern war ich Schule.

2 Sind wir so Kino gegangen.

3 Yallah.

Zur Diskussion

Der Text spricht von der Veränderung der deutschen Sprache durch Einflüsse anderer Sprachen und von der Bereicherung, die viele Sprachen mit sich bringen. Die Zitate auf S. 149 erlauben Ihnen, Ihre eigene Meinung zu diesem Thema zu formen.

1 Wählen Sie ein Zitat, das Ihrer Meinung am nächsten kommt, und erläutern Sie an Beispielen, warum Sie die Meinung des Verfassers teilen.

2 Finden Sie ein Zitat, dem Sie nicht zustimmen, und stellen Sie Beweise und Beispiele zusammen, um Ihre Meinung zu verdeutlichen.

3 Jeder in der Klasse versucht einen Partner zu finden, der sich mit dem gleichen Zitat identifiziert, und diskutiert die Begründungen.

4 Finden Sie einen Partner, der nicht Ihrer Meinung ist, und diskutieren Sie. Wer stimmt wen um?

Tipp für die HL-Prüfung

In *Paper 2*, Sektion B müssen Sie zu einer Behauptung Stellung nehmen. Das können Sie gut mit provokanten Zitaten üben. Wichtig ist es, die eigene Meinung zu erklären und an konkreten Beispielen zu verdeutlichen. Wenn Sie Ihre Stellungnahme planen, stellen Sie eine Tabelle zusammen: Argumente/ Beispiele/persönliche Erfahrungen, die zeigen, dass die Aussage richtig ist, und auf der anderen Seite solche, die zeigen, dass die Aussage nicht zutrifft.

„Warum soll in deutschsprachigen Gebrauchsanweisungen nicht ‚Rechner‘ statt ‚Computer‘, ‚Luftkissen‘ statt ‚Airbag‘, ‚Programm‘ statt ‚Software‘ stehen?“

Christoph Böhr

„Sprache ist Konstrukteur unserer Identität.“

Björn Engholm

„Jeder interkulturelle Dialog wird zum Geschwätz, wenn kein Selbstbewusstsein von der eigenen Kultur vorhanden ist.“

Roman Herzog

„Du hast so viele Leben, wie du Sprachen sprichst.“

Aus Tschechien

„Wer fremde Sprachen nicht kennt, weiß nichts von seiner eigenen.“

Johann Wolfgang von Goethe

Schriftliche Übung

Schreiben Sie zu einem der Zitate eine Stellungnahme von 150–250 Wörtern. Weitere Informationen zu der Textsorte **Stellungnahme** finden Sie in dem Textsorte-Kasten auf S. 56. Benutzen Sie auch die Checkliste für eine Stellungnahme auf S. 319.

Weiterdenken TOK

Diskutieren Sie über das Leben mit mehreren Sprachen und Kulturen. Benutzen Sie dabei die unten stehenden Fragen.

Zwei Aspekte eines Lebens mit mehreren Sprachen werden in dem Artikel angesprochen: Jugendliche wechseln nicht nur die Sprache, sondern sie wechseln auch zwischen Kulturen mit anderen Werten und Regeln. Dabei kann es zur Mischung von Sprachen kommen, wobei Migranten die deutsche Sprache verändern.

Diese zwei Aspekte werfen die folgenden Fragen auf:

1   Macht es einen Unterschied, ob ein Mensch in der einen oder anderen Sprache kommuniziert und seine Welt begreift? Ist Dalia zu Hause in Arabisch eine andere als in der Schule mit ihren Freunden, wo sie Deutsch spricht?

2   Wenn Jugendliche Wörter aus anderen Sprachen ins Deutsche integrieren oder die deutsche Grammatik verändern, trifft dies auf Widerstand bei Kritikern, die von „falschem Deutsch“ reden und die Reinheit der Sprache verteidigen. Wer bestimmt, wann eine Sprache korrekt verwendet wird? Wie denken Sie über die Integration von Elementen anderer Sprachen in eine Sprache, z. B. die englischen Einflüsse auf das Deutsche? Warum kreieren Gruppen, z. B. Jugendliche, ihre eigene Sprache aus einem Gemisch von verschiedenen Elementen?

5. Feste und Traditionen

Einheiten	Kulinarisches Deutschland	S. 152
	Festliches Deutschland	S. 160
Aspekte	Was ist typisch deutsches Essen?	
	Die fünfte Jahreszeit in Deutschland – der Karneval	
	Osterbräuche in verschiedenen Regionen Deutschlands	
	Weihnachten – der Deutschen liebstes Fest	

LERNZIELE

Textsorten	E-Mail
	Interview
Sprache	Präsens
Die *IB*-Ecke	Mündliche Einzelprüfung
	Mündliche interaktive Prüfung
	TOK

Kulinarisches Deutschland

Einstieg

Wie gut kennen Sie die deutsche Küche? Diskutieren Sie die Fragen mit einem Mitschüler und wählen Sie eine Antwort. Sagen Sie, worauf Ihre Antworten basieren.

1   Wann isst man in Deutschland traditionell Stollen?

    A. Ostern

    B. Sommer

    C. Weihnachten

    D. Karneval

2   Woraus besteht Apfelsaftschorle?

    A. Apfelsaft mit Limonade

    B. Apfelsaft mit Wein

    C. Apfelsaft und heißem Wasser

    D. Apfelsaft mit Mineralwasser

3   Was isst und trinkt man am Nachmittag in Deutschland?

    A. Kaffee und Kuchen

    B. Bier und Würste

    C. Cola und Eis

    D. Saft und Kekse

4 Eine Torte, deren typische Zutaten Kirschen, Kirschwasser (Schnaps), Sahne und Kakao sind, ist eines der berühmten kulinarischen Symbole welcher deutschen Region?

A. Harz

B. Bayerischer Wald

C. Schwarzwald

D. Rhein-Mosel-Dreieck

5 In Deutschland gibt es viele verschiedene Brotsorten. Was ist aber Pumpernickel?

A. Brötchen

B. Schwarzbrot

C. Weißbrot

D. Mischbrot

6 Was kann man in einer Konditorei kaufen?

A. Bücher und Zeitschriften

B. Obst und Gemüse

C. Autoteile und Zubehör

D. Kuchen und Torten

7 John F. Kennedy sagte einst während eines Berlinaufenthalts: „Ich bin ein Berliner." Was sind Berliner aber noch?

A. Brötchen

B. Fruchtbonbons

C. gefüllte Pfannkuchen

D. Schokoladenbonbons

8 Mit welchem typischen Ausspruch stößt man in deutschsprachigen Ländern beim Trinken an?

A. Mahlzeit!

B. Gesundheit!

C. Prima!

D. Prost!

9 Was isst man zu einem typisch deutschen Frühstück?

A. Spiegeleier, Speck, Würstchen, Toast, Bohnen, Tee

B. Brötchen, Marmelade, Butter, Wurst, Käse, Eier, Kaffee

C. Knäckebrot, Haferbrei, Käsebrot, Kaffee, Tee

D. Reissuppe, Fladenbrot, grünen Tee

10 Was würde man auf dem Oktoberfest nicht essen?

A. Erdbeeren und Sahne

B. Brezeln

C. Weißwurst

D. Brathähnchen

Nachdruck verboten   Deutsch im Einsatz

In diesem Artikel lesen Sie nun mehr darüber, was verschiedene Deutsche zum Thema Essen aus ihrem Land denken und sagen.

Was ist typisch deutsches Essen?

Der deutschen Küche hängt schon seit langer Zeit der Ruf an, besonders schwer im Magen zu liegen. Was ist denn nun eigentlich heute typisch deutsches Essen? Dreht sich alles nur um die Wurst? Oder etwa nicht? Wir haben verschiedene Personen aus Deutschland zu diesem Thema befragt.

Marianne und Oskar:

Dazu gehören für uns als Brandenburger deftiger Eintopf und verschiedene Kartoffelgerichte. Fleisch, Würste und Sauerkraut sind hierzulande ungemein beliebt, aber auch internationaler Küche, zum Beispiel der italienischen, sind die Deutschen nicht abgeneigt.

Johannes:

Das Klischee von Kartoffeln und Würsten ist doch längst überholt. Deutschland ist ein Multikulti-Land und so sieht's auch beim Essen aus. Typisch deutsch ist deshalb für mich der Döner Kebab, den es an jeder Straßenecke gibt, denn die türkische Küche ist aus der deutschen gar nicht mehr wegzudenken.

Thomas:

Das deutsche Essen ist auf keinen Fall einheitlich, sondern in jeder Region anders. Im Norden isst man wegen der geografischen Lage viele Fischgerichte, aber im Süden, vor allem in Bayern, wo ich lebe, kommt man an Weißwurst und Schweinshaxe nicht vorbei. Am besten schmeckt es heruntergespült mit Bier.

Angela:

Ich liebe besonders die deutsche Kaffee-und-Kuchen Tradition. Am Nachmittag essen wir leckere Kuchen wie Streuselkuchen, Bienenstich, Käsekuchen, die frisch vom Bäcker kommen, mit einer Tasse Kaffee oder Kakao. Manchmal gehe ich auch in schicke Konditoreien, wo es köstliche Sahnetorten und Feingebäck gibt und man nach Herzenslust schlemmen kann.

Felix:

Currywurst mit Pommes, definitiv. Gerade hier in Berlin hat die Wurst Kultstatus. Ich bin oft unterwegs, deswegen esse ich alles, was schnell geht: Burger, Pizza, belegte Brote, Frikadellen und Hähnchen.

Textverständnis

Wer sagt was? Ordnen Sie den befragten Personen die richtige Aussage zu.

1. Marianne und Oskar ☐

2. Johannes ☐

3. Thomas ☐

4. Angela ☐

5. Felix ☐

A. Deutsches Essen ist sehr vielfältig.

B. Essgewohnheiten werden dem Lebensstil angepasst.

C. Ausländische Einflüsse haben die deutsche Küche bereichert.

D. Internationale Gerichte werden abgelehnt.

E. Herzhafte traditionelle Gerichte werden bevorzugt.

F. Es gibt weitere deutsche kulinarische Bräuche jenseits von Fleisch und Würsten.

Schriftliche Übung CAS

An Ihrer Schule gibt es mehrere Schüler aus Deutschland. Verfassen Sie für die nächste Ausgabe ein Interview mit Ihren deutschen Freunden über typisch deutsches Essen. Sie könnten u.a. die folgenden Fragen stellen: Was essen die Deutschen wirklich? Warum? Inwiefern stimmen die Klischees von Wurst und Bier? Welche Gerichte sind in bestimmten Regionen Deutschlands beliebt? Benutzen Sie die Checkliste für ein Interview auf S. 337.

Tipp für die Prüfung

Verwenden Sie umgangssprachliche Redewendungen, um authentischer zu klingen und eine bessere Note zu bekommen. Vergessen Sie nicht, dass Sie in der *Paper 2*-Prüfung zeigen müssen, wie gut Sie die deutsche Sprache beherrschen – dazu gehören ein umfangreiches Vokabular, komplexe Satzstrukturen und eben auch Umgangssprache.

Wortschatz

In der deutschen Sprache gibt es viele Redewendungen, die mit Essen zu tun haben. Suchen Sie zu jeder Redewendung links die richtige Bedeutung aus der Spalte rechts aus.

1	seinen Senf dazu geben	☐	**A.** eine Person ist schwierig
2	einen Bärenhunger haben	☐	**B.** ständig etwas kritisieren
3	mit jemandem ist nicht gut Kirschen essen	☐	**C.** wenn man viel gegessen hat, lernt man nicht gut
4	in den sauren Apfel beißen	☐	**D.** sich das Beste heraussuchen
5	jemandem Honig ums Maul schmieren	☐	**E.** sehr hungrig sein
6	ein voller Bauch studiert nicht gern	☐	**F.** ein Problem, für das man verantwortlich ist, selbst lösen
7	seine Suppe selbst auslöffeln	☐	**G.** eine unangenehme Aufgabe erledigen
8	sich die Rosinen rauspicken	☐	**H.** ungefragt seine Meinung äußern
9	immer ein Haar in der Suppe finden	☐	**I.** es geht um alles
10	es geht um die Wurst	☐	**J.** jemandem schmeicheln

Zur Diskussion

Wann haben Sie das letzte Mal „jemandem Honig ums Maul geschmiert" oder „in den sauren Apfel gebissen"? Kennen Sie jemanden, der „immer ein Haar in der Suppe findet" oder „mit dem nicht gut Kirschen essen ist"? Tauschen Sie Ihre Erfahrungen mit einem Mitschüler aus.

wie aus dem Ei gepellt sein

es ist alles in Butter

jemandem reinen Wein einschenken

sich nicht die Butter vom Brot nehmen lassen

rot wie eine Tomate werden

wie ein Ei dem anderen gleichen

es sieht hier aus wie Kraut und Rüben

abwarten und Tee trinken

jemanden in die Pfanne hauen

Nachdruck verboten

Sie lesen nun ein bekanntes Lied des österreichischen Sängers Udo Jürgens, das 1976 komponiert wurde. Darin geht es um die „Kaffee und Kuchen"-Tradition.

Aber bitte mit Sahne

Sie treffen sich täglich um Viertel nach drei aaahh ooojehh
am Stammtisch im Eck in der Konditorei aaahh ooojehh
und blasen zum Sturm auf das Kuchenbuffett
auf Schwarzwälder Kirsch[1] und auf Sahnebaiser[2]

5   auf Früchteeis, Ananas, Kirsch und Banane
aber bitte mit Sahne, aber bitte mit Sahne…

Sie schmatzen und schwatzen, dann holen sie sich aaahh ooojehh
noch Buttercremetorte und Bienenstich[3] aaahh ooojehh
sie pusten und prusten, fast geht nichts mehr rein,

10   nur ein Mohrenkopf[4] höchstens, denn Ordnung muss sein
Bei Mathilde, Ottilie, Marie und Liliane
aber bitte mit Sahne, aber bitte mit Sahne…

Und das Ende vom Lied hat wohl jeder geahnt, aaahh ooojehh
der Tod hat reihum sie dort abgesahnt aaahh ooojehh

15   die Hinterbliebenen fanden vor Schmerz keine Worte,
mit Sacher- und Linzer-[5] und Marzipantorte
hielt als letzte Liliane getreu noch zur Fahne
aber bitte mit Sahne, aber bitte mit Sahne…

Doch auch mit Liliane war es schließlich vorbei aaahh ooojehh

20   sie kippte vom Stuhl in der Konditorei hmmmm ooojehh
auf dem Sarg gab's statt Kränze verzuckerte Torten
und der Pfarrer begrub sie mit rührenden Worten
dass der Herrgott den Weg in den Himmel ihr bahne
aber bitte mit Sahne, aber bitte mit Sahne…

25   noch ein Tässchen Kaffee, aber bitte mit Sahne
noch ein kleines Baiser, aber bitte mit Sahne
Oder soll's vielleicht doch ein Keks sein? Aber bitte mit Sahne…

Udo Jürgens, Edition Montana/Aran

[1] **Schwarzwälder Kirsch**	Schwarzwälder Kirschtorte
[2] **Sahnebaiser**	Gebäckname
[3] **Bienenstich**	Kuchenname
[4] **Mohrenkopf**	eine schokoladenüberzogene Süßigkeit
[5] **Sacher- und Linzertorte**	österreichische Tortenspezialitäten

Nachdruck verboten

Textverständnis

1 Bringen Sie die Ereignisse in die richtige chronologische Reihenfolge, wie sie im Text dargestellt sind. Nummerieren Sie sie.

A. Freunde und Familie trauern um sie. ☐

B. Liliane stirbt in der Konditorei. ☐

C. Mathilde, Ottilie und Marie sterben aufgrund ihres exzessiven Kuchenessens. ☐

D. Man kommt täglich zum Kaffeeklatsch in der Konditorei zusammen. ☐

E. Liliane isst weiter. ☐

F. Gemeinsam essen die Damen verschiedene Kuchen, Torten und Eissorten. ☐

G. Ihr Sarg ist mit Torten geschmückt. ☐

2 Beantworten Sie die folgenden Fragen.

1 Wie würden Sie den Ton des Sängers charakterisieren? Welches Wort von der Liste passt am besten?

A. betroffen ☐

B. verständnisvoll

C. belehrend

D. ironisch

E. kritisch

F. entspannt

2 Was ist das eigentliche Thema dieses Liedes?

A. Warnung vor Esssucht und Übergewicht ☐

B. Spaß am Kuchenessen

C. Freundschaft bis in den Tod

3 Welche Wörter in der rechten Spalte entsprechen den Begriffen aus dem Liedtext am besten?

1	Stammtisch (Z. 2) ☐	**A.** fiel
2	schmatzen (Z. 7) ☐	**B.** anstelle
3	schwatzen (Z. 7) ☐	**C.** beerdigte
4	kippte (Z. 20) ☐	**D.** trinken
5	statt (Z. 21) ☐	**E.** sich unterhalten
6	Kränze (Z. 21) ☐	**F.** mitreißenden
7	begrub (Z. 22) ☐	**G.** Blumengebinde
8	rührenden (Z. 22) ☐	**H.** Nachtisch
		I. Tänze
		J. klatschen
		K. sentimentalen
		L. gewohnten Treffpunkt
		M. laut essen

Weiterdenken (TOK)

Diskutieren Sie in kleinen Gruppen:

- Gefällt Ihnen dieses Lied? Begründen Sie Ihre Meinung.

- Was halten Sie von der Warnung, die es ausspricht? Ist sie übertrieben oder todernst? Warum?

- Welche weiteren Lieder sind Ihnen bekannt, die vor etwas warnen oder über etwas aufklären wollen? Was halten Sie von dieser Art der Aufklärung? Diskutieren Sie.

Mündliche Übung CAS

Arbeiten Sie in Gruppen bis maximal fünf Personen.

Die Situation

Was ist typisch deutsches Essen? An dieser Frage scheiden sich immer wieder die Geister. Die Tourismus-Beauftragte des Kultusministeriums, Frau Biel, hat mehrere Personen aus verschiedenen Bereichen zu einer Diskussionsrunde eingeladen. Alle Beteiligten haben unterschiedliche Ansichten.

Lesen Sie zuerst die Situationsbeschreibung oben und dann die Rollenbeschreibungen unten. Verteilen Sie die Rollen untereinander. Denken Sie über Ihre Rolle nach. Machen Sie sich Notizen – aber versuchen Sie, möglichst spontan auf die Argumente der anderen Mitspieler zu reagieren. Frau Biel leitet die Diskussion. Die Gesprächsrunde soll am Schluss ein paar konkrete Ergebnisse haben.

Frau Biel, Tourismusbeauftragte des Kultusministeriums

- sorgt sich um das schlechte Ansehen der deutschen Küche im Ausland.
- will herausfinden, ob es neue Trends gibt.
- möchte für alle Aspekte der deutschen Küche werben.

Frau Lehmann, Imbissbudenbesitzerin der „Extrawurst"

- verkauft typisch deutsche Gerichte, d.h. Currywurst mit Pommes, Bockwurst, Frikadelle, Brathähnchen usw.
- arbeitet seit 40 Jahren in der Imbissbude und sieht ihren Stand als urdeutsche Instanz.
- beobachtet, wie sich ein Trend weg von der Currywurst zum Döner, Sushi usw. entwickelt.

Herr Precious

- ist ursprünglich aus Manchester in England, lebt aber schon seit 20 Jahren in Deutschland.
- Offizier der britischen Armee, der bisher in drei verschiedenen Regionen Deutschlands lebte – im Norden, Süden und Osten.
- liebt die Vielfältigkeit der deutschen Küche, die sich von Region zu Region unterscheidet.

Herr Özdemir, Besitzer des türkischen Restaurants „Bosporus"

- seine Eltern kamen vor 30 Jahren nach Deutschland, er ist dort geboren und aufgewachsen.
- für ihn ist das türkische Essen integraler Bestandteil der deutschen Küche.
- verkauft täglich hunderte von Kebabs und Böreks an seine Kunden.

Frau Jung, Gründerin und Inhaberin von „Voll Veggie", einer vegetarischen Restaurantkette

- bietet vegetarische Gerichte aus aller Welt an.
- möchte eine gesündere Alternative zur traditionellen deutschen Küche einführen.
- hat gerade ihr fünftes Restaurant eröffnet, da sich ihr Essen großer Beliebtheit erfreut.

Festliches Deutschland

Zur Diskussion CAS

Diskutieren Sie folgende Fragen zu dem Diagramm in kleinen Gruppen. Erklären Sie, worauf Sie Ihre Antworten basieren.

- Welche Feste und Traditionen assoziieren Sie mit Deutschland?
- An welchem deutschen Fest würden Sie gern einmal teilnehmen? Warum?
- Welche Bräuche existieren in Ihrem Land? Welche mögen Sie, welche nicht? Warum?
- Welche Bedeutung haben Feste und Traditionen für ein Land?

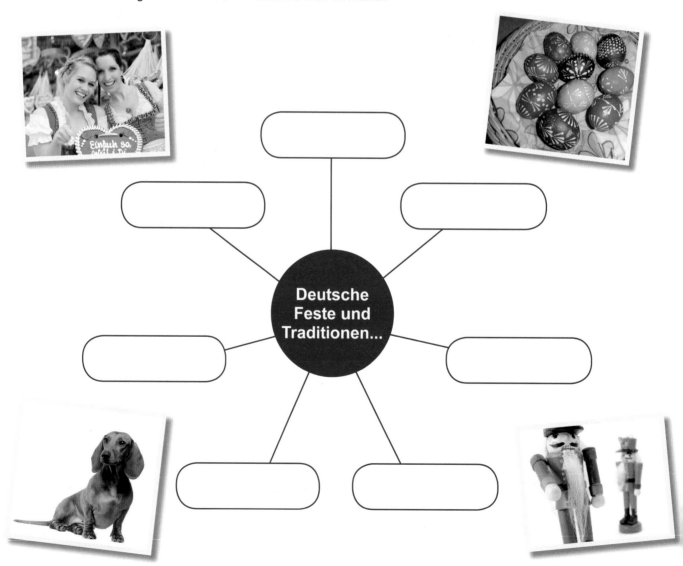

Deutsche Feste und Traditionen...

Nachdruck verboten

© Advance Materials 2013

Einstieg

Besprechen Sie die folgenden Fragen zu den Fotos in kleinen Gruppen.

- Was verstehen Sie unter Karneval?

- Haben Sie dieses Fest schon einmal in Deutschland erlebt? Erzählen Sie von Ihren Erfahrungen. Oder beschreiben Sie die Bilder: nach ihnen zu urteilen, was passiert während der Karnevalszeit? Hätten Sie Lust, daran teilzunehmen? Warum (nicht)?

- Beschreiben Sie ähnliche kostümierte Festlichkeiten in anderen Ländern, die Sie kennen.

„Das ist schön bei den Deutschen: Keiner ist so verrückt, dass er nicht einen noch Verrückteren fände, der ihn versteht."

Heinrich Heine

„Tradition ist Bewahrung des Feuers und nicht Anbetung der Asche."

Gustav Mahler

„Tradition ist eine Laterne, der Dumme hält sich an ihr fest, dem Klugen leuchtet sie den Weg."

George Bernard Shaw

Sie lesen nun einen Text, der ausländischen Studenten das verrückte und ausgelassene Treiben zur Karnevalszeit in Deutschland erklärt.

Im ersten Teil des Textes fehlen Wörter, die Sie im ersten Schritt der Textverständnisübung einordnen müssen.

Karneval in Deutschland

Wunder dich nicht, wenn in den nächsten Tagen plötzlich alles anders ist, als sonst –wenn dir Leute in bunten Kostümen begegnen oder plötzlich Lieder singen, die du nicht verstehst. Von Weiberfastnacht bis Aschermittwoch regieren die „Jecken". Je nach Region gibt es jedoch einige Unterschiede, wie und was gefeiert wird. Wir helfen dir und geben dir Tipps, _____(X)_____ du selbst jede Menge Spaß hast.

5 Und plötzlich (1) _____ alle durch! Gestern noch war die Welt in Ordnung und heute schon trägt dein Professor von der Uni eine rote Nase, deine Kommilitonen haben sich in Piraten, Hasen oder Superhelden (2) _____ und überall wird gefeiert. Willkommen im Karneval!

(3) _____ beginnt die Karnevalssaison schon am 11. November des (4) ,_____ doch erst zum Straßenkarneval im Februar und März geht es richtig los. Von Weiberfastnacht am Donnerstag bis zum darauffolgenden

10 Aschermittwoch feiern tausende Menschen in Kneipen, Festsälen und auf der Straße bei Umzügen durch. Besonders im Rheinland, also in Städten wie (5) _____ oder Düsseldorf (6) _____ herrscht.

11.11 Uhr lautet die magische Zeit, zu der der Straßenkarneval an Weiberfastnacht eröffnet wird. Dann heißt es „Kölle Alaaf" und „Düsseldorf Helau". Diese Kombinationen solltest du dir gut merken, denn in Köln „Helau" zu brüllen, kommt nicht gut an. Zu jeder Menge Kölsch, dem typischen Kölner Bier, essen die Jecken am liebsten Berliner. Dieses

15 Gebäck gibt es mit Marmeladen- oder Eierlikörfüllung und für besonders „nette" Menschen auch mit Senf.

Was die Kostüme angeht, sind deiner Kreativität keine Grenzen gesetzt. Du kannst anziehen, was dir gefällt. Nur deine normalen Klamotten solltest du in dieser Zeit im Schrank lassen. Es sei denn, du besitzt eine Krawatte, die du unbedingt loswerden möchtest. Dann trag sie unbedingt an Weiberfastnacht. Es wird nicht lange dauern, bis sie dir von einer Frau abgeschnitten wird, denn das ist so Brauch.

20 Natürlich ist Musik ein ganz wichtiger Bestandteil der ausgelassenen Party. Statt Charts laufen in den Kneipen die Songs von typischen Karnevalsbands. In Köln sind das zum Beispiel die Höhner, Brings, Bläck Föös oder die Paveier. Obwohl sie auf Deutsch singen, wirst du vielleicht Schwierigkeiten haben, ihre Texte zu verstehen, denn sie singen mit kölschem Dialekt.

Apropos: Auch wenn du die Songtexte nicht auswendig lernst, diese fünf Begriffe solltest du auf jeden Fall kennen, denn

25 sie werden dir im Kölner Karneval immer wieder begegnen:

Jecken = So heißen alle, die Karneval feiern.

Bützjer = Küsschen auf die Wange werden im Karneval in großen Mengen verteilt, denn es herrscht offiziell „Kussfreiheit" bis Aschermittwoch.

Strüssjer = Blümchen, werden bei den diversen Umzügen geworfen. Häufig sind es Rosen, Tulpen und Nelken.

Kamelle = Bonbons/Süßigkeiten, werden ebenfalls bei den Umzügen geworfen. Also Tasche nicht vergessen.

Büggel = Tasche, brauchst du für die Kamelle

Der Höhepunkt des bunten Treibens ist der Umzug am Rosenmontag. Seit 178 Jahren gibt es den in Köln. Los geht's, wie sollte es anders sein, pünktlich um 11.11 Uhr auf eine Strecke von 6,5 Kilometern quer durch die Stadt. Der Zug selbst ist sogar noch ein Stück länger und besteht aus 10.000 Teilnehmern und 100 Prunkwagen. Über eine Million Menschen stehen an den Straßenrändern und sorgen für Stimmung.

Fastnacht statt Karneval

Das, was im Rheinland „Karneval" heißt, nennt man im Süden, Osten und Norden Deutschlands „Fastnacht" oder „Fasching". Auch hier geht es in den tollen Tagen rund – allerdings beginnt die Saison meist später: Während Kölner oder Düsseldorfer ihren Karneval schon am 11. November des Vorjahres einläuten und damit fast vier Monate lang immer wieder Gelegenheit zum Lustigsein haben, beginnen Fastnacht oder Fasching offiziell meist am 6. Januar. In ihre heiße Phase starten Karneval und Fasching allerdings am selben Tag, nämlich dem Donnerstag vor Aschermittwoch. Statt Weiberfastnacht heißt dieser Tag im Süden Deutschlands jedoch „Schmotziger Donnerstag" (Dialekt für „Schmutziger Donnerstag"). Von 11.11 Uhr am Donnerstagmorgen bis zum Dienstag der darauf folgenden Woche heißt es: feiern, feiern, feiern. Auch im Süden Deutschlands finden große Umzüge statt, die hier jedoch „Narrensprung" heißen. Nicht nur der Name ist anders, sondern auch so manche Tradition: So sind die Kostüme der Fastnacht häufig traditioneller als in Köln oder Düsseldorf. Statt politischen Spotts trifft man hier auf Teufel, Narren, Hexen und andere Sagengestalten. All diese Figuren haben eine lange Tradition; manchmal werden Kostüme sogar von Generation zu Generation weitervererbt. Während sich die Karnevalisten in Köln und Düsseldorf jedes Jahr aufs Neue überlegen, wie sie sich verkleiden sollen, behalten die Narren der Fastnacht ein und dasselbe Kostüm oft ein Leben lang. Auch die für die tollen Tage typischen Rufe unterscheiden sich von denen im Rheinland: Statt „Helau" oder „Alaaf" sagen die Menschen hier „Ju-Hu-Hu" oder „Narri-Narro".

Wo und wie du auch feierst: Wir wünschen dir ganz viel Spaß und ein paar närrische Tage. Denn wie heißt es doch so schön? Am Aschermittwoch ist alles vorbei!

DAAD/www.study-in.de

Textverständnis

1 Im ersten Teil fehlen Wörter. Suchen Sie für jede Lücke im Text das passende Wort aus.

Beispiel (X)	A. UM	B. DAMIT	C. SO	B
1	A. GEHEN	B. STEHEN	C. DREHEN	☐
2	A. VERWANDELT	B. MUTIERT	C. ANGEZOGEN	☐
3	A. AKTUELL	B. DOCH	C. EIGENTLICH	☐
4	A. VORJAHRES	B. JAHRES	C. JAHRESZEIT	☐
5	A. MÜNCHEN	B. KÖLN	C. HAMBURG	☐
6	A. AUSNAHME	B. AUSNAHMEZUSTAND	C. AUFSTAND	☐

Wussten Sie das?

Karneval, Fasching oder Fastnacht in Deutschland

Dieses Fest wird fast ausschließlich in katholischen Gegenden gefeiert, weil es traditionell die Fastenzeit einleitet. Man darf noch einmal ausgelassen feiern, bevor man sich sechs Wochen einschränken muss. Am Aschermittwoch ist alles vorbei, denn an diesem Tag beginnt die Fastenzeit, die zu Ostern endet. Das genaue Datum ist deshalb jedes Jahr etwas anders.

Der Rosenmontag ist der Höhepunkt des Straßenkarnevals. Die großen Umzüge mit Wagen, Masken und Musik- und Tanzgruppen finden statt. Von den Wagen werden Süßigkeiten und kleine Geschenke in die Zuschauermenge geworfen. Überall feiern die Menschen zur Karnevalszeit und viel Verrücktes ist erlaubt, was man sonst gesellschaftlich nicht dürfte, z. B. Krawatten abschneiden, Küsse verteilen, offiziell Witze über den Chef machen.

Der Karnevalsprinz wird jedes Jahr neu gewählt und hat sowohl organisatorische als auch repräsentative Pflichten. In manchen Städten regiert er mit anderen zusammen, z. B. mit einer Karnevalsprinzessin oder dem sogenannten Dreigestirn, das aus Jungfrau, Bauer und dem Prinzen besteht.

Die Karnevalszeit wird auch die fünfte Jahreszeit in Deutschland genannt.

„An Karneval maskiert man sich, damit man die Maske fallen lassen kann."

Gerhard Uhlenbruck, dt. Aphoristiker, Immunbiologe u. Hochschullehrer

„Wenn keine Narren auf der Welt wären, was wäre dann die Welt?"

Johann Wolfgang von Goethe

2 Bei den folgenden Aussagen aus Z. 1–35 kreuzen Sie an, ob sie aufgrund des Textes richtig oder falsch sind. Begründen Sie Ihre Antwort mit Informationen aus dem Text.

	richtig	falsch
Beispiel: In der Karnevalszeit werden gesellschaftliche Regeln aufgehoben und es wird ausgelassen gefeiert.	☒	☐

Begründung: wenn in den nächsten Tagen plötzlich alles anders ist, als sonst

	richtig	falsch
7 Aschermittwoch bedeutet das Ende der zweiwöchigen wilden Feiern im Februar.	☐	☐

Begründung:...

8 Bei den Narrenrufen sollte man sich der regionalen Unterschiede bewusst sein, um keine Fehler zu machen.	☐	☐

Begründung:...

9 Die Feiernden trinken am liebsten Wein aus der Region und essen gefüllte Kuchen.	☐	☐

Begründung:...

10 Ausgefallene Verkleidungen sind zur Karnevalszeit ein Muss, Alltagskleidung sollte man zu Hause lassen.	☐	☐

Begründung:...

11 Krawatten werden während der Karnevalszeit sowohl von Frauen als auch von Männern abgeschnitten.	☐	☐

Begründung:...

12 Damit die Jecken ihre Musik verstehen, singen viele Karnevalsbands ihre Lieder auf Hochdeutsch.	☐	☐

Begründung:...

13 Die Saison erlebt ihren Höhepunkt zu Beginn der Festlichkeiten am Jahresende.	☐	☐

Begründung:...

3 Lesen Sie sich noch einmal die Zeilen 1–52 durch. Finden Sie heraus, welche Gemeinsamkeiten, aber auch Unterschiede zwischen Karneval und Fastnacht/Fasching existieren. Tragen Sie diese in die Tabelle ein.

	Karneval	Fastnacht/Fasching
Wo feiert man …?		
Gemeinsamkeiten		
Unterschiede		
Länge		
Umzüge		
Verkleidung		
Rufe		

Hier ist nun ein Interview mit einem Mann, der gerne Karneval feiert. Gleichzeitig ist er aber Wissenschaftler und erforscht das Verhalten der Menschen im Karneval.

Im Interview fehlen Fragen/Aussagen des Interviewers, die Sie im ersten Schritt der Textverständnisübung einordnen müssen.

„Sich endlich ungeniert öffentlich betrinken"

Heiko Kosow ist passionierter Karnevalist und Sozialwissenschaftler. Im Interview spricht der 64-jährige ehemalige Karnevalsprinz über traurige Jecken, Karneval als Forum der Selbstdarsteller – und erzählt seinen besten Witz.

SPIEGEL ONLINE: Herr Kosow, Sie waren im vergangenen Jahr selbst Karnevalsprinz in Arnsberg. Muss man den
5 ▸ Wissenschaftler in sich zu Hause lassen, wenn man als „Heiko der Erste, der Wieder-Regierende" zur Prunksitzung geht?

Kosow: Nein. Wir nennen das als Soziologen „teilnehmende Beobachtung". Ich habe als Mitwirkender immer geguckt: Warum verhalten sich die Menschen im Karneval so und nicht anders?

SPIEGEL ONLINE: [–1–]

Kosow: Das Feiern. Mit Menschen zusammen zu sein, mit ihnen zu schunkeln, zu lachen und zu singen. Das ist auch aus soziologischer Sicht ungeheuer wichtig – Karneval ist ein identitätsstiftendes Gemeinschaftserlebnis.

SPIEGEL ONLINE: [–2–]

10 ▸ **Kosow:** Es gibt ein ungeheures Spektrum, warum Leute Karneval feiern. Manche werden einfach mitgenommen, zum Beispiel vom Ehepartner, obwohl sie gar keine Lust haben. Dann gibt es Leute, die im Karneval alles an Selbstdarstellung nachholen, was sie im Laufe des Jahres versäumt oder unterlassen haben, indem sie sich auf bestimmte Art verkleiden.

SPIEGEL ONLINE: [–3–]

Kosow: Zarte und zurückhaltende Frauen, die als Sexbombe auftreten. Oder der brave Bankangestellte, der sich als Bankräuber oder als Gefangener verkleidet. Kostümiert tut man Dinge, die man sich sonst nicht traut. Manche verkleiden sich, um nicht erkannt zu werden. ◄ 15

SPIEGEL ONLINE: [–4–]

Kosow: Die Ventilfunktion ist für manche Leute in der Tat wichtig. Besonders früher war der Karneval eine Gelegenheit für die Bürger, sich kritisch mit der Obrigkeit zu beschäftigen. Und natürlich darf man sich endlich ungeniert in der Öffentlichkeit betrinken.

SPIEGEL ONLINE: [–5–]

Kosow: Ja, aber die Möglichkeit, über mehrere Tage von Weiberfastnacht bis Aschermittwoch zu feiern, macht Karneval ◄ 20 einzigartig. Wenn es dieses Fest nicht gäbe, müsste man es in einigen Teilen Deutschlands erfinden. Die Leute sind heiß auf diese Zeit. Manche fangen am Tag nach Aschermittwoch an, den nächsten Karneval zu planen. Viele Leute fahren extra zu Karneval ins Rheinland.

SPIEGEL ONLINE: [–6–]

Kosow: Ja, das stimmt.

SPIEGEL ONLINE: [–7–]

Kosow: Wenn Leute sehr schön geschminkt und sehr schön verkleidet völlig traurig dasitzen. Die wissen dann genau, ◄ 25 dass ihr Aussehen nicht mit ihrer inneren Verfassung übereinstimmt. Aber komischerweise kann man diese Leute viel leichter an die Seite nehmen und fragen, warum sie schlecht gelaunt sind.

SPIEGEL ONLINE: [–8–]

Kosow: Ich hatte etwa 40 Auftritte in sechs Wochen. Da habe ich bei jedem ein paar Gags gemacht.

SPIEGEL ONLINE: [–9–]

Kosow: Nein.

SPIEGEL ONLINE: [–10–]

Kosow: Der Erzbischof von Köln besuchte 2011 mit seinem Dreigestirn den Papst und brachte dem Heiligen Vater einen ◄ 30 Papageien als Geschenk mit. Der Papagei spricht den Papst immer mit „Hoheit" statt „Heiligkeit" an und ist davon auch nicht durch viel Training abzubringen. Schließlich kommt man auf die Idee, den Papst in vollem Festornat[1] vor den Vogel zu stellen – dann muss doch selbst das Tier begreifen, wen es vor sich hat. Als der Papst so bekleidet vor den Papageien tritt, legt der seinen Kopf zur Seite und fängt an zu singen: „Einmol Prinz zo sin".

SPIEGEL ONLINE

[1] **Festornat**   festliche Kleidung, Festgewand

Textverständnis

1 Im Interview fehlen Fragen/Aussagen des Interviewers. Wählen Sie aus der Liste unten rechts die Fragen/ Aussagen, die am besten passen, und schreiben Sie die Buchstaben in die Kästchen.

1 ☐

2 ☐

3 ☐

4 ☐

5 ☐

6 ☐

7 ☐

8 ☐

9 ☐

10 ☐

A. Und manche fliehen.

B. Was haben Sie als Karnevalsprinz gegen die schlechte Laune getan?

C. Was ist das Seltsamste am Karneval?

D. Zum Beispiel?

E. Dann lassen Sie mal Ihren besten Witz hören.

F. Anonym kann man ja auch viel besser endlich mal Dampf ablassen.

G. Und was haben Ihre teilnehmenden Beobachtungen ergeben?

H. Haben Sie gereimt?

I. Was überwog denn – das Mitschreiben als Wissenschaftler oder das Mitschunkeln als Karnevalist?

J. Das kann man auch im Stadion oder in der Kneipe.

2 Beantworten Sie folgende Fragen zum Interview.

11 Welche Doppelrolle hatte Heiko Kosow während des letzten Karnevals?

12 Welche der beiden Aufgaben gefiel ihm besser während seiner Teilnahme?

13 Welche zwischenmenschliche Bedeutung erfüllt die Narrenzeit?

14 Wie erklärt Herr Kosow die Verwandlung des deutschen Normalbürgers zum ausgelassenen Jecken?

15 Was meint er mit „Dampf ablassen" (Aussage 4F)?

16 Welche politische Funktion hatte der Karneval in der Vergangenheit?

17 Inwiefern unterscheidet sich die Karnevalszeit von anderen Möglichkeiten, „Dampf abzulassen"?

18 Was verblüfft Herrn Kosow bei seinen Beobachtungen?

3 Bestimmen Sie, worauf sich die unterstrichenen Wörter aus dem Interview beziehen, und tragen Sie es in die rechte Spalte ein.

In der Zeile.....	bezieht sich das Wort ...	auf ...
Beispiel: ... müsste man es in einigen Teilen Deutschlands (Z. 21)	„es"	*dieses Fest*
19 ... und manche fliehen (Aussage 6A)	„manche"	
20 ... mit ihrer inneren Verfassung (Z. 26)	„ihrer"	
21 ... bei jedem ein paar Gags (Z. 28)	„jedem"	
22 ... legt der seinen Kopf zur Seite (Z. 34)	„der"	

Weiterdenken

Diskutieren Sie in kleinen Gruppen:

- Ist es für Sie akzeptabel, sich über Religion und Kirche bzw. die Obrigkeit lustig zu machen? Warum (nicht)? Wo liegen die Grenzen für ein solches Benehmen?

- Im Interview wird erwähnt, dass viele Menschen während der Karnevalszeit mal so richtig „Dampf ablassen". Wie ist Ihre Meinung – ist das der Sinn des Fests?

- „Und manche fliehen". Wovor fliehen diese Personen wohl? Was würden Sie machen? Warum?

Schriftliche Übung

Eine gute Freundin von Ihnen steckt mitten in den Abiturprüfungen und ist total gestresst und deprimiert. Sie braucht dringend Ablenkung und Aufmunterung. Sie sind gerade aus Köln zurückgekehrt, wo Sie mit deutschen Freunden das erste Mal Karneval gefeiert haben. Sie haben eine tolle und aufregende Zeit verlebt und nun berichten Sie in einer E-Mail mit lustigen Anekdoten von diesem unvergesslichen Fest. Erklären Sie in einigen Sätzen, was Karneval ist und wie er in Köln gefeiert wird. Schlagen Sie vor, nächstes Jahr gemeinsam nach Deutschland zu fahren, um diesen Ausnahmezustand zu erleben. Benutzen Sie die Checkliste für eine informelle E-Mail auf S. 335.

Tipp für die Prüfung

E-Mails sind wie formlose Briefe, bei denen Sie darauf achten müssen, an wen Sie schreiben. Ist es ein guter Freund oder Ihr alter Klassenlehrer?

Bei informellen E-Mails können Sie gern Gebrauch von der deutschen Umgangssprache machen – aber seien Sie vorsichtig: Nicht übertreiben! Die Prüfer wollen trotzdem wissen, ob Sie gutes, korrektes Deutsch schreiben können.

Seien Sie kreativ – der Prüfer liest unzählige Arbeiten, also versuchen Sie, sich von der Masse abzuheben und keine Angst – Ihre Anekdoten oder Erlebnisse müssen nicht unbedingt der Wahrheit entsprechen.

Rund ums Osterfest

Einstieg

Auf Karneval folgt die Fastenzeit, die zu Ostern aufhört. Diskutieren Sie folgende Fragen in kleinen Gruppen.

- Warum feiert man eigentlich Ostern?

- Feiern Sie Ostern? Wenn ja, wie? Welche Traditionen haben Sie in Ihrem Land und worauf freuen Sie sich besonders?

- Was wissen Sie über Ostertraditionen in anderen Ländern?

Lesen Sie in dem Text, welche typischen Ostertraditionen in verschiedenen Regionen Deutschlands existieren.

Im ersten Teil des Textes fehlen Wörter, die Sie im ersten Schritt der Textverständnisübung einordnen müssen.

Osterbräuche in Deutschland:
Von bemalten Eiern und Reitern im Frack

Das Osterfest, bei dem jedes Jahr der Auferstehung Christi gedacht wird, ist für viele Deutsche eines der wichtigsten Feste des Jahres. Im ganzen Land feiern die Menschen diese Tage – und pflegen dabei ein vielfältiges Jahrhunderte altes (X) _____.

Besonders (1) _____ freuen sich auf Ostern, wenn der (2) _____ am Sonntag bunt bemalte Eier
(3) _____, damit sie von den Kleinen wieder gefunden werden. In manchen Eiern versteckt sich wohl möglich noch eine (4) _____ oder ein Spielzeug.

Die Meister im Eierbemalen sind dabei die (5) _____, eine slawische (6) _____ im Osten Deutschlands, an der Grenze zu Polen und Tschechien. Sie steigern diese Kunst sogar noch, indem sie die Eier teilweise sogar filigran
(7) _____. Ein weiterer Brauch in dieser Region ist das Osterreiten. Dabei reiten die Männer einer Gemeinde im Frack auf festlich geschmückten Pferden von Dorf zu Dorf, um die Osterbotschaft zu (8) _____. Diese Prozessionszüge können bis zu 200 Reiter umfassen, die Straßen sind gesäumt von tausenden (9) _____.

Das Ei ist auch zentraler Dekorationsgegenstand bei Osterbrunnen, wie sie vornehmlich im Süden und Südosten Deutschlands zu finden sind. Dabei schmücken die Bewohner eines Ortes gemeinsam die Brunnen in immer neuen und aufwändigen Mustern mit bemalten Eiern und Blumen. Die Brunnen sind rund um die Osterzeit beliebte Ausflugsziele und in einigen Orten Frankens regelrechte Touristenattraktionen.

Vor allem im Norden Deutschlands wird das Osterfeuer entzündet, oder das Osterrad. Bei Letzterem wird ein mit Reisig und Stroh ausgestopftes Eichenrad entzündet und einen nah gelegenen Abhang hinunter gerollt. Kommt es am Fuße des Abhanges gut an, ist dies Zeichen für eine gute Ernte. Vom Osterwasser hingegen sagt man, es habe spezielle Kräfte, sei sehr lang haltbar, und mache die Haut besonders rein. Es ist eine alte Tradition, zu Ostern zu einer nah gelegenen Quelle zu laufen, um dort Osterwasser zu schöpfen. Und wie so viele Feste hat auch das Osterfest typische Gerichte hervorgebracht, wie das Osterbrot, den Fisch zum Karfreitag oder das Lamm am Ostersonntag.

Auswärtiges Amt

Textverständnis

1 Im ersten Abschnitt des Textes (Z. 1–11) fehlen Wörter. Suchen Sie für jede Lücke im Text das passende Wort von den angebotenen rechts aus.

Beispiel (X)	A. *BRAUCHTUM*	B. *TRADITION*	C. *SITTE*	[A]
1	A. ERWACHSENE	B. KINDER	C. JUGENDLICHE	☐
2	A. OSTERHASE	B. OSTERLAMM	C. OSTERHUHN	☐
3	A. FINDET	B. VERSTECKT	C. VERZEHRT	☐
4	A. BONBONS	B. LEBKUCHEN	C. SÜSSIGKEIT	☐
5	A. SORGEN	B. SORBEN	C. SERBEN	☐
6	A. MINDERHEIT	B. VOLK	C. BUNDESLAND	☐
7	A. FÄRBEN	B. BEMALEN	C. BESTICKEN	☐
8	A. SPRECHEN	B. VERKÜNDEN	C. ANKÜNDIGEN	☐
9	A. PUBLIKUM	B. SCHAULUSTIGEN	C. ZUSCHAUER	☐

2 Suchen Sie die Begriffe aus der rechten Spalte, die die Begriffe aus dem Text (Z. 12–21) in der linken Spalte am besten beschreiben.

10 vornehmlich (Z. 12)	☐	A.	Destinationen
11 schmücken (Z. 13)	☐	B.	besonders
12 Mustern (Z. 14)	☐	C.	Wasserstelle
13 Ausflugsziele (Z. 14)	☐	D.	dekorieren
14 regelrechte (Z. 15)	☐	E.	erzeugt
15 ausgestopftes (Z. 17)	☐	F.	gefülltes
16 Abhang (Z. 17)	☐	G.	Musterung
17 Kräfte (Z. 18)	☐	H.	größtenteils
18 lang haltbar (Z. 19)	☐	I.	Gefälle
19 Quelle (Z. 20)	☐	J.	Fähigkeiten
20 hervorgebracht (Z. 21)	☐	K.	Abgrund
		L.	langlebig
		M.	Designs
		N.	wirkliche

3 Entscheiden Sie, ob sich die folgenden Umschreibungen auf Osterbräuche in Nord-, Süd-, oder Ostdeutschland beziehen. Achtung: Es gibt einige Traditionen, die sich auf alle drei Regionen anwenden lassen.

	Norden	Süden	Osten
21 Osterfeuer	☐	☐	☐
22 Osterwasser	☐	☐	☐
23 Osterreiten	☐	☐	☐
24 Osterbrunnen	☐	☐	☐
25 Osterbrot	☐	☐	☐
26 Ostereiersuche	☐	☐	☐
27 kunstvoll gestaltete Ostereier	☐	☐	☐

Schriftliche Übung

Sie nehmen an einem Wettbewerb für ein Reisemagazin teil. Das Thema: traditionelle Feste im deutschsprachigen Raum. An Ihrer Schule gibt es eine deutsche Austauschschülerin, die Sie über das Osterfest in Deutschland befragen wollen. Befragen Sie sie nach den Bräuchen in der eigenen Region und dazu, was sie über andere Regionen weiß. Schreiben Sie ein interessantes Interview. Benutzen Sie die Checkliste für ein Interview auf S. 337.

Es weihnachtet sehr!

Einstieg

Diskutieren Sie folgende Fragen zu den Fotos in kleinen Gruppen.

- Feiern Sie Weihnachten in Ihrem Land? Wenn ja, wie feiern Sie dieses Fest?
- Was ist ein typisch weihnachtliches Essen in Ihrem Land?
- Worauf freuen Sie sich besonders?
- Was wissen Sie über deutsche Weihnachtsbräuche?

Nachdruck verboten

Lesen Sie im folgenden Text, wie eine Studentin die Weihnachtszeit – das wichtigste Fest in Deutschland – erklärt.

Im letzten Abschnitt des Textes fehlen Wörter, die Sie im sechsten Schritt der Textverständnisübung einordnen müssen.

Weihnachtszauber

Hannah Illing (21) erzählt, wie sie die Adventszeit und Weihnachten in Deutschland erlebt.

Ich liebe Weihnachten. An Weihnachten herrscht in deutschen Städten eine ganz besondere Stimmung. Sehr feierlich und entspannt. Man merkt, dass die Menschen sich eine Auszeit von ihrem stressigen Alltag gönnen
5 und ihr Leben ein paar Tage lang ruhiger angehen. Sie genießen es, gemeinsam mit ihrer Familie das Weihnachtsfest zu feiern.

Eigentlich beginnt Weihnachten schon mit der Adventszeit im Dezember. Mindestens einmal gehe ich an einem
10 Adventssonntag in die Kirche. Dann hängt über dem Altar ein großer Adventskranz mit vier roten Kerzen. Jeden Sonntag wird eine neue angezündet. Wenn die vierte Kerze brennt, weiß ich, dass Weihnachten kurz vor der Tür steht. Dann wird meine Vorfreude immer
15 größer. Auch daheim haben wir einen Adventskranz auf dem Esszimmertisch stehen. Wir zünden die Kerzen jeden Sonntag an und singen Adventslieder dazu. Am besten gefällt mir das Lied „Wir sagen euch an den lieben Advent".

20 Was ich an der Adventszeit besonders liebe, das ist das Plätzchenbacken. Draußen wird es früh dunkel, es ist kalt und regnerisch und ich bleibe am liebsten im gemütlichen Haus. Dann lade ich meine Freundinnen zum Backen ein. Am schönsten sind natürlich die Butterplätzchen, weil man die super mit Schokolade oder mit bunten Streuseln verzieren kann. Aber mir schmecken die Vanillekipferl am besten, auch wenn man da aufpassen muss, weil sie leicht zerbrechen.

25 Wichtig ist mir, dass ich einen Adventskalender habe. Der darf in keinem Jahr fehlen. Es ist immer wieder spannend, ein Türchen zu öffnen. Meistens ist hinter dem Türchen das Bild eines pausbackigen Engels oder eine Kerze. Natürlich gibt es auch Schokoladenkalender, hinter deren Türchen Figuren aus Schokolade versteckt sind. So kann ich mir schon vor dem Frühstück den Tag versüßen.

In der Adventszeit liegt auch Nikolaus. Das feiern wir am Abend des 6. Dezember, also am Namenstag des heiligen
30 Nikolaus. Als ich noch ein Kind war, war das immer sehr aufregend für mich. Denn in Deutschland kommt der Nikolaus persönlich in die Häuser. Er ist dann nicht in rot-weiß gekleidet wie der Coca-Cola-Nikolaus, sondern trägt einen Bischofsmantel und einen Bischofsstab. Auch der echte Nikolaus war schließlich ein Bischof. Der Nikolaus schimpft immer ein wenig und sagt, dass die Kinder in Zukunft mehr im Haushalt helfen sollen oder besser für die Schule lernen. Aber er hat auch einen großen braunen Jutesack mit Nüssen, Orangen und Schokolade dabei und sorgt für eine ganz
35 besondere Überraschung: Am Vorabend des 6. Dezember stellen die Kinder ihre blankgeputzten Schuhe vor die Tür, und hoffen, diese am nächsten Morgen mit Süßigkeiten und kleinen Geschenken gefüllt vorzufinden. Das fand ich immer super.

Am tollsten an der Adventszeit sind die Weihnachtsmärkte. Die gibt es in jeder deutschen Stadt. Am berühmtesten ist der Nürnberger Weihnachtsmarkt. Er heißt „Nürnberger Christkindlesmarkt" und ist sehr traditionell: Es gibt die berühmten
40 Nürnberger Lebkuchen und Bratwürste. Die Tannenzweige dort dürfen nicht mal aus Plastik sein. Sie müssen direkt aus dem Wald kommen. Ich treffe mich auf dem Weihnachtsmarkt oft mit meinen Freunden und trinke Glühwein. Besonders schön ist das natürlich, wenn es schon geschneit hat. Dann sind die Dächer der vielen kleinen Holzbuden mit einer Schneeschicht bedeckt, die wie Puderzucker aussieht.

Am allerwichtigsten in der Adventszeit ist natürlich der 24. Dezember, also Heiligabend. In Deutschland findet die Bescherung nämlich schon am Vorabend von Weihnachten statt. Die Festtage verbringe ich mit meiner Familie. Besonders freue ich mich über „weiße Weihnachten", also wenn es an Heiligabend schneit. Die Bescherung mit den Geschenken gibt es am späten Nachmittag, wenn es draußen schon dunkel ist. Dann versammelt sich die ganze Familie unter dem Christbaum. Wir hören dann immer Weihnachtslieder von einer CD. Unter dem Christbaum steht eine Holzkrippe. Das ist eine wichtige Tradition. Nach der Bescherung gehen wir dann in die Christmette, die meistens um 21 Uhr beginnt. Zum Abschluss der Messe singen wir in der Kirche alle „Stille Nacht". Das ist dann eine sehr feierliche Stimmung.

Am 25. und am 26. Dezember sind die Weihnachtsfeiertage. Dann kommen unsere Verwandten zu Besuch und meine Mutter kocht für uns ein Weihnachtsessen, das ist immer sehr lecker. Oft gibt es die traditionelle deutsche Weihnachtsgans mit Kartoffelknödeln und Blaukraut. Natürlich darf auch der Nachtisch nicht fehlen: Bratäpfel, gefüllt mit Rosinen und Nüssen. (*X*) _____ mag ich am liebsten.

Die Feiertage (24) _____ viel zu schnell und dann steht auch schon Silvester vor der Tür. Ich feiere oft mit Freunden. Am Abend des 31. Dezember treffen wir uns dann bei mir zu Hause und kochen zusammen. Da darf dann natürlich auch das „Dinner for One" nicht (25) _____, ein englischer Sketch, der an Silvester jedes Jahr im deutschen Fernsehen läuft. In Deutschland ist der Sketch Kultprogramm – ich war (26) _____, dass er in England gar nicht bekannt ist. Um 24 Uhr stoßen wir mit Sekt oder Champagner an und schießen wie überall auf der Welt Feuerwerksraketen ab, um das neue Jahr zu (27) _____. Am 1. Januar (28) _____ wir uns kleine Schweinchen aus Marzipan, weil das Glück bringen (29) _____. In denen steckt meistens eine Ein-Cent-Münze aus Goldpapier. Sie soll dafür sorgen, dass uns im (30) _____ Jahr das Geld nicht ausgeht. Ich hebe die Münzen immer auf, ich habe sogar noch ein paar alte Pfennige zu Hause. Eigentlich sollte ich mittlerweile also ziemlich (31) _____ sein.

(32) _____ beliebt ist das traditionelle Bleigießen – man lässt auf einem Löffel Blei erwärmen und kippt dann das geschmolzene Blei in eine Schale (33) _____ Wasser. Aus der dadurch entstandenen Figur werden dann (34) _____ für das neue Jahr angestellt.

Hannah Illing

Hannah Illing studiert gerade im 4. Semester Volkswirtschaftslehre in Bamberg, einer kleinen Stadt in Bayern. Auch dort gibt es einen Weihnachtsmarkt. Besonders bekannt ist Bamberg aber für seine vielen Weihnachtskrippen, Bamberg wird deshalb auch „Krippenstadt" genannt.

Textverständnis

1 Bringen Sie die weihnachtlichen Ereignisse in die richtige chronologische Reihenfolge, wie sie im Text dargestellt sind. Nummerieren Sie sie.

A. Bescherung ☐

B. Silvester ☐

C. Weihnachtsmesse/Christmette ☐

D. Nikolaus ☐

E. Weihnachtsfeiertage ☐

F. Neujahr ☐

G. Advent ☐

H. Weihnachtsschmaus/Weihnachtsessen ☐

I. Heiligabend ☐

2 Bestimmen Sie, worauf sich die unterstrichenen Wörter aus dem Text beziehen, und tragen Sie es in die rechte Spalte ein.

In der Zeile …	bezieht sich das Wort …	auf …
Beispiel: wird eine __neue__ angezündet (Z. 12)	*„neue"*	*Kerze*
1 weil man <u>die</u> super (Z. 22–23)	„die"	
2 <u>der</u> darf in keinem Jahr fehlen (Z. 25	„der"	
3 hinter <u>deren</u> Türchen (Z. 27)	„deren"	
4 <u>die</u> wie Puderzucker aussieht (Z. 43)	„die"	
5 <u>der</u> an Silvester jedes Jahr im deutschen Fernsehen läuft. (Z. 58)	„der"	
6 In <u>denen</u> steckt meistens (Z. 62)	„denen"	

3 Suchen Sie die Begriffe aus der rechten Spalte, die die Begriffe aus dem Text (Z. 1–47) in der linken Spalte am besten beschreiben.

7 Stimmung (Z. 2)	☐	**A.** rügt
8 gönnen (Z. 4)	☐	**B.** vorsichtig sein
9 Vorfreude (Z. 14)	☐	**C.** Anspannung
10 gemütlichen (Z. 21)	☐	**D.** Atmosphäre
11 aufpassen (Z. 24)	☐	**E.** erlauben
12 schimpft (Z. 32)	☐	**F.** beschaulichen
13 berühmtesten (Z. 38)	☐	**G.** bekanntesten
14 Lebkuchen (Z. 40)	☐	**H.** trifft
15 versammelt (Z. 47)	☐	**I.** Aura
		J. eingestehen
		K. freudige Erwartung
		L. Weihnachtsgebäck
		M. Neugier

4 Die folgenden Aussagen beziehen sich auf den Text. Kreuzen Sie an, ob sie aufgrund des Textes richtig oder falsch sind. Begründen Sie Ihre Antwort mit Informationen aus dem Text (Z. 8–37).

	richtig	falsch
Beispiel: Hannah Illing empfindet die Weihnachtszeit als ausgesprochen festlich und einzigartig.	X	☐

Begründung: herrscht eine ganz besondere Stimmung

	richtig	falsch
16 Das Schönste an der Adventszeit ist für sie der Adventskranz mit vier roten Kerzen.	☐	☐

Begründung:...

	richtig	falsch
17 Sie hat beim Plätzchenbacken gerne Gesellschaft.	☐	☐

Begründung:...

	richtig	falsch
18 Sowohl Butterplätzchen als auch Vanillekipferl lassen sich besonders gut dekorieren.	☐	☐

Begründung:...

	richtig	falsch
19 Hinter jedem Adventskalendertürchen verbirgt sich eine Überraschung, aber nicht immer etwas Süßes.	☐	☐

Begründung:...

	richtig	falsch
20 Am 6. Dezember putzen Kinder ihre Schuhe und stellen sie vor die Tür, damit der Nikolaus sie mit Süßigkeiten füllt.	☐	☐

Begründung:...

5 Beantworten Sie die folgenden Fragen, die sich auf den mittleren Teil des Textes (Z. 38–55) beziehen. Schreiben Sie den Buchstaben der richtigen Antwort in das Kästchen.

21 Auf den berühmten deutschen Weihnachtsmärkten …

   A. … kommt man in geselliger Runde zusammen.

   B. … kann man vor allem neue Leute beim Glühweintrinken kennenlernen.

   C. … gibt es ausschließlich Lebkuchen und Würste.

   D. … trifft man sich erst, wenn es geschneit hat und die vielen Holzbuden schneebedeckt sind.

22 Was passiert am 24. Dezember in Deutschland?

   A. Man freut sich auf die Bescherung am Folgetag.

   B. Es ist Heiligabend und man bekommt Geschenke.

   C. Man singt Weihnachtslieder und geht danach mit der Familie in die Kirche zur Messe.

   D. Es gibt ein großes Festessen im Kreis der Familie.

23 Welcher Begriff beschreibt die Weihnachtsfeiertage am besten?

   A. anstrengend

   B. entspannt

   C. angespannt

   D. aufregend

6 Im letzten Abschnitt (Z. 56–68) fehlen Wörter. Suchen Sie für jede Lücke im Text das passende Wort von den angebotenen Begriffen rechts aus.

Beispiel (X)	**A.** *DER*	**B.** *DIE*	**C.** *DEN*	**B**
24	**A.** GEHEN	**B.** SIND	**C.** VERGEHEN	
25	**A.** FEHLEN	**B.** MISSEN	**C.** FEHLT	
26	**A.** GESCHOCKT	**B.** WUNDERT	**C.** ÜBERRASCHT	
27	**A.** GRÜSSEN	**B.** BEGRÜSSEN	**C.** WILLKOMMEN	
28	**A.** SCHENKEN	**B.** GEBEN	**C.** ESSEN	
29	**A.** SOLLTE	**B.** WIRD	**C.** SOLL	
30	**A.** KOMMENDEN	**B.** NEUEM	**C.** NÄCHSTES	
31	**A.** VERSCHWENDERISCH	**B.** REICH	**C.** UNVERMÖGEND	
32	**A.** ALSO	**B.** GLEICHZEITIG	**C.** EBENFALLS	
33	**A.** WARMES	**B.** KALTES	**C.** GEFRORENES	
34	**A.** IDEEN	**B.** VERMUTUNG	**C.** PROGNOSEN	

7 Beantworten Sie folgende Fragen zum letzten Teil des Textes (Z. 56–68).

35 Was ist das Außergewöhnliche am Sketch „Dinner for One"?

36 Was macht man in Deutschland am 31. Dezember, wenn die Uhr Mitternacht schlägt?

Mündliche Übung

Hier ist eine Liste von typischen Dingen, die in Deutschland zur Advents-, Weihnachts- und Neujahrzeit gehören. Wo im Text finden Sie hierzu weitere Informationen?

- Adventskranz
- Weihnachtsplätzchen
- Adventskalender
- „Dinner for One"
- Weihnachtsmarkt
- Nikolaus
- Bleigießen
- Weihnachtskrippe
- Glücksbringer

Wählen Sie einen Begriff, und sammeln Sie hierzu so viele Informationen wie möglich sowohl im Text als auch im Internet. Bereiten Sie ein Kurzreferat vor und erzählen Sie der Klasse, was Sie gefunden haben.

Schriftliche Übung   CAS

Das letzte Weihnachtsfest haben Sie bei einer deutschen Mitschülerin und Freundin in Nürnberg verbracht und Sie waren ganz begeistert von den dortigen Traditionen. Dieses Jahr wurden Sie wieder eingeladen und Sie dürfen einen Freund/eine Freundin mitbringen. Schreiben Sie eine E-Mail an Ihren Freund/Ihre Freundin, in der Sie nicht nur die deutschen Weihnachtstraditionen erklären, sondern regelrecht von diesen schwärmen, um ihn/sie davon zu überzeugen mitzukommen. Benutzen Sie die Checkliste für eine informelle E-Mail auf S. 335. Verwenden Sie auch die Ausdrücke aus dem Kästchen, die nützlich sind um Begeisterung auszudrücken.

Nützliche Ausdrücke

Ihre Begeisterung ausdrücken	
Ich bin ganz begeistert von …	… gefällt mir total.
Ich stehe total auf …	… ist wunderschön/toll/einzigartig/unvergesslich/klasse/spitze.
Ich schwärme von …	Ein einmaliges Erlebnis!
So was kannst du sonst nirgendwo erleben.	… gern …
Das hast du noch nicht gesehen!	… Lieblings- …

Weiterdenken

Diskutieren Sie in kleinen Gruppen:

- Warum beschenken sich die Menschen zur Weihnachtszeit? Welchen religiösen Hintergrund hat diese Tradition?

- Welche Bedeutung haben Geschenke für Sie? Zu welchen Anlässen bekommen Sie Geschenke?

- Fühlen Sie sich unter Druck gesetzt, jedes Jahr teure und originelle Geschenke zu kaufen? Oder kennen Sie Leute, für die das so ist? Was könnte man tun, um dies zu vermeiden?

- Was halten Sie von Alternativen, wie z. B. selbstgemachten Geschenken, Geldspenden an Wohltätigkeitsorganisationen oder die Entscheidung einer Familie, sich gegenseitig nichts zu schenken? Begründen Sie Ihre Meinung. Welche Vorteile gibt es und welche Probleme könnten auftreten?

Schriftliche Übung

Es ist Anfang Dezember. Sie haben gerade ein zweiwöchiges Arbeitspraktikum in einem Obdachlosenheim beendet. Diese Erfahrung hat Sie tief bewegt und Sie möchten auch in Zukunft helfen. Ihre Freunde, Mitschüler und Familie hingegen sind nur noch damit beschäftigt, möglichst viele Weihnachtsgeschenke zu besorgen, und das macht Sie wütend.

Schreiben Sie eine mitreißende und aufrüttelnde Rede, in der Sie Ihre Mitschüler dazu auffordern, an all jene Menschen zu denken, denen es nicht so gut geht. Erwähnen Sie Ihre Erfahrungen im Obdachlosenheim. Überzeugen Sie Ihre Zuhörer, mit dem sinnlosen Weihnachtskonsum und Geschenken aufzuhören und stattdessen Geld an wohltätige Einrichtungen zu spenden. Benutzen Sie die Checkliste für eine Rede auf S. 341.

Grammatik unter der Lupe: das Präsens

Der Text enthält durchweg verschiedene Formen des Präsens. Das Präsens hat die folgenden vier Bedeutungen:

Was beschreibt das Präsens?	Beispiel
Etwas, was im Moment passiert	Hannah **ist** Studentin in Deutschland.
Etwas, was bis heute noch so ist	Sie **wohnt** seit zwei Jahren in Bamberg.
Etwas, was zeitlos gültig ist	Bamberg **ist** eine kleine Stadt in Bayern.
Die Zukunft	Hannah **geht** morgen auf den Weihnachtsmarkt.

① Zur Auffrischung: Tragen Sie alle Regeln zum Präsens zusammen, an die Sie sich erinnern können. Die folgenden Fragen helfen Ihnen dabei:

- Wie sind die Endungen für regelmäßige Verben z. B. *besuchen*?

- Was für Sonderfälle gibt es, in denen die Endungen etwas anders sind? Geben Sie Beispiele. Wie konjugiert man diese unregelmäßigen Verben?

- Welche Verben mit Vokalwechsel kennen Sie? Gibt es da Regelmäßigkeiten?

Tipp für die Prüfung

Die Pluralformen *wir* und *sie/Sie* sind nicht schwer – im Gegenteil: sie haben immer die Infinitivform des Verbs (außer bei dem Verb *sein*)! So können Sie sich leicht an die Formen erinnern und Fehler vermeiden.

2 Welche Konjugation ist die richtige?

1 Sie heißt/heiße/heißen Hannah.

2 Du besuchen/besuchst/besucht sie zu Weihnachten in Deutschland.

3 Hannah studierst/studieren/studiert in Süddeutschland.

4 Wir genießt/genießen/genieße die vorweihnachtliche Stimmung.

5 Ihr trinken/trinke/trinkt Glühwein auf dem Weihnachtsmarkt.

6 Sie singen/singst/singe „Stille Nacht" in der Kirche.

3 Hannah macht beim Glühweintrinken auf dem Weihnachtsmarkt eine neue Bekanntschaft, Pablo. Setzen Sie die richtige Verbform in die Lücken.

1 **Hannah:** Woher _____ (kommen) du?

2 **Pablo:** Ich _____ (kommen) aus Madrid.

3 **Hannah:** _____ (sein) du das erste Mal in Deutschland?

4 **Pablo:** Nein, ich _____ (haben) Freunde hier in Bamberg.

5 **Hannah:** Als was _____ (arbeiten) du in Madrid?

6 **Pablo:** Ich _____ (sein) Touristenführer von Beruf. Was _____ (machen) du?

7 **Hannah:** Ich _____ (studieren) Wirtschaft mit Sprachen und _____ (wollen) später im Ausland arbeiten.

8 **Pablo:** _____ (sprechen) du auch Spanisch?

9 **Hannah:** Naja. Ich _____ (lernen) an der Uni Spanisch, Russisch und Englisch, aber leider _____ (sein) mein Spanisch nicht so gut. Was _____ (gefallen) dir am besten hier auf dem Weihnachtsmarkt?

10 **Pablo:** Ich _____ (essen) besonders gern Bratwürste und gebrannte Mandeln, die _____ (geben) es in Spanien nicht und die _____ (sein) total lecker. Außerdem _____ (sein) alles so festlich geschmückt.

11 **Hannah:** Wann _____ (fahren) du zurück nach Spanien?

12 **Pablo:** Mein Zug _____ (fahren) nächste Woche. _____ (wollen) du noch einen Glühwein?

Nachdruck verboten   Deutsch im Einsatz

Mündliche Übung

Arbeiten Sie in kleinen Gruppen. Wählen Sie ein weiteres Fest in deutschsprachigen Ländern (z. B. das Oktoberfest, St.-Martins-Tag, Basler Fasnacht, Donauinselfest, Walpurgisnacht). Informieren Sie sich über seine Besonderheiten, seinen Ablauf, seinen geschichtlichen Hintergrund und wann und wo es stattfindet. Verfassen Sie ein Referat und tragen Sie es Ihren Mitschülern vor.

Schriftliche Übung

In dieser Einheit haben Sie viele verschiedene Feste kennengelernt, Karneval, Ostern, Weihnachten und die Feste aus der vorhergehenden Übung. Stellen Sie sich nun vor, Sie wären persönlich vor Ort und erlebten eines dieser Feste hautnah mit. Verfassen Sie einen Blogeintrag, in dem Sie dieses Ereignis vorstellen und kommentieren. Sie versuchen ebenfalls Ihre Leser dazu zu animieren, dieses Fest selbst zu erleben. Benutzen Sie die Checkliste für einen Blogeintrag auf S. 325.

Weiterdenken

Diskutieren Sie in kleinen Gruppen:

- Warum sind traditionelle Feste wichtig für verschiedene Regionen, Länder und Nationen?

- Welche typischen Feste gibt es in dem Land oder der Gegend, aus der Sie kommen? Welche finden Sie besonders interessant, und warum?

- Trotz seines religiösen Ursprungs ist das Weihnachtsfest weltweit verbreitet. Was denken Sie, inwiefern kann man von einer Globalisierung von Festen und Traditionen sprechen?

- Welche weiteren Festlichkeiten kennen Sie, die zunehmend globalisiert werden? Beschreiben Sie diese.

- Was denken Sie über die Globalisierung von Festen und Traditionen? Begründen Sie Ihre Meinung.

Schriftliche Übung

Die Globalisierung von Festen und Traditionen – positiv oder negativ?

Schreiben Sie zu dieser Frage einen Aufsatz, in dem sowohl die positiven als auch die negativen Aspekte in Bezug auf die Globalisierung von Festen und Traditionen erläutert werden. Greifen Sie hierbei auf Beispiele aus dieser Einheit zurück. Benutzen Sie die Checkliste für einen Aufsatz auf S. 319.

Zur Diskussion

Schauen Sie sich die folgenden Fotos an. Diskutieren Sie die Fragen mit Ihren Mitschülern.

- Was wissen Sie über die abgebildeten Traditionen? Welche sind typisch für die Schweiz und welche für Österreich?

- Welche weiteren Schweizer und österreichischen Festlichkeiten und Bräuche sind Ihnen bekannt?
- Betrachten Sie die folgende Liste und diskutieren Sie, was sich hinter diesen Schweizer und österreichischen Traditionen verbirgt.

Hornussen

Wiener Kaffeehauskultur

Jodeln

Tiroler Maskenschnitzerei

Wussten Sie das?

Röstigraben und Weißwurstäquator

Sowohl Röstigraben als auch Weißwurstäquator sind humoristische Begriffe, die Landesunterschiede innerhalb der Schweiz bzw. innerhalb Deutschlands beschreiben.

Als Röstigraben wird die Kluft zwischen den deutschsprachigen und den französischsprachigen Regionen in der Schweiz in Bezug auf Sprache, Kultur und Verständnis bezeichnet.

Der Weißwurstäquator ist eine gedachte Linie innerhalb Deutschlands. Er trennt den Teil Deutschlands, in dem besonders gern Weißwurst gegessen wird (Süddeutschland) vom Rest des Landes.

6. Gesundheit

Einheiten	Du bist, was du isst	S. 186
	Körperlich fit, geistig frisch	S. 192
	ADHS – wenn der Alltag zum Problem wird	S. 207
	Reisen macht glücklich	S. 212
Aspekte	Ernährung und Gesundheit	
	Das Zusammenspiel zwischen körperlicher und geistiger Gesundheit	
	Kinder – Krankheiten und Erziehungsprobleme	
	Reisen – Abenteuer und Spaß	
LERNZIELE	**Textsorten**	Blogeintrag
		Forumsbeitrag
		Formeller Brief
		Gedicht
		Biografie
	Sprache	Konditionalsätze
	Die *IB*-Ecke	Mündliche Prüfung
		Schriftliche Aufgabe (*HL*)
		CAS
		TOK

Du bist, was du isst

Einstieg

In einer Gesellschaft, in der wir alle riesigen Anforderungen ausgesetzt sind, ist es besonders wichtig, sich gut zu ernähren, damit wir alle Vitamine, Mineralien und Nährstoffe bekommen, die man zum täglichen Leben braucht. Wir sind nur so stark, fit und gesund wie wir uns ernähren!

Überlegen Sie kurz, was das bedeutet. Wie ernähren Sie sich – immer nur gesund? Oder denken Sie dass alles, was Ihnen gut schmeckt, ungesund ist?

Hier lesen Sie einen Text aus dem Internet, der eine Reihe von Tipps dazu gibt, wie man sich gesund ernähren kann. Am besten ist es, wenn man alle diese Ratschläge in den Alltag einbaut, und am Ende gar nicht mehr nachdenken muss, ob man auch alles richtig macht.

Im Text fehlen Überschriften, die Sie im ersten Schritt der Textverständnisübung einordnen müssen.

COOL UND GESUND

Dreimal täglich Vitamine und Nährstoffe – mindestens!

Du bist, was du isst. Deine Gesundheit ist von deiner Ernährung abhängig. Hier findest du ein paar Tipps, mit denen du dich garantiert in deinem Körper rundum wohlfühlst.

[–1–]

Wie dein Körper und dein Gehirn funktionieren, hängt davon ab, wie du dich insgesamt ernährst. Die Tipps von „cool und gesund" helfen dabei, rundum fit zu bleiben und außerdem noch klar und schnell zu denken.

[–2–]

Bewegung macht gute Laune! Du denkst wahrscheinlich, dass Sport = Quälerei und Anstrengung ist, also das genaue Gegenteil. Falsch gedacht! Bewegung macht Spaß, auch wenn man dabei ein bisschen aus der Puste kommt, wenn es mal anstrengend wird. Wenn ihr jeden Tag nur ein ganz kleines bisschen macht, vielleicht so 20 Minuten, dann hört ihr auch nicht wieder auf. Bewegung hat unheimlich viele Vorteile:

- Sie hält Körper und Geist gesund

- Tägliche Bewegung stärkt das Knochengerüst – baut also Masse und Dichte der Knochen auf

- Wenn man nicht zunehmen will, dann muss der Energieverbrauch genauso hoch sein wie die Energieaufnahme – das wird in Kalorien gemessen.

Energie muss also verbraucht werden! Hier noch mehr Tipps:

- Du solltest jeden Tag aktiv sein – such dir eine Aktivität aus, die dir Spaß macht!

- Beim Sport lernt man unheimlich leicht neue Leute kennen!

- Du kannst Ausflüge ins Grüne machen und alle Wege per Fahrrad, mit Rollerblades oder Skates erledigen.

- Schwimmen, Fahrradfahren und Tanzen sind auch super – dabei ist der ganze Körper in Bewegung und man merkt es noch nicht einmal!

- Mindestens dreimal pro Woche solltest du so richtig außer Atem kommen – und zwar nicht vor Aufregung, sondern nach einer Fitness-Session!

[–3–]

Egal, ob es ein Schultag ist oder ob du einfach nur in Topform sein willst – Frühstück muss sein! Das liefert genau die Energie und Nährstoffe, die man für einen richtigen Start in den Tag braucht. Hier gibt es viele Optionen – am besten sind natürlich Müsli, Obst, Milch, Joghurt oder auch Vollkornbrot. Bloß die Nutella sollte man vielleicht nur am Sonntag draufschmieren…

[–4–]

Es klingt vielleicht seltsam, aber solange man jung ist, sollte man im Körper einen Vorrat an Kalzium anlegen, von dem die Knochen das ganze Leben zehren. Dazu ist auch viel Bewegung wichtig, sowie eine Ernährung mit viel Kalzium, Vitamin D und Phosphor. Als Kind und auch noch bis in die 20er hinein ist Kalzium für diese Knochenentwicklung unheimlich wichtig. Am besten tankt man Kalzium durch Lebensmittel – das sind Milch und Milchprodukte wie Käse, Joghurt und Quark, aber auch getrocknete Früchte und grünes Gemüse. Es lebe der Brokkoli und der Spinat! Schon unsere Großmütter wussten, was gut für uns ist…

Textverständnis

1 In diesem Text fehlen Überschriften. Wählen Sie aus der Liste unten rechts die Überschriften aus, die am besten passen, und schreiben Sie die Buchstaben in die Kästchen.

1 ☐

2 ☐

3 ☐

4 ☐

A. Gehirnfunktion

B. Aktiv und fit

C. Bewegung ist Quälerei

D. Starke Knochen tragen einen sicher durchs Leben

E. Vorbereitung für den Schulweg

F. Frühstück ist die wichtigste Mahlzeit

G. Warnung vor Kalzium

H. Gesund essen

2 Hier finden Sie einige Satzanfänge. Vervollständigen Sie diese mit Informationen aus dem Text.

5 Unsere gesamte Ernährungsweise beeinflusst …

6 Man sollte sich jeden Tag …

7 Ihr nehmt nicht zu, wenn …

8 Beim Sport findet man leicht …

9 Alle Körperteile sind im Einsatz, wenn man …

10 Um den Tag gesund zu beginnen, braucht man …

11 In den ersten 20 Lebensjahren ist Kalzium besonders wichtig, um …

12 Idealerweise nimmt man Kalzium im Körper auf, indem man …

Mündliche Übung

1 Planen Sie eine kleine Umfrage und überlegen Sie sich zehn Fragen, mit denen Sie herausbekommen, ob jemand gesund lebt.

2 Arbeiten Sie in kleinen Gruppen und stellen Sie einander die Fragen, die Sie ausgearbeitet haben. Machen Sie sich Notizen zu den Antworten.

3 Berichten Sie der Klasse von Ihren Ergebnissen!

Schriftliche Übung

Hier folgen zwei Aufgaben zur Textproduktion, wie Sie sie in *Paper 2* finden können. Suchen Sie sich eine der Aufgaben aus.

1 Im Text ist die Rede von Tipps von „cool und gesund". Schreiben Sie ein Flugblatt mit dieser Überschrift, das sie dann in Ihrer Schulkantine austeilen oder aufhängen. Sie wollen damit dazu beitragen, dass Ihre Mitschüler gesünder essen. Illustrieren Sie das Flugblatt möglichst bunt und ansprechend! Benutzen Sie die Checkliste für ein Flugblatt auf S. 333.

2 Auch in der Schülerzeitung wollen Sie für gesunde Ernährung werben. Schreiben Sie einen Artikel, an den Sie auch Rezepte für besonders gesunde und leckere Mahlzeiten anhängen, wie zum Beispiel Birchermüsli zum Frühstück oder einen Pausensnack. Aber lecker muss er sein! Benutzen Sie die Checkliste für einen Zeitungsbericht auf S. 347.

Hier folgt ein Auszug aus einem Blog, in dem die Autorin über ihre Erfahrungen mit dem Abnehmen berichtet.

Cristabellas Blog

Zumba statt Samba!

Ich habe einen neuen Sport entdeckt: Zumba! Für lateinamerikanische Musik konnte ich mich ja sowieso schon immer begeistern, dazu aber Work-out zu machen, auf die Idee bin ich nie gekommen. Aerobic mochte ich nie sonderlich, aber mit Latinomusik macht mir das richtig viel Spaß! Tanzen nach festen Schrittfolgen ist auch nicht mein Ding, aber bei Zumba ist das nicht so dramatisch, wenn man mal Fehler macht. Meine Zumbatrainerin tanzt manchmal ganz wilde, komplizierte Schritte, aber es kommt nicht darauf an, dass man es perfekt nachtanzt, der Spaß steht im Vordergrund! Susa und ich gehen einmal pro Woche zum Training, und die Diät läuft dabei richtig gut. Die Kilos purzeln jetzt nur so, aber das liegt nicht nur am Zumba, sondern auch an meiner Diät mit den kleineren Portionen und dem vielen Grünzeug! Super finde ich, dass ich auch mal ein Stück Kuchen essen kann, wenn ich so eine richtig wilde Zumba-Session hinter mir habe. Ohne Sport gibt es natürlich auch keine extra Kalorienportion – das ist einfach zu trist. Zumba gibt einem einfach ein super-gutes Gefühl – die Musik ist cool, gibt Schwung, und vertreibt das letzte Hungergefühl! Endlich ein Sport, den ich richtig mag.

Montag, 15. Juli 2013

Synchronfuttern verboten!

Seufz: Die Diät geht weiter. Und – strahl! – ich habe doch jetzt tatsächlich schon etwas abgenommen! Aber ich war in den letzten Wochen auch wirklich diszipliniert und bei diesem Sommerwetter mit tropischen Temperaturen habe ich auch sehr viel Sport getrieben. Und nebenbei habe ich was wirklich Interessantes gelesen: Isst man mit jemandem, der viel isst, dann isst man automatisch auch mehr! Das war mir wirklich noch nicht klar, aber ich habe mal darüber nachgedacht und es stimmt! Ich mache das genauso :-(…Anscheinend gleicht man sich vor allem dann an, wenn man seinen Mitesser (!) noch nicht besonders lange kennt. Psychologen nennen das übrigens „Synchronfuttern". Hihihi…

Donnerstag, 4. Juli 2013

Mündliche Übung

Arbeiten Sie mit einem Mitschüler. Lesen Sie die beiden Blogeinträge laut vor. Versuchen Sie, Cristabella zu beschreiben: Was ist sie für ein Typ? Was ist ihr wichtig? Was denkt sie zum Thema Ernährung? Was sind ihre Hobbys?

Schriftliche Übung

Schreiben Sie mindestens zwei Blogeinträge für Ihren persönlichen Blog zum Thema Ernährung. Sie dürfen auch Bilder und Hyperlinks einfügen! Benutzen Sie die Checkliste für einen Blogeintrag auf S. 325.

Mündliche Übung

Arbeiten Sie in Gruppen bis maximal acht Personen.

Lesen Sie zuerst die folgende Situationsbeschreibung und die Rollenbeschreibungen unten. Verteilen Sie die Rollen. Denken Sie über Ihre Rolle nach. Machen Sie sich Notizen – aber Sie sollen keinen fertigen Text vorlesen. Versuchen Sie, möglichst spontan auf die Argumente der anderen Mitspieler zu reagieren. Überlegen Sie sich auch mögliche Fragen, die Sie den anderen stellen können.

Die Schulleiterin leitet die Diskussion, und die Versammlung soll am Schluss ein paar konkrete Vorschläge haben.

Die Situation

An Ihrer Schule gibt es bisher keine Möglichkeit für Schüler, sich eine Kleinigkeit zu essen oder trinken zu kaufen. Jetzt hat die Schülervertretung zusammen mit dem Elternrat beschlossen, diese Situation zu ändern und eine Cafeteria zu eröffnen, in der vor allem gesundes Essen angeboten werden soll. Es gibt eine Schulversammlung, in der dieser Plan diskutiert wird. Anwesend sind die Schulleiterin, einige Schülervertreter, Eltern und auch Lehrer.

---

1   Frau Meyer, die Schulleiterin

- leitet die Diskussion und sorgt für Ordnung.
- muss zusehen, dass jeder zu Wort kommt.
- möchte einen Kompromiss finden, mit dem möglichst alle Beteiligten zufrieden sind.
- hat erkannt, wie wichtig so eine Cafeteria ist, hat aber auch Verständnis für die kritischen Gegenstimmen.
- muss vor allem darauf achten, dass die Initiative nicht zu viel kostet.

2   Frau Strocka, Mutter einer Schülerin in der 9. Klasse

- ist berufstätig.
- hat großes Interesse an gesunder Ernährung.
- findet, dass die Ernährung für Kinder besonders wichtig ist.
- findet, dass es in der Nähe der Schule viel zu viele Imbissbuden gibt.
- hat schon konkrete Pläne, wie man so eine Cafeteria organisieren kann.

3 Herr Schmidt, Englischlehrer

- hält nichts von neuen Ideen.
- glaubt, dass eine Cafeteria nur Dreck und Lärm macht.
- versteht nicht, warum Eltern nicht für ein vernünftiges Pausenbrot sorgen können.
- meint, dass Schüler sich auf den Unterricht konzentrieren sollen.
- findet, dass das viele Gerede über gesunde Ernährung nur Zeitverschwendung ist.

4 Frau Hagen, Mathematiklehrerin

- unterstützt die Idee mit der Cafeteria.
- findet gesunde Ernährung für Schüler sehr wichtig.
- hat schon viel über solche Initiativen an anderen Schulen gelesen.
- möchte die Eltern an der Organisation beteiligen.
- denkt, dass der moderne Schulalltag neue Anforderungen an die Schule stellt.

5 Herr Meister, Vater von Zwillingen in der Oberstufe

- ist berufstätig, aber seine Frau ist zu Hause.
- findet, dass Kinder zur Selbstständigkeit erzogen werden sollen und ihr eigenes Schulbrot machen sollen.
- denkt, dass die Cafeteria zu teuer sein wird.
- befürchtet, dass die Kinder dann jeden Tag Eis und Schokolade essen.
- findet, dass die Ernährung die Aufgabe der Eltern bleiben sollte.

6 Florian Müller-Plettke, Schulsprecher

- ist schon seit zwei Jahren Schulsprecher und kennt die Meinung der Schüler.
- hat Biologie als Leistungskurs und interessiert sich sehr für Ernährung.
- möchte, dass Eltern, Lehrer und Schüler zusammenarbeiten.
- findet, dass viele Familien zu wenig Wert auf gesundes Essen legen.
- hat die Cafeteria zu seiner Hauptaufgabe gemacht.

7 Ariane Weiss, Schülerin in der 11. Klasse

- fährt jeden Tag eine Stunde zur Schule; sie muss schon um 6 Uhr aufstehen.
- macht nachmittags viel Sport und gibt auch Nachhilfe.
- bekommt nicht viel Taschengeld, aber ist bereit, für gesundes Essen auch zu bezahlen.
- findet es wichtig, dass die Schüler und die Lehrer an der Cafeteria mitarbeiten.
- glaubt, dass Schüler bei so einem Projekt viel über Teamarbeit und die Praxis der Geschäftsführung lernen können.

8 Nico Elsenheim, Schüler in der 8. Klasse

- spielt unheimlich gern Fußball und hat deswegen oft Hunger.
- hat berufstätige Eltern, die oft keine Zeit haben, ihm ein Pausenbrot zu machen und auch abends selten kochen.
- interessiert sich sehr für das Essen und auch Kochen.
- ist ein guter Schüler, aber oft im Unterricht müde.
- möchte gern mit Lehrern und älteren Schülern in einem Team arbeiten.

Schriftliche Übung

Schreiben Sie aus der Perspektive einer der Teilnehmer an der Schulversammlung einen Brief an Frau Meyer, die Direktorin, in dem Sie sich auf die Schulversammlung beziehen und Ihre eigene Meinung noch einmal ganz deutlich machen. Suchen Sie sich eine Figur aus dem Rollenspiel aus, für die Sie am meisten Ideen haben! Benutzen Sie die Checkliste für einen formellen Brief auf S. 327.

Körperlich fit, geistig frisch

Wussten Sie das?
Turnen in Deutschland

Turnen ist gut für Fitness und hilft, alle Körperteile gut zu koordinieren. Wer turnt bleibt gesund! Im 18. Jahrhundert gab es in den Lehrplänen an deutschen Schulen so gut wie gar keinen Sport, aber dann entstand in Deutschland vor etwa 200 Jahren eine breite Volksbewegung, in der Männer, Frauen und Kinder regelmäßig und an der frischen Luft eine Serie von bestimmten „Leibesübungen" absolvierten – die Geburtsstunde des Turnens. Aber bis heute hat der Drang zur Fitness nicht nachgelassen – bloß dass man heute auch Ideen aus anderen Kulturen übernommen hat. Pilates, Yoga und Tai-Chi sind nur einige Beispiele für die Vielzahl an Möglichkeiten.

Im Folgenden lesen Sie eine kurze Biographie vom Begründer der Volksbewegung für Leibesübungen. Man nennt ihn liebevoll „Turnvater Jahn".

Friedrich Ludwig Jahn (1778–1852), Begründer des Turnens, Abgeordneter, Lehrer

F. L. Jahn wurde am 11.8.1778 als Sohn des Dorfpfarrers in Lanz bei Lenzen (heutiges Land Brandenburg) geboren. Er besuchte das Gymnasium in Berlin, studierte in Halle und Greifswald und arbeitete dann als Hauslehrer in Neubrandenburg. 1806 wird er Zeuge der Niederlage Preußens gegen Napoleon und trifft die Entscheidung, sich für die Einheit und Freiheit Deutschlands einzusetzen. Ab 1809 unterrichtet er an seiner alten Schule in Berlin, dem Grauen Kloster, und geht dort mit Schülern zu Leibesübungen und Spielen ins Freie. Am 18.6.1811 wird der erste Turnplatz auf der Berliner Hasenheide eröffnet – der erste von vielen solchen Plätzen, die auf seine Initiative zurückgehen. Jahn hat sich auch sehr für die Pflege der deutschen Sprache eingesetzt und sich für die Bildung des ganzen Menschen ausgesprochen, also des Geistes sowie auch des Körpers. Leider wurden einige seiner Ideen später auch für nationalistische Propaganda missbraucht, aber als Turnvater ist er heute noch berühmt.

Stilistische Übung

Hier finden Sie eine Liste mit den Elementen einer Biografie. Markieren Sie diese jeweiligen Elemente im Text mit unterschiedlichen Farben!

- Lebensdaten
- Herkunft
- Schulbildung
- einschneidendes Erlebnis
- besondere Merkmale
- Philosophie, Einfluss auf andere

Textsorte: Biografie

Eine Biografie befasst sich mit Menschen, die durch ihr Leben und Wirken einen wichtigen gesellschaftlichen Beitrag geleistet haben, wie z. B. Schriftsteller, Politiker, Sportler oder Wissenschaftler. Ein biografischer Text enthält historische Fakten, Lebensdaten, aber auch Kommentare zur Person oder Interpretationen der Fakten. Der Ton ist immer sachlich, neutral und informativ.

Schriftliche Übung

Schreiben Sie nun eine Kurzbiografie mit den oben genannten Elementen für einen anderen berühmten Deutschen oder eine berühmte Deutsche. Einige Namen, die Sie recherchieren können, sind z. B. Heinrich Heine, Immanuel Kant, Bettina von Arnim, Johann Wolfgang von Goethe, Wilhelm von Humboldt, Alexander von Humboldt, Kurt Hahn, Annette von Droste-Hülshoff, Carl Friedrich Gauss, Paula Modersohn-Becker, Christa Wolf, Nena, Hildegard Knef oder Angela Merkel. Es gibt noch viele andere! Benutzen Sie die Checkliste für eine Biografie auf S. 323.

Mündliche Übung

Nehmen Sie Ihre Kurzbiografie als Vorlage und halten Sie eine kurze Präsentation vor der Klasse: Stellen Sie sich vor, dass Sie die berühmte Persönlichkeit sind, und in der 1. Person über Ihr Leben erzählen. Dabei hilft es sehr, wenn Sie eine Requisite wie zum Beispiel einen Hut oder ein Mikrofon oder einen Stapel Bücher dabei haben – was auch immer typisch für Ihre Figur ist. Auf einer improvisierten Bühne und z. B. mit einem Taschenlampenspot oder etwas Hintergrundmusik geht das noch viel besser!

Hier finden Sie einen fiktiven Brief an Friedrich Jahn, in dem ein Sportlehrer aus der Gegenwart den Turnvater direkt anredet und beschreibt, inwieweit Jahns Einrichtungen auch heute noch relevant sind und wie seine Ideen viele Menschen mit Begeisterung für den Sport und das regelmäßige Turnen anstecken.

Friedrich Ludwig Jahn zum Geburtstag

Hoch verehrter Herr Professor Jahn, lieber Turnbruder,

am 11. August jährt sich Ihr Geburtstag zum 229. Mal. Ich nehme das zum Anlass, einen sehr persönlichen Dankesbrief an Sie zu richten, wohl wissend, dass er Sie nie erreichen wird. Aber insgeheim hoffe ich natürlich, dass er andere Leser findet.

5 Es gibt in unserer deutschen Geschichte vermutlich nicht viele Persönlichkeiten, die derart sichtbare Spuren ihres Wirkens hinterlassen haben wie Sie – und mit Spuren meine ich nicht die vielen Denkmäler, Schulen, Straßen, Turnhallen, Sportplätze, Vereine usw., die Ihren Namen tragen. Manche Leute, selbst solche aus den Turnverbänden und Schulverwaltungen, sehen das als abgeschlossene Traditionspflege, einige „Modernisierer" finden es sogar anstößig. Dabei sind Sie viel gegenwärtiger als solchen Leuten bewusst ist und manchmal melden Sie sich sogar eindrucksvoll aus
10 der Vergangenheit zurück. […]

[…] Noch immer nämlich beeinflussen Sie ganz direkt das Leben vieler unserer Mitbürger und bereichern es, indem Sie Tag für Tag eine Millionen zählende Menschenschar im wahrsten Sinne des Wortes in Bewegung setzen. Ihre große, und für Ihre Zeit geradezu revolutionäre Idee, mit der Sie den Lebensstil der folgenden Generationen auf eine damals noch unvorstellbare Weise umkrempelten, ist natürlich das Turnen.

15 Durch Ihr Turnen bestimmen Sie, zum Beispiel, auch meinen Wochenrhythmus: Montags, dienstags und freitags bin ich in der Turnhalle – und das schon fast ein ganzes Leben lang! Ohne meine Turnerinnen und Turner und ohne die Turnerei insgesamt wäre mein Leben entschieden ärmer. So wie mir geht es vielen zehntausend Übungsleiterinnen und Übungsleitern in Deutschland – auch denen, die sich nicht, wie ich, bewusst in Ihrer Nachfolge sehen. Der Stein, den Sie 1811 („Eröffnung der Hasenheide", 1. deutscher Turnplatz – die Red.[1]) ins Rollen brachten, erfüllt uns heute noch mit
20 Begeisterung, und unsere Schützlinge vom Kinder- bis zum Seniorenalter lassen sich davon immer wieder von Neuem anstecken und mitziehen. Ja, Sie bereichern noch immer unser Leben!

Vieles in der Turnerei hat sich seit Ihrer Zeit geändert und es wird oft gemutmaßt, dass Sie das, was wir heute so treiben, mit Missfallen betrachten würden. Das glaube ich aber nicht. Das Besondere an ihrer Turnerei ist ja die von Anfang an darin angelegte Offenheit und Dynamik. Das, was Sie 1816 in Ihrer **„Deutschen Turnkunst"** veröffentlichten, war das
25 Ergebnis eines fünfjährigen, ununterbrochenen Experimentierens und Erprobens. Wer kann heute schon sagen, wohin Sie Ihr Weg noch geführt hätte, wenn die Turnsperre[2] Ihre Bemühungen nicht jäh gestoppt hätte?

Vieles, worauf wir heute so stolz sind, war in der Hasenheide nach Ziel und Methode schon vorhanden. Denken wir nur an unsere modernen Fitnessstudios: Was eigentlich ist der prinzipielle Unterschied zwischen Ihren Turnplätzen und den neuen Studios (außer, dass die Studios überdacht, geheizt und teuer sind)? Auch die Turnplätze dienten zuförderst der
30 körperlichen Ertüchtigung; Reck, Barren und Klettergerüst waren die ersten Kraftmaschinen, schon lange, bevor an ihnen die ersten Kunststücke geturnt wurden. […]

Ihr Turnen, lieber Turnbruder Jahn, lebt! Und so werde ich denn hoffentlich noch einige Zeit montags, dienstags und freitags in die Turnhalle eilen, nicht um eine verstaubte Tradition zu pflegen, sondern um das höchst moderne und sich immer wieder erneuernde und faszinierende Turnen an die nächste Generation weiterzureichen.

35 Mit aufrichtigen turnbrüderlichen Grüßen,

Ihr Karl THIELECKE aus Regensburg

Jahn Pressedienst

[1] die Red.	die Redaktion
[2] die Turnsperre	Anfang 1820 wurde auf dem Gebiet des Deutschen Bundes im Rahmen der Demagogenverfolgung das Turnen verboten.

Wussten Sie das?
Turnstunde

Es gab schon vor F. L. Jahn verschiedene Formen der Gymnastik, doch fügte er den bis dahin bekannten Übungen den Barren und das Reck hinzu und gab ihnen die Bezeichnung „Turnen".

Es gab ab 1840 den Turnergruß „Gut Heil!", der aber 1899 vom Arbeiter-Turnerbund in „Frei Heil!" umgewandelt wurde.

Heute benutzt man den Begriff „Turnen" nur noch für das Boden- und Geräteturnen, damals galt er für alle Übungen.

In der Schule spricht man heute nach wie vor oft von der „Turnstunde", auch wenn das Fach im Zeugnis jetzt „Sport" heißt.

Der Deutsche Turner-Bund (DTB), ist einer der größten Verbände im Deutschen Olympischen Sportbund (DOSB).

Zur Herkunft des Wortes: althochdeutsch *turnēn* (drehen, wenden) stammt vom lateinischen *tornare* (mit dem Dreheisen runden, drechseln)

Nachdruck verboten

Textverständnis

1 Hier gibt es einige Fragen zum Text. Schreiben Sie den Buchstaben der richtigen Antwort in das Kästchen.

1. Was ist ein Turnbruder?

   A. ein Meister im Turnen

   B. ein turnendes Familienmitglied

   C. ein Turn-Muffel

   D. einer, der auch gern turnen geht

2. Wann wurde der Brief geschrieben?

   A. in der Gegenwart

   B. zu Lebzeiten Jahns

   C. vor sehr langer Zeit

   D. gestern

3. Für wen wurde der Brief geschrieben?

   A. für Karl Thielecke

   B. für Professor Jahn

   C. für unsportliche Leser

   D. für Freunde, die Jahn gratulieren wollen

4. Was meint der Autor mit „Spuren" (Z. 5)?

   A. eine Vielzahl von Denkmälern und Turnhallen

   B. Jahns Einfluss auf den Biorhythmus vieler Menschen

   C. Schulen und Vereine, die Jahns Namen tragen

   D. die Sprachpflege Jahns, die heute noch nachwirkt

2 Die folgenden Aussagen beziehen sich auf den dritten und vierten Absatz des Textes (Z. 11–21). Kreuzen Sie an, ob sie aufgrund des Textes richtig oder falsch sind. Begründen Sie Ihre Antwort mit Informationen aus dem Text.

	richtig	falsch
Beispiel: Auch heute noch ist Jahns Einfluss auf das Leben vieler Menschen in Deutschland zu erkennen.	X	☐
Begründung: Noch immer beeinflussen Sie ganz direkt		
5 Jahn bringt viele Menschen dazu, sich zu bewegen.	☐	☐
Begründung:		
6 Jahns Einfluss beschränkte sich auf seine Generation.	☐	☐
Begründung:		
7 Der Autor turnt selbst mindestens dreimal pro Jahr.	☐	☐
Begründung:		
8 Der Autor ist einer der wenigen Übungsleiter in Deutschland.	☐	☐
Begründung:		
9 1811 war der Beginn eines Jahrhunderte dauernden Trends.	☐	☐
Begründung:		
10 Das Turnen begeistert alle Generationen.	☐	☐
Begründung:		

Nachdruck verboten © Advance Materials 2013

Tipp für die Prüfung

Richtig oder falsch? In *Paper 1* gibt es fast immer solche Fragen, bei denen die Frage mit Informationen aus dem Text beantwortet werden muss. Hier kommt es darauf an, Textzusammenhänge zu erkennen. Man muss genau hinsehen, aber die Begründung kann direkt aus dem Text kopiert werden. Auf keinen Fall die Begründung auslassen – damit verschenkt man einen Punkt!

3 In der Liste unten gibt es auf der rechten Seite einige Begriffe, die zu Wörtern aus dem Text links (Z. 22–26) passen. Schreiben Sie den richtigen Buchstaben in das entsprechende Kästchen.

11 Turnerei (Z. 22) ☐

12 gemutmaßt (Z. 22) ☐

13 darin angelegte (Z. 24) ☐

14 ununterbrochenen (Z. 25) ☐

15 Bemühungen (Z. 26) ☐

A. langsam und gründlich

B. verwurzelt

C. pausenlosen

D. Fitnesstraining

E. durchgebrochen

F. vermutet

G. Arbeit

H. Tanzsport

I. in ihr enthaltene

J. Versuche

4 In dem Textabschnitt Z. 27–31 gibt es einige Wörter, die in Jahns Lebenszeit gehören, und einige, die modern sind, also auch heute benutzt werden. Schreiben Sie die Wörter in das entsprechende Feld.

zu Jahns Lebenszeit	heute
– Turnplätze	– Studios
–	–
–	–
–	
–	

Schriftliche Übung

Schreiben Sie einen ähnlichen „Geburtstagsbrief" an einen der berühmten Deutschen, dessen Kurzbiografie Sie recherchiert haben. Benutzen Sie die Checkliste für einen formellen Brief auf S. 327.

Schriftliche Übung

„Die Hochschuljahre bleiben des angehenden Mannes Wanderjahre. Da soll er sich weder einpferchen noch verunken. Er muß erwachsen in der Öffentlichkeit Luft und Licht."

Friedrich Ludwig Jahn

Hier gibt es einige altertümliche Vokabeln:

einpferchen – im Haus verkriechen, sich einschließen

verunken – bedeutet hier so viel wie sich im Dunkeln verkriechen

erwachsen – aufwachsen, reif werden

Schreiben Sie zu diesem Zitat von F. L. Jahn in 150–250 Wörtern eine Stellungnahme zu der Rolle von Sport und Bewegung an der frischen Luft. Benutzen Sie die Checkliste für eine Stellungnahme auf S. 319.

Mündliche Übung

Erarbeiten Sie nun in kleinen Gruppen einen Vergleich des Turnens bzw. Fitnesstrainings früher und heute. Verteilen Sie in der Gruppe Arbeitsaufträge zur Vorbereitung: Recherchieren Sie im Internet, wie das Turnen im Turnverein ab 1842 ausgesehen hat – welche Geräte, was für Übungen, Sportkleidung, Mitgliedsbeitrag, Risiken und Gefahren. Sammeln Sie parallel dazu auch Informationen zum Sport- und Fitnessangebot heute. Finden Sie gemeinsam Antworten für die folgenden Fragen:

● Was hat sich von damals bis heute verändert?

● Wie wirken Jahns Ideen aus heutiger Perspektive?

● Ist das Angebot heute besser? Sind wir fitter als Jahns Zeitgenossen?

● Für Jahn gab es Verbindungen zwischen Sport und Politik – sehen Sie diese in der heutigen Zeit auch?

● Wäre Jahn einen Marathon gelaufen?

Wussten Sie das?
Joachim Ringelnatz

Joachim Ringelnatz (1883–1934) war ein deutscher Schriftsteller, Kabarettist und Maler, der vor allem für seine humoristischen Gedichte berühmt geworden ist. 1920 veröffentlichte er seine bedeutendsten Gedichtsammlungen: „Turngedichte" und „Kuttel Daddeldu oder das schlüpfrige Leid". Erstere behandeln hauptsächlich das Thema Sport.

Im Folgenden lesen Sie eines der Turngedichte von Joachim Ringelnatz. Es parodiert und karikiert die ideologische Ausrichtung des Sports nach Turnvater Jahn.

In dem Gedicht fehlen in den ersten drei Strophen Wörter, die Sie im ersten Schritt der Textverständnisübung einfügen müssen.

Ruf zum Sport

Auf, ihr (1) _____ und verdorrten
Leute aus (2) _____,
Reißt euch mal zum Wintersporten
Von den Öfen (3) _____.

Bleiches Volk an Wirtshaustischen,
Stell die (4) _____ fort.
Widme dich dem freien, (5) _____,
Frohen (6) _____,

Denn er (7) _____ ins lodenfreie[1]
Gletscherfexlertum[2]
Und (8) _____ uns nach der Reihe
All mit Schnee und (9) _____.

Doch nicht nur der Sport im Winter,
Jeder Sport ist plus,
Und mit etwas Geist dahinter
Wird er zum Genuß.

Sport macht Schwache selbstbewußter,
Dicke dünn, und macht
Dünne hinterher robuster,
Gleichsam über Nacht.

Sport stärkt Arme, Rumpf und Beine,
Kürzt die öde Zeit,
Und er schützt uns durch Vereine
Vor der Einsamkeit,

Nimmt den Lungen die verbrauchte
Luft, gibt Appetit;
Was uns wieder ins verrauchte
Treue Wirtshaus zieht.

Wo man dann die sporttrainierten
Muskeln trotzig hebt
Und fortan in Illustrierten
Blättern weiterlebt.

Joachim Ringelnatz (1883–1934)

[1] **lodenfreie** — Loden ist ein grünes Material, aus dem traditionelle Kleidung zum Wandern gemacht wird

[2] **Gletscherfexlertum** — scherzhafte, ironische Bezeichnung für übereifrige Bergtouristen

Da es sich hier um ein Beispiel aus der Literatur handelt, wurde die Orthografie beibehalten, die zur Zeit des Schreibens korrekt war, z. B. *Genuß* statt heute *Genuss*.

Textverständnis

1 In diesem Gedicht fehlen in den Strophen 1–3 einige Wörter. Suchen Sie aus der folgenden Liste die passenden Wörter aus und schreiben Sie das richtige neben die entsprechende Zahl 1–9.

BEDECKT	BEWEGLICHEN	BÜROS	ERFÜLLT	FRISCHEN
FÜHRT	GLÄSER	HEIMATORT	LOS	MOOS
RENNT	RUHM	RUM	STEIFEN	TEETASSEN
VIDEOS	WINTERSPORT	WISCHEN		

2 Ergänzen Sie die Satzanfänge links mit der richtigen Fortsetzung rechts. Beziehen Sie sich dabei auf Informationen aus dem Gedicht in den Strophen 4–6.

10 Sport … ☐

11 Sport ist ein Genuss, … ☐

12 Die Auswirkungen des Sports … ☐

13 Wenn man Langeweile hat, … ☐

14 Die Sportvereine … ☐

A. … bringen einen mit vielen anderen Menschen zusammen.

B. … wenn man ihn gezielt und gut überlegt betreibt.

C. … sind schnell zu spüren.

D. … verstärken die Einsamkeit.

E. … treibt man nur im Winter.

F. … lässt Sport die Zeit schnell vergehen.

G. … wenn der Geist schwach ist.

H. … kann man das ganze Jahr über treiben.

I. … schwächen das Selbstbewusstsein.

J. … vergeht die Zeit mit Sport noch langsamer

3 In der 7. Strophe beschreibt Ringelnatz einen Teufelskreis: durch Sport bekommt man Appetit, und geht dann doch wieder ins Wirtshaus. Welcher der folgenden Sätze beschreibt wohl am besten die Meinung von Ringelnatz zum Sport?

A. Ringelnatz glaubt, dass Sport nur Ärger bringt.

B. Ringelnatz macht sich über Sportler lustig.

C. Ringelnatz macht mit Begeisterung selbst Sport.

D. Ringelnatz kritisiert unsportliche Mitbürger.

☐

Schriftliche Übung

Jetzt sind Sie an der Reihe. Die folgenden Schritte helfen Ihnen, ein Gedicht über Ihren Lieblingssport zu schreiben.

1 Schreiben Sie eine Liste mit Punkten zu Ihrem Lieblingssport. Konzentrieren Sie sich besonders auf Aspekte, die Ihnen Spaß machen oder die Sie besonders ansprechend finden. Finden Sie dabei die richtigen Ausdrücke und auch die dazugehörigen Verben:

Beispiel

Ballett:

- tanzen
- auf den Spitzen tanzen
- eine Pirouette drehen
- beim Tanzen Gefühle ausdrücken können
- usw.

2 Unterstreichen Sie wichtige oder besonders interessante Wörter.

3 Suchen Sie nach Reimwörtern und schreiben Sie sie auf. Hilfe bei der Suche nach Reimwörtern gibt es im Internet!

4 Versuchen Sie jetzt, nach dem Muster von Ringelnatz Ihr eigenes Turngedicht zu schreiben – die Reimschemata *aabb* und *abab* sind besonders einfach.

Einstieg

Heutzutage gibt es viele neue Möglichkeiten, sich zu bewegen und fit zu bleiben. Bei den asiatischen Sportarten wie Tai-Chi oder Qigong geht es nicht nur um Muskeltraining, sondern auch um Atmung und Konzentration, sodass sowohl der Körper als auch der Geist trainiert werden. Tai-Chi, auch chinesisches Schattenboxen genannt, ist eine im Kaiserreich China entwickelte Kampfkunst, die heutzutage von mehreren Millionen Menschen weltweit praktiziert wird und damit zu den am häufigsten ausgeübten Kampfkünsten zählt. In der Volksrepublik China werden einzelne Bewegungsabläufe (sogenannte Formen) als Volkssport praktiziert.

Überlegen Sie gemeinsam, was für Sportarten Sie kennen und welche unterschiedlichen Kampfsportarten es gibt. Welche dieser Sportarten sind für junge Leute cool, und warum? Welche würden Sie gerne lernen, welche finden Sie langweilig? Sammeln Sie Ihre Ideen an der Tafel.

Tai-Chi als Jugendliche lernen? Und wo?

| Antworten | Suchbegriff eingeben | suchen |

Tai-Chi als Jugendliche lernen? Und wo?

Dotty

Frage von <u>Dotty</u> 10 02.03.2011 – 22:13

Huhu! =)

Aaalso, ich bin weiblich, 15, und möchte gern mit Tai Chi anfangen, weil ich das total faszinierend finde (bin durchs Chinesischlernen drauf gekommen) und auch denke, dass es mir gut tun würde. Nur leider habe ich keine Ahnung wohin, weil ich in 'nem Kaff wohne und es zwar so ne Tai-Chi Schule in der Gegend gibt, aber ich nicht so glaube, dass die das Wahre ist.

Und dann steht ja überall, dass es jeder in allen Altersgruppen lernen kann, und ich frage mich aber trotzdem, ob ich da nicht ziemlich allein in so nem Kurs wäre in meinem Alter. Eigentlich sieht man immer nur Erwachsene oder Rentner, die das machen – vereinzelt hab ich auch schon Kindergruppen gesehen, aber die waren dann so um die 7 Jahre alt.

Was mich aber generell interessieren würde, ist, ob es hier überhaupt Jugendliche gibt, die Tai-Chi machen? Und, um nicht gleich zur Schnecke gemacht zu werden, ich würd's auch lernen, wenn es keine anderen in meinem Alter gibt. Ich bin wirklich kein Mitläufer oder so, aber ein bisschen gleichaltrige Gesellschaft wäre schon super.

Dankeschön J

PS: Ich wohne in der Nähe von Hannover, falls da irgendwer was weiß

<u>Diese Frage beantworten</u>

Antworten (5)

<u>Gefällt Dir dieser Inhalt? Hier klicken!</u>

Posts: 5
Mitglied seit: 12.02.13

22:51

Betreff: Tai-Chi als Jugendliche lernen? Und wo?

fungolfer

Antwort von <u>fungolfer</u> 03.03.2011 21:59

Wenn es in Hannover Volkshochschulen gibt, dann würde ich mich da mal informieren. Das ist recht kostengünstig und es gibt Kurse für alle Leistungsstufen. In Berlin ist das Angebot riesig, aber fast immer ausgebucht.

<u>Gefällt Dir dieser Inhalt? Hier klicken!</u>

Posts: 8
Mitglied seit: 04.01.13

06:32

Betreff: Tai-Chi als Jugendliche lernen? Und wo?

shanghai

Antwort von <u>shanghai</u> 06.03.2011 7:26

Das was hier abgelassen wird ist absoluter Schwachsinn. Natürlich wird in China auch Tai-Chi für junge Menschen gelehrt, es kommt nur darauf an was man für ein Tai-Chi machen will.

<u>Gefällt Dir dieser Inhalt? Hier klicken!</u>

Posts: 23
Mitglied seit: 13.08.12

09:11

Betreff: Tai-Chi als Jugendliche lernen? Und wo?

Panadol

Antwort von <u>panadol</u> 07.03.2011 9:39

In China machen Tai-Chi ausschließlich alte Menschen. Ich habe selber knapp 4 Jahre in China gelebt und noch nie junge Menschen Tai-Chi machen sehen.

<u>Gefällt Dir dieser Inhalt? Hier klicken!</u>

Posts: 53
Mitglied seit: 21.09.11

11:54

Betreff: Tai-Chi als Jugendliche lernen? Und wo?

Kältefreund

Kommentar von <u>kältefreund</u> 09.03.2011 11:34

Hättest Deine Augenbinde mal abnehmen sollen!

<u>Gefällt Dir dieser Inhalt? Hier klicken!</u>

Posts: 31
Mitglied seit: 16.11.12

14:12

Betreff: Tai-Chi als Jugendliche lernen? Und wo?

Panadol

Kommentar von <u>panadol</u> 09.03.2011 13:03

Keine Sorge, meine chinesische Frau sagt dir das Gleiche. Tai-Chi ist in China eine typische Rentnerbeschäftigung. Junge Chinesen praktizieren viel eher Kung-Fu.

Mir ist es ja egal, wer Tai-Chi macht. Aber in den Parks in China sieht man wirklich ausschließliche jede Menge alte Menschen. Vielleicht schämen die jungen Leute sich ja, das in der Öffentlichkeit zu tun?

<u>Gefällt Dir dieser Inhalt? Hier klicken!</u>

Posts: 54
Mitglied seit: 21.09.11

11:54

Betreff: Tai-Chi als Jugendliche lernen? Und wo?

MaLiBu

Kommentar von <u>MaLiBu</u> 11.03.2011 17:53

Puuuuuh! Es geht ja nicht darum, was junge Chinesen praktizieren ;-) Es geht viel mehr darum, dass Tai-Chi-Chuan nicht nur ein Alte-Leute-Sport ist. Außerdem kommt es auch etwas darauf an, unter welchem Aspekt man Tai-Chi-Chuan trainiert. Zum einen unter dem gesundheitlichen (wie es heute meist der Fall ist J) – oder ob man sich auch wirklich mit der Theorie und Philosophie des Tai-Chi-Chuan und den Partnerübungen, also dem Kampfkunstaspekt beschäftigt. Alte Menschen, noch dazu in der breiten Masse, werden Tai-Chi-Chuan seltenst unter dem Aspekt der Kampfkunst üben ;-))

Posts: 19
Mitglied seit: 16.10.12

19:11

Zu den Kursen: Es gibt spezielle Kurse für Kinder oder Rentner, aber in normalen Kursen kann es durchaus vorkommen, dass du breit gefächerte Altersstufen findest. Wir haben bei uns eher Kursteilnehmer ab 20 – Jugendliche sind sehr trendorientiert, und ich vermute, dass Tai-Chi aktuell nicht im Trend liegt. Generell solltest Du auf die Erfahrungswerte oder Qualifikationen eines Lehrers achten, da Tai-Chi-Lehrer kein geschützter Begriff ist und manche bereits Kurse anbieten, obwohl sie selbst nur ein paar Stunden genommen haben. Abraten würde ich von Lehr-DVDs. Diese sind zwar zur Unterstützung des Unterrichts gut, um zu Hause zu trainieren, aber Tai-Chi verlangt immer einen Lehrer, der Fehlstellungen korrigiert und Dir auch etwas von der Philosophie des Tai-Chi-Chuan vermittelt. Ansonsten wäre es nicht viel mehr als asiatisch anmutende Bewegungen und hätte nicht mehr viel mit dem Ursprung (Kampfkunst) und seinen gesundheitsfördernden Wirkungen zu tun.

<u>Gefällt Dir dieser Inhalt? Hier klicken!</u>

Textverständnis

Beantworten Sie die folgenden Fragen zum Text mit kurzen Antworten.

1 Wie ist Dotty darauf gekommen, Tai-Chi zu lernen?

2 Warum glaubt Dotty, dass ihr Alter ein Problem sein könnte?

3 Was meint Dotty, wenn sie schreibt, dass sie kein „Mitläufer oder so" ist?

4 Zur Antwort von <u>fungolfer</u>: Was sind die Vorteile der Volkshochschule?

5 Zur Antwort von <u>shanghai</u>: Was sagt er über Tai-Chi für Jugendliche?

6 Was sagt <u>panadol</u> zum Thema?

7 Die Antwort von <u>MaLiBu</u> enthält einige für das Internet typische Stilmerkmale. Welche?

Grammatik unter der Lupe: Bedingungen formulieren

Einen Konditionalsatz braucht man, um auszudrücken, unter welchen Bedingungen etwas geschehen kann. Man kann solche Konditionalsätze mit *wenn* oder *falls* einleiten.

● *„Dotty wird sicherlich mit Tai-Chi anfangen,* **wenn** *sie die richtige Gruppe findet."* – *„Ja,* **falls** *sie die Gruppe findet! Aber vielleicht findet sie auch keine."*

Beantworten Sie die folgenden Fragen mit einem Konditionalsatz. Verwenden Sie Informationen aus der Antwort von <u>MaLiBu</u>. Die Satzanfänge sind schon vorgegeben.

Beispiel
Wann kann Dotty alle Altersstufen finden?

Lösung
Sie kann alle Altersstufen finden, <u>wenn</u> sie in normale Kurse geht.

1 Wann beschäftigen sich Jugendliche eher nicht mit Tai-Chi?

   Sie beschäftigen sich nicht mit Tai-Chi, …

2 Wann ist es wichtig auf Qualifikationen zu achten?

   Es ist wichtig auf Qualifikationen zu achten, …

3 Unter welchen Bedingungen sind DVDs gut?

   DVDs sind gut, …

4 Wann wäre Tai-Chi nicht nur „asiatisch anmutende Bewegungen"?

   Tai-Chi wäre nicht nur „asiatisch anmutende Bewegungen", …

Schriftliche Übung

Hier folgen zwei Aufgaben zur Textproduktion, wie Sie sie in *Paper 2* finden können. Suchen Sie sich eine der Aufgaben aus.

1 Schreiben Sie einen kurzen, formellen Brief an Dr. Matthias Koch, Leiter der Schule für asiatische Kampfsportarten in Hamburg, in der Sie die Frage von Dotty (Dorothea Sellmer) noch einmal stellen. Benutzen Sie die Checkliste für einen formellen Brief auf S. 327.

2 Schreiben Sie einen weiteren Post von Dotty, in dem sie auf die vielen Antworten in dem Forum reagiert. Sie wird zu den vielen Ideen und Meinungen Stellung nehmen und auch schreiben, was sie nun unternehmen wird. Benutzen Sie die Checkliste für einen Forumsbeitrag auf S. 325.

Textsorte: Forumsbeitrag

Im Internet gibt es nicht nur den persönlichen Blog, der kommentiert werden kann, sondern auch das sogenannte Forum: Hier können informell Fragen zu bestimmten Themen gestellt werden, die von andern Internet-Nutzern beantwortet werden. Die Sprache ist ähnlich informell wie beim Blog.

Schriftliche Übung

Hier finden Sie einige Informationen zu fünf Teenagern, die im Internet bei www.fragenzumsport.net eine Frage stellen. Denken Sie sich noch weitere Details aus, die den Post interessant machen!

Schreiben Sie einen Forumsbeitrag und imitieren Sie dabei den Eintrag von Dotty. Entwerfen Sie auch zwei bis drei unterschiedliche Antworten von Erwachsenen oder anderen jungen Leuten. Benutzen Sie die Checkliste für einen Forumsbeitrag auf S. 325.

Bananna
16 Jahre alt, Basketballfan, Berlin, unsportlich – sucht Mannschaft für Anfänger

Tomtom
25 Jahre alt, Fußball-Profi, Lübeck – bietet Training für Damen

Marisusa
18 Jahre alt, Rothenburg – sucht Tennispartner

Marcoloco
17 Jahre alt, Stuttgart – sucht Gleichgesinnte von anderen Schulen für Querfeldeinlauf

Olympionika und Marathoni
beide 15 Jahre alt, Fulda – suchen Ideen für 12 Monate Wintersport im Jahr

---

Weiterdenken

Was ist ein „Trend"? Welche Sportarten sind „im Trend", welche nicht? Warum? Gibt es Sportarten, die ungesund sind?

Sammeln Sie Ihre Ideen in kleinen Gruppen und geben Sie vor der ganzen Klasse Präsentationen.

Mündliche Übung

Sehen Sie sich die folgenden Fotos an und diskutieren Sie, was hier ausgedrückt wird. Man kann ein Foto wie einen Text lesen, also Stilmittel identifizieren und analysieren. Die folgenden Fragen helfen Ihnen dabei.

1 Was ist auf diesem Bild zu sehen? Beschreiben Sie genau, was Sie sehen.

2 Wie ist das Bild „komponiert"? Welche Farben stehen im Vordergrund? Wo ist der Mittelpunkt und was ist im Hintergrund zu sehen?

3 Was für einen Eindruck macht das Bild auf uns? Was ist die „Kommunikationsabsicht", also welche Botschaft soll mit dem Bild vermittelt werden?

4 Was ist Ihre persönliche Meinung zu dem Bild? Gefällt es Ihnen? Warum? Woran erinnert es Sie?

ADHS – Wenn der Alltag zum Problem wird

Was lange einfach als Erziehungsproblem galt, ist heute als Krankheit anerkannt: Etwa fünf Prozent aller Kinder und Jugendlichen im Schulalter leiden an der Aufmerksamkeitsstörung ADHS – dreimal so viele Jungen wie Mädchen.

Hier sind drei Fallstudien, die die für ADHS typischen Symptome beschreiben:

ADHS – Was bedeutet das?

Timo, 5 Jahre

Kaum ist Timo morgens aufgewacht, fallen ihm schon tausend Dinge ein, die er heute tun könnte. Sofort springt er auf und rast durch die Wohnung. Er hat am Vortag einen Piratenfilm gesehen und will sich ein Schiff bauen. Als er auf das Regal klettert, um sich ein Betttuch für das Segel zu holen, fällt das Regal mit Getöse um und weckt die anderen Familienmitglieder. Sofort geht der übliche Streit los. Jetzt ist nicht Schiffe bauen angesagt, sondern Anziehen, Frühstücken und Kindergarten. Das Anziehen dauert ewig, weil ihm alle paar Sekunden etwas anderes einfällt. Beim Frühstück geht ein Glas zu Bruch, als Timo aufspringt, um Sarah, die heute Geburtstag hat, noch schnell ein Geschenk zu basteln. Der Weg zum Kindergarten ist eine Tortur: Timo ist schon oft, trotz strengster Ermahnungen, ohne links oder rechts zu schauen auf die Straße gerannt, weil er auf der anderen Straßenseite etwas wahnsinnig Spannendes entdeckt hat.

Als Timos Mutter die Tür des Kindergartens hinter sich schließen will, ist sie eigentlich für den Rest des Tages schon völlig erledigt. Die Erzieherin will aber noch mit ihr reden: Timo sei für die Gruppe eine große Belastung. Er könne keine fünf Minuten still sitzen und sich auf kein Spiel konzentrieren. Er rase ständig herum und störe die anderen Kinder. Timos Mutter ist verzweifelt: Es ist nicht das erste Mal, dass ihr dies gesagt wird, und langsam weiß sie wirklich nicht mehr weiter.

Sarah, 5 Jahre

Sarah wird im Kindergarten nur Traumsuse genannt. Wenn die anderen Kinder ein Bild malen, sitzt sie gedankenverloren vor ihrem leeren Blatt, und schaut aus dem Fenster, wenn die anderen Kinder ihre Bilder schon stolz den ErzieherInnen zeigen. Bei Gruppenspielen weiß Sarah nie, wann sie dran ist. Sie hat nicht aufgepasst und ist schon wieder mit etwas anderem beschäftigt. Wenn ihr Vater sie nachmittags vom Kindergarten abholt, dauert der Heimweg ewig. Sarah bleibt alle paar Minuten stehen, um etwas anzusehen. Sie hat vergessen, was sie am nächsten Tag für den Ausflug mitbringen soll. Der Zettel vom Kindergarten ist unauffindbar.

Dauernd bekommt Sarah zu hören, sie solle doch besser aufpassen und sich besser konzentrieren. Aber so sehr Sarah sich auch bemüht, irgendwie gelingt es ihr nicht.

Ralf, 13 Jahre

Ralf hat echt keinen Bock mehr auf Schule. Dort meckern sie sowieso nur an ihm herum, genauso wie zu Hause. Seit Ralf denken kann, sind alle anscheinend sauer auf ihn. Immer scheint alles, was er tut, nicht richtig zu sein. Er merkt es ja selbst: Egal wie sehr er sich auch bemüht, er kann sich einfach nicht konzentrieren und verliert schnell die Lust. Da dauern die Hausaufgaben natürlich ewig.

Was kann er dafür, dass er Mathe einfach nicht kapiert. Er hat noch nie verstanden, wie alle anderen die Aufgaben lösen, während er sich quält und das Ergebnis dann doch falsch ist. Die ständigen Auseinandersetzungen mit seinen Eltern hat er auch satt.

Vor einiger Zeit hat er ein paar Jungs aus der Nachbarschaft kennen gelernt, die auch keine Lust auf Schule haben. Mit denen hängt er jetzt jeden Nachmittag rum und seit neuestem manchmal auch schon vormittags. Schule bringt's eben nicht.

Bundeszentrale für gesundheitliche Aufklärung

Textverständnis

1 Auf welches der Kinder trifft die jeweilige Aussage zu? Es können mehrere Kinder ein Symptom zeigen, also können pro Aussage maximal drei Kreuze gemacht werden.

Welches der Kinder ...	Timo	Sarah	Ralf
... macht zu Hause viel Krach?			
... streitet sich viel?			
... macht Sachen kaputt?			
... kann sich nicht konzentrieren?			
... träumt viel?			
... ist vergesslich?			
... macht den Eltern das Leben schwer?			
... wird viel ermahnt?			
... hat keinen Bock auf Schule?			
... kapiert manchmal einfach nichts?			

2 Hier gibt es eine Zusammenfassung der Fallstudien. Darin gibt es einige Lücken, die Sie mit Wörtern aus dem Text füllen sollten:

Timo hat immer (1) _____ Ideen, wie er den Tag verbringen kann. Er rennt immer nur durch die Zimmer und macht dabei so viel (2) _____, dass keiner mehr schlafen kann. Das gibt natürlich Streit, aber Timo ist schon wieder etwas anderes eingefallen. Auf dem Weg zum Kindergarten rast er, (3) _____ der Warnungen von seiner Mutter, ohne nach links und rechts zu sehen auf die Straße. Im Kindergarten hört Timos Mutter, dass Timo sich überhaupt nicht (4) _____ kann, und ist ganz (5) _____ – sie weiß nicht mehr, was sie noch tun soll.

Sarah träumt im Kindergarten so vor sich hin. Im Kunstunterricht ist sie oft (6) _____, anstatt sich zu konzentrieren. Wenn sie in der Gruppe mit den anderen Kindern spielen soll, (7) _____ sie sich mit anderen Dingen. Zu Hause hat sie dann das Informationsblatt für den (8) _____ verloren. Sarah bemüht sich sehr, aber sie kann einfach nicht besser aufpassen.

Ralf findet Schule superdoof. Immer (9) _____ alle nur an ihm herum – egal was er auch versucht, nichts klappt. Hausaufgaben dauern endlos, ihm fehlt es an Konzentration und auch (10) _____. Mit Mathe (11) _____ er sich nur herum, und auch zu Hause gibt es nur (12) _____. Inzwischen hat er ein paar andere Typen kennengelernt, die (13) _____ genauso unsinnig finden und mit denen schwänzt er jetzt auch schon mal den Unterricht.

Weiterdenken

Überlegen Sie, was ein Teenager mit ADHS in der Schule, zuhause und in der Freizeit mit Freunden für Probleme haben könnte. Wo spielt die Krankheit eine Rolle? Wo ist sie unwichtig? Recherchieren Sie auch im Internet, was man tun kann, um das Leben mit ADHS leichter zu machen.

Statistisch gesehen gibt es in jeder deutschen Schulklasse mindestens ein Kind mit ADHS. Aber das Krankheitsbild ist nicht neu. Schon Mitte des 19. Jahrhunderts wurde im Kinderbuch „Der Struwwelpeter" von Dr. H. Hoffmann die Geschichte eines Jungen beschrieben, dessen Verhalten an ADHS erinnert.

Die Geschichte vom Zappel-Philipp

„Ob der Philipp heute still
Wohl bei Tische sitzen will?"
Also sprach in ernstem Ton
Der Papa zu seinem Sohn,
Und die Mutter blickte stumm
Auf dem ganzen Tisch herum.
Doch der Philipp hörte nicht,
Was zu ihm der Vater spricht.
Er gaukelt
Und schaukelt,
Er trappelt
Und zappelt
Auf dem Stuhle hin und her.
„Philipp, das mißfällt mir sehr!"

Seht, ihr lieben Kinder, seht,
Wie's dem Philipp weiter geht!
Oben steht es auf dem Bild.
Seht! Er schaukelt gar zu wild,
Bis der Stuhl nach hinten fällt;
Da ist nichts mehr, was ihn hält;
Nach dem Tischtuch greift er, schreit.

Doch was hilft's? Zu gleicher Zeit

Fallen Teller, Flasch' und Brot,
Vater ist in großer Not,

Und die Mutter blicket stumm
Auf dem ganzen Tisch herum.

Nun ist Philipp ganz versteckt,
Und der Tisch ist abgedeckt.
Was der Vater essen wollt',
Unten auf der Erde rollt;
Suppe, Brot und alle Bissen,
Alles ist herabgerissen;
Suppenschüssel ist entzwei,
Und die Eltern stehn dabei.
Beide sind gar zornig sehr,
Haben nichts zu essen mehr.

Heinrich Hoffman

Textverständnis

Beantworten Sie die folgenden Fragen zum Text.

1   Wie ist der Vater von Philipp?

   A.   ängstlich

   B.   streng

   C.   ungeduldig

   D.   traurig

2   Wie ist die Mutter von Phillip?

   A.   schweigsam

   B.   besorgt

   C.   hysterisch

   D.   glücklich

3.   Wie kann man die Stimmung beim Essen beschreiben?

   A.   entspannt

   B.   chaotisch

   C.   heiter

   D.   konzentriert

4   Warum fallen Flaschen und Brot vom Tisch?

5   Alles, was es zu essen geben sollte, liegt jetzt auf dem Boden. Was ist noch passiert?

Mündliche Übung

Lesen Sie die Geschichte vom Zappel-Philipp laut vor. Versuchen Sie so dramatisch und ausdrucksvoll wie möglich zu lesen. Wie könnte man diese Erzählung noch dramatischer darstellen? Sammeln Sie Ideen.

Zur Diskussion

Vergleichen Sie das Verhalten des Zappel-Philipps und seiner Eltern mit dem der Kinder und der Erwachsenen im modernen Text. Welche Parallelen und Unterschiede finden sich? Welchem Fallbeispiel ist Philipp am ähnlichsten?

Schriftliche Übung

Schreiben Sie nun eine moderne Fallstudie für den Zappel-Philipp, die Teil eines Zeitungsartikels sein könnte. Benutzen Sie dabei Informationen aus dem Gedicht, aber einen modernen Schreibstil wie im Textbeispiel zu ADHS oben. Benutzen Sie die Checkliste für einen Zeitungsbericht auf S. 347.

Weiterdenken

Sie können im Internet, oder in einer Bibliothek, auch andere Geschichten aus dem „Struwwelpeter" finden: z. B. die Geschichte vom Suppen-Kaspar, von Hanns Guck-in-die-Luft und vom fliegenden Robert. Diese Namen sind inzwischen in die Umgangssprache aufgenommen; jeder kennt sie. Gibt es solche Kinder in Ihrem Bekanntenkreis? Wie geht unsere Gesellschaft mit solchen Kindern um? Würden wir heute noch so ein Kinderbuch schreiben? Warum (nicht)? Zu seiner Zeit wurde Dr. Hoffmann als äußerst fortschrittlicher Kinderbuchautor angesehen. Wie würden Sie ihn aus der heutigen Sichtweise beurteilen?

Wussten Sie das? Dr. Heinrich Hoffmann

1844 suchte der Arzt Heinrich Hoffmann nach einem Bilderbuch als Weihnachtsgeschenk für seinen dreijährigen Sohn Carl, fand aber nichts Passendes. In einer Zeitschrift schrieb er Folgendes über die Suche nach einem Buch:

„Aber was fand ich? Lange Erzählungen oder alberne Bildersammlungen, moralische Geschichten, die mit ermahnenden Vorschriften begannen und schlossen, wie: ‚Das brave Kind muss wahrhaft sein'; oder: ‚Brave Kinder müssen sich reinlich halten' usw."

Er beschloss schließlich, selbst ein Buch für seinen Sohn zu schreiben bzw. zu zeichnen. Der kleine Carl freute sich sehr über das selbstgemachte Buch. Hoffmann war allerdings erstaunt, dass so viele von seinen erwachsenen Freunden wollten, dass er das Buch veröffentlichte. Er lehnte zuerst ab, denn er hatte überhaupt nicht geplant, Kinderschriftsteller zu werden.

Doch ein befreundeter Verleger konnte ihn schließlich überreden. Das Buch mit der Geschichte vom Zappel-Philipp und anderen Erzählungen erschien erstmals 1845 und wurde ein Riesenerfolg.

Reisen macht glücklich

Einstieg

Reisen ist ein tolles Abenteuer! Heutzutage ist die Erkundung ferner Länder und die Begegnung mit anderen Menschen und Kulturen eine beliebte Ferienaktivität. Für viele Teenager ist es ein Traum, nach bestandenem *IB* zum ersten Mal allein und ohne die Eltern auf Reisen zu gehen, und dafür wird gejobbt, gespart und bei Verwandten Geld geliehen.

Überlegen Sie gemeinsam, welche Art von Ferienreise Ihnen am meisten Spaß macht. Gibt es Gefahren und Risiken? Haben Sie Reisepläne für die Zeit nach der IB-Prüfung?

Sie lesen nun einen Auszug aus einer wahren Geschichte von zwei jungen Menschen, die ein ungewöhnliches Leben führen. Dem 23-jährigen Benjamin Prüfer begegnet auf einer Reise durch Asien in Kambodscha die junge Frau Sreykeo, die als Prostituierte in einer Bar arbeitet. Sie verlieben sich. Dann erfährt er, dass sie HIV-positiv ist, und muss sich entscheiden: Soll er sich von Sreykeo trennen oder mit ihr zusammenbleiben?

In diesem Kapitel hat Benjamin gerade die Nachricht von Sreykeos Diagnose bekommen. Tillmann ist sein Bruder.

„Wohin Du auch gehst"

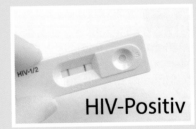

HIV-Positiv

In diesem Moment rief Tillmann an. Ich weiß auch nicht mehr, was er mich fragte. Es war verletzend alltäglich. Ich hörte seine Worte, doch sie glitten an mir vorbei. In einem Film wäre das die Szene, in welcher der Protagonist schreiend zusammenbricht. Aber in der Realität braucht der Mensch sehr lange, bis er

5   verstanden hat, dass eine Nachricht seine Welt verändert hat. Zunächst klammert er sich an dem Gedanken fest, alles sei ein großes Missverständnis, das sich gleich von selbst erklären würde. Ich blickte nochmal auf den Bildschirm. Doch da stand immer noch 'POSITIVE'. Bestimmt sah ich noch ein drittes und ein viertes Mal hin, bevor ich es wirklich begriffen hatte.

10   Ich habe Tillmann nichts erzählt, sondern ihm irgendetwas sehr Unfreundliches an den Kopf geworfen. Er keifte zurück, und dann hörte ich nur noch das Freizeichen. Ich saß eine Weile da, dann lief ich hin und her.

Es ist schwer, zu beschreiben, was in diesem Moment in einem vorgeht. Alle Versuche, es zu beschreiben, wirken so unbeholfen, verharmlosend. Allein der Versuch, es aufzuschreiben zu wollen, ist vermessen.

Heute kann ich nicht mehr aufrufen, was ich damals gefühlt habe. Ich weiß nur, ich habe nicht geweint, ich war

15   auch nicht verzweifelt. Das kam später. Zunächst habe ich Sreykeo angerufen. Von dem Gespräch kann ich nur noch erinnern, dass sie sagte: „Maybe the test is wrong." Ich sagte ihr, dass der Test mit Sicherheit stimmt. Sie sagte „I hope they have good medicine." Ich antwortete ihr: „No. There is no medicine against HIV." Ich wollte sie nicht anlügen, nur um sie später noch mehr zu enttäuschen.

20 Die Aussicht zu sterben, schien gar nicht ihre größte Sorge zu sein. Viel wichtiger war ihr die Frage, ob sie Kinder haben könnte. Ich antwortete auch diesmal „No". Bestimmt sagte ich auch etwas Aufmunterndes, doch ich weiß nicht mehr, was. Was soll man in diesem Moment auch sagen? Was man auch sagt, es ist immer falsch.

25 Alleinsein war unerträglich. Sascha war nicht in der Wohnung, er musste an diesem Tag bis tief in die Nacht arbeiten. Eine halbe Stunde später saß ich bei Sebastian auf dem Sofa. Ich weiß nicht mehr, was er sagte, nachdem ich ihm erzählt hatte, dass sie Aids hat. Was auch, „Wird schon wieder"? Er tat genau das Richtige: Er ließ mich bei sich sitzen und die beruhigenden Geräusche der Anwesenheit eines anderen hören, das Klappern einer Tastatur, das Klirren

30 von Gläsern. Ohne zu viele Fragen zu stellen.

Benjamin Prüfer, S. Fischer Verlag

Textverständnis

1 In der Liste unten rechts finden Sie einige Erklärungen zu Wörtern und Begriffen aus dem Text (Z. 1–13). Schreiben Sie den Buchstaben der besten Erklärung in das entsprechende Kästchen.

1 alltäglich (Z. 2) ☐

2 glitten … vorbei (Z. 2–3) ☐

3 klammert … sich (Z. 5– 6) ☐

4 an den Kopf geworfen (Z. 10) ☐

5 unbeholfen (Z. 13) ☐

A. zwicken

B. aggressiv geschlagen

C. steif

D. ausgerutscht

E. normal

F. hält fest

G. pathetisch

H. heftig geantwortet

I. tagsüber

J. wurden nicht wahrgenommen

2 Beantworten Sie die folgenden Fragen mit Informationen aus dem Text (Z. 14–30).

6 Nachdem Benjamin die E-Mail mit der Diagnose bekommen hat, ruft er Sreykeo an. Was ist für sie in diesem Gespräch die wichtigste Frage?

7 Benjamin erinnert sich nicht mehr genau daran, was er in diesem Telefongespräch alles sagte. Was ist seine Erklärung dafür?

8 Warum konnte Benjamin nach dem Telefonat nicht zu Hause bleiben?

9 Wie hat Sebastian ihm geholfen?

10 Wie kann man Benjamins Stimmung an diesem Abend am besten beschreiben?

A. aggressiv

B. wütend

C. verzweifelt

D. verletzt

☐

Weiterdenken **TOK**

In dem Telefongespräch glaubt Benjamin, dass Sreykeo sich keine falschen Hoffnungen machen darf. „Ich wollte sie nicht anlügen, nur um sie später noch mehr zu enttäuschen." Später entdeckt Benjamin, dass es doch Medikamente gibt, und auch, dass Sreykeo eigene gesunde Kinder haben kann.

1 Hat Benjamin in dieser Situation richtig gehandelt? Oder ist es manchmal besser zu lügen?

2 Mit einem Mitschüler: Sammeln Sie Argumente für und gegen das „Lügen aus Liebe" und präsentieren Sie diese der Klasse.

Schriftliche Übung

Hier folgen zwei Aufgaben zur Textproduktion, wie Sie sie in *Paper 2* oder auch bei der Schriftlichen Aufgabe *(HL)* finden können. Suchen Sie sich eine der Aufgaben aus.

1 Schreiben Sie einen Dialog zwischen Benjamin und Tillmann/Sebastian/Benjamins Eltern, in dem er von Sreykeos Diagnose erzählt.

2 Schreiben Sie einen Tagebucheintrag von Sreykeo an dem Tag, an dem sie das Ergebnis von ihrem Bluttest erfährt. Benutzen Sie die Checkliste für einen Tagebucheintrag auf S. 345.

In Deutschland gibt es eine „Zentrale für gesundheitliche Aufklärung", die seit ihrer Gründung im Jahr 1967 das Ziel verfolgt, Gesundheitsrisiken vorzubeugen und gesundheitsfördernde Lebensweisen zu unterstützen. Sie hat die folgende Broschüre herausgebracht, die sich an Jugendliche wendet. Die Broschüre warnt vor Gefahren beim Reisen und gibt Tipps, wie man diese vermeiden kann.

Im Text fehlen Überschriften, die Sie im ersten Schritt der Textverständnisübung einordnen müssen.

Reiselust

Tipps für schöne Ferien (eine Broschüre der Bundeszentrale für gesundheitliche Aufklärung)

[–1–]

Du wirst auf deiner Reise vielen Menschen begegnen. Vielleicht verliebst du dich auch in jemanden. Bitte denke daran: In manchen Ländern sind Zärtlichkeiten in der Öffentlichkeit nicht üblich oder erregen sogar Anstoß.

[–2–]

Wenn ihr miteinander schlafen wollt, solltet ihr unbedingt ein Kondom benutzen. Es ist das einzige Mittel, das vor ungewollter Schwangerschaft und sexuell übertragbaren Infektionen gleichzeitig schützt. Die Antibabypille schützt im Gegensatz dazu nur vor Schwangerschaft. Ohne Schutz miteinander zu schlafen ist riskant, weil sexuell übertragbare Infektionen weltweit zunehmen.

[–3–]

Eine weltweit verbreitete Geschlechtskrankheit ist die HIV-Infektion, die zu AIDS führt. Eine Ansteckung mit dem Virus HIV bleibt zunächst fast immer unbemerkt.

Sie kann in der Regel auch erst nach mehreren Wochen bis Monaten durch einen Bluttest festgestellt werden.

Zwischen Ansteckung und Ausbruch der Krankheit vergehen in der Regel einige Jahre, in denen der Infizierte zwar körperlich gesund ist, aber das Virus an andere Menschen weitergeben kann.

Ein HIV-Test vor dem Urlaub ist kein Freifahrschein. Er schützt nicht vor Ansteckung und erspart dir nicht, dich verantwortungsvoll zu verhalten. Ein wirksamer Schutz vor Ansteckung aber ist möglich.

[–4–]

Du solltest dir vorher über mögliche Gefahren im Klaren sein und dich schützen. Denn du kannst niemandem ansehen, ob er/sie infiziert ist.

Jeder/Jede kann betroffen sein und schon lange das Virus im Körper haben, ohne es zu merken oder zu wissen. Sprachprobleme können die Diskussion über mögliche vergangene Ansteckungsrisiken erschweren, und deine Urlaubsbekanntschaft hat vielleicht eine ganz andere Vorstellung von Infektionsrisiken als du.

Auch wenn du nur ein einziges Mal ohne Kondom mit jemandem schläfst, der infiziert ist, kannst du dich anstecken.

Das Kondom ist zur Zeit das einzige Mittel, das einen ausreichenden Schutz bietet.

Vorausgesetzt du benutzt es und vor allem: du benutzt es richtig!

Bundeszentrale für gesundheitliche Aufklärung

Textverständnis

1 In diesem Text fehlen Überschriften. Wählen Sie aus der Liste unten rechts die Überschriften aus, die am besten passen, und schreiben Sie die Buchstaben in die Kästchen.

1 ☐

2 ☐

3 ☐

4 ☐

A. Kulturkampf

B. Gefahrenzone

C. Wirksamer Schutz

D. Achtung Schwarzfahrer

E. HIV-Infektion

F. Sprachlosigkeit

G. Urlaubsbegegnungen

H. Schütze Dich!

2 Beantworten Sie die folgenden Fragen mit Informationen aus dem Text.

5 Woran erkennt man, dass diese Broschüre für junge Leute geschrieben ist?

6 Bei Reisen in andere Länder sind Zärtlichkeiten auf offener Straße nicht immer gern gesehen. Warum?

7 Was kann man tun, um bei Sex nicht schwanger zu werden oder sich eine Infektion zuzuziehen?

8 Wie stellt man eine HIV-Infektion fest?

9 Manchmal ist der Infizierte nach der Ansteckung jahrelang gesund, zeigt also keine Symptome. Was ist aber die Gefahr in dieser Phase?

10 „Kein Freifahrschein" (Z. 15) bedeutet, dass …

A. … man nicht umsonst Bus fahren kann.

B. … man nicht ohne zu bezahlen in Discos oder Clubs kommt.

C. … man mit einem Test trotzdem ein Kondom braucht.

D. … man mit Test alles tun und lassen kann, was man will.

☐

11 „Im Klaren sein" (Z. 18) bedeutet, dass …

A. … man gut sehen kann.

B. … man alle Fakten kennt.

C. … man nüchtern ist.

D. … man keine Sonnenbrille braucht.

☐

12 „Die Diskussion erschweren" (Z. 21– 22) bedeutet hier:

A. Diskussionen sind nur möglich, wenn man vor der Reise einen Sprachkurs macht.

B. Auf Reisen spricht man am besten gar nicht.

C. Wenn man die Landessprache nicht beherrscht, wird ein Gespräch zum Problem.

D. Eine Diskussion ist schwerer als ein Monolog.

☐

13 „Infektionsrisiken" (Z. 24) bedeutet, dass …

A. … man sich im Urlaub garantiert nie anstecken kann.

B. … man im Urlaub nie sicher sein kann, ob man sich ansteckt.

C. … dass man sich mit Sicherheit eine Infektion holt.

D. … dass man Risiken eingehen muss, um glücklich zu werden.

☐

14 Der Text „Reiselust" ist eine Broschüre der Regierung. Sie enthält einige Fakten zu HIV und den Schutz vor Infektionen. Listen Sie diese Fakten in der folgenden Tabelle auf:

Fakten zu HIV	Fakten zum Schutz vor Infektionen
1	1
2	2
3	3
4	4
5	5
6	6

Schriftliche Übung

Ein Freund oder eine Freundin von Ihnen möchte nach der Schule für sechs Monate durch Asien reisen. Sie haben gerade die Broschüre „Reiselust" gelesen und finden die Informationen sehr wichtig. Schreiben Sie eine E-Mail, in der Sie Ihrem Freund/Ihrer Freundin von ihren Gedanken zu „Urlaubsbegegnungen" berichten. Benutzen Sie die Checkliste für eine informelle E-Mail auf S. 335.

WIRKSAM BESTEHT
ANSTECKUNG
SCHWANGERSCHAFTEN
KRANKHEITEN EMPFOHLEN
DIAGNOSTISCHES
BEACHTUNG EMPFEHLENSWERT
VERHALTEN INFEKTION
SEXUELL
HILFE VERMEIDUNG RICHTLINIEN DIAGNOSTISCHES VERWENDUNG UMGANG DROGEN ARGUMENTIERT
MÖGLICHKEITEN AKZEPTANZ PERSON VIELEN KIRCHE
VERBOT KÖRPERFLÜSSIGKEITEN TÖDLICHE
PARTNER KÖRPER
ANGABEN
VIRUSLAST
SCHUTZMASSNAHMEN
KRANKHEIT GRUPPEN
RISIKEN AUFKLÄRUNG INFEKTIONSRISIKO
ENTWICKLUNG
HIV KAMPAGNENÜBERTRAGBAR UNMORALISCH
BELEGEN
SEX SCHUTZ DEUTLICH TREUE
SYPHILIS
BEZIEHUNGSWEISE
REGELMÄSSIGE MEDIZIN
KINDERN GEFAHR GEEIGNET
REISSEN ALKOHOL GELANGEN
KONDOME SPERMA
GELEGENTLICH KRITIK
KONTAKT AIDS

7. Freizeit

Einheiten	Musik heute	S. 220
	Fußball – eine Männerdomäne?	S. 230
	Reisen	S. 236

Aspekte	Facetten der Musikwelt
	Die Geschichte und Bedeutung des Frauenfußballs
	Ferien und Reisen als Erweiterung des eigenen Horizonts

LERNZIELE	Textsorten	Blogeintrag
		Leserbrief
		Broschüre
	Sprache	Meinungen und Gründe
		Präteritum
	Die *IB*-Ecke	Mündliche Einzelprüfung
		Mündliche interaktive Prüfung
		TOK

Musik heute

Zur Diskussion

Wie gut kennen Sie sich in der deutschen Musik aus? Lösen Sie die folgenden Fragen und vergleichen Sie anschließend Ihre Antworten mit einem Mitschüler. Diskutieren Sie, worauf Sie Ihre Antworten basiert haben.

1 Welche deutsche Sängerin gewann den Grand-Prix zum ersten Mal?

   A. Lena

   B. Nena

   C. Nicole

   D. Nina Hagen

2 In welcher deutschen Stadt starteten die Beatles ihre Karriere?

   A. Berlin

   B. Hamburg

   C. Düsseldorf

   D. München

3 In welchem afrikanischen Land existiert eine erfolgreiche deutschsprachige Musikszene?

   A. Namibia

   B. Kenia

   C. Swasiland

   D. Ägypten

4 Welche deutsche Band benannte sich nach dem Beruf der „Götter in Weiß"?

   A. Die Toten Hosen

   B. Polarkreis 18

   C. Wir sind Helden

   D. Die Ärzte

5 Wie lautet die erste Zeile des Nena-Klassikers „99 Luftballons"?

A. Denkst du vielleicht grad an mich, dann singe ich ein Lied für dich …

☐

B. 99 Luftballons auf ihrem Weg zum Horizont …

C. Hast du etwas Zeit für mich, dann singe ich ein Lied für dich …

D. Von 99 Luftballons und dass so was von so was kommt …

6 Wie lautet die beliebte Karnevalshymne auf eine bekannte deutsche Stadt?

A. Berlin, du bist so wunderbar

☐

B. Hamburg, meine Perle

C. Viva Colonia

D. Bochum

7 Welche Ereignisse besingt die Gruppe „Sportfreunde Stiller" in ihrem Lied „54, 74, 90…"?

A. die Jahre, in denen Deutschland die Fußball-Weltmeisterschaft gewann

☐

B. die Geburtsjahre der drei Bandmitglieder

C. die Jahre, in denen Deutschland die Fußball- Weltmeisterschaft verlor

D. die Jahre, in denen Deutschland den Grand-Prix gewann

8 Welches Musikgenre steht beim Musikfestival Wacken im Vordergrund?

A. Pop

☐

B. Rock

C. Heavy Metal

D. Jazz

9 Welcher deutschsprachige Komponist komponierte die Oper „Die Zauberflöte"?

A. Wolfgang Amadeus Mozart

☐

B. Johann Sebastian Bach

C. Franz Schubert

D. Ludwig van Beethoven

Wussten Sie das? Deutsche Musik

Musik hören oder machen gehört zu den beliebtesten Freizeitbeschäftigungen deutscher Jugendlicher.

Jugendliche in Deutschland hören sowohl deutsche als auch englische Musik – gerade in den letzten Jahren hat deutschsprachige Musik wieder an Beliebtheit gewonnen, obwohl nach wie vor englischsprachige Musik in den Charts dominiert.

Deutschland ist – nach den USA, Japan und Großbritannien – der viertgrößte Musikmarkt der Welt.

Rammstein, The Scorpions, Tokio Hotel und Kraftwerk gehören zu den erfolgreichsten deutschen Bands im Ausland.

Deutsche Texte sind wieder in! Die Toten Hosen, Die Ärzte, Wir sind Helden, Juli, Sportfreunde Stiller, Ich & Ich, Xavier Naidoo, Silbermond, Annett Louisan und MIA. machten deutsche Musik in den letzten Jahren wieder beliebt.

Neben den gängigen Musikrichtungen gibt es in Deutschland auch die traditionelle Volksmusik und den Schlager, eine sentimentale, gefühlsbetonte Musikgattung.

Einstieg CAS

Diskutieren Sie folgende Fragen zu den Fotos in kleinen Gruppen.

- Welche Faszination haben Festivals?
- Was sind die Vor- und Nachteile solcher Veranstaltungen?
- Waren Sie schon einmal auf einem Festival?
- Welche Erfahrungen haben Sie dabei gemacht?

Nachdruck verboten

*Der folgende Text ist ein Zeitschriftenartikel über einen jungen Mann, der den ganzen Sommer
lang von Festival zu Festival reist.*

Im letzten Teil des Textes fehlen Wörter, die Sie im vierten Schritt der Textverständnisübung einordnen müssen.

Festival-Hopping für Fortgeschrittene:
Drei Monate Wahnsinn

**Neun Monate studieren, drei Monate rocken: Der Musikfan Anders Mogensen hat zwei Leben, die Festivalsaison
ist für ihn die beste Zeit des Jahres. Per Anhalter reist er dann von einer Veranstaltung zur anderen – das
nächste Ticket finanziert er mit eingesammelten Pfanddosen.**

Speckig und zerfranst baumeln die bunten Eintrittsbänder an den Handgelenken von Anders Mogensen. Elf Stück
hat er dieses Jahr gesammelt, elf Musikfestivals in drei Monaten: „Das war mein Sommer", sagt er, setzt die Schere 5
an und schneidet die Bändchen ab. Er hortet sie wie Trophäen, legt sie zu den anderen in eine Schublade an seinem
Schreibtisch. Bis oben hin voll ist die, so voll, dass Anders sie kaum zukriegt. [...]

Von Ende Juni an war der gebürtige Däne mehr als drei Monate lang unterwegs. Fast 12.000 Kilometer trampte er durch
Dänemark, Norwegen, Schweden, Deutschland, Frankreich und Spanien. Zuletzt war er auf einem kleinen spanischen
Open Air in Tobarra südlich von Albacete, hat dann noch ein paar Tage im Zelt am Strand verbracht, sich Valencia 10
angesehen und einen Zwischenstopp in Barcelona eingelegt, ehe er es in vier Tagen per Anhalter nach Hause schaffte.

Diese Art von Tour macht Anders jeden Sommer. Ein kleiner Rucksack für seine Klamotten, Zelt und Schlafsack, dazu
sein Tagebuch, in das er Hunderte Events mit Datum eingetragen hat – das ist alles, was er dabeihaben muss.

Der Geruch von Grillwurst, Bier und verschwitzten Menschen. Der Gestank von Urin, Müll und frisch Erbrochenem.
Staubgeschmack im Mund, lange Schlangen vor den Festival-Toiletten. Das Essen kommt aus der Dose. „Und überall 15
sieht man glückliche Gesichter", sagt Anders. „Die Leute lieben diesen Ausnahmezustand, weil sie wissen, dass er nicht
von Dauer sein wird." Doch Anders reichen ein paar Tage ohne Tabus nicht. Seit 2006 reist er mindestens zwei Monate
im Jahr von Festival zu Festival. Zehn schafft er immer. In einem Jahr waren es sogar 14.

Meist sehen seine Touren wie die Drehbücher eines wirren Roadmovies aus – einmal quer durch Europa bitte. „Oft
muss ich spontan entscheiden, wo es als Nächstes hingehen soll und welches Open Air zu erreichen ist", erklärt er. Für 20
gewöhnlich wartet er bis zum Ende des Sommersemesters, ehe er aufbricht, in diesem Jahr aber hat er wieder einmal
sein Heimat-Open-Air im dänischen Roskilde besuchen wollen – mit knapp 115.000 Menschen eines der größten
europäischen Festivals, rund 40 Kilometer westlich der dänischen Hauptstadt. Dort hat er viele Freunde getroffen, ganz
in der Nähe leben seine Eltern.

Es folgten das Norway Rock Festival im südnorwegischen Kvinesdal und das Tromsø Open Air, 350 Kilometer 25
nördlich des Polarkreises. „Ich hatte großes Glück, im Süden lernte ich jemanden kennen, der bis Trondheim fuhr und
dort jemanden kannte, der mich bis Tromsø mitnehmen konnte. 2200 Kilometer in zwei Tagen."

Vom Polarmeer ging es weiter nach Schweden zum Storsjöyran, einem Open Air mit 30.000 Menschen in Östersund, Anfang August dann nach Uppsala zu einem Reggae-Festival. Nach dem Oya-Festival in Oslo, dem Highfield südlich von Erfurt und dem Chiemsee Reggae Summer legte Anders eine Woche Pause bei Freunden in Freiburg ein, ehe er nach Straßburg zum Interferences, zu zwei Festivals in Spanien und schließlich nach Hause trampte.

Wenn er erzählt, wie er einmal sechs Stunden in einem Kofferraum mitfuhr, weil vorne kein Platz mehr war, dass er ständig Menschen kennenlernt, die ihn nicht nur mitnehmen, sondern auch bei sich auf dem Sofa übernachten lassen und das Abendessen und das Frühstück teilen, klingt das völlig gewöhnlich, wie Dinge, die jeden Tag passieren. „Diese Hilfsbereitschaft ist aber natürlich etwas Besonderes", betont er, „ohne sie würde ich meine beiden Hobbys, Musik und Reisen, nicht verbinden können." Meist halte er sich an Lkws, „so schaffe ich mehrere hundert Kilometer am Stück und die Fahrer freuen sich über Gesellschaft".

Für Essen oder Fährtickets hat er in den letzten drei Monaten rund 1300 Euro seines Ersparten ausgegeben. „Das hätte ich auch zu Hause gebraucht", sagt er, „doch skandinavische Festivals sind teurer als anderswo – ich musste viel arbeiten." Um sich das Ticket für das nächste Open Air zu verdienen, sammelt er am letzten Festivaltag immer Dosen und Flaschen. „Es ist ganz einfach", sagt Anders, „je mehr Menschen, desto mehr Pfand."

Zu Hause ist er anders, sagen seine Freunde. Da ist er (16) _____ zielgerichtet, fast schon strebsam und (17) _____, wenn es um das Schreiben einer Hausarbeit oder das (18) _____ einer Prüfung geht. Auch Essen aus Dosen wird man bei ihm (19) _____ suchen. „Drei Viertel des Jahres bin ich ordentlich und sehr ehrgeizig, drei Monate lasse ich mich (20) _____", erzählt er, „es ist ein bisschen so, als ob ich zwei Leben hätte." Die Festivalzeit koste unglaublich viel Kraft, sagt Anders, aber sie gebe ihm (21) _____ für den Rest des Jahres Energie. „Ich brauche diesen Kontrast – sonst wäre das Leben zu langweilig."

Oliver Lück, SPIEGEL ONLINE

Textverständnis

1 Beantworten Sie die folgenden Fragen zum Text.

1   Wie erklärt Anders seine Leidenschaft?

2   Welche Erinnerungsstücke hebt er sich von seinen Festivals auf?

3   Wie kann er sich seine häufigen Reisen leisten?

4   Was halten Sie von seiner Art zu reisen?

2 Die folgenden Aussagen beziehen sich auf Z. 8–37. Kreuzen Sie an, ob sie aufgrund des Textes richtig oder falsch sind. Begründen Sie Ihre Antwort mit Informationen aus dem Text.

	richtig	falsch
Beispiel: Anders kommt ursprünglich aus Skandinavien.	X	☐
Begründung: der gebürtige Däne		
5 Anders besucht gern Festivals überall in Europa.	☐	☐
Begründung:		
6 Der einzige Nachteil bei Festivals sind die schlechten hygienischen Bedingungen.	☐	☐
Begründung:		
7 Er legt selten genau fest, wo er wann hinfährt.	☐	☐
Begründung:		
8 Anders finanziert seine Reisen einzig durch das Sammeln von Pfandflaschen.	☐	☐
Begründung:		

3 Die nächsten Fragen beziehen sich auf die ersten zwei Teile (Z. 0–20). Welche Wörter in der rechten Spalte entsprechen am besten den Wörtern aus dem Text in der linken Spalte?

9	Wahnsinn (Überschrift)	☐	A. sammelt
10	hortet (Z. 6)	☐	B. Geschmack
11	trampte (Z. 8)	☐	C. Wohngebiete
			D. Verrücktheit
12	Gestank (Z. 14)	☐	E. Kombination
13	Ausnahmezustand (Z. 16)	☐	F. fuhr bei anderen mit
14	Dauer (Z. 17)	☐	G. genügen
15	reichen (Z. 17)	☐	H. zufrieden sein mit
			I. Sonderfall
			J. schlechter Geruch
			K. Länge

4 Im letzten Teil des Textes (Z. 42–46) fehlen Wörter. Suchen Sie für jede Lücke im Text das passende Wort von der folgenden Liste aus.

16	☐	A. LOCKER
17	☐	B. NICHT
18	☐	C. VERBISSEN
		D. KAUM
19	☐	E. TREIBEN
20	☐	F. TROTZDEM
21	☐	G. GEHEN
		H. BESTEHEN
		I. VERGEBLICH
		J. EHER
		K. TEILNAHME

Schriftliche Übung

Informieren Sie sich über ein deutschsprachiges Musikfestival, z. B. Wacken, Rock am Ring, und stellen Sie sich vor, Sie befinden sich gerade auf diesem Festival. Verfassen Sie einen Blog über Ihre Erlebnisse. Sie berichten über einen Zeitraum von drei Tagen. Schreiben Sie einen Blogeintrag für jeden dieser drei Tage. Lassen Sie Ihrer Fantasie freien Lauf und kommentieren Sie das Programm, das Sie sehen, und andere Abenteuer. Sie können aber auch auf Themen aus der Einstiegsdiskussion oder dem Artikel zurückgreifen und z. B. das Essen oder die hygienischen Zustände beschreiben. Benutzen Sie die Checkliste für einen Blogeintrag auf S. 325.

Textsorte: Blogeintrag

Ein Blogeintrag ist eine Mischung aus Tagebucheintrag und Bericht: Es ist ein persönlicher Eintrag, in dem Gefühle und Meinungen über ein bestimmtes Ereignis zum Ausdruck kommen. Zweck des Blogs ist es jedoch, andere daran teilhaben zu lassen, d. h. dass es nicht so persönlich wie ein Tagebucheintrag sein sollte.

Tipp für die Prüfung

Verschwenden Sie keine Zeit darauf, detaillierte Bilder zu malen. Sie werden nach Sprache und Inhalt bewertet, nicht nach Ihrem künstlerischen Talent.

Einstieg CAS

Diskutieren Sie folgende Fragen in kleinen Gruppen.

- Welchen Einfluss hat Musik auf uns Menschen und inwiefern kann sich dieser vorteilhaft oder unvorteilhaft auswirken?

- Sind Ihnen Musikprojekte bekannt, die der Allgemeinheit helfen oder geholfen haben? Erzählen Sie etwas darüber.

- Glauben Sie, dass die Musikbranche und ihre Künstler einen positiven oder negativen Einfluss auf die Umwelt haben? Warum (nicht)?

Nun lesen Sie einen Text zum Thema Umweltbewusstsein und Musikbranche.

Klimawandel in der Popmusik

Popmusiker entdecken ihr Umweltbewusstsein. Sie sammeln Geld für den Regenwald, gehen klimaneutral auf Tournee und agitieren gegen die Konsumgesellschaft. Das neue Öko-Bewusstsein verändert die Unterhaltungsindustrie.

An diesem Wintertag bot sich im Tresor ein ungewöhnlicher Anblick. Sonst ist es Techno-Musik, die in dem legendären
5 Berliner Club unter zuckendem Stroboskop-Licht die Körper der Tanzenden ins Schwitzen bringt. Doch diesmal floss der Schweiß auf Fahrrädern, die Strom für Scheinwerfer und Kameras produzierten: Der Techno-Tempel hatte sich in ein Öko-Labor verwandelt.

Die Idee: Die Reggaekünstler Mellow & Pyro wollten einen Videoclip drehen, aber das möglichst klimaneutral. Dazu erstrampelten Freiwillige auf umgebauten Drahteseln die Energie. Der zusätzlich nötige, konventionell aus der
10 Steckdose abgezapfte Stromverbrauch betrug am Ende nur eine einzige Kilowattstunde. Insgesamt fielen beim Dreh so nur 0,93 Tonnen Kohlendioxid an, die auch noch mit einer Spende an eine Stiftung neutralisiert wurden. Mellow & Pyro hatten den ersten klimafreundlichen Videoclip der Popgeschichte gedreht.

Eine symbolische Aktion, die aber eines beleuchtet: Auch in der Popindustrie setzt sich, wenn auch immer noch vergleichsweise langsam, ein ökologisches Bewusstsein durch. Indizien dafür finden sich nicht nur in schummrigen Berliner Techno-Katakomben, sondern auch im hellen Licht der großen Bühnen: Die Black Eyed Peas unterstützen das Projekt „Green For All" und als im Mai in der New Yorker Carnegie Hall der „Rainforest Fund" zur Spenden-Gala lud, kamen Lady Gaga, Elton John, Bruce Springsteen, Sting und viele andere, um Geld für den Regenwald zu sammeln. [15]

Auch deutsche Musiker beschäftigt das Thema: Schon 2008 schickte die von der Partei Die Grünen unterstützte Heinrich-Böll-Stiftung einige der bekanntesten deutschen Bands auf eine sogenannte „Klimatour". Wir sind Helden, Mia und Polarkreis 18 sollten mit ihrer Popularität gut Wetter machen unter ihren Anhängern für ökologische Ideen. [20]

Dass die Unterhaltungsindustrie selbst aber gewaltige Mengen an Kohlendioxid in die Atmosphäre bläst, wenn bei Tourneen oft mehrere Dutzend LKW die Bühnenaufbauten durchs Land karren, die Entourage der Stars durch die Welt jettet oder bei Open-Air-Festivals Zehntausende im eigenen Auto anreisen und kampieren, rückt erst in letzter Zeit zunehmend ins Bewusstsein. Weshalb die spektakulären Werbe-Aktionen und Image-Kampagnen zunehmend ergänzt werden durch ganz konkrete Maßnahmen, die dafür sorgen sollen, dass die Scheinwelt Pop umweltverträglicher glitzert. So standen die Geraer Songtage in diesem April unter dem Motto [25] [30] [35] „Gutes Klima für gute Musik". Das Festival in der thüringischen Stadt bot der Kampagne „Klima sucht Schutz" eine Plattform und mühte sich, die anfallenden CO_2-Emissionen möglichst gering zu halten: Die Werbeflyer werden auf Recyclingpapier gedruckt, die Besucher angehalten mit öffentlichen Verkehrsmitteln anzureisen.

Das Bemühen der Popmusik, ihren Beitrag zum Klima- und Umweltschutz zu leisten, wird in Deutschland bereits institutionalisiert: So wurde beispielsweise die Green Music Initiative „als nationale Plattform zur Förderung einer klimafreundlichen Musik- und Entertainmentbranche" gegründet. Die aktuellste Aktionen: Im Vorfeld der Verleihung des deutschen Musikpreises Echo lud man die Musikwirtschaft zum „Green Music Dinner" und zusammen mit dem „Melt!", dem renommiertesten deutschen Festival für Indie-Rock, startet man eine Umwelt-Offensive, um den CO_2-Ausstoß von Fans und Festival möglichst gering zu halten. Selbst die an eher weltabgewandten Themen interessierte Gothik-Szene hat schon ihre eigene Öko-Initiative: Während des letzten Wave-Gothik-Treffens in Leipzig, dem größten seiner Art, veranstaltete „Goth for Earth" einen Roundtable. Auf dem Werbeflyer reckte ein in Lack und Leder gekleidetes Model einen mit Muttererde verschmierten Spaten. [40] [45]

Aber auch auf der anderen Seite eines von Ölpesten bedrohten großen Teiches ist das Thema längst angekommen. Pearl Jam spendeten 210.000 US-Dollars, um die 5.474 Tonnen Kohlendioxid auszugleichen, die während einer ihrer Welttourneen anfielen. Mit dem Geld wurden außerhalb von Seattle, der Heimatstadt der Band, Bäume gepflanzt. Doch dass es hier vor allem darum geht, ein Zeichen zu setzen, wissen auch Pearl Jam: Der Klimaexperte, der für die Band den CO_2-Ausstoß berechnete, wies auch darauf hin, dass es zumindest fünfzig Jahre dauern wird, bis die neu gepflanzten Bäume dieselbe Schadstoffmenge absorbiert haben würden. Ein grünes Bewusstsein hatten zuvor bereits Dave Matthews, Coldplay, Radiohead und sogar die Rolling Stones nach Konzertreisen mit vergleichbaren Aktionen demonstriert. Auch eine von Deutschlands bekanntesten Rockgruppen, Die Ärzte, gingen ökologisch korrekt auf Tour und die Berliner Reggae-Band Seeed spielt nur noch in Hallen, die mit Öko-Strom betrieben werden. [50] [55]

Dass die getroffenen Maßnahmen bisweilen kaum zielgerichtet sind, ihr Nutzen für die Umwelt bisweilen zweifelhaft, tut da kaum etwas zur Sache. Geht es doch vor allem darum, Künstlern und Konsumenten ein gutes Gewissen zu verschaffen, und bei manchem Musiker mag es sich auch um einen Teil der Imagepflege handeln. Sich um die Welt zu sorgen, so scheint es, gehört mittlerweile zum guten Ton in der Szene. [60]

Thomas Winkler, www.goethe.de

Textverständnis

1 Lesen Sie den ersten Teil des Textes (Z. 1–39) und beantworten Sie die folgenden Fragen.

1 Inwiefern handelte es sich bei dem Videodreh um eine Ausnahme?

2 Welcher Leistung können sich Mellow & Pyro rühmen?

3 Inwiefern handelt es sich bei dem steigenden Umweltbewusstsein in der Musikbranche um einen allgemeingültigen Trend?

4 Wo liegt der Widerspruch in den Bemühungen?

5 Was wurde bei den Geraer Songtagen zugunsten der Umwelt getan?

2 Welche Wörter in der rechten Spalte entsprechen am besten den Wörtern aus dem Text links?

6 agitieren (Z. 2)	☐	**A.** sich gegen etwas stark machen
7 Anblick (Z. 4)	☐	**B.** interessiert
8 Spende (Z. 11)	☐	**C.** Bild
		D. Beweise
9 Indizien (Z. 14)	☐	**E.** fleißig
10 beschäftigt (Z. 18)	☐	**F.** Mitstreitern
11 gut Wetter machen (Z. 22– 23)	☐	**G.** Einblick
12 Anhängern (Z. 23)	☐	**H.** eine positive Stimmung bereiten
		I. argumentieren
13 Maßnahmen (Z. 34)	☐	**J.** Schenkung
14 umweltverträglicher (Z. 35)	☐	**K.** Wege
		L. umweltfeindlicher
		M. Sekte
		N. umweltbewusster

Weiterdenken TOK

Diskutieren Sie in kleinen Gruppen:

- Tragen Sie zusammen, welche umweltschützenden Maßnahmen in dem Text erwähnt werden.

- Was denken Sie über diese Schritte? Haben sie langfristige Bedeutung?

- Welche Meinung des Autors wird im letzten Abschnitt des Textes (Z. 58–61) deutlich?

- Was halten Sie persönlich von den im Text dargestellten Maßnahmen? Begründen Sie Ihre Meinung.

- Welche weiteren Maßnahmen sollten innerhalb der Musikbranche getroffen werden, um das Umweltbewusstsein langfristig zu verändern?

- Inwiefern könnten sich andere Medienbereiche, z. B. Film, Fernsehen, Werbung, ebenfalls für die Umwelt stark machen?

Schriftliche Übung CAS

Sie sind begeisterter Konzertgänger, setzen sich aber auch für den Umweltschutz ein und sind Mitglied einer Schülerumweltinitiative. Sie haben auf den letzten Konzertveranstaltungen jedoch bemerkt, dass diese nur wenig umweltschonend organisiert wurden, und schreiben einen energischen Leserbrief an eine vielgelesene lokale Zeitung. Benutzen Sie die Checkliste für einen Leserbrief an eine Zeitung auf S. 329.

„Wir leben in einem gefährlichen Zeitalter. Der Mensch beherrscht die Natur, bevor er gelernt hat, sich selbst zu beherrschen."

Albert Schweitzer

Fußball – eine Männerdomäne?

Einstieg

Schauen Sie sich die folgenden Fotos an. Diskutieren Sie die folgenden Fragen mit Ihren Mitschülern.

- Welche Gemeinsamkeit haben diese Fotos?

- Was denken Sie über diese Sportart?

- Warum ist Fußball weltweit so beliebt?

- Treiben Sie diesen Sport und/oder schauen Sie sich die Spiele an? Warum (nicht)?

- Haben Sie eine Lieblingsmannschaft oder einen Lieblingsspieler?

- Haben berühmte Fußballspieler Vorbildfunktion und wenn ja, werden sie dieser gerecht? Finden Sie ihre hohen Gagen gerechtfertigt?

Schriftliche Übung

Ihre Lokalzeitung bringt häufig Berichte zum Lebensstil verschiedener Fußballspieler, zu ihren Gagen und dazu, wie sie sich in der Öffentlichkeit benehmen. Schreiben Sie einen Leserbrief, in dem Sie Ihre Meinung zu diesem Thema ausdrücken. Geht es hier um den Lebensstil oder den Sport? Sind die Gagen gerechtfertigt? Wie sollten sich Fußballspieler als Vorbilder vieler junger Leute benehmen? Benutzen Sie die Checkliste für einen Leserbrief an eine Zeitung auf S. 329.

Zur Diskussion CAS

Betrachten Sie nun diese Bilder. Besprechen Sie die folgenden Fragen mit Ihren Mitschülern.

- Inwiefern unterscheiden sich diese Abbildungen von den Fotos aus dem Einstieg?
- Ist Frauenfußball ebenso beliebt wie Männerfußball? Warum? Warum nicht?
- Haben Sie die Ereignisse der letzten Frauenfußball-Weltmeisterschaft verfolgt?
- Was meinen Sie, mit welchen Problemen haben Fußballerinnen heutzutage zu kämpfen?
- Was denken Sie, seit wann existiert der Frauenfußball?

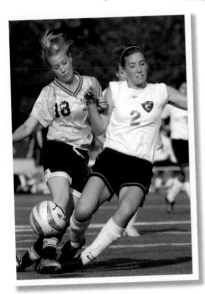

Im folgenden Text erfahren Sie mehr zum Frauenfußball und seiner Geschichte.

Frauenfußball durch die Jahrhunderte

Der (Männer-)Fußball ist heutzutage durch seine immense Popularität die bekannteste aller Sportarten, doch mittlerweile wird auch der Frauenfußball in weiten Kreisen akzeptiert. Das war allerdings nicht immer so selbstverständlich wie heute. [5]

Die ersten Anfänge des Frauenfußballs lassen sich bis weit in die Vergangenheit zurückverfolgen. Im 12. Jahrhundert gab es in Frankreich schon das fußballähnliche Spiel „la soule", bei dem auch Frauen mitmachten, und bei den Inuit nahmen Frauen ebenfalls an Ballspielen mit dem Fuß teil. Damals gab es auch noch keine geschlechtsbedingten Vorschriften, sodass Frauensport nicht als unanständig galt. [10]

Aufschwung zur Jahrhundertwende

Ebenso war es im England der 1860er Jahre, von wo der Fußball um diese Zeit seinen Siegeszug um die Welt antrat. Niemand störte sich daran, dass auch Mädchen spielten – ganz im Gegenteil: an den Eliteschulen im „Mutterland des Fußballs" wurden sie sogar dazu ermutigt und der Frauenfußball erlangte große Beliebtheit. [15]

1894 wurden die „British Ladies", das erste Damenteam, gegründet und einige Monate später fand in London das erste Duell statt: Nordengland gegen Südengland, zu dem mehr als 10.000 Zuschauer kamen. Um die Regeln des Anstands zu befolgen, trugen die Spielerinnen Röcke über Knickerbockerhosen.

Die Popularität des Frauenfußballs wuchs stetig bis kurz nach dem Ersten Weltkrieg – allerdings war eben dieser zumindest teilweise auch mitverantwortlich für den Aufschwung: Da die meisten Männer an der Front waren, gab es zwischen 1916 [20] und 1919 keine Profiligaspiele. Dadurch entstand eine Lücke, die mit dem Frauenfußball gefüllt wurde.

25 Auch in einigen anderen europäischen Ländern wurde Frauenfußball zunehmend populärer, etwa in Frankreich. In Deutschland dagegen war der öffentliche Widerstand groß, und kickende Frauen waren dementsprechend ungern gesehen.

Die Stimmung schlägt um

1921 schlug die Stimmung in England plötzlich um, als
30 der dortige Fußballverband (FA) die Nutzung der Stadien durch Frauen verbot, womit quasi auch der Frauenfußball selbst verboten wurde. Als Begründung wurde angegeben, dass Fußball für Frauen ungeeignet sei, und in vielen anderen Ländern der Welt ereilte den Frauenfußball in den
35 nachfolgenden Jahren das gleiche Schicksal. Das hing auch mit der ungleichen Rollenverteilung der Geschlechter zusammen und ironischerweise waren es meistens Männer die über Verbot oder Erlaubnis des Frauenfußballs entschieden.

Der aus den Niederlanden stammende Philosoph und Psychologe Jacobus Johannes Buytendijk verfasste sogar eine „Psychologische Studie über das Fußballspiel", in welcher er schrieb: „Das Spiel ist wesentlich eine Demonstration der Männlichkeit. Es ist noch nie gelungen, Frauen Fußball spielen zu lassen. Das Treten ist wohl spezifisch männlich, ob
40 darum getreten werden weiblich ist, lasse ich dahingestellt. Jedenfalls ist das Nichttreten weiblich."

Emanzipation, Trendwende und Erfolge

Eine Wende der Situation zeichnete sich erst gegen Ende der 1960er Jahre ab, als Frauen begannen sich gegen das Verbot aufzulehnen – mit Erfolg. Die Gründung der Confederation of Independent European Female Football im Jahre 1969 und die Austragung der ersten inoffiziellen Fußballweltmeisterschaft der Frauen im Jahre 1970 zogen die Aufmerksamkeit der UEFA auf sich, welche 1971 eine Wiedereinführung des Frauenfußballs empfahl, um weitere
45 Konflikte zu vermeiden. Dieser Empfehlung gingen dann auch viele Landesverbände nach, die reagierten, indem sie offizielle Meisterschaften und Pokalwettbewerbe ins Leben riefen.

Zum Vorreiter internationaler Wettbewerbe wurde der asiatische Kontinent, insbesondere China, dessen Frauenfußballmannschaft bereits früh Erfolge feierte, beispielsweise bei der Asienmeisterschaft, die 1975 in Hongkong zum ersten Mal ausgetragen wurde. Die Europameisterschaft (organisiert von der UEFA) gibt es dagegen erst seit 1984.
50 Mit sieben Titeln aus zehn bisher gespielten Turnieren ist Deutschland hier Rekordhalter.

1991 fand schließlich auch die erste Frauenfußballweltmeisterschaft statt, welche die USA gewannen. Das Besondere an Amerika war, dass Frauen- und Mädchenfußball dort stark gefördert wurde, insbesondere an High Schools und Colleges, weshalb auch die öffentliche Akzeptanz groß war. Inzwischen haben andere Länder aufgeholt, beispielsweise Deutschland und Brasilien. Deutschland war außerdem auch Gastgeber (und Titelverteidiger) bei der sechsten WM
55 2011, bei der sich Japan im Finale gegen die USA durchsetzen konnte. Nichtsdestotrotz sind die USA zusammen mit Deutschland Rekordweltmeister – beide Länder haben bis jetzt zwei Titel geholt.

Bei den Olympischen Sommerspielen ist der Frauenfußball seit 1996 vertreten. Da es hier, anders als bei den Männern, wo nur drei Spieler älter als 23 Jahre alt sein dürfen, keine Altersbeschränkungen gibt, schickt jedes Land seine besten Spielerinnen ins Rennen. Auch hier sind die USA mit bisher drei Goldmedaillen Rekordhalter. Deutschland dagegen
60 musste sich bisher mit drei Bronzemedaillen begnügen.

Seit 2001 gibt es auch einen auf Vereinsebene ausgetragenen Europapokal, der zunächst als UEFA Women's Cup bezeichnet wurde. Da jedoch nur die jeweiligen Landesmeisterinnen und einige Vizemeisterinnen antreten können, wurde der Wettbewerb im Jahre 2009 umbenannt und heißt nun offiziell UEFA Women's Champions League.

Zukunftsaussichten

Vielerorts müssen Fußball spielende Frauen immer noch um die Anerkennung ihrer Sportart kämpfen und der Prozess
65 der Emanzipation ist noch lange nicht beendet. So geriet FIFA Präsident Joseph Blatter in die Kritik, als er, ähnlich wie beim Beachvolleyball, knappere Hosen und körperbetontere Trikots für Fußballspielerinnen forderte. Schließlich ist ihm das Spiel immer noch nicht sexy genug.

Es gibt aber auch genau gegensätzliche Forderungen, etwa im Iran: Dort müssen Frauen beim Fußball ein Kopftuch tragen. In Saudi-Arabien hingegen dürfen sie überhaupt nicht Fußball spielen.

70 Vielleicht gelingt es den Frauen dennoch, in ferner Zukunft aus dem Schatten ihrer männlichen Kollegen herauszutreten und ein größeres Publikum in die Stadien zu locken – verdient hätten sie es.

Textverständnis

1 Lesen Sie die ersten zwei Teile des Textes (Z. 6–28) und entscheiden Sie, ob die folgenden Aussagen richtig oder falsch sind. Begründen Sie Ihre Antwort mit Informationen aus dem Text.

	richtig	falsch
Beispiel: Der Erste Weltkrieg begünstigte den Frauenfußball.	☒	☐

Begründung: eine Lücke, die mit dem Frauenfußball gefüllt wurde

	richtig	falsch
1 Der Frauenfußball hat seine Wurzeln im England des 19. Jahrhunderts.	☐	☐

Begründung: ....

	richtig	falsch
2 In England wurden Fußball spielende Frauen akzeptiert.	☐	☐

Begründung: ....

	richtig	falsch
3 In Deutschland und Frankreich war der Sport zur gleichen Zeit sehr populär.	☐	☐

Begründung: ....

2 Welche Begriffe in der rechten Spalte entsprechen am besten die Begriffe aus dem Text in der linken Spalte?

4 ungeeignet (Z. 33) ☐

5 Verbot (Z. 36) ☐

6 Wende (Z. 41) ☐

7 aufzulehnen (Z. 42) ☐

8 ins Leben riefen (Z. 46) ☐

9 Vorreiter (Z. 47) ☐

10 sich begnügen (Z. 60) ☐

A. vorliebnehmen

B. konfrontieren

C. Beschränkungen

D. aufstellten

E. Veränderung

F. Pioniere

M. Pionier

G. zu rebellieren

H. unmöglich

I. Untersagung

J. Gründer

K. untauglich

L. ablehnen

3 Lesen Sie den letzten Abschnitt (Z.64–71) und beantworten Sie die folgenden Fragen.

11 Was glauben Sie, warum wollte Sepp Blatter eine andere Sportbekleidung für die Spielerinnen?

12 Wie fiel die allgemeine Reaktion auf seine Idee aus? Warum?

13 Was meinen Sie, warum ist es Frauen im Mittleren Osten nicht erlaubt, Fußball zu spielen?

Grammatik unter der Lupe: das Präteritum

Im Deutschen verwendet man das Präteritum, wenn man über etwas berichtet, was weit in der Vergangenheit stattfand. Deshalb finden Sie in den zwei Teilen des Textes (Z. 1–28) viele Präteritumsformen.

1 Lesen Sie diese Zeilen noch einmal durch und unterstreichen Sie alle Präteritumsformen. Entscheiden Sie für jede Form, ob sie regelmäßig oder unregelmäßig ist, und tragen Sie sie in der 3. Person Singular in die richtige Tabelle unten ein. Ergänzen Sie dann die passenden Infinitivformen. Es gibt insgesamt vier Beispiele für regelmäßige Verben und 11 für unregelmäßige Verben. Achtung: Achtung: Einige Formen treten mehrmals auf – tragen Sie diese nur einmal in die Tabelle ein.

Regelmäßige Verben	
Infinitiv	Präteritum
mitmachen	mitmachte

Unregelmäßige Verben	
Infinitiv	Präteritum
sein	war

2 Ergänzen Sie die Lücken im folgenden Text mit der richtigen Form des Präteritums. Benutzen Sie die unten aufgeführten Verbformen.

Die erste Frau am Ball

Charlotte Specht, genannt die „flotte Lotte", gilt noch heute als Fußballpionierin, da sie im Jahre 1930 den 1. Deutschen Damenfußballclub (DDFC) (1) _____. Die 19-jährige Metzgerstochter, die aus Frankfurt (2) _____, (3) _____ mithilfe einer Zeitungsanzeige nach interessierten Mädchen, und schon bald (4) _____ sich 11 Spielerinnen zusammen. Der ambitionierte Damenfußballclub (5) _____ jedoch eine böse Überraschung: Die Presse (6) _____ sie, der Deutsche Fußballbund (DFB) (7) _____ ihnen die Aufnahme und unzählige Männer (8) _____ die Fußballerinnen und (9) _____ Steine nach ihnen. Letztendlich (10) _____ der Damenfußballclub nur knapp ein Jahr, da viele besorgte Eltern ihren Töchtern (11) _____, weiterhin Fußball zu spielen.

BESCHIMPFTEN	DAUERTE	ERFAHREN	ERLAUBTE
ERLEBTE	EXISTIERTE	FAND	FANDEN
GAB	GRÜNDETE	HATTE	KAM
LACHTEN	LEBTE	SUCHTE	TRAFEN
UNTERSAGTE	UNTERSTÜTZTE	VERBOTEN	VERSAGTEN
VERSPOTTETE	WARFEN		

Weiterdenken

Diskutieren Sie in kleinen Gruppen:

- Warum vereint der Fußball die Menschen weltweit?
- Wie werden Fußball spielende Frauen heute in den Medien dargestellt?
- Wie könnte sich der Frauenfußball zunehmend durchsetzen?
- Sollte Frauenfußball ebenso stark gefördert werden wie Männerfußball?

Schriftliche Übung

Sie sind gerade von einem Auslandsschuljahr an Ihre alte Schule zurückgekehrt. Sie sind begeisterter Sportler/begeisterte Sportlerin und, während Sie im Ausland waren, haben Sie neben der Schule auch eine Mädchenmannschaft gegründet und trainiert. An Ihrer alten Schule gibt es allerdings keine Mannschaft und auch Ihr Umfeld hat nur wenig Interesse an diesem Frauensport. Das möchten Sie ändern und so beschließen Sie, einen Leserbrief an eine lokale Zeitung zu verfassen, in dem Sie versuchen, die Aufmerksamkeit der Leser für diese Sportart zu wecken. Benutzen Sie die Checkliste für einen Leserbrief an eine Zeitung auf S. 329.

Mündliche Übung

Die FIFA hat beschlossen, eine begrenzte Auswahl von internationalen Nachwuchsvereinen finanziell zu fördern. Als engagiertes Mitglied einer talentierten aber mittellosen Frauenfußballmannschaft sind Sie ausgewählt worden, Ihr Team auf der FIFA-Konferenz zu vertreten und das Auswahlkomitee davon zu überzeugen, Ihren Verein zu sponsern. Erwähnen Sie in Ihrer enthusiastischen Rede die Geschichte, die bisherigen Erfolge und die Ziele Ihrer Mannschaft.

Verwenden Sie die folgenden Ausdrücke in Ihrer Rede.

Nützliche Ausdrücke

Ihre Meinung mitteilen

Ich bin der Meinung, dass …, weil …	Ich habe den Eindruck, dass …
Ich bin fest davon überzeugt, dass …	Einerseits …, andererseits …
Ich bin der Ansicht, dass …	Erstens …, zweitens …, drittens …
Ich bin der Auffassung, dass …	Außerdem …
Ich persönlich finde/denke/glaube, dass …	Finden/Glauben/Meinen Sie nicht auch, dass …?
Es scheint mir, dass …	

Reisen

„Die beste Bildung findet ein gescheiter Mensch auf Reisen."

Johann Wolfgang von Goethe

Einstieg

Diskutieren Sie folgende Fragen zu den Fotos in kleinen Gruppen.

- Welche Situation wird auf den Fotos dargestellt?
- Welcher Urlaubstyp sind Sie?
- Können Sie sich vorstellen, Ihre Ferien mal komplett anders zu verbringen und stattdessen etwas Gemeinnütziges zu machen?

Lesen Sie den folgenden Text über Couchsurfing. Couchsurfing ist ein kostenloses Gastfreundschaftsnetzwerk, das einem als Reisenden die Möglichkeit gibt, in verschiedenen Ländern andere Couchsurfing-Mitglieder kennenzulernen, und bei ihnen umsonst zu übernachten. Als Gegenleistung beherbergt man auch bei sich Leute aus aller Welt und kann so viele Freundschaften schließen.

Im Interview fehlen die Fragen/Aussagen des Interviewers, die Sie im ersten Schritt der Textverständnisübung einordnen müssen.

Nudisten-Gastgeber in den USA

Sin To aus Hamburg reiste knapp drei Wochen mit couchsurfing.com durch die USA.

[–1–]

Sin To: Reiner Zufall. Ich bin beim Recherchieren für eine Reise auf die Seite gestoßen.

[–2–]

Sin To: Doch die hatte ich, ganz klar. Bei der Registrierung war ich anfangs vorsichtig. Erst als ich wusste, wohin ich fahre, habe ich mein Profil abgerundet. Es ist so: Je mehr man von sich erzählt, desto eher findet man auch wirklichen Kontakt vor Ort. Ich habe deshalb relativ viele private Daten von mir preisgegeben, die ich normalerweise nicht ins Netz einstelle.

[–3–]

Sin To: Gar nicht, er mich. Alle, die ich in San Francisco angefragt hatte, hatten keine Zeit. Dann habe ich gepostet, ob mir jemand bei der Hostelsuche helfen könne. Daraufhin meldete sich mein erster Gastgeber mit Tipps und bot an, bei ihm schlafen zu können. Wichtig ist, gerade wenn man als Frau alleine reist, dass man sich anguckt, ob und wie viele Frauen schon bei den Personen übernachtet haben. Wir haben dann etwas gemailt und irgendwann habe ich sein Angebot angenommen.

[–4–]

Sin To: Nein, erstmal nicht. Aber als ich dann klingelte und die Tür aufging stand mein Gastgeber splitterfasernackt vor mir. Er ist Nudist, aber davon war damals in seinem Profil nichts zu lesen. Ich stand dann mit meinem Rucksack in der Tür und war ziemlich erschrocken und wusste nicht, ob ich reingehen wollte oder gleich wieder raus. In der Wohnung war ein Pärchen, das bei ihm übernachtet hatte, und nachdem ich mich mit den beiden unterhalten hatte, bin ich geblieben.

Unbehagen war natürlich dabei, die erste Nacht war auch etwas unruhig. Letztendlich stellte sich heraus: Er war supernett und ein echter Gentleman.

[–5–]

Sin To: Die erste Wohnung bei dem Nudisten war ein Riesenloft, der Typ war Fotograf und etwa 40 Jahre alt. In L.A. hatte ich bei einer Familie mit zwei Kindern gewohnt, in San Diego bei zwei Jungs. Die haben mir gleich den Schlüssel in die Hand gedrückt und haben gesagt „Fühl dich wie zu Hause". In New York in einer Studenten-WG. Ich habe die komplette Bandbreite mitgemacht, von supernobel bis zu irgendeiner Matratze auf dem Boden. Witzigerweise bin ich nur von Männern aufgenommen worden.

[–6–]

Sin To: Nein, das ist es nicht. Man kann zwar angeben, welches Geschlecht man sich als Übernachtungsgast wünscht. Aber dadurch entsteht keine Partnerbörse. Man ist ja unterwegs, um zu reisen, und ist immer nur zwei bis drei Nächte dort.

[–7–]

Sin To: Geld steht für viele nicht im Vordergrund. Ich glaube, es sind Menschen, die keine Zeit oder auch nicht das Geld für weite Reisen haben und sich trotzdem für fremde Kulturen interessieren. Außerdem bietet es die Chance, eine Stadt so kennenzulernen, wie es als normaler Tourist niemals möglich wäre. Man bekommt Insider-Tipps, lernt Ecken kennen, die man nicht betreten würde. Man ist zwar als Tourist dort, wird aber eingebunden.

[–8–]

Sin To: Nein, überhaupt nicht. Ich hatte nur tolle Übernachtungen.

[–9–]

Sin To: Eine gute Idee, es auszuprobieren: Einige Mitglieder bieten an, mit Gästen einen Kaffee zu trinken und die Stadt zu zeigen. So kann man schauen, ob es zu einem passt. Man muss schon offen sein – und auf sich selber und auch auf die Auswahl der Gastgeber aufpassen. Wichtig ist immer, dass man sich die Referenzen anschaut. Prinzipiell funktioniert es über eine riesengroße Vertrauensbasis, weder Gast noch Gastgeber möchten, das etwas passiert.

[–10–]

Sin To: Ja, zwei thailändische Jungs, die hier ein Praktikum machen wollten. Das war super mit denen. Es war einfach schön, ihnen mal Hamburg zu zeigen.

Bianca Gerlach, www.geo.de

Textverständnis

1 Im Interview fehlen die Fragen/Aussagen des Interviewers. Wählen Sie aus der Liste unten rechts die Fragen/Aussagen, die am besten passen, und schreiben Sie die Buchstaben in die Kästchen.

1 ☐

2 ☐

3 ☐

4 ☐

5 ☐

6 ☐

7 ☐

8 ☐

9 ☐

10 ☐

A. Warum machen die Leute Couchsurfing?

B. Gab es eine Horrornacht?

C. Was würden Sie jemandem raten, der noch nie Couchsurfing gemacht hat?

D. Hatten Sie auch schon selber Gäste?

E. Bei wem haben Sie in den USA noch gewohnt?

F. Wie sind Sie überhaupt auf die Idee gekommen, per Couchsurfing zu übernachten?

G. Hatten Sie Bedenken?

H. Und Sie hatten überhaupt keine Angst?

I. Wie haben Sie die erste Person ausgesucht, bei der Sie geschlafen haben?

J. Welche Voraussetzungen sollte man mitbringen, wenn man bei Couchsurfing Mitglied werden möchte?

K. Das hört sich wie eine Art Partnerbörse an.

L. Hatten Sie gar keine Bedenken?

2 Entscheiden Sie, welche Wörter in der rechten Spalte den Wörtern aus dem Text links am besten entsprechen.

11 Zufall (Z. 3) ☐

12 vorsichtig (Z. 6) ☐

13 preisgegeben (Z. 10) ☐

14 Gastgeber (Z. 15) ☐

15 Angebot (Z. 20) ☐

16 splitterfasernackt (Z. 22) ☐

17 erschrocken (Z. 25) ☐

18 Unbehagen (Z. 29) ☐

19 letztendlich (Z. 31) ☐

A. Hausherr

B. schockiert

C. zum Schluss

D. Glück

E. Unbekümmertheit

F. veröffentlicht

G. Vorschlag

H. Nacken

I. unerwartet

J. wachsam

K. unbekleidet

L. Unwohlsein

3 Die folgenden Aussagen beziehen sich auf den Text. Entscheiden Sie, ob sie aufgrund des Textes richtig oder falsch sind, und begründen Sie Ihre Antwort mit Informationen aus dem Text.

	richtig	falsch
Beispiel: Sin To stieß beiläufig auf couchsurfing.com.	☒	☐
Begründung: Reiner Zufall		
20 Um eine gute Unterkunft zu finden und nette Leute kennenzulernen, war die anfänglich misstrauische Sin To bereit, persönliche Informationen in ihr Profil zu schreiben.	☐	☐
Begründung:		
21 Das ungewöhnliche Benehmen ihres ersten Gastgebers führte dazu, dass Sin To gleich wieder abreiste.	☐	☐
Begründung:		
22 Ihr erster Eindruck von ihrem Gastgeber bestätigte sich nicht.	☐	☐
Begründung:		
23 Ihr machte es nichts aus, auch in spartanischen Unterkünften zu schlafen.	☐	☐
Begründung:		
24 Sin To nimmt es mit Humor, nicht von Frauen beherbergt worden zu sein.	☐	☐
Begründung:		
25 Aufgrund ihrer positiven Erfahrungen rät sie Interessierten dazu, unbesorgt Couchsurfing zu machen.	☐	☐
Begründung:		
26 Zurück in Hamburg genoss sie es, sich um ihre Besucher zu kümmern und ihnen ihre Heimat vorzustellen.	☐	☐
Begründung:		

4 Bestimmen Sie, worauf sich die unterstrichenen Wörter beziehen, und tragen Sie es in die rechte Spalte ein.

In der Zeile …	bezieht sich das Wort …	auf …
Beispiel: die ich normalerweise nicht ins Netz einstelle (Z. 10–11)	*„die"*	*Daten*
27 Doch die hatte ich (Z. 5)	„die"	
28 Die haben mir gleich den Schlüssel in die Hand gedrückt. (Z. 35)	„Die"	
29 das war super mit denen (Z. 68)	„denen"	

5 Beantworten Sie die folgenden Fragen.

30 Was rät Sin To alleinreisenden Frauen bei der Suche nach einer Unterkunft?

31 Worauf beruht das Erfolgskonzept von Couchsurfing? Wäre es nicht viel unkomplizierter, einfach im Hotel zu wohnen?

32 Eignet sich Couchsurfing für Singles, die auf der Suche nach einem neuen Partner sind?

Weiterdenken CAS

Diskutieren Sie die folgenden Fragen in kleinen Gruppen.

- Was glauben Sie, welche Voraussetzungen sollte man mitbringen, wenn man bei Couchsurfing Mitglied werden möchte?

- Welche weiteren Wege gibt es, um kostengünstig die Welt zu bereisen?

- Sin To hatte nur positive Erfahrungen. Was denken Sie, war das Zufall? Finden Sie, dass Sin To vorsichtig genug bei der Partnersuche fürs Couchsurfing war, oder hatte sie nur Glück? Auch andere preisgünstige Möglichkeiten zu reisen beruhen darauf, anderen zu vertrauen. Sollte man das tun? Welche Vorsichtsmaßnahmen schlagen Sie vor?

- Könnten Sie sich persönlich vorstellen, bei Couchsurfing mitzumachen? Warum (nicht)? Wenn ja, welche Länder würden Sie gern fernab der touristischen Attraktionen erleben?

Schriftliche Übung CAS

Sie sind seit letztem Sommer Mitglied bei Couchsurfing und sind quer durch ganz Europa gereist. Sie haben bei anderen Mitgliedern übernachtet und deren Heimatstädte besser kennengelernt. Nun hat sich ein ehemaliger Gastgeber bei Ihnen angekündigt, der drei Tage in Ihrer Stadt verbringen und diese kennenlernen möchte.

Verfassen Sie vorab eine detaillierte Broschüre für Ihren Gast, die die interessantesten und schönsten Sehenswürdigkeiten und Ecken schildert und ihm Insider-Tipps gibt. Benutzen Sie die Checkliste für eine Broschüre auf S. 333. Schreiben Sie 250–400 Wörter.

Einstieg CAS

Diskutieren Sie die folgenden Fragen mit Ihrem Partner. Betrachten Sie dazu auch die Bilder.

- Waren Sie schon oft auf Klassenfahrten mit Ihren Mitschülern unterwegs? Welche positiven und negativen Erfahrungen haben Sie dabei gemacht?

- Warum sind Klassenfahrten wichtig? Inwiefern profitieren Jugendliche von diesen Ausflügen?

- Hätten Sie Lust, mit Ihrer Schulklasse für längere Zeit (mehrere Wochen oder Monate) wegzufahren? Sehen Sie darin Vorteile und Bereicherungen? Welche Probleme könnten sich daraus entwickeln?

Zur Diskussion

1 Lesen Sie nun den ersten Abschnitt des nachfolgenden Lesetextes, in dem es um eine ganz besondere Schulreise geht.

„Sieben Monate dauerte die Seereise von 25 Schülern auf dem Schoner ‚Johann Smidt‘, jetzt kehrten sie zurück. Die Erlebnisse an Bord werden die Teilnehmer ihr Leben lang nicht vergessen."

2 Spekulieren Sie! Was für Schwierigkeiten, Abenteuer oder besonders schöne Ereignisse könnte es gegeben haben? Wie hat sich das auf die Teilnehmer ausgewirkt? Was wird wohl in dem Artikel stehen?

Der folgende Artikel berichtet über eine Gruppe von Schülern, die viele Monate gemeinsam auf einem Segelschiff verbracht haben.

Das schwimmende Schulzimmer

Sieben Monate dauerte die Seereise von 25 Schülern auf dem Schoner „Johann Smidt", jetzt kehrten sie zurück. Die Erlebnisse an Bord werden die Teilnehmer ihr Leben lang nicht vergessen.

Erst ist es nur ein kleiner Punkt, schließlich sind die Umrisse des Schiffes klar erkennbar – da hinten kommen sie. Schnell wird der Zweimaster größer. Sowohl auf dem Schiff als auch an Land herrscht große Aufregung. 25 Schüler haben sich auf den Empfang vorbereitet und sind in die Masten des Schiffes geklettert, um aus fast 20 Metern Höhe **5** den Wartenden an Land zuzuwinken. Ein paar Minuten später werden die Leinen im Hamburger Traditionshafen am Sandtorkai übergeworfen, die „Johann Smidt" wird vertäut. Das Abenteuer ist zu Ende. Dann klettern die ersten Jugendlichen an Land – die Eltern applaudieren. Es folgen lang anhaltende Umarmungen. Manche Eltern und Geschwister wollen die Abenteurer gar nicht mehr loslassen. Rund 15.000 Seemeilen liegen hinter den Schülern.

Seit Oktober 2009 ging es auf dem Zweimastschoner von Hamburg aus um die halbe Welt – mit dem Projekt „High **10** Seas High School" der Spiekerooker Hermann Lietz-Schule. Jugendliche zwischen 15 und 18 Jahren bekamen die Möglichkeit, traditionelle Seemannschaft zu erleben. Es war die 17. Fahrt dieser Art. Für einen reibungslosen Ablauf der Törns sorgten erfahrene Kapitäne, Maschinisten und Köche an Bord, die in ihrer Freizeit oder ihrem Urlaub ehrenamtlich das Schiff führten.

Die erste Etappe der Reise führte durch den englischen Kanal und die Biskaya bis nach Teneriffa im Atlantik. Von **15** dort führte die Tour Richtung Karibik und nach Barbados. Anschließend wohnten die Jugendlichen in Costa Rica bei Gastfamilien, nahmen an Expeditionen und Hilfsprojekten teil und absolvierten einen Sprachkurs. Schließlich ging es quer durch die Karibik über Kuba zu den Bahamas und dann über die harte Nordroute zurück nach Deutschland.

Die Heranwachsenden lebten auf wenigen
20 Quadratmetern Platz zusammen. Paare fanden sich und
gingen wieder auseinander, ohne sich anschließend aus
dem Weg gehen zu können. Sie erlebten Freundschaften
und Animositäten auf 36 Metern Bootslänge. Die
Anforderungen an die Jugendlichen waren enorm:
25 Neben Zuverlässigkeit, Pünktlichkeit und Ehrlichkeit
waren Lernwille und Dauerarbeitseinsatz gefragt.
Gemeinsam haben die jungen Leute dabei Atlantik-
Wellen getrotzt, stürmische Winde abgewettert und
den sanften Passatwind genossen. Und sie haben neben
30 ihren Pflichten an Bord, wie Segel setzen, Kochen
und Ruder gehen, Mathematik gepaukt, Biologie
gebüffelt und sich spanische Vokabeln eingeprägt.
Der Schiffsbetrieb wurde dabei so selbstverständlich,
dass ihnen gegen Ende des Törns unter Aufsicht die
35 Schiffsführung übergeben wurde.

„Meine prägenden Erfahrungen für die Zukunft werden
die einzigartigen Erfahrungen an Bord sein. Von ihnen
werde ich noch lange zehren", sagt Jannik Löhnert.
Löhnert träumt nun davon, eines Tages ein eigenes
40 Segelschiff zu besitzen.

„Ich habe gelernt, gelassener in Stresssituationen zu
reagieren. In manchen Situationen musste man schon
wirklich an seine Grenzen gehen. Zum Beispiel, wenn
du mitten in der Nacht bei Regen und heftigem Seegang
45 aus der Koje geholt wurdest, um die Segel zu reffen.
Eigentlich möchtest du liegen bleiben, aber du möchtest
auch niemanden an Deck im Stich lassen", sagt Annika
Maug. Und bei Lotte Depke haben vor allem die
fremden Kulturen Spuren hinterlassen. „Da geht man
50 hinterher mit ganz anderen Augen durch die Welt",
sagt die 17-Jährige. Sie freut sich auf einen Einkauf
im Supermarkt und die Gewissheit, jederzeit den
Kühlschrank plündern zu können, ohne auf begrenzte
Vorräte Rücksicht nehmen zu müssen.

55 Stefanie Jung, Projektleiterin des Törns, sagt: „Es war
sehr anstrengend, aber eben auch sehr schön." Als
Lehrerin hat sie an Bord Englisch, Sport und Geschichte
unterrichtet. Sie war auf dem siebenmonatigen Törn
nicht nur als Lehrerin unterwegs, sondern auch als
60 Trösterin, Ansprechpartnerin in allen Lebenslagen und
natürlich als Crewmitglied und Segelkamerad.

Hartwig Henke, der Organisator des „High Seas High
School"-Projektes war nach der Rückkehr der Schüler
emotional berührt. „Eine solche Reise hinterlässt keine Spuren in der See, aber jede Menge in der Seele", sagt er.

65 Ziel der Reise war es, den jungen Seefahrern Anregungen für ihr weiteres Leben zu geben. Viele dürften auch weiter
der Seefahrt verbunden bleiben, zum Beispiel Nautik studieren, eine Bootsbaulehre absolvieren oder sogar zur See
fahren. Dass so eine Reise auch schiefgehen kann, zeigte sich im Februar 550 Kilometer vor der brasilianischen Küste.
Dort sank das kanadische Schulschiff „Concordia" mit 65 Personen an Bord durch schwere Fallwinde innerhalb von 20
Minuten.

70 Eineinhalb Jahre hatten die Schüler an Bord verbracht. Sie trieben nach dem Untergang ihres Schulschiffes stundenlang
in vier Rettungsinseln im Meer, bis sie schließlich ein Flugzeug fand. Ein japanischer Frachter rettete sie.

Oliver Klempert, Delius-Klasing Verlag

Nachdruck verboten

Textverständnis

1 Entscheiden Sie, welche Aussagen aufgrund des Textes richtig oder falsch sind und begründen Sie Ihre Antwort mit Informationen aus dem Text (Z. 10–69).

	richtig	falsch
Beispiel: Die Mannschaft arbeitete umsonst auf dem Schiff.	☒	☐

Begründung: erfahrene Kapitäne, Maschinisten und Köche an Bord, die in ihrer Freizeit oder ihrem Urlaub ehrenamtlich das Schiff führten

1 Zwischen 15 und 18 Jugendliche können diese Erfahrung machen. ☐ ☐

Begründung: ....

2 Die Teilnehmer leiteten einen Sprachkurs auf Costa Rica. ☐ ☐

Begründung: ....

3 Für alle Schüler war es eine Herausforderung. ☐ ☐

Begründung: ....

4 Alle Jugendliche erlebten Seemannsarbeit fernab von Schularbeit. ☐ ☐

Begründung: ....

5 Lotte freute sich auf das luxuriöse Leben zu Hause. ☐ ☐

Begründung: ....

6 Ihre Lehrerin war nur als Segelkameradin tätig. ☐ ☐

Begründung: ....

7 Es ist wahrscheinlich, dass sich viele der jungen Leute nicht zum letzten Mal mit der Schifffahrt beschäftigt haben. ☐ ☐

Begründung: ....

8 Eine Panne gab es – der deutsche Zweimaster sank vor Brasilien, aber alle Passagiere konnten sich retten. ☐ ☐

Begründung: ....

2 Beantworten Sie die folgenden Fragen mit kurzen Antworten.

9 Mit welchen zwischenmenschlichen Problemen mussten die Teilnehmer lernen umzugehen?

10 Welchen zwei körperlichen Herausforderungen mussten sich die Jugendlichen aussetzen?

11 Welche Erwartungen wurden an die Schüler gestellt?

12 Inwiefern musste sich Annika an Bord so manches Mal überwinden?

13 Was meint Hartwig Henke mit den folgenden Worten: „Eine solche Reise hinterlässt keine Spuren in der See, aber jede Menge in der Seele."

3 Entscheiden Sie, welche Wörter in der rechten Spalte den Wörtern aus dem Text links am besten entsprechen.

14 Abenteuer (Z. 7) ☐	**A.** erzählt
15 reibungslos (Z. 12) ☐	**B.** misslingen
16 ehrenamtlich (Z. 14) ☐	**C.** bewegt
17 absolvierten (Z. 17) ☐	**D.** Erwachsenen
18 Heranwachsende (Z. 19) ☐	**E.** bestanden
19 Anforderungen (Z. 24) ☐	**F.** Ansprüche
20 getrotzt (Z. 28) ☐	**G.** gelernt
21 gebüffelt (Z. 32) ☐	**H.** machten
22 berührt (Z. 64) ☐	**I.** ehrenwert
23 schiefgehen (Z. 67) ☐	**J.** Momente
	K. unentgeltlich
	L. unproblematisch
	M. Erlebnis
	N. Jugendliche
	O. die Stirn geboten

Schriftliche Übung

Sie sind seit einiger Zeit als Teilnehmer auf dem Zweimaster „Johann Smidt" unterwegs und wollen Ihre Familie und Ihre Freunde zu Hause auf dem Laufenden halten. Schreiben Sie einen Blog über eine Woche auf dem Schiff, in dem Sie von Ihren Erlebnissen in diesem Zeitraum berichten. Benutzen Sie die Checkliste für einen Blogeintrag auf S. 325.

Schriftliche Übung

„Reisen ist die Sehnsucht nach dem Leben."

Kurt Tucholsky

Schreiben Sie zu dem obigen Zitat eine Stellungnahme von 150–250 Wörtern in Bezug auf die Bedeutung des Reisens. Benutzen Sie die Checkliste für eine Stellungnahme auf S. 319.

„Wer reisen will, muss zunächst Liebe zu Land und Leute mitbringen, zumindest keine Voreingenommenheit. Er muss guten Willen haben, das Gute zu finden, anstatt es durch Vergleiche tot zu machen."

Theodor Fontane

Einstieg CAS

Diskutieren Sie folgende Frage zu den Fotos in kleinen Gruppen.

Was bedeutet das folgende Sprichwort?

„Andere Länder, andere Sitten"

Hier lesen Sie nun einen Text über die Erfahrungen einer deutschen Studentin beim Aufenthalt in Südkorea.

Im letzten Teil fehlen Wörter, die Sie im vierten Schritt der Textverständnisübung einordnen müssen.

Lost in Translation: Freiwilligendienst in Südkorea

Auf dem Flughafen wurde ich von großen Flachbildschirmen empfangen: „Welcome to Seoul/South Korea!" Ich wollte ins Ausland – am besten weit weg in einen völlig neuen Kulturkreis – und entschied mich für

5 einen Freiwilligendienst in Paekchon-Myun, einem kleinen Dorf im Süden der Halbinsel, wo ich an einer ökologischen Uni die Projekte unterstützen und Englisch unterrichten sollte. Die ersten Tage in Seoul zogen wie Filmstreifen an mir vorbei: Menschenmassen, Schwüle, Hochhäuser,

10 Gedrängel, Geschrei – und alles in einer unbekannten Sprache.

Kommunenleben an der Grünen Universität

Die Uni, an der ich arbeitete, liegt in der Provinz Jeollanam-Do, in einem kleinen Dorf mit gerade einmal hundert Einwohnern/-innen. Während sich die größten

15 Städte in Südkorea kaum vom Standard und dem Aussehen westlicher Metropolen unterscheiden, sieht es auf dem Land ganz anders aus: Dort leben, in kleinen Häusern, noch mehrere Generationen zusammen. Alte Frauen waschen die Wäsche im Fluss und bestellen das kleine Gemüsebeet am

20 Haus. Stadt und Land sind in Südkorea zwei Welten.

Die Green University ist eine private Uni, die erst 2001 gegründet wurde; ein Projekt, das auf eine Idee von Professoren/-innen und Studierenden zurückgeht. Die Green University setzt es sich als Aufgabe, nachhaltige

25 Lebensformen zu verwirklichen und in der Öffentlichkeit publik zu machen sowie alternative Medizin und koreanische Tradition zu wahren. Nachhaltiges Kommunenleben und universitäres Leben sollen verbunden werden, um so Erlerntes gleich praktisch umsetzen zu

30 können.

So haben wir zum Beispiel im Oktober das Uni-Reisfeld abgeerntet und dabei die traditionellen landwirtschaftlichen Methoden benutzt. Denn auch wenn das Leben auf dem Land noch nicht einem hohen Lebensstandard entspricht,

35 haben die Technologien auch hier ihren Platz. So wird heute normalerweise die Sense durch Maschinen ersetzt und das natürliche Düngemittel durch Chemikalien. Das hat auch Vorteile, denn eine natürliche Landwirtschaft ist ganz schön anstrengend. Vor allem wenn 40 Prozent des

40 Reisfeldes aus Unkraut besteht.

Parallele zur deutschen Geschichte

Umweltbewusstsein ist in Korea ein recht neues Thema. Während in Europa die Umweltbewegungen in den 1960ern aufkamen, wird in Korea das Thema Umwelt jetzt erst diskutiert. Das hängt sicherlich auch mit der

45 Geschichte zusammen: Korea ist von dem grausamen Krieg von 1950–53 geprägt, der das gesamte Land zerstörte und

©CKellenberger

      © Advance Materials 2013

dem Tausende zum Opfer fielen. Der Krieg, in dem die von Russland und China unterstützten Kommunisten im Norden und der von den US-Amerikanern unterstützte Süden gegeneinander kämpften, besiegelte bis heute die Trennung des Landes. Ich wurde oft danach gefragt, wie es denn bei uns in Deutschland mit der Wiedervereinigung gewesen sei, und spürte dabei den Wunsch nach einem gemeinsamen Korea.

50

In der Uni war ich immer wieder überrascht, wie wenig politische und gesellschaftliche Diskussionen geführt wurden. Es wurde zwar über Umweltpolitik geredet, aber ich erlebte auch eine schockierend hohe unkritische Akzeptanz der derzeitigen politischen und gesellschaftlichen Situation im Land. Menschen scheint man als Maschinen zu sehen, nicht als selbst denkende Individuen. Was ja auch ein Vorurteil ist, das man in Europa über Asiaten/-innen hat.

Und das in einem demokratischen Korea? Vielleicht waren der Aufbau des Landes und der wirtschaftliche Aufschwung ein Schritt zu schnell für die koreanische Bevölkerung. Die Folge: eine nicht reflektierte Übernahme des neuen Systems. Arbeiten und Schuften bis zum Umfallen – Konkurrenz und Wettkampf als Motivation. So kam es mir vor.

55

Gastfreundlichkeit und Spiritualität

Der (1) _____ war nicht nur ein (2) _____ in das Landleben, (3) _____ auch eine gute (4) _____. Ich habe viele Leute kennengelernt – und nach dem Projekt (5) _____ ich noch drei Monate alleine herum, unterwegs zu verschiedenen Einladungen. Im Januar war ich beispielsweise bei einer Studentin, um „Chon-Wol-Deborim" gemeinsam zu verbringen: Neujahr nach dem Mondkalender. Wir (6) _____ mit ihrer ganzen Familie, (7) _____ traditionelles Essen und hielten die Neujahrs-Zeremonie im Haus der Nachbarn ab. Denn auch wenn die Hälfte der Südkoreaner/-innen (8) _____ ist, ist Korea immer (9) _____ ein Land der Spiritualität – des Glaubens an Geister.

60

Auf diesen Reisen habe ich eine Menge über die Vielschichtigkeit der koreanischen Kultur gelernt: die Kontraste zwischen Stadt und Land, zwischen Moderne und Tradition, Reich und Arm, Jung und Alt. Der Einfluss des Westens ist für koreanische Städter/-innen mittlerweile Teil des Alltags: McDonalds und Dunkin' Donuts gibt es an jeder Ecke. Und Croissants gibt es zum Frühstück. Kleine Schönheits-OPs wie das Einsetzen von schmalen Plastikchips in den Augenlidern, um das asiatische Schlupflid zu vermeiden, sind übrigens häufig. Weil die westlichen Frauen in den Hollywood-Filmen doch immer so „hübsch" aussehen. Am besten als Geburtstagsgeschenk von Mama. Ich fand es seltsam zuzusehen, wie sich gerade die junge Generation immer mehr von ihrer eigenen Kultur entfernt und mit westlichen Idealen identifiziert. Die Erfahrungen in Südkorea gaben mir einen tiefen Einblick in die Kultur und Mentalität dieses Landes. Diese Reise hat mich in vieler Hinsicht bereichert und zu Neuem inspiriert.

65

70

Therese Koppe, www.fluter.de, Redaktion und Alltag

Textverständnis

1 Beantworten Sie die folgenden Fragen, die sich auf die drei Teile des Textes (Z. 1–50) beziehen. Schreiben Sie den Buchstaben der richtigen Antwort in das Kästchen.

1   Wie waren Thereses erste Eindrücke von Südkorea bei ihrer Ankunft?

   A. beeindruckend

   B. schockierend

   C. überwältigend

   D. abschreckend

2   Was war ihr Beweggrund, einen Freiwilligendienst in Südkorea zu absolvieren?

   A. Sie war von dem lokalen Projekt fasziniert.

   B. Sie wollte in eine unbekannte Welt fernab der Heimat eintauchen.

   C. Sie wollte sich schon immer ehrenamtlich im Ausland engagieren und ein bisschen die Welt verändern.

   D. Sie hatte schon viel von der südkoreanischen Halbinsel gehört.

3   Was denkt sie über den Einsatz von Maschinen in der traditionell betriebenen Landwirtschaft?

   A. Sie erwähnt es lobend, da es die Arbeit gegen Schädlinge erleichtert.

   B. Sie verurteilt deren Einsatz ebenso wie den von Chemikalien.

   C. Sie glaubt, dass beide Ansätze sowohl Vorteile als auch Nachteile haben.

   D. Sie bevorzugt die natürliche landwirtschaftliche Vorgehensweise.

4   Wie ist ihre Einstellung dazu, dass Umweltschutz für viele Südkoreaner völliges Neuland ist?

   A. verständnisvoll angesichts ihrer Vergangenheit

   B. kritisch, gerade im Vergleich zu Europe, wo Umweltbewusstsein schon seit Jahrzehnten diskutiert wird

   C. optimistisch, da sie selbst bei einem ökologischen Projekt mitmacht

   D. empört, da man sich mit der Geschichte Koreas für fehlendes Interesse und Engagement zu rechtfertigen versucht

2 Ab Z. 41 kritisiert die Autorin verschiedene Aspekte der südkoreanischen Gesellschaft. Welche drei der folgenden Kritiken äußert sie?

   A. Die Koreaner üben keine Kritik an Politik und Gesellschaftsstrukturen ihres Landes.

   B. Das ökonomische Wachstum des Landes ist wichtiger als die Individualität des Einzelnen.

   C. Das Landleben Südkoreas orientiert sich immer mehr am schnelllebigen Rhythmus der Großstädte.

   D. Der südkoreanische Glauben an Geister ist Terese völlig unverständlich.

   E. Jugendliche wenden sich verstärkt von ihrer eigenen Kultur zugunsten der westlichen ab.

Nachdruck verboten

3 Entscheiden Sie, welche Wörter in der rechten Spalte den Wörtern aus dem Text links am besten entsprechen.

5 unterstützen (Z. 7) ☐

6 Schwüle (Z. 9) ☐

7 Gedrängel (Z. 10) ☐

8 unterscheiden (Z. 16) ☐

9 gegründet (Z. 22) ☐

10 verwirklichen (Z. 25) ☐

11 wahren (Z. 27) ☐

12 entspricht (Z. 34) ☐

13 ersetzt (Z. 36) ☐

A. abweichen

B. realisieren

C. gleichen

D. gleicht

E. bewähren

F. beibehalten

G. Gewimmel

H. ins Leben gerufen

I. helfen

J. abgelöst

K. Gekreische

L. unangenehme Hitze

M. ausgesetzt

N. Wärme

O. Gespräch

P. gebaut

4 Im letzten Abschnitt (Z. 58–64) fehlen einige Wörter. Suchen Sie für jede Lücke im Text das passende Wort von den drei angebotenen rechts aus.

1 **A.** JAHR **B.** AUSTAUSCH **C.** FREIWILLIGENDIENST ☐

2 **A.** ERFAHRUNG **B.** EINBLICK **C.** PERSPEKTIVE ☐

3 **A.** SONDERN **B.** ABER **C.** ALSO ☐

4 **A.** EREIGNIS **B.** ERLEBNIS **C.** ERFAHRUNG ☐

5 **A.** REISTE **B.** BESUCHTE **C.** VERBRACHTE ☐

6 **A.** WAREN **B.** FEIERTEN **C.** BLIEBEN ☐

7 **A.** ESSEN **B.** KOCHTEN **C.** PROBIERTE ☐

8 **A.** MUSLIMISCH **B.** CHRISTLICH **C.** CHRISTLICHE ☐

9 **A.** NOCH **B.** SCHON **C.** WIEDER ☐

Weiterdenken

Diskutieren Sie die folgenden Fragen in kleinen Gruppen.

- Welches Urteil fällt die Autorin im letzten Absatz (Z. 65–73) über die Folgen der Globalisierung? Welche Beispiele führt sie an?

- Was denken Sie persönlich über den westlichen Einfluss auf die asiatische Kultur? Fluch oder Segen?

- Fallen Ihnen weitere Länder und Beispiele ein?

Mündliche Übung (CAS)

Arbeiten Sie in Gruppen bis maximal sechs Personen.

Die Situation

Die Abiturientin Anna macht gerade ihr Abitur. In den letzten Monaten hat sie immer mehr mit der Idee geliebäugelt, einen einjährigen Freiwilligendienst im Ausland zu machen, bevor sie anfängt zu studieren. Ihr Cousin Jannik ist gerade aus seinem Auslandsjahr zurückgekehrt. Er ist total begeistert von seiner Erfahrung und ermutigt Anna das Gleiche zu tun. Ihr reisefreudiger Geografielehrer, Herr Herzog, unterstützt dieses Vorhaben auch, aber ihr langjähriger Freund Tim, ebenfalls Abiturient, hat andere Pläne. Er würde am liebsten mit Anna in der gleichen Stadt studieren und dort zusammenziehen. Ihre Eltern haben auch unterschiedliche Ansichten. Alle Beteiligten treffen sich auf einem Informationsabend zum Thema Auslandsjahr. Nach dem formellen Teil des Abends unterhalten sie sich in großer Runde über Annas Fall.

Lesen Sie zuerst die Situationsbeschreibung oben und dann die Rollenbeschreibungen unten. Verteilen Sie die Rollen untereinander. Denken Sie über Ihre Rolle nach. Machen Sie sich Notizen – aber versuchen Sie, möglichst spontan auf die Argumente der anderen Mitspieler zu reagieren. Herr Herzog leitet die Diskussion.

Anna, 19 Jahre, Abiturientin aus Cottbus

- langweilt sich zu Tode in der Kleinstadt, in der sie aufgewachsen ist, und möchte gern mehr von der Welt sehen.

- bewundert/beneidet ihren Cousin um seine Erfahrung.

- interessiert sich für Sprachen und Sozialwissenschaften.

- hat noch keine Ahnung, was sie studieren soll.

- ist seit zwei Jahren mit Tim zusammen und würde am liebsten mit ihm zusammen ins Ausland gehen.

Tim, 19 Jahre, Abiturient aus Cottbus

- ist seit zwei Jahren mit Anna zusammen und hat Angst, sie zu verlieren, falls sie für längere Zeit ins Ausland gehen sollte.

- freut sich auf sein Studium in Leipzig und möchte es schnell durchziehen.

- möchte mit Anna in Leipzig zusammenziehen und die nächsten Jahre erst mal in Deutschland bleiben.

- glaubt, dass ein Auslandsjahr verlorene Zeit ist und man sich lieber auf „vernünftige" Sachen konzentrieren sollte.

Herr Herzog, Annas Lehrer

- unterrichtet seit 20 Jahren Erdkunde und Fremdsprachen.
- lebte als Student und Lehrkraft selbst mehrere Jahre im Ausland.
- ermutigt seine Abiturienten, ihre Chancen wahrzunehmen und sich nach dem Abitur erst mal eine Auszeit zu genehmigen und etwas von der Welt zu sehen.
- ist fest davon überzeugt, dass junge Menschen in Auslandseinsätzen wirklich etwas bewirken können.

Jannik, 21, Annas Cousin, der in Berlin studiert

- ist gerade von seinem 12-monatigen Freiwilligendienst in Chile zurückgekehrt.
- erlebte dort die Zeit seines Lebens, hatte viel Spaß, lernte neue Freunde kennen, besuchte neue Orte und verbesserte seine Sprachkenntnisse.
- musste allerdings auch einige Hürden überwinden und sich daran gewöhnen, auf eigenen Beinen zu stehen und sich zu organisieren, sowie sich verständigen lernen, während ihn oft das Heimweh plagte.
- glaubt, dass sein Auslandsaufenthalt ihn nicht nur persönlich bereichert hat, sondern auch seiner Karriere nützen wird.
- möchte seine Cousine Anna ermutigen, sich auch für ein Auslandsjahr zu entscheiden.

Barbara, Annas Mutter, Krankenschwester

- sorgt sich um das Wohlbefinden ihrer Tochter.
- denkt, dass ein schneller Studienstart besser sei, und will nicht, dass ihre Tochter ihre Zeit im Ausland verschwendet.
- findet, dass ihre Tochter nach dem Studium oder einer Ausbildung immer noch ins Ausland gehen kann.
- möchte, dass Anna zur Studienberatung geht, um sich noch mal genauestens zu informieren.
- befürchtet, dass Anna nach einem Auslandsaufenthalt das Reisefieber packt und sie ihr Studium noch weiter herauszögert.

Fritz, Annas Vater, pensioniert

- unterstützt seine Tochter in ihrem Vorhaben.
- wünschte, er hätte als junger Mann selbst die Chance gehabt, die Welt bereisen zu können, aber das blieb ihm in der DDR versagt.
- findet nicht, dass ein schneller Studienstart günstig wäre, da Anna noch nicht genau weiß, was sie eigentlich machen möchte.
- denkt, dass seine Frau überängstlich ist und ihre Tochter ihre eigenen Erfahrungen machen lassen sollte.
- glaubt, dass eine gemeinsame Wohnung seiner Tochter mit ihrem Freund ein verfrühter Schritt wäre.

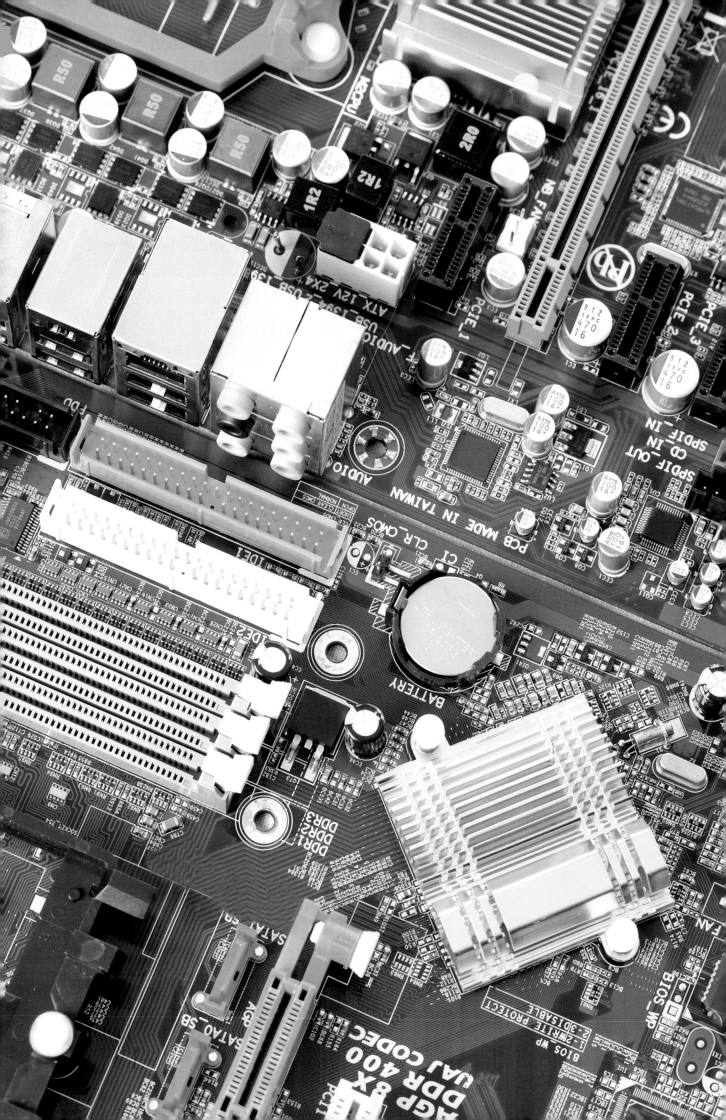

8. Wissenschaft und Technik

Einheiten	Die Generation Internet	S. 254
	Natur und Wissenschaft	S. 268
	Atomausstieg? Ja, bitte!	S. 280
Aspekte	Leben im digitalen Zeitalter	
	Soziale Netzwerke und Cybermobbing	
	Ethische Fragen an die Wissenschaft	
	Die Atomfrage in Deutschland	
LERNZIELE **Textsorten**	E-Mail	
	Rede	
	Bericht	
Sprache	Modalverben	
	Konjunktiv in indirekter Rede	
Die *IB*-Ecke	Mündliche interaktive Prüfung	
	Mündliche Einzelprüfung	
	TOK	
	CAS	

Die Generation Internet

Einstieg

Diskutieren Sie mit einem Mitschüler. Was ist auf den Fotos abgebildet? Wie alt sind diese Objekte? Haben Sie so etwas noch bei sich zu Hause? Was hat sich seitdem geändert, was gibt es Neues?

Mündliche Übung

Arbeiten Sie mit einem Mitschüler. Stellen Sie einander diese Fragen. Vergleichen und diskutieren Sie Ihre Antworten.

1. Haben Sie Freunde ohne Smartphone?

2. Was machen Sie am liebsten – telefonieren, online chatten oder SMS schicken?

3. Wann haben Sie zuletzt einen Brief mit der Post geschickt?

4. Benutzen Sie Skype? Wenn ja, wie oft?

5. Haben Sie eine Facebook-Seite? Wenn ja, wie oft updaten Sie sie?

6. Wie oft kaufen Sie Musik-CDs? Wo holen Sie sich normalerweise Ihre Musik?

7. Wann haben Sie zuletzt ein Buch gekauft? Lesen Sie lieber E-Books?

8. Kaufen Sie lieber im Internet oder im Geschäft ein?

9. Sie wollen wissen, wo ein Freund wohnt. Benutzen Sie einen Stadtplan oder GPS?

10. Gucken Sie Fernsehsendungen „live" oder lieber online?

Weiterdenken

Das Leben im digitalen Zeitalter bringt Vor- und Nachteile mit sich. Diskutieren Sie diese in kleinen Gruppen in Bezug auf die links aufgelisteten Aspekte. Wie unterscheidet sich Ihre Situation von der älterer Generationen?

Mündliche Übung

Das Leben im digitalen Zeitalter bringt auch einige Gefahren mit sich, z. B. Cybermobbing.

Wie entsteht Cybermobbing? Wie finden Sie folgende Situationen? Wie würden Sie reagieren? Was sind die möglichen Konsequenzen? Diskutieren Sie in kleinen Gruppen.

1 Am Wochenende gehen Sie mit Freunden schwimmen. Ein Freund schickt danach ein paar lustige Fotos. Eines ist besonders witzig, aber etwas unvorteilhaft. Sie schicken es weiter.

2 Sie sind schlecht gelaunt oder frustriert nach der Schule. Sie reagieren sich ab, indem Sie unfreundliche Bemerkungen über Freunde und Bekannte auf Ihre Facebook-Seite schreiben.

3 Sie fühlen sich von einer Lehrerin schlecht behandelt. Sie posten etwas Negatives über sie auf der Besucherkommentarseite der Schulwebsite.

4 Sie lernen in einem Chatroom jemanden kennen und werden am Wochenende zu einer Party in einem anderen Stadtteil eingeladen.

Das Problem von Cybermobbing zeigt sich am häufigsten bei den sozialen Netzwerken. Pädagogen wie Markus Gerstmann versuchen Eltern und Lehrer davon zu überzeugen, dass sie sich mehr mit solchen neuen Medien beschäftigen müssen, um den richtigen Umgang damit zu lernen.

Im Interview fehlen Fragen/Aussagen der Interviewerin, die Sie im ersten Schritt der Textverständnisübung einordnen müssen.

„Wir wissen noch nicht, was in diesen Netzwerken richtig ist"

Verbote von sozialen Netzwerken an Schulen hält der deutsche Medienpädagoge und Sozialarbeiter Markus Gerstmann aus Bremen für sinnlos. Wie sollte mit Schülern gearbeitet werden?

Die Furche: Herr Gerstmann, warum üben soziale Netzwerke im Internet eine solche Faszination auf Jugendliche aus? 5

Markus Gerstmann: Jugendliche sollten in ihren Familien anwesend sein, wollen aber mit ihren Freunden in Kontakt bleiben. Wir haben das früher über das Telefon gemacht. Jetzt machen das die Jugendlichen über soziale Netzwerke.

Die Furche: [–1–]

Gerstmann: Nein, das Handy wird weiter an Bedeutung gewinnen, 10 weil die neuen Modelle alle Kommunikationsmöglichkeiten bieten. Das wird eine große Herausforderung in der Zukunft: Jetzt haben wir Eltern das noch im Griff, weil die Kinder zu Hause surfen. Wenn Jugendliche Internet-fähige Handys haben, wissen wir nicht mehr, wann und wo die Kinder ins Internet gehen und was sie dort machen. 15

Die Furche: [–2–]

Gerstmann: Franz Josef Röll von der Hochschule Darmstadt [Medienpädagoge] vertritt die Theorie, dass wir heute in einer veränderten Gesellschaft auch viele schwache Beziehungen haben und brauchen, weil wir eben nicht mehr 40 Jahre mit einem Partner zusammenleben und denselben Job ausführen. Um erfolgreich zu sein in dieser Gesellschaft, müssen wir viele Kontakte haben. Die interessanten Stellen laufen über gute Netzwerke.

Die Furche: [–3–]

20 **Gerstmann:** Wir müssen damit umgehen lernen. Soziale Netzwerke sind noch so neu, dass wir noch nicht einschätzen können, was richtig und falsch ist. Manche befürchten, Jugendliche geben im Netz zu viel von sich preis. Aber Jugendliche machen dort Identitätsarbeit. Sie probieren aus: „Wie wirke ich auf andere?" Das ist erschreckend für uns Erwachsene, weil wir einen anderen Begriff von Privatsphäre haben. Den Begriff gibt es nun seit 200 Jahren. Wir können sagen, es ist gut so wie es ist oder wir entscheiden uns, dass wir den Begriff weiterentwickeln und neu 25 definieren.

Die Furche: [–4–]

Gerstmann: Es ist ein Problem! Kinder und Jugendliche probieren einfach aus. Sie glauben, in einem anonymen Netz können sie tun und lassen, was sie wollen. Daher fordere ich, dass wir Erwachsene damit umgehen lernen. Wir versuchen, ihnen etwas beizubringen, von dem wir selbst wenig Ahnung haben. Das wissen die Jugendlichen und denken, sie können machen, was sie wollen.

Die Furche: [–5–]

Gerstmann: Es gibt viele Konflikte – die gab es früher auch. Die Kinder von heute haben aber nicht mehr Eltern, die diese Phase in Ruhe durchkämpfen. Daher ist Schulsozialarbeit so wichtig, um die Kinder aufzufangen. Es wird also vieles an die Schule verlagert und damit öffentlich. Daher müssen wir mit den Kindern arbeiten: Was ist faires Miteinander, was ist eine gute Klassengemeinschaft? `30`

Die Furche: [–6–]

Gerstmann: Internet und soziale Netzwerke müssen zum Thema gemacht werden. Erwachsene müssen akzeptieren, dass Kinder in diesem Bereich mehr Handlungskompetenzen haben, dass wir Erwachsene aber mehr darüber `35` reflektieren können. Beide Kompetenzen müssen zusammengeführt werden. Das heißt: Ich veranstalte sogenannte Schulexpertenkonferenzen: Die Schüler erklären mir, was sie im Netz tun, und dann frage ich, was sie empfehlen würden, wie ein Jüngerer damit umgehen soll. Dann kommen dieselben Argumente, die wir Erwachsenen vorschlagen würden. Kommt es aber von ihnen selbst, dann wird das auch akzeptiert.

Die Furche: [–7–]

Gerstmann: Nein. Denn dann kann ich nicht mit den Schülern arbeiten. Zudem: Viele Schüler wissen längst, wie man `40` solche Verbote umgeht. Nochmals: Sinnvoller wäre es, diese Themen in den Unterricht einzubinden, zum Beispiel in den Ethik-Unterricht: Was ist ein Freund, was erzähle ich über mich? Nicht abstrakt, sondern in die Lebenswelt der Jugendlichen integriert.

Die Furche: [–8–]

Gerstmann: Genau. Viele Lehrer sagen, das falle in den privaten Bereich und sie müssten sich nicht kümmern. Zudem hätten sie keine Ahnung. Ich bin aber der Meinung: Es gibt ohne Medien keine Bildung mehr. `45`

Regine Bogensberger, Die Furche

Textverständnis

1 Im Interview fehlen nach der ersten Frage die Fragen der Interviewerin. Wählen Sie aus der Liste unten rechts die Fragen, die am besten passen, und schreiben Sie die Buchstaben in die Kästchen.

1 ☐
2 ☐
3 ☐
4 ☐
5 ☐
6 ☐
7 ☐
8 ☐

A. Dennoch gibt es Probleme, wie eben Cybermobbing. Wie gravierend schätzen Sie das Problem tatsächlich ein?

B. Würden Sie sagen, die Vorteile überwiegen die möglichen Risiken wie Mobbing per Facebook oder SchülerVZ?

C. Kann man also sagen, dass viele Schulen zu wenig tun und eher mit Verboten reagieren?

D. Kann man besorgte Eltern beruhigen? Was sind die Vorteile dieser Netzwerke?

E. Was können Sozialarbeiter tun, um die Situation zu verbessern?

F. Viele Schulleitungen sperren solche Seiten auf den Computern der Schulen. Ist das sinnvoll?

G. Als Ergänzung zum Handy?

H. Gibt es heute mehr Konflikte an Schulen oder verändern sich nur die Ausdrucksformen?

I. Und was, würden Sie denn sagen, sind die Risiken dieser Medien?

J. Was sollten also Schulen und Eltern konkret tun?

2 Die folgenden Fragen beziehen sich auf die Antworten und Meinungen von Markus Gerstmann. Schreiben Sie den Buchstaben der richtigen Antwort in das Kästchen.

9 Welche Auswirkungen haben internetfähige Handys?

    A. Eltern können damit ihre Kinder besser kontrollieren.

    B. Kinder können damit unkontrolliert surfen.

    C. Das Handy wird von mobilen Computern ersetzt.

    D. Kinder telefonieren damit mehr mit Freunden.

10 Wie steht es mit der zukünftigen Arbeitswelt?

    A. In der Computerbranche werden viele Arbeitsstellen geschaffen.

    B. Man wird viele Jahre am selben Arbeitsplatz verbringen.

    C. Man wird wegen des Internets weniger Arbeitschancen haben.

    D. Man wird zunehmend Arbeitsmöglichkeiten über Kontakte aus dem Internet finden.

11 Was sollten Eltern tun?

    A. Soziale Netzwerke besser kennenlernen.

    B. Den Kindern erklären, was der Begriff „Privatsphäre" bedeutet.

    C. Akzeptieren, dass sie die neuen Medien nicht verstehen.

    D. Die Kinder davon abhalten, soziale Netzwerke so viel zu benutzen.

12 Was ist die Einstellung der Schüler?

    A. Sie wollen wissen, wie sie ihren Eltern helfen können.

    B. Sie sind bereit, Probleme durchzudiskutieren.

    C. Sie sind nur daran interessiert, Freunden zu imponieren.

    D. Sie sind unwillig, mit Sozialpädagogen zu arbeiten.

13 Was ist die Aufgabe der Schule in Bezug auf das Internet?

    A. Regeln zur Internetbenutzung einzuführen.

    B. Soziale Netzwerke in der Schule zu blockieren.

    C. Mit den Schülern zusammenzuarbeiten.

    D. Die Eltern aufzufordern, den Internetzugang ihrer Kinder besser zu kontrollieren..

3 Schreiben Sie in die folgende Tabelle, worauf sich die unterstrichenen Wörter beziehen. Ein Beispiel ist angegeben.

In der Zeile …		bezieht sich das Wort …	auf …
Beispiel: Jetzt machen <u>das</u> die Jugendlichen (Z. 8)		*„das"*	*in Kontakt bleiben*
14	… was sie <u>dort</u> machen (Z. 15)	„dort"	
15	… <u>damit</u> umgehen lernen (Z. 20)	„damit"	
16	… <u>darüber</u> reflektieren können. (Z. 35)	„darüber"	
17	… von <u>ihnen</u> selbst (Z. 39)	„ihnen"	
18	… <u>das</u> falle in den privaten Bereich (Z. 44)	„das"	

4 Die folgenden Fragen beziehen sich auf den ganzen Text. Entscheiden Sie, welche Worte Gerstmanns auf die folgenden Aussagen hindeuten. Begründen Sie kurz Ihre Antworten.

19 „Die Furche" hat diesen Interview schon vor ein paar Jahren durchgeführt.

20 Markus Gerstmann trifft mit seinen Ideen auch bei der Lehrerschaft auf Widerstand.

Neben der sozialpädagogischen Arbeit in den Schulen gibt es im deutschsprachigen Raum Websites, die Jugendlichen, Lehrern und Eltern Informationen und Ratschläge zu den Gefahren der Internetnutzung anbieten. Der folgende Text stammt von einer solchen Website in Österreich.

Im Text fehlen die Überschriften zu den Tipps. Die müssen Sie im ersten Schritt der Textverständnisübung einordnen.

Cybermobbing – Was kann ich dagegen tun?

10 Tipps für Schüler/-innen: So wehrst du dich gegen Cybermobbing.

1. _____ Lass dich nicht von Selbstzweifeln beherrschen. Denn: Du bist okay, so wie du bist – an dir ist nichts falsch.

2. _____ Die meisten Websites und Online-Anbieter geben dir die Möglichkeit, bestimmte Personen zu sperren. Nutze dieses Angebot, denn du musst dich nicht mit jemandem abgeben, der dich belästigt. Wenn du mit Anrufen oder SMS belästigt wirst, kannst du auch deine Handynummer ändern lassen.

3. _____ Reagiere nicht auf Nachrichten, die dich belästigen oder ärgern. Denn genau das will der/die AbsenderIn. Wenn du zurückschreibst, wird das Mobbing wahrscheinlich nur noch schlimmer.

4. _____ Lerne, wie du Kopien von unangenehmen Nachrichten, Bildern oder Online-Gesprächen machen kannst. Sie werden dir helfen, anderen zu zeigen, was passiert ist. Außerdem kann mit den Beweisen auch dein/e PeinigerIn gefunden werden.

5. _____ Wenn du Probleme hast, dann sprich mit Erwachsenen, denen du vertraust. Kostenlose und anonyme Telefonhilfe erhältst du bei „Rat auf Draht" (147 ohne Vorwahl).

6. _____ Nimm Belästigungen nicht einfach hin, sondern informiere umgehend die Betreiber der Website. Informationen, wie du in den verschiedenen Sozialen Netzwerken Missbrauch melden kannst, findest du auf der Saferinternet.at-Website unter „Soziale Netzwerke". Vorfälle, die illegal sein könnten, solltest du den Behörden melden.

7. _____ Wenn du mitbekommst, dass jemand anderes per Handy, Internet oder SMS belästigt wird, dann schau nicht weg, sondern hilf ihm/ihr und melde den Vorfall. Wenn der/die TäterIn merkt, dass das Opfer nicht alleine gelassen wird, hören die Beleidigungen oft schnell auf.

8. _____ Sei vorsichtig, welche Angaben du im Internet machst. Deine persönlichen Daten (E-Mail-Adresse, Wohnadresse, Handynummer oder private Fotos) können auch von „Cyberbullys" gegen dich verwendet werden. Achte insbesondere darauf, deine Zugangsdaten geheim zu halten und ein sicheres Passwort zu verwenden.

9. _____ Wenn du es nicht erlaubst, darf niemand Fotos von dir ins Internet stellen, die dich bloßstellen. Außerdem darf dich niemand vor anderen verspotten oder beleidigen. Wenn Cybermobbing besonders ernst ist, kann dies für den/die TäterIn rechtliche Konsequenzen haben.

10. _____ Wichtig ist, dass du an dich selbst glaubst und dir nichts von anderen einreden lässt. Lass dich nicht fertigmachen und mach niemand anderen fertig!

Barbara Amann-Heckenberger/Babara Buchegger/Sonja Schwarz, www.saferinternet.at

Textverständnis

1 Im Text fehlen die Überschriften zu den Tipps. Wählen Sie aus der Liste unten rechts die Überschriften, die am besten passen, und schreiben Sie die Buchstaben in die Kästchen. Nummer Eins ist als Beispiel schon gemacht worden.

1 [H]

2 [ ]

3 [ ]

4 [ ]

5 [ ]

6 [ ]

7 [ ]

8 [ ]

9 [ ]

[ ]

A. Sichere Beweise!

B. Vertraue dir!

C. Bleib fern!

D. Antworte nicht!

E. Lade keine Fotos hoch!

F. Kenne deine Rechte!

G. Rede darüber!

H. Bleib ruhig!

I. Schütze deine Privatsphäre!

J. Sprich mit dem/der TäterIn!

K. Sperre die, die dich belästigen!

L. Unterstütze Opfer!

M. Ruf die Polizei an!

N. Melde Probleme!

2 Welche Wörter in der rechten Spalte entsprechen am besten den Wörtern aus dem Text in der linken Spalte?

11 sperren (Tipp 2) [ ]

12 abgeben (Tipp 2) [ ]

13 umgehend (Tipp 6) [ ]

14 verwendet (Tipp 8) [ ]

15 rechtliche (Tipp 9) [ ]

A. benutzt

B. gestohlen

C. reden

D. beschäftigen

E. blockieren

F. verbieten

G. ernste

H. gesetzliche

I. sofort

J. womöglich

Tipp für die Prüfung

Bei Wortschatzfragen wie 11–15 links werden Vokabeln getestet, aber denken Sie daran, dass es selten exakte Synonyme sind. Es heißt ja „entsprechen am besten". Manchmal hilft es, Wortendungen zu vergleichen, wenigstens um eine engere Wahl zu treffen. In diesem Fall endet zum Beispiel das Wort *rechtliche* mit *-e*, also muss entweder G oder H die richtige Antwort sein. Ebenso wenn man ein anderes Wort für ein Nomen sucht, muss das ein Nomen sein – und Nomen fangen ja mit einem Großbuchstaben an!

Grammatik unter der Lupe: Rat und Hilfe geben

Beide Texte oben enthalten Ratschläge. Im zweiten wird direkt mit den Schülern gesprochen und deswegen wird der **Imperativ** benutzt.

1 Es gibt drei Imperativformen. Sind die folgenden Beispiele formell oder informell? Sind sie an eine Person oder an mehrere Personen gerichtet?

- Antworte nicht!
- Antwortet nicht!
- Antworten Sie nicht!

2 Zur Imperativbildung: Welche Form hat welche Endung? Ordnen Sie die Regeln den Formen zu.

Singular, informell	Infinitivform gefolgt von *Sie*
Plural, informell	Verbstamm **mit** Endung -*e* (schwach) oder **ohne** Endung -*e* (stark)
Singular und Plural, formell	Verbstamm mit Endung **-***(e)t*

Ein Imperativsatz endet oft mit einem Ausrufezeichen, um der Aufforderung Nachdruck zu geben: !

3 Schreiben Sie Imperativsätze zu den folgenden Situationen.

1 Ihr kleiner Bruder will über die Straße laufen.

2 Sie wollen, dass der Taxifahrer Sie vor dem Kino absetzt.

3 Bei einer Schülerversammlung wollen Sie, dass alle hören, was Sie zu einem Thema zu sagen haben.

4 Sie wollen dasselbe bei einer Elternversammlung.

Im ersten Text dagegen werden verschiedene Modalverben benutzt, da es eher um Empfehlungen als um Befehle geht.

Im Interviewtext kommen vier Modalverben vor: *können*, *müssen*, *sollen*, *wollen*.

4 In der folgenden Tabelle ordnen Sie die Funktionen den Modalverben zu. Nennen Sie jeweils ein Beispiel vom Interviewtext „Wir wissen noch nicht, was in diesen Netzwerken richtig ist". Ein Beispiel ist angegeben.

Funktion	Modalverb	Beispiel
Beispiel: es ist notwendig	*müssen*	*Um erfolgreich zu sein, müssen wir viele Kontakte haben (Z. 18– 19)*
1 es ist möglich		
2 es ist Pflicht		
3 es ist ein Wunsch/eine Absicht		
4 man ist in der Lage/fähig		
5 man ist gezwungen		
6 es ist ein guter Rat		

Nachdruck verboten

Diese vier Modalverben haben auch andere Funktionen.

5 Füllen Sie die folgende Tabelle aus. In der zweiten Spalte schreiben Sie entweder *können*, *müssen*, *sollen* oder *wollen*. Dann setzen Sie das Verb bei den Beispielsätzen in die richtige Form.

Funktion	Modalverb	Beispiel
1 es ist Vorschrift	_____	Schüler _____ die Schulregeln einhalten.
2 man ist fest entschlossen	_____	Ich gehe heute Abend nicht zur Party. Ich _____ beim nächsten Schultest bessere Noten bekommen.
3 die Gelegenheit besteht	_____	Man _____ bei vielen sozialen Netzwerken unerwünschte Personen sperren.
4 es ist unerwünscht	_____	Sie _____ keine unvorteilhaften Fotos von anderen weiterschicken.
5 es wird dringend geraten	_____	Du _____ deine Zugangsdaten geheim halten.
6 ist es vorgesehen/ geplant	_____	Die Schule _____ nächstes Jahr neue Computer bekommen.

Es gibt noch ein wichtiges Modalverb: *dürfen*. Das kommt im zweiten Text vor, z. B.:

● *Wenn du es nicht erlaubst, **darf** niemand Fotos von dir ins Internet stellen.* (Tipp 9)

Bei *dürfen* ist es vor allem wichtig, den Unterschied zu *müssen* und die positiven und negativen Funktionen zu erkennen.

Funktion	Modalverb	Beispiel
positive Vorschrift: Regel	müssen	Man **muss** bei einer roten Ampel halten.
negative Vorschrift: Verbot	dürfen + *nicht*	Man **darf nicht** Auto fahren, wenn man 15 ist.
Erlaubnis	dürfen	**Darf** man hier parken?
keine Pflicht, freiwillig	müssen + *nicht*	Man **muss nicht** mit dem Auto zur Schule fahren.

6 Füllen Sie die Verblücken (mit oder ohne *nicht*) in den folgenden Sätzen.

1 Man _____ eine Kontaktnummer bei der Schule hinterlassen.

2 Man _____ sein Handy im Unterricht benutzen.

3 Man _____ auf jede SMS eine Antwort schicken.

4 Man _____ die Identität einer anderen Person im Internet annehmen.

5 Man _____ mit den Lehrern über Probleme sprechen.

7 Finden Sie jetzt Beispiele von den oben aufgelisteten Modalverben im zweiten Text auf S. 260. Welche der oben genannten Funktionen haben sie?

In einigen Schulen in Deutschland sind ältere Schüler als „Medienscouts" ausgebildet worden, um den jüngeren Schülern bei Cybermobbing und ähnlichen Online-Problemen zu helfen und sie zu beraten. Aber – ganz im Sinne der Generation Internet – gibt es im deutschsprachigen Raum auch Online-Foren, wo Betroffene Hilfe von jugendlichen Beratern bekommen können. Ein solches Beispiel ist juuuport.

Juuuport gewinnt klicksafe Preis für Sicherheit im Internet

www.juuuport.de, die Web-Selbstschutz-Plattform von Jugendlichen für Jugendliche, hat den „klicksafe Preis für Sicherheit im Internet" in der Kategorie „Webangebote" gewonnen. Der Preis wurde bereits zum fünften Mal an herausragende Projekte, die sich für die
5   Förderung von Medienkompetenz und Sicherheit im Web einsetzen, verliehen. Die Preisverleihung fand gestern im Rahmen des Grimme-Online-Awards in Köln statt.

Auf der preisgekrönten Internetseite *juuuport* können sich Jugendliche, die im Web gemobbt oder abgezockt werden, an
10   gleichaltrige Scouts wenden. Die Scouts sind zwischen 12 und 21 Jahre jung, sie werden von Experten ausgebildet und arbeiten ehrenamtlich. Jugendliche haben auf *juuuport* die Möglichkeit, sich von den Scouts per E-Mail beraten zu lassen oder sich mit anderen Jugendlichen in einem Forum auszutauschen.

15   „Wir freuen uns sehr über den Preis. Gerade die wiederaufkommende Datenschutzdiskussion im Zusammenhang mit der automatischen Gesichtserkennung bei Facebook zeigt, dass der Aufklärungs- und Beratungsbedarf im Web nach wie vor hoch ist. Das breite Themenspektrum von *juuuport* greift aktuelle Fragen zur Websicherheit auf und die Scouts sind als Jugendliche einfach näher an der Lebenswelt anderer Jugendlicher, als dies Erwachsene sein können", so Andreas Fischer, Direktor der Niedersächsischen Landesmedienanstalt (NLM), die diese Plattform initiiert hat.

20   „Im April hatten wir unser einjähriges Jubiläum und jetzt gibt es schon wieder einen Grund zum Feiern", freut sich Scout Adrian (16), der in Köln den Preis stellvertretend für alle Scouts von *juuuport* entgegennahm. „Wir hoffen, dass diese Auszeichnung auch dazu beiträgt, uns bei Jugendlichen mit Problemen im Internet als erste Anlaufstelle noch bekannter zu machen."

www.juuuport.de

Textverständnis

1 Bei den folgenden Aussagen kreuzen Sie an, ob sie aufgrund des Textes richtig oder falsch sind. Begründen Sie Ihre Antwort mit Informationen aus dem Text.

	richtig	falsch
Beispiel: Die Website ist für Schüler gedacht.	X	☐

Begründung: für Jugendliche

	richtig	falsch
1 Die Website hat den Preis schon fünf Mal gewonnen.	☐	☐

Begründung: ....

	richtig	falsch
2 Die Website-Scouts werden für ihre Arbeit bezahlt.	☐	☐

Begründung: ....

	richtig	falsch
3 Schüler können auf der Website untereinander Probleme diskutieren.	☐	☐

Begründung: ....

	richtig	falsch
4 Andreas Fischer ist Schuldirektor.	☐	☐

Begründung: ....

	richtig	falsch
5 Die Website wurde erst im Jahr zuvor geschaffen.	☐	☐

Begründung: ....

2 Welche Wörter in der rechten Spalte entsprechen am besten den Wörtern aus dem Text links?

6	herausragende (Z. 4)	☐		**A.**	anstatt
7	abgezockt (Z. 9)	☐		**B.**	ausgezeichnete
				C.	berühmte
8	Aufklärung (Z. 16)	☐		**D.**	betrogen
9	aktuelle (Z. 17)	☐		**E.**	Bildung
10	stellvertretend für (Z. 21)	☐		**F.**	gegenwärtige
11	Anlaufstelle (Z. 22)	☐		**G.**	im Namen von
				H.	Kontaktpunkt
				I.	moderne
				J.	Problemlösung

Mündliche Übung

Probleme wie die folgenden werden auf dieser Website und bei anderen Beratungsstellen besprochen.

Wie würden Sie diese Jugendlichen beraten? Diskutieren Sie in kleinen Gruppen. Verwenden Sie hierbei Modalverben und Imperative, wie Sie es gerade geübt haben.

An: fragen@maedchenonline.de
Cc:
Bcc:
Betreff: Facebook-Ärger

Hi!

Jemand hat auf seine Facebook-Seite eine Nachricht über mich gepostet, die überhaupt nicht stimmt! Ich hätte Userdaten geklaut und verkauft. Nun geht das im ganzen Facebook rum. Ich weiß nicht mehr, was ich machen soll.

Astrid

An: info@schulstress.at
Cc:
Bcc:
Betreff: Die Lehrer helfen nicht

Hey

Nach dem Sportunterricht wurde ich beim Duschen mit heißem Wasser aus einem Schlauch abgespritzt. Die anderen fanden das witzig und haben es mit dem Handy gefilmt. Jetzt geht's in der ganzen Schule rum. Die Lehrer tun nichts.

Jens

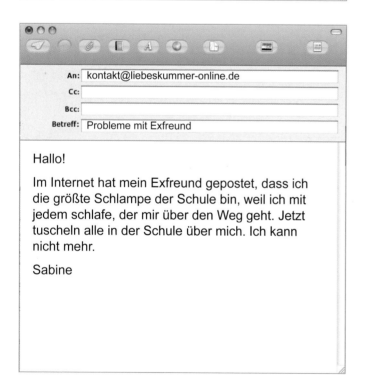

An: kontakt@liebeskummer-online.de
Cc:
Bcc:
Betreff: Probleme mit Exfreund

Hallo!

Im Internet hat mein Exfreund gepostet, dass ich die größte Schlampe der Schule bin, weil ich mit jedem schlafe, der mir über den Weg geht. Jetzt tuscheln alle in der Schule über mich. Ich kann nicht mehr.

Sabine

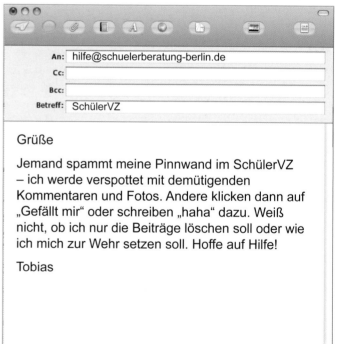

An: hilfe@schuelerberatung-berlin.de
Cc:
Bcc:
Betreff: SchülerVZ

Grüße

Jemand spammt meine Pinnwand im SchülerVZ – ich werde verspottet mit demütigenden Kommentaren und Fotos. Andere klicken dann auf „Gefällt mir" oder schreiben „haha" dazu. Weiß nicht, ob ich nur die Beiträge löschen soll oder wie ich mich zur Wehr setzen soll. Hoffe auf Hilfe!

Tobias

Schriftliche Übung

Wählen Sie eine der oben geschilderten Situationen und schreiben Sie eine E-Mail als Antwort darauf. Versuchen Sie Mitleid zu zeigen und positive, realistische Lösungen vorzuschlagen.

Schriftliche Übung

Sie kennen auch Leute, die Cybermobbing-Probleme gehabt haben, und haben jetzt beschlossen, sich mehr in dieser Sache zu engagieren. Sie wollen einen Freund/eine Freundin davon überzeugen, mit Ihnen zusammen zum Schuldirektor zu gehen. Sie wollen anbieten, eine schulinterne Beratungsstelle aufzubauen. Schreiben Sie dem Freund/der Freundin eine E-Mail, in der Sie die Situation beschreiben und Ihre Pläne schildern. In Ihrer E-Mail können Sie die Informationen und Ideen in dieser Einheit benutzen. Benutzen Sie die Checkliste für eine informelle E-Mail auf S. 335.

Natur und Wissenschaft

„Der Wissenschaftler muss durch sein Handeln immer wieder kund tun, dass er zum humanen Teil der Menschheit gehört."

Johann Wolfgang von Goethe

Einstieg TOK

Viele wissenschaftliche Fortschritte sind umstritten. Unten steht eine Liste von tatsächlichen und eventuell möglichen wissenschaftlichen Errungenschaften.

Was halten Sie davon? Kreuzen Sie an, ob Sie im Grunde pro, kontra oder unentschieden sind.

	🙂	🙁	😐
1 das Klonen von Pflanzen und Tieren	☐	☐	☐
2 ein Impfstoff gegen HIV/Aids	☐	☐	☐
3 eine durchschnittliche Lebenserwartung von über 100 Jahren	☐	☐	☐
4 genmanipulierte Kulturpflanzen	☐	☐	☐
5 die Transplantation von Tierorganen in Menschen	☐	☐	☐
6 IVF-Behandlung, damit eine 50-jährige Frau ein Kind bekommen kann	☐	☐	☐
7 kosmetische Chirurgie, damit die Hände jünger aussehen	☐	☐	☐
8 Organtransplantation mittels Zellen von menschlichen Embryos	☐	☐	☐
9 die Ausrottung von Infektionskrankheiten wie Malaria	☐	☐	☐
10 Männer werden schwanger und können Kinder austragen	☐	☐	☐

Wortschatz

Wenn Sie die Frage „Was halten Sie davon?" beantworten, ist es hilfreich, verschiedene Ausdrücke zur Verfügung zu haben, um Ihre Meinung einzuleiten.

Ordnen Sie die folgenden Wörter in die richtige Spalte ein – positiv oder negativ.

ärgerlich	preiswert	unethisch	ein Verbrechen
eine Geldverschwendung	schädlich	unmoralisch	vertretbar
notwendig	sinnvoll	unsinnig	wertvoll
nützlich	unersetzbar	unvermeidlich	wichtig

	positiv	negativ
Es ist …		
Ich finde es …		
Ich meine, es ist …		
Meiner Meinung nach ist es …		

Man kann die Ausdrücke auch variieren, z. B. indem man *nicht* benutzt. Außerdem kann man seine Meinung auch qualifizieren und mildern. Dazu kann man Ausdrücke wie *manchmal*, *gewissermaßen* und *unter Umständen* benutzen.

Mündliche Übung

Vergleichen und diskutieren Sie Ihre Meinungen zu den aufgelisteten wissenschaftlichen Errungenschaften mit einem Mitschüler. Benutzen Sie dabei die Ausdrücke oben.

- Welche der Errungenschaften finden Sie sinnvoll bzw. wichtig und welche finden Sie eher sinnlos oder unerwünscht?

- Warum sind sie alle umstritten? Was sind die jeweiligen Argumente pro und kontra?

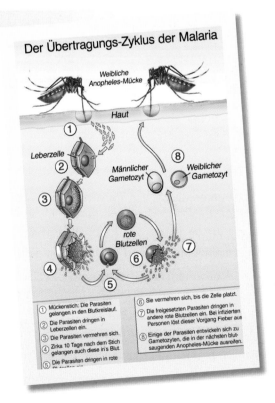

Der Übertragungs-Zyklus der Malaria

Mündliche Übung

Die wissenschaftliche Arbeit führt oft zu einem ethischen Dilemma. Unten lesen Sie von zwei Situationen. Diskutieren Sie in kleinen Gruppen, was das Dilemma ist und welche Argumente für und gegen den Einsatz neuer wissenschaftlicher Methoden sprechen. Versuchen Sie dabei zu einer Lösung zu kommen.

> Herr und Frau Müller haben einen Sohn, der eine seltene Erbkrankheit hat. Er wird in den nächsten zwei bis drei Jahren sterben, wenn man keinen geeigneten Knochenmarkspender findet. Die Suche nach einem Spender ist bisher erfolglos gewesen. Die Eltern wollen eine IVF-Behandlung, damit man ein Embryo auswählen kann, das das richtige Knochenmark hat. Sie können dann ein Baby bekommen, das seinem Bruder das Leben retten wird. Die Selektion von Embryos anhand genetischer Merkmale ist aber illegal.

> Sie sind im Aufsichtsrat in einem Krankenhaus tätig. Ein Patient mit einer sehr seltenen Blutgruppe wartet auf eine Nierentransplantation. Ein Arzt behauptet, er könne diesen Patienten mit einer bisher ungetesteten Tierorgantransplantation retten. Der Patient hat eingewilligt und seine Familie ist auch dafür, aber die Konsequenzen sind unbekannt. Wenn es klappt, wäre es ein medizinischer Triumph. Wenn es schief geht, wäre der Ruf des Krankenhauses ruiniert.

Wortschatz

Tierversuche sind ein umstrittenes Thema. Viele der heutigen medizinischen Fortschritte wären ohne Tierexperimente nicht möglich gewesen, aber manche fragen: Heiligt der Zweck die Mittel?

1 Unten lesen Sie einige Argumente der Befürworter und der Gegner von Tierversuchen. In jedem Satz fehlt ein Wort. Suchen Sie das passende Wort von der Liste rechts aus.

1 Wenn sie krank sind, möchten alle Menschen die neuesten, besten und _____ Arzneimittel erhalten.

2 Nur an einem lebendigen Tier kann man die _____ und Zusammenwirkung von Organen und Organismen richtig untersuchen.

3 Tiere und Menschen sind sich zwar _____, aber sie sind nicht gleich.

4 Es ist eine ethische Verpflichtung, neue Medikamente zuerst an Tieren zu testen, denn sonst wären sie zu _____.

5 Tiere empfinden auch Angst und _____, auch wenn sie nichts sagen können.

6 Es gibt viele _____ zu Tierversuchen, wie Zell- und Gewebekulturen und Computersimulationen.

7 Nur dank der Tierversuche konnten viele _____ und Antibiotika, sowie Insulin für Diabetiker entwickelt werden.

8 Testmethoden ohne Tiere liefern bessere _____, kosten weniger und sind oft viel schneller.

9 Es ist unmoralisch, wie Tiere in Forschungslabors degradiert und _____ werden.

10 Wenn man Tierversuche verbietet, werden viele _____ in der Pharmaindustrie und an Universitäten gefährdet.

11 Ein Medikament kann bei einem Tier völlig harmlos sein, bei einem anderen Tier _____ wirken und bei Menschen wieder andere Auswirkungen haben.

12 Durch Tierversuche sind in der _____ neue Techniken und Operationsmethoden entwickelt worden.

13 Täglich profitieren Millionen von Patienten von dieser _____.

14 Die _____ in den Tierversuchslabors sind furchtbar.

ÄHNLICH

ALTERNATIVEN

ARBEITSPLÄTZE

BEKÄMPFUNG

CHIRURGIE

ENTWICKLUNG

ERGEBNISSE

FORSCHUNG

FUNKTIONSWEISE

IMPFSTOFFE

MISSBRAUCHT

NEBENWIRKUNGEN

RISKANT

SCHMERZEN

SICHERSTEN

TÖDLICH

URSACHEN

ZUSTÄNDE

2 Entscheiden Sie dann für jedes Argument, ob es für oder gegen Tierversuche spricht.

3 Vier Wörter von der Liste sind übrig geblieben. Schreiben Sie für jedes einen geeigneten Satz im Kontext der Tierversuchsdiskussion.

Wussten Sie das?
Tierisch gut?

In Deutschland werden pro Jahr fast drei Millionen Versuchstiere eingesetzt. In Europa beträgt die Zahl über 12 Millionen.

Alle 11 Sekunden stirbt nach Angaben des deutschen Tierschutzbundes ein Tier im Labor.

Pro Jahr werden 115.000 Mäuse, Ratten, Kaninchen, Schweine und Fische gentechnisch verändert und in Versuchen eingesetzt.

Das geklonte Schaf Dolly war 1996 das erste Tier, bei dem das Klonverfahren funktionierte. Dolly war das einzige überlebende Tier nach 277 Versuchen.

Seit 1900 wurde der Nobelpreis für Physiologie und Medizin rund 70 Mal an Forscher vergeben, die ihre Erkenntnisse zumindest teilweise durch Tierversuche gewonnen hatten.

Ethik · Tierversuch · Impfstoff · Gentechnik · Moral · moralisch · Durchbruch · Pharmaindustrie · Klonen · Tierschutzverein · Krebsforschung · Organtransplantation · Dilemma · Forschungslabor · Forscher · Antibiotika · Heilung · Wissenschaftler · Missbrauch · Nebenwirkung · Validierung · Genmanipulation · Forschungsgelder · Risiko · vertretbar · Erbkrankheit · Medikament · unmoralisch · Leiden · Krankheit

*In Deutschland ist der Verein Ärzte gegen Tierversuche sehr aktiv bei Kampagnen,
Tierversuche zu verbieten. Im folgenden Interview erklärt die Tierärztin und wissenschaftliche
Mitarbeiterin des Vereins Corina Gerike die Gründe dafür.*

Im Interview fehlen Fragen des Interviewers und Wörter. Sie müssen sie im ersten bzw. zweiten Schritt der
Textverständnisübung einordnen.

Der Mensch ist nun mal keine Maus

Peter Carstens: Sie wollen Versuche am lebenden Tier abschaffen. Aber sind die nicht eine wichtige Grundlage des
medizinischen Fortschritts, von dem wir alle profitieren?

Teil A

Corina Gerike: Das wird immer behauptet. Ich sehe das kritisch. Ich bin überzeugt, dass sich die medizinische
Forschung sogar besser entwickelt hätte, wenn schon vor 50 oder 100 Jahren Tierversuche verboten worden
wären. Dann wären nämlich die Forschungsgelder, die heute überwiegend in Tierversuche investiert werden, in die
tierversuchsfreie Forschung geflossen – mit entsprechenden Ergebnissen.

Carstens: [–1–]

Teil B

Gerike: Die heutige Medizin ist ausgesprochen erfolglos. Obwohl mit einem gigantischen Aufwand geforscht wird.
Die Entwicklung eines neuen Medikaments kostet rund eine Milliarde Euro. Und fast nie ist ein wirklicher Durchbruch
oder eine Neuerung dabei. Über „Durchbrüche" wird immer dann geschrieben, wenn ein Medikament bei Mäusen
wirkt. Dass es beim Menschen nicht wirkt, weil die Ergebnisse nicht übertragbar sind – das steht dann nicht mehr in den
Zeitungen. Der Mensch ist nun mal keine Maus.

Stattdessen kann man etwa mit Kulturen aus menschlichen Zellen experimentieren oder mit Computermodellen,
die mit Daten aus dem spezifisch menschlichen Stoffwechsel arbeiten. Solche Verfahren liefern nicht nur bessere
Ergebnisse, sie kosten auch weniger, wenn sie erst einmal etabliert sind. Und sie sind oftmals sehr viel schneller, etwa
im toxikologischen Bereich. Man kann mit automatisierten Analysemethoden in kürzester Zeit viele verschiedene
Substanzen testen. Das funktioniert im Tierversuch nicht.

Carstens: [–2–]

Teil C

Gerike: Da ist der Pyrogentest, bei dem Impfstoffe auf Fieber auslösende Substanzen getestet werden. Früher hat
man dafür Kaninchen verwendet. Anfang der 90er Jahre wurde eine Methode entwickelt, bei der menschliches Blut
eingesetzt wird. Die ist jetzt auch in der EU anerkannt. Und schon in den 80er Jahren ist es gelungen, monoklonale
Antikörper im Reagenzglas herzustellen. Das sind Substanzen, die für die Krebsforschung wichtig sind. Früher wurden
dafür Mäusen Krebszellen in die Bauchhöhle gespritzt, wo sich die benötigten Antikörper entwickelten. Das war für
die Tiere extrem qualvoll. Und man kann heute die Ätzwirkung von Chemikalien testen, ohne dass dafür Kaninchen
und Meerschweinchen leiden müssen. Dazu werden die Schichten der Haut mit menschlichen Zellen im Reagenzglas
„nachgebaut". Um nur drei Beispiele zu nennen.

Carstens: [–3–]

Gerike: Pharmaunternehmen und chemische Industrie haben zwar Interesse an tierversuchsfreier Forschung, weil sie kostengünstiger ist, und sie tragen auch viel zu ihrer Entwicklung bei. Aber diese Unternehmen haben andererseits auch ein starkes Interesse, den Tierversuch beizubehalten, weil er für sie eine Alibifunktion hat. Wenn mit ihren Substanzen nach der Markteinführung etwas schiefgeht, können sie sich darauf berufen, alle vorgeschriebenen Tests mit Tieren gemacht zu haben. So sichern Sie sich rechtlich ab. Außerdem fehlt es einfach an staatlicher Förderung der tierversuchsfreien Forschung.

Teil D

Carstens: [–4–]

Gerike: Tierversuchsfreie Methoden müssen ein langwieriges und rigoroses Verfahren durchlaufen, die sogenannte Validierung. Das ist sehr aufwändig, kostet viel Geld und Zeit. Und absurderweise werden die tierversuchsfreien Methoden auch noch an den Ergebnissen der Tierversuche gemessen, die sie ersetzen sollen. Die sind oft ungenau, schlecht reproduzierbar oder einfach falsch - weil Tiere keine Maschinen, sondern Individuen sind, die unterschiedlich auf Substanzen reagieren. So kommt es, dass alternative Methoden nicht anerkannt werden, obwohl sie nachweislich bessere Ergebnisse bringen. Tierversuche dagegen wurden nie einer vergleichbar rigorosen Prüfung unterzogen. Die werden einfach so in Gesetze aufgenommen, weil sie zum Standard gehören. Ob sie was taugen, darüber wird gar nicht nachgedacht.

Teil E

Carstens: [–5–]

Gerike: (7) _____ sorgen Lobbyisten an den Schaltstellen in Brüssel, Berlin und anderswo, etwa Versuchstier-Züchter, Futtermittel- und Käfighersteller und vor allem die Vertreter von tierexperimentellen Forschungrichtungen und Institutionen. Großen Einfluss hat zum Beispiel die Deutsche Forschungsgemeinschaft, (8) _____ Tierversuche in erheblichem Umfang fördert.

Teil F

Carstens: [–6–]

Gerike: Sie müssen sich vorstellen, dass diese Leute ihre ganze Karriere auf einen bestimmten Tierversuch aufgebaut haben. (9) _____ führen sie jahrzehntelang durch. Und irgendwo in der Welt sitzen noch ein paar andere Forscher, die an der gleichen Sache arbeiten. Das ist eine kleine, elitäre Gemeinschaft. (10) _____ veröffentlichen sie ihre Ergebnisse und zitieren sich gegenseitig. Ob (11) _____ etwas Sinnvolles herauskommt, interessiert überhaupt nicht. Es geht nur ums Veröffentlichen und (12) _____, Forschungsgelder einzustreichen. Wenn Sie so jemandem sagen, er solle umsteigen auf Zellkulturen, lacht er Sie aus. Wenn er das täte, würde er ja zugeben, (13) _____ er jahrzehntelang auf dem falschen Dampfer war.

Teil G

Carstens: Schon 1959 forderten die Biologen William Russell und Rex Burch Tierversuche durch Ersatz (**Replacement**), Verfeinerung (**Refinement**) und Verringerung (**Reduction**) einzuschränken. Heute ist diese Strategie als 3R-Prinzip weithin bekannt und akzeptiert…

Gerike: Wir, die Ärzte gegen Tierversuche, lehnen Tierversuche aus wissenschaftlichen und aus ethischen Gründen ab. Das tut die 3R-Philosophie nicht. Sie akzeptiert die Methode Tierversuch als etablierte Standardmethode, die nur etwas modifiziert werden soll. Sicherlich kann man so die Zahl der „verbrauchten" Tiere senken. Aber das greift nicht die Wurzel des Problems an. Die Wurzel des Problems ist der Tierversuch als Methode.

Teil H

Interview: Peter Carstens, www.geo.de

Textverständnis

1 Im Interview fehlen die meisten Fragen des Interviewers. Wählen Sie aus der Liste unten rechts die Fragen, die am besten passen, und schreiben Sie die Buchstaben in die Kästchen.

1 ☐

2 ☐

3 ☐

4 ☐

5 ☐

6 ☐

A. Welche konkreten Erfolge gibt es schon?

B. Warum setzen sich diese Methoden nicht durch, wenn ihre Vorteile so offensichtlich sind?

C. Warum sollte man Tierversuche unterlassen?

D. Warum steigen die Forscher an den Universitäten nicht auf tierversuchsfreie Methoden um?

E. Was machen die Politiker?

F. Welche Rolle spielen die Anerkennungsverfahren?

G. Inwiefern mit *besseren* Ergebnissen?

H. Warum handelt die Politik so zögerlich?

2 In den Teilen F und G fehlen Wörter, die den Text zusammenbinden. Suchen Sie von der folgenden Liste die passenden Wörter aus.

7 ☐

8 ☐

9 ☐

10 ☐

11 ☐

12 ☐

13 ☐

A. DABEI

B. DAFÜR

C. DAGEGEN

D. DANN

E. DARUM

F. DASS

H. DEN

I. DER

J. DESHALB

K. DIE

3 Beantworten Sie die folgenden Fragen, die sich auf die Antworten und Meinungen von Corina Gerike beziehen. Schreiben Sie den Buchstaben der richtigen Antwort in das Kästchen.

14 Wenn man Tierversuche vor langer Zeit abgeschafft hätte, …

A. … hätte man nicht so viele Fortschritte in der Medizin gemacht.

B. … wäre mehr Geld für andere Forschungsmethoden freigesetzt worden.

C. … wären Medikamente viel billiger.

D. … würde man nicht so viel Geld in Forschung investieren.

☐

15. Corina Gerike klagt die Presse an, weil sie …

    A. … über die Misserfolge von Tierversuchen nicht berichtet.

    B. … über die tierfreien Versuche nicht berichtet.

    C. … Reklame für Tierversuchsanstalten macht.

    D. … kein Interesse für Themen wie medizinische Forschung zeigt.

16 Welche drei konkreten Vorteile von tierfreien Versuchen nennt sie?

    A. Sie sind umfassender, sauberer und einfacher.

    B. Sie sind umsonst, schneller und automatisch.

    C. Sie sind zuverlässiger, billiger und schneller.

    D. Sie sind schmerzfrei, schneller und langhaltend.

17 Der Pyrogentest …

    A. … testet mit menschlichen Blutzellen.

    B. … testet an Kaninchen.

    C. … testet, ob Fieber vorhanden ist.

    D. … ist noch in der Entwicklungsphase.

18 Die Wirkung von Chemikalien wird heutzutage …

    A. … nicht mehr getestet.

    B. … durch Computeranalyse getestet.

    C. … an Meerschweinchen getestet.

    D. … an menschlichen Zellen getestet.

19 Welche Kritik äußert Corina Gerike **nicht** an der Regierung?

    A. Sie unterstützt Alternativmethoden nicht genug.

    B. Sie hält sich nicht an EU-Gesetze.

    C. Sie lässt sich von der Pharmaindustrie beeinflussen.

    D. Sie verlangt unrealistische Testverfahren und Beweise.

20 Was meint Gerike zum sogenannten 3R-Prinzip?

    A. Dass es ein guter erster Schritt ist.

    B. Dass es nicht praktisch ist.

    C. Dass es moralisch nicht vertretbar ist.

    D. Dass sich nicht genug Forscher daran halten.

4 Hier werden einige Argumente der Tierärztin zusammengefasst. Setzen Sie in die Lücken passende Wörter aus dem Text in der richtigen Form ein.

Beispiel

Das Geld, das man seit 100 Jahren für Tierversuche ausgegeben hat, wäre besser in tierversuchsfreie Forschung <u>investiert</u> worden.

21 Oft sieht man zu spät, dass die Wirkung eines Medikaments bei Tieren nicht auf Menschen _____ ist.

22 Tierfreundlichere Alternativen sind Zellkulturen oder _____, die die Daten automatisch analysieren.

23 Früher mussten Mäuse furchtbar _____, wenn man sie mit Krebszellen gespritzt hat.

24 Die Pharmaindustrie ist nicht gegen tierversuchsfreie Methoden, da diese für sie _____ sind.

25 Das Anerkennungsverfahren für Tierversuche ist nicht _____ genug.

26 Die Politiker lassen sich zu sehr von _____ beeinflussen, die von Tierversuchen profitieren.

27 Universitätsforscher interessieren sich hauptsächlich fürs _____ und für _____.

Mündliche Übung

Inwiefern die Meinungen gespalten sind, zeigen die Ergebnisse einer EU-Umfrage.

Wie stehen Sie zu dieser Frage? Diskutieren Sie in kleinen Gruppen. Vergessen Sie nicht, dabei die nützlichen Ausdrücke auf S. 269 zu benutzen. Begründen Sie Ihre Meinungen immer mit Argumenten und Beispielen.

Mündliche Übung

Eine andere Kampagne wurde vom Deutschen Tierschutzbund gestartet, um ein Ende der Versuche an Affen bei den Universitätsforschern zu fordern. Hier ist das Plakat.

Beschreiben Sie mit einem Mitschüler, was auf dem Bild zu sehen ist und zu welchen Zwecken der Mann so dargestellt wird. Diskutieren Sie Ihre Gefühle zu dem Bild und ob es für die Kampagne effektiv ist. Warum (nicht)? Was würden Sie tun, um gegen Versuche an Affen zu protestieren?

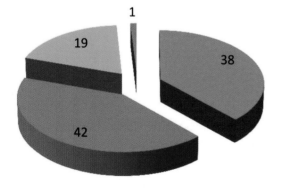

Sollte es Wissenschaftlern erlaubt sein, Experimente an Tieren vorzunehmen, wenn dies dazu führt, menschliche Gesundheitsprobleme zu lösen? (1531 Befragte)

- ■ eher ja, völlig dafür
- ■ eher nein, völlig dagegen
- ■ weder noch
- ■ weiß nicht

Schriftliche Übung

In Ihrer Stadt gibt es ein kleines Forschungsinstitut, das unter anderem Testverfahren für neue Medikamente durchführt. Hier finden auch Tierversuche statt. Das Institut will weiter ausbauen und plant, seine Kapazität in den nächsten zwei Jahren zu verdoppeln. Nächste Woche findet deswegen eine Bürgerversammlung statt, wo Sie auch Ihre Meinung dazu vortragen wollen.

Sie bereiten sich vor und schreiben eine Rede, die Sie bei der Versammlung halten werden. Benutzen Sie hierzu die Informationen in dieser Einheit sowie die Checkliste für eine Rede auf S. 341. Schreiben Sie 250–400 Wörter.

Textsorte: Rede/Vortrag/Referat

In der IB-Prüfung können die Textsorten **Rede**, **Vortrag** und **Referat** vorkommen. Sie sind sehr ähnlich, unterscheiden sich aber kontextbedingt von einander, zum Beispiel:

- Eine Rede wird in der breiteren Öffentlichkeit gehalten, ist formell konzipiert und versucht oft bewusst zu überreden oder zu überzeugen (z. B. Rede eines Politikers, Rede zur Eröffnung eines Festes).

- Ein Vortrag stellt Informationen oder einen Standpunkt dar, muss aber nicht unbedingt überreden oder überzeugen (z. B. ein Vortrag zum Thema Yoga und Meditation).

- Ein Referat wird meist im Unterrichtskontext z. B. vor Mitschülern oder an der Universität vor anderen Studenten gehalten – hier geht es vor allem um Informationsübermittlung (z. B. ein Referat über die Entstehung von Fossilien oder die Geschichte einer politischen Partei).

Es ist deswegen wichtig, in der IB-Prüfung den Zusammenhang richtig zu erkennen und die Textsorte anzupassen. Hierbei hilft es, sich klar zu machen, wer die Zuhörer sind. Wen sprechen Sie mit Ihrer Rede, Ihrem Referat, Ihrem Vortrag an?

Mündliche Übung

Als Klasse werden Sie eine Bürgerversammlung nachspielen. Lesen Sie zuerst die folgende Situationsbeschreibung und dann die Rollenbeschreibungen unten. Verteilen Sie die Rollen untereinander und bereiten Sie sich dementsprechend vor. Dabei müssen Sie bereit sein, sich in Ihre Rolle hineinzudenken und die Meinungen dieser Person zu vertreten.

Wenn Sie zum ersten Mal zu Wort kommen, stellen Sie sich und Ihren Standpunkt kurz vor. Danach sollte sich jeder aktiv an der Diskussion beteiligen, Fragen stellen und wo nötig Fragen auch beantworten.

Die Situation

Bei der Bürgerversammlung geht es darum, ob die Gemeinde die Erweiterungspläne des Forschungsinstituts genehmigen sollte. Mehrere Interessengruppen sind vertreten, wie das Institut selbst, Ärzte, Tierschützer, die Stadtbehörde, sowie viele Einwohner der Stadt.

---

1 Peter Klein, der Bürgermeister …

… leitet die Versammlung, sorgt für Ordnung und sieht zu, dass jeder zu Wort kommt.

2 Rainer Meyer, Vertreter des Pharmakonzerns …

… in der naheliegenden Großstadt, der das Institut regelmäßig benutzt, um neue Medikamente zu testen.

3 Sabine Müller, Vertreterin des regionalen Tierschutzvereins …

… ist dazu bereit, eine Kampagne gegen das Institut zu organisieren.

4 Thomas Lehmann, Tierarzt aus der Stadt …

… ist zwar aus wissenschaftlichen Gründen eher positiv eingestellt, hat aber trotzdem einige Bedenken.

5 Martina Wolff, Forschungsassistentin am Institut, …

… hat noch kleine Kinder und hat Angst, dass ihr Arbeitsplatz gefährdet wird, wenn die Pläne nicht realisiert werden.

6 Johanna Kraus, Vertreterin eines anderen Forschungsinstituts …

… in der nächsten Stadt, wo tierversuchsfreie Methoden angewandt werden.

7 Christa Busch, Leiterin des Schutzbundes für Hunde und Katzen …

… in der Stadt, ist grundsätzlich gegen jeglichem Missbrauch von Tieren.

8 Karl Stein, Besitzer einer kleinen Gaststätte in der Stadt, …

… ist zwar tierfreundlich, muss aber vor allem an sein Geschäft denken.

Nachdruck verboten

Schriftliche Übung

Nehmen Sie Ihre Rolle bei der Bürgerversammlung und schreiben Sie eine Rede aus dieser Perspektive. Benutzen Sie die Checkliste für eine Rede auf S. 341.

Tipp für die Prüfung

Wenn Sie eine Rede oder ein Referat für eine mündliche Prüfung vorbereiten, dann werden Sie es selbstverständlich zunächst als Text schreiben wollen. Üben Sie das Vorlesen zuerst mit dem Text – aber Vorsicht!

- Oft liest man viel zu schnell vor. Bauen Sie kurze Atempausen ein.

- Manchmal spricht man beim Vorlesen ein Wort falsch aus, weil man es nur gelesen und nie gehört hat. Fragen Sie lieber Ihren Lehrer, wie man ein unbekanntes Wort ausspricht.

Reduzieren Sie danach den Text auf Stichpunkte, und versuchen Sie mit dieser Liste zu sprechen. Die Stichpunkte sollen sogenannte Eselsbrücken sein – sie dienen dazu, an die Inhalte und Ideen zu erinnern.

Sprechen Sie die Rede bzw. das Referat laut aus. Nehmen Sie sich auf. Hören Sie sich kritisch zu. Spielen Sie die Aufnahme einem Mitschüler vor.

Damit gewinnen Sie an Selbstvertrauen und Ihre Rede bzw. Ihr Referat hört sich am Ende vertrauter und natürlicher an.

„Du, Forscher im Laboratorium. Wenn sie dir morgen befehlen, du sollst einen neuen Tod erfinden gegen das alte Leben, dann gibt es nur eins: Sag Nein!"

Wolfgang Borchert, Dann gibt es nur eins! 1947

Atomausstieg? Ja, bitte!

Einstieg

Seit 50 Jahren hält die Debatte um die Atomkraft an. 2011 beschloss die Bundesregierung Deutschlands bis zum Jahr 2022 aus der Kernkraft auszusteigen. Dies hat die Diskussion neu entfacht.

Was wissen Sie schon zum Thema Atomkraft? Und was wissen Sie über die Debatte darüber im deutschsprachigen Raum? Was sagen Ihnen die Ortsnamen Brokdorf, Zwentendorf, Tschernobyl, Gorleben und Fukushima? Diskutieren Sie in kleinen Gruppen.

Wortschatz

1 Hier sehen Sie Schlagzeilen zum Thema Atomkraft. Suchen Sie die fehlenden Wörter aus dem Kasten rechts aus.

1 Atomgegner erinnern mit Kreuzen an AKW-_____.	ENDLAGER
2 Das Land Hessen kann Atommülltransporte nicht _____.	ENERGIEWENDE
3 Gaskraftwerke: Die große _____ für das Klima	FÖRDERN
4 _____ einer Atomanlage dauert etwa 20 Jahre	GEDENKEN
5 Deutsche Edelstahl-_____ für Tschernobyl	GEFAHR
6 Suche nach _____ geht ungelöst weiter	INVESTITIONEN
7 Atomkraftgegner _____ Großdemonstration in Gorleben an	KOSTEN
8 Fukushima – _____ allein ist zu wenig!	KÜNDIGEN
9 Regierung setzt auf _____ in „grünen Strom"	RÜCKBAU
10 _____ – Soll der Steuerzahler mehr zahlen?	SCHUTZHÜLLE
	SICHERHEIT
	UNFÄLLE
	VERBIETEN

2 Entscheiden Sie nun mit einem Mitschüler, zu welchem Teilaspekt des Themas jede Schlagzeile gehört – Atomausstieg, Atomunfälle oder Atommüll.

Mündliche Übung

Was steckt hinter diesen Schlagzeilen? Welche Relevanz haben sie zum Thema Atomausstieg? Diskutieren Sie in kleinen Gruppen.

Nachdruck verboten

Wussten Sie das?
Stromerzeugung in Deutschland vor dem Fukushima-Unglück

Die Stromerzeugung durch Atomenergie von 17 Atomkraftwerken in Deutschland betrug vor dem Ausstiegsbeschluss 22,6 %.

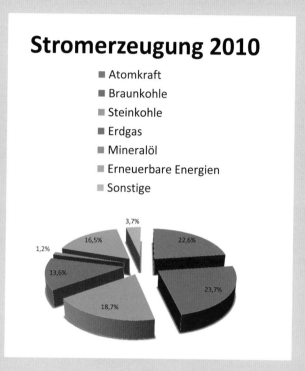

Mündliche Übung

Zur Zeit des deutschen Regierungsbeschlusses 2011, aus der Kernenergie auszusteigen, sind mehrere Meinungsumfragen in Deutschland durchgeführt worden. Unten lesen Sie fünf Fragen, die in den Monaten nach dem Atomreaktorunglück in Fukushima in Deutschland gestellt wurden.

1 Spekulieren Sie mit einem Mitschüler, was die Ergebnisse wohl waren. Wie viel Prozent der Befragten haben „ja" oder „nein" geantwortet, und wie viel waren unentschieden? Füllen Sie die Tabelle aus.

Frage		ja	weiß nicht	nein
1	Halten Sie es für richtig, dass Deutschland aus der Atomenergie aussteigt?			
2	Kann Deutschland ohne Atomkraft auskommen?			
3	Wenn die Endlagerung radioaktiver Abfälle gesichert wird, sollte man die Atomkraft wieder aufnehmen?			
4	Sind Sie bereit, nach dem Ausstieg mehr für Strom zu zahlen?			
5	Würden Sie ein neues [nicht atomares] Kraftwerk oder eine Anlage für erneuerbare Energie in der Nähe Ihres Wohnorts akzeptieren?			

2 Was meinen Sie zu den tatsächlichen Zahlen? Wie unterscheiden sie sich von Ihren geschätzten Antworten? Wie würden Sie auf diese fünf Fragen persönlich antworten?

Wie ergeht es Leuten, die in der Nähe eines Atomkraftwerks wohnen? Der folgende Zeitungsartikel geht dieser Frage nach.

Ein Leben im Schatten der Reaktortürme

In Grafenrheinfeld blickt man dem Atomausstieg mit gemischten Gefühlen entgegen.

GRAFENRHEINFELD – Die Atomkatastrophe in Japan hat das öffentliche Bewusstsein wieder verstärkt auf die Kraftwerke hierzulande gerichtet. Etwa eine Autostunde von Nürnberg entfernt liegt die 3400-Seelengemeinde Grafenrheinfeld, das örtliche Kernkraftwerk erzeugt Jahr für Jahr mehr als zehn Milliarden Kilowattstunden Atomstrom. Ein Besuch an einem Ort, in dem es gar nicht so einfach ist, auf echte Atomgegner zu treffen.

5 Die Gemeindebibliothek ist ein wahres Schmuckstück. Die Räume des alten Sandsteingebäudes am Kirchplatz in Grafenrheinfeld vermitteln Gemütlichkeit.

Bücher, Zeitschriften und DVDs sind hier liebevoll zwischen Sitzecken und Polstermöbeln platziert. Eine Galerie aus dunklem Holz erhebt sich über dem Bereich mit der Erwachsenenliteratur. Für Getränke ist ebenfalls gesorgt. Und noch einen entscheidenden Vorteil hat die Bibliothek: Weder für den Nutzerausweis noch für die Ausleihe selbst müssen die

10 Bürger hier bezahlen.

Draußen schließt Sabine Lutz gerade ihr Fahrrad ab. Viel Geld sei in den vergangenen Jahren in die Modernisierung der Gemeinde geflossen, keinen Cent extra habe die Bürger das gekostet, betont die Bürgermeisterin. Die 51-Jährige findet noch weitere Beispiele, was das Leben im Ort so lebenswert macht. 2005 konnte eine neue Grundschule gebaut werden, ein Jahr später wurde die Kulturhalle eingeweiht. Ach ja, und das dritte Kindergartenjahr gibt es gratis.

15 Dem Besucher eröffnet sich eine Bilderbuchidylle, die auch der Blick gen Himmel kaum zu trüben vermag. Fast scheinen sich die großen, 143 Meter hohen Kühltürme, mit ihren weißen Dampfschwaden, die alles überragen, nahtlos ins Landschaftsbild einzufügen.

Das 1981 in Betrieb gegangene Kernkraftwerk, das nur einen kurzen Fußmarsch vom Ortskern entfernt liegt, bedeutet für Grafenrheinfeld Fluch und Segen zugleich – ein enormer Gewerbesteuerlieferant auf der einen, ein potenzielles

Sicherheitsrisiko auf der anderen Seite. [...]

„Es muss ja niemand hier leben, wenn er das nicht möchte", sagt der Wirt einer kleinen Pension, der im bestuhlten Innenhof an seinem Kaffee nippt. Der Mann macht sein Geschäft vor allem mit Radtouristen und Wochenendausflüglern. Und wenn einmal im Jahr die große Generalüberprüfung im Kraftwerk ansteht und zu diesem Zweck etwa 1000 zusätzliche Arbeiter anrücken, freut er sich ebenfalls über die Zusatzeinnahmen. Er sei kein ausgesprochener Kernkraftbefürworter, betont der Mann. „Aber solange wir nicht ohne Atomstrom auskommen, brauchen wir die Kraftwerke, so ist das nun mal."

Neben ihm sitzt ein älterer Herr mit Brille, seinen Namen mag er ebenfalls nicht nennen, aber er erzählt, dass er im Kraftwerk als Dekontaminationsfachkraft arbeitet, seine Aufgabe ist es, dafür zu sorgen, dass kein verseuchtes Material nach draußen gelangt. Angst habe er keine, winkt er ab, und nirgendwo im Leben gebe es eine 1000-prozentige Sicherheit. „Das mit Japan ist schon schlimm, aber so was könnte hier bei uns in der Form nie passieren."

Den zweiten Bürgermeister Ludwig Weth bringen solche Aussagen auf die Palme. Der 66-Jährige fühlt sich mit seinen Bedenken im Ort recht allein auf weiter Flur. Wenn es nach ihm gegangen wäre, hätte es weder das Kraftwerk noch die Laufzeitverlängerung gegeben. Seit Mitte der 1970er Jahre mit dem Bau der Anlage begonnen wurde, tut Weth seine Kritik kund. Oft schon sei er für seine Meinung „geprügelt" worden, erzählt er. „Manchen Menschen scheint die Gewerbesteuer wichtiger zu sein als die eigene Sicherheit", sagt Weth. Dass im Zuge des von der Regierung beschlossenen Moratoriums die sieben ältesten deutschen Kraftwerke rasch vom Netz sollen, hält er zwar für sinnvoll. Aber er möchte mehr: „Unser Kraftwerk muss, so wie es ursprünglich einmal vorgesehen war, 2014 abgeschaltet werden." Für Weth ist es auch eine Vertrauensfrage. „Da braucht man sich nur immer wieder die Liste von Vorfällen anzuschauen, um zu sehen, wie viel bei diesem Thema bagatellisiert wird."

Die Kraftwerksbetreiber selbst hören so etwas freilich nicht gerne. „Kraftwerke sind die am höchsten gesicherten Industrieanlagen in Deutschland, es finden laufend Sicherheitskontrollen und Überprüfungen statt", sagt Bernd Gulich vom Kraftwerksbetreiber Eon. Gulich ist für die Standortkommunikation am Werk in Grafenrheinfeld verantwortlich, sein Anliegen ist es, den rund 7000 Besuchern pro Jahr einen möglichst umfassenden Einblick in das Kraftwerk zu bieten. [...] Eine Katastrophe wie in Japan, ergänzt Gulich, sei hier schon deshalb nicht denkbar, weil das KKW Grafenrheinfeld, das im Gegensatz etwa zum Katastrophenreaktor in Fukushima auf einem Druckwasserreaktor basiert, weder durch ein derart heftiges Erdbeben noch durch einen Tsunami getroffen werden könnte. [...] Bevor er den Besucher mit reichlich Informationsmaterial entlässt, betont er noch, dass er gerade die vehementen Kernkraftgegner einlädt, sich doch mal persönlich ein Bild zu machen.

Eine Einladung, die Babs Günther dankend ablehnt. Die 56-Jährige lebt im etwa fünf Kilometer entfernten Gochsheim. Schon der Katastrophenschutzplan, der regelmäßig an alle Haushalte verteilt wird, löst bei ihr Kopfschütteln aus. Bei einem Reaktorunglück müsste sie in ein Notfalllager nach Kitzingen, der Weg dorthin würde ausgerechnet am Kraftwerk vorbeiführen, „allein das ist doch widersinnig", sagt Günther.

Die Sozialpädagogin hat im vergangenen Jahr ein Aktionsbündnis gegen Atomkraft ins Leben gerufen. Günther protestierte bereits vor 21 Jahren, als die Brennstäbe noch durch ihren Ort rollten, und sie gehörte zu den Privatklägerinnen gegen das Zwischenlager, das 2006 errichtet wurde. Am vergangenen Montag hat sie eine Mahnwache in Schweinfurt organisiert, etwa 500 Menschen seien gekommen, erzählt sie.

Günther sagt, sie spüre seit längerem eine Veränderung bei den Menschen, sie seien sensibler geworden für das Thema, und das nicht erst seit der Katastrophe in Japan. [...] „Die Menschen müssen aber bereit sein, auch die daraus entstehenden Konsequenzen hinzunehmen, und sich über Alternativen Gedanken machen."

Gedanken macht sich inzwischen auch Isabell Gerstenmayer (32). Vor sieben Jahren ist die junge Frau bewusst in die Gemeinde Grafenrheinfeld gezogen, eine Eigentumswohnung hatte es ihr angetan, das KKW war ein verkraftbarer Begleiteffekt, gesteht sie ganz offen.

Seitdem ihre Tochter auf der Welt ist, betrachtet sie die Dinge jedoch ein wenig kritischer. „Als ich im Radio von den Plänen der Regierung gehört habe, die sieben ältesten Meiler abzuschalten, habe ich mir insgeheim gewünscht, dass sie das auch für Grafenrheinfeld ankündigen", sagt sie, während sich die zweijährige Sofia die letzten Reste ihrer Schokoeiscreme über die Jacke kippt.

Vielleicht wird Isabell Gerstmayer ihr irgendwann „Die Wolke" von Gudrun Pausewang vorlesen. Aktuell sucht man in der Gemeindebibliothek danach jedoch vergebens. Die Hülle der einzig verfügbaren Buchversion des Jugendromans über einen Reaktorunfall sei kaputt, sagt die Frau an der Ausleihe. Sie werde derzeit repariert.

Stephanie Händel, Nürnberger Zeitung

Textverständnis

1 Im Text kommen mehrere Leute zu Wort. Ordnen Sie die Meinungen links den Personen rechts zu. Schreiben Sie den richtigen Buchstaben in das Kästchen. Ein Beispiel ist angegeben.

Beispiel: Ich habe kein Vertrauen in die Notfallsplanung. `F`

A.	Sabine Lutz	
B.	der Pensionswirt	
C.	der AKW-Arbeiter	
D.	Ludwig Weth	
E.	Bernd Gulich	
F.	*Babs Günther*	
G.	Isabell Gerstenmayer	

1 Man kann nie erwarten, vollkommen sicher zu sein. ☐

2 Wegen des AKWs hat man viel in die Infrastruktur der Gemeinde investieren können. ☐

3 Ich hatte gehofft, man würde die hiesige Anlage auch gleich vom Netz nehmen. ☐

4 Es gibt keinen Industriebereich in Deutschland, der so sicher ist wie die Kernkraft. ☐

5 Die Leute müssen mehr über erneuerbare Energie nachdenken. ☐

6 Wenn ich meine Meinung offen sage, werde ich oft kritisiert. ☐

7 Die Leute wohnen alle freiwillig hier in dieser Gegend. ☐

8 Ich möchte, dass die Atomkraftgegner die AKW-Anlage besichtigen kommen. ☐

9 Ich verdiene gut am Kraftwerk. ☐

10 Die Einnahmen für die Gemeinde werden von einigen Menschen zu hoch geschätzt. ☐

11 Ich möchte die AKW-Anlage nicht besichtigen. ☐

2 Beantworten Sie folgende Fragen zum Text.

12 Was für eine Stimmung erweckt die Ortsbücherei?

13 Wie weit ist das AKW von der Kleinstadt?

14 Welche drei Sorten von Gästen übernachten in der Pension?

15 Wie fühlt sich der AKW-Arbeiter bei der Arbeit?

16 Als die Anlage gebaut wurde, wie lange sollte sie planmäßig in Betrieb bleiben?

17 Welche drei Gründe nennt Bernd Gulich, warum man Grafenrheinfeld nicht mit Fukushima vergleichen kann?

18 Warum hält Babs Günther den Evakuierungsplan für unsinnig?

19 Warum ist Isabell Gerstenmayer nach Grafenrheinfeld gekommen?

20 Warum ist Isabells Tochter an der Diskussion nicht interessiert?

21 Warum kann man das Buch „Die Wolke" nicht von der Bibliothek ausleihen?

Grammatik unter der Lupe: der Konjunktiv bei indirekter Rede

Der Konjunktiv wird in der indirekten Rede verwendet und kommt deshalb oft in Zeitungsartikeln vor.

Er wird mit **Verbstamm + Endung** gebildet. Die Endungen sind fast dieselben wie beim Indikativ Präsens, nur die 3. Person Singular ist -*e*. Es heißt also:

er habe …   sie werde …   es gebe …   man könne …

Bei *sein* werden alle Personen mit dem Verbstamm *sei-* gebildet, zum Beispiel:

ich/er sei …   wir/sie seien …

1 Finden Sie im Text Beispiele für *er/sie/es* und *sie* (Plural)

Der Konjunktiv bei indirekter Rede kann auch andeuten, dass der Autor die Aussage nicht vollkommen glaubt, oder dass die Aussage nicht nachzuweisen ist, zum Beispiel:

- *Er **sei** kein ausgesprochener Kernkraftbefürworter, betont der Mann.* (Z. 24–25)

Will der Autor darauf hinweisen, dass eine Aussage feste Tatsache oder zumindest sehr glaubwürdig ist, dann kann er den Indikativ verwenden, zum Beispiel:

- *das KKW **war** ein verkraftbarer Begleiteffekt, gesteht sie ganz offen.* (Z. 61–62)

2 Finden Sie noch ein Beispiel im Text (Z. 21–30), wo der Indikativ in der indirekten Rede verwendet wird.

3 Formen Sie jetzt bei den folgenden Sätzen die direkte Rede in die indirekte Rede um.

1   Sie hat mir gesagt: „Ich werde einen Protestbrief schreiben."

2   Er versichert mir: „Es lohnt sich, das Buch zu lesen."

3   Die Frau meint: „Ich bin sicher, ich habe ihn schon mal gesehen."

4   Die Demonstrantin warf dem Lkw-Fahrer vor: „Sie unterstützen die Atomkraft!"

5   Der junge Mann meinte: „Man kann den Atommüll nie sicher lagern."

Textsorte: Bericht

Ein Bericht kommt in mehreren Situationen vor, zum Beispiel:

- eine schriftliche Zusammenfassung von Tatsachen zu einem Thema, eventuell mit Empfehlungen, im Auftrag bzw. im Namen einer Organisation
- eine offizielle (z. B. polizeiliche) schriftliche Schilderung eines Vorfalls
- die schriftliche Aussage eines Augenzeugen

Es ist deswegen wichtig, in der IB-Prüfung den Zusammenhang richtig zu erkennen und die Form des Berichtes anzupassen.

Vor allem soll der Bericht eine **sachliche** Beschreibung der Tatsachen sein, ohne persönliche Meinungen und Gefühle oder stilistische Verzierungen. Auch hier hilft es wieder sich klar zu machen, wer diesen Bericht lesen wird und zu welchem Zweck.

Schriftliche Übung

Bei der im Artikel erwähnten Mahnwache (Z. 56) ist es zu einem unangenehmen Zwischenfall gekommen. Ein älterer Autofahrer hat die Demonstranten laut belästigt, ist dann über mehrere Plakate gefahren und hat dabei einige Kleinkinder verängstigt. Die Polizei musste einschreiten. Der Mann beklagt sich, dass sein Auto an mehreren Stellen beschädigt wurde. Die Demonstranten beschweren sich dagegen, dass er absichtlich grob fahrlässig gehandelt und ihr Eigentum beschädigt hat.

Sie haben als unbeteiligter Passant diesen Zwischenfall gesehen und sind von der Polizei gebeten worden, eine Zeugenaussage zu machen.

Schreiben Sie diese **Zeugenaussage**. Schildern Sie dabei ganz sachlich,

- warum Sie da waren,

- wie es zu dem Zwischenfall gekommen ist,

- was genau passiert ist,

- wer oder was dabei geschädigt worden ist.

Benutzen Sie die Checkliste für einen Bericht auf S. 321. Schreiben Sie 250–400 Wörter.

Schriftliche Übung

Bernd Gulich, Leiter der Kommunikationsabteilung im AKW-Grafenrheinfeld, hat eine E-Mail von seinem Vorgesetzten bekommen:

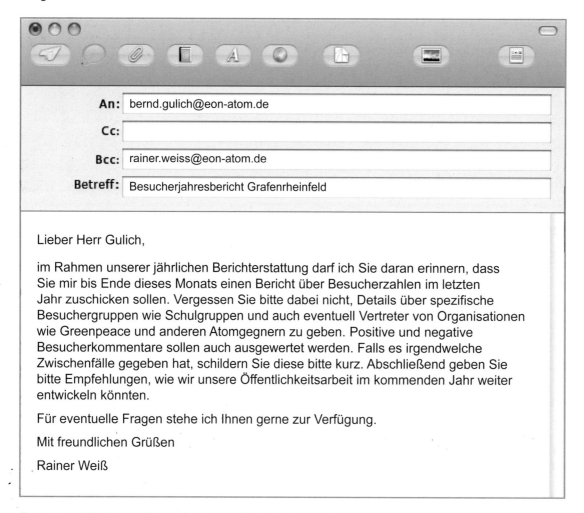

An: bernd.gulich@eon-atom.de

Cc:

Bcc: rainer.weiss@eon-atom.de

Betreff: Besucherjahresbericht Grafenrheinfeld

Lieber Herr Gulich,

im Rahmen unserer jährlichen Berichterstattung darf ich Sie daran erinnern, dass Sie mir bis Ende dieses Monats einen Bericht über Besucherzahlen im letzten Jahr zuschicken sollen. Vergessen Sie bitte dabei nicht, Details über spezifische Besuchergruppen wie Schulgruppen und auch eventuell Vertreter von Organisationen wie Greenpeace und anderen Atomgegnern zu geben. Positive und negative Besucherkommentare sollen auch ausgewertet werden. Falls es irgendwelche Zwischenfälle gegeben hat, schildern Sie diese bitte kurz. Abschließend geben Sie bitte Empfehlungen, wie wir unsere Öffentlichkeitsarbeit im kommenden Jahr weiter entwickeln könnten.

Für eventuelle Fragen stehe ich Ihnen gerne zur Verfügung.

Mit freundlichen Grüßen

Rainer Weiß

Schreiben Sie diesen **Besucherjahresbericht**. Benutzen Sie zur Kontrolle die Vorlage und die Checkliste für einen Bericht auf S. 321. Schreiben Sie 250–400 Wörter.

Gudrun Pausewang hat 1987 das Jugendbuch „Die Wolke" geschrieben. Der Roman schildert die Nachfolgen eines Atomreaktorunglücks in der Gegend um Grafenrheinfeld aus der Sicht der 15-jährigen Janna-Berta. In dem folgenden Auszug versucht sie mit ihrem kleinen Bruder Uli mit dem Fahrrad aus ihrer Heimat im 80 Kilometer entfernten Schlitz zu flüchten.

Zwischen Oberwegfurth und Unterwegfurth fiel Ulis Teddy vom Gepäckträger. Es dauerte eine Weile, bis Janna-Berta ihn wieder fest geklemmt hatte. Heimlich verwünschte sie das grinsende Plüschvieh.

Dann kam schon die Autobahnbrücke, die das Fuldatal überquerte, in Sicht.

Aber Janna-Berta und Uli sahen nicht hinüber. Sie waren damit beschäftigt, Wagen wiederzuerkennen, die vor einer guten Weile an ihnen vorbeigerauscht waren. Kurz hinter Unterwegfurth überholten sie den Besitzer des Supermarkts, den Briefträger, Ulis Lehrerin, die Verkäuferin aus dem Metzgerladen. **5**

„Seid ihr beiden allein unterwegs?", fragte die Lehrerin aus einem schmalen Fensterspalt.

Als Uli nickte, rief sie: „Kommt! Wenn ihr euch auf die Koffer setzt und die Köpfe einzieht, könnte es gehen."

„Nein", rief Uli zurück. „So kommen wir schneller voran!"

Dort, wo die Straße aus dem Schlitzer Ländchen auf die Bundesstraße 62 stieß, begriff Janna-Berta, warum der Verkehr so zäh floss: Bis hierher reichte die Doppelschlange, die sich vor der Autobahnauffahrt staute. Als sie zur Autobahnbrücke hinübersah, entdeckte sie, dass dort nur Einbahnverkehr herrschte: Auf der Fahrbahn, die über Fulda und an Schweinfurt vorbei nach Würzburg führte, kroch der Verkehr in der falschen Richtung. **10**

„Schau zur Brücke!", rief sie Uli zu. „Lauter Geisterfahrer!"

Wo die Autobahnauffahrt von der B 62 abzweigte, versuchten ein paar Polizisten, Ordnung zu schaffen. Aber nur wenige Fahrer folgten ihren Anweisungen. Die Beamten, die schimpfend und gestikulierend zwischen den Wagen herumhasteten, wirkten lächerlich. Janna-Berta wunderte sich: Bisher hatte sie die Polizisten nie so gesehen. Sie hatte immer großen Respekt vor ihnen gehabt. **15**

Auf der Autobahnauffahrt bewegte sich so gut wie gar nichts. Dicht an dicht fuhren oben die Wagen und gaben nur selten einem, der von unten kam, den Weg frei. Unten an der Abzweigung wurde das Chaos immer schlimmer. Eine Frau am Steuer eines kleinen Fiat, der seitlich abgedrängt worden war, schrie verzweifelt. Drei Kinder auf dem Rücksitz schrien mit. Zwei andere Wagen standen ineinander verkeilt. Aber niemand kümmerte sich darum. Offensichtlich waren sie von ihren Besitzern im Stich gelassen worden. Wer auf die Autobahn wollte, musste die Wracks umfahren. **20**

25 ▷ Uli blieb stehen und gaffte. Als Janna-Berta ihn antreiben wollte, wurde er wütend.

„Siehst du vielleicht 'ne Wolke?", rief er. „Lass mich in Ruh!"

„Das Gift ist unsichtbar", sagte Janna-Berta. „Also kann man sie nicht sehen."

Uli warf einen misstrauischen Blick in den Himmel, dann stieg er auf und sie fuhren weiter.

Ein paar Wagen, die schon in die Autobahnauffahrt eingebogen waren, wendeten nun auf der Hangwiese und fuhren in
30 ▷ Richtung Bad Hersfeld. Die Straße nach Niederaula war breit und eben, eine richtige Rennstrecke. Aber auch hier fuhr
man kaum noch schneller als fünfzig. Zweispurig kroch die Kolonne nordwärts. Dann bildete sich eine dritte Spur. Ein
einsamer Ford, der aus Niederaula südwärts strebte, musste halb aufs Bankett.

Janna-Berta behielt Uli im Auge. Er fuhr immer langsamer und machte gefährliche Schlenker. Er tat ihr Leid. Wie er
schwitzte! Jetzt wehte nur noch eine sanfte Brise, die Luft war schwül. Unter den Achseln und am Rücken war Ulis
35 ▷ Hemd durchnässt. Die Jacke hatte er längst auf den Gepäckträger geklemmt.

Kurz vor Niederaula sah Janna-Berta, wie die Leute die Köpfe aus den Seitenfenstern streckten. Sie riefen sich eine
neue Schreckensmeldung zu: Im Süden kam ein Gewitter auf, das hinter ihnen herzog. Und eben war gemeldet worden,
dass die ganze vermutliche Fallout-Fläche zwischen Grafenrheinfeld und Bad Hersfeld in einem Gürtel von fünfzig
Kilometern Breite evakuiert werde. Eine reine Vorsichtsmaßnahme, hieß es, um jedes Risiko auszuschließen.

40 ▷ „Da hast du's!", rief Uli und zeigte nach Süden: „Man sieht sie *doch*!"

Aus den Rufen und den Radiomeldungen, die sie im Vorüberfahren aufschnappen konnte, machte sich Janna-Berta ein
Bild der Lage.

„Reine Vorsichtsmaßnahme?", hörte sie einen jungen Mann sagen. „Dass ich nicht lache! Wahrscheinlich hat uns das
Zeug längst eingeholt."

45 ▷ „Ich glaub gar nichts mehr", rief eine Frau auf dem Anhänger eines Traktors. Ein paar Kinder kauerten auf
Gepäckbergen um sie herum. Als der Anhänger an Janna-Berta und Uli vorüberkam, rief ihnen die Frau zu: „Seid ihr
allein? Kommt rauf, für zwei ist noch Platz!"

Janna-Berta dankte und schüttelte den Kopf. Auf den Rädern waren sie jetzt besser dran. Und sie wusste ja auch nicht,
wo die Traktorleute hinwollten. Sie und Uli hatten ein festes Ziel: den Bahnhof von Bad Hersfeld.

Gudrun Pausewang, „Die Wolke", © 1987 Ravensburger Buchverlag Otto Maier GmbH, Ravensburg

Textverständnis

1 Beantworten Sie die folgenden Fragen, die sich auf die erste Hälfte des Textes beziehen (Z. 1–24). Schreiben Sie den Buchstaben der richtigen Antwort in das Kästchen.

1 Wie reagierte Janna-Berta, als Ulis Teddy herunterfiel?

  A. Sie wollte ihn da lassen.

  B. Sie machte sich Sorgen, dass er schmutzig wurde.

  C. Sie wollte fluchen.

  D. Sie wünschte, sie hätte ihn zu Hause gelassen.

2 Ulis Lehrerin sprach mit den beiden …

  A. … durch ein geschlossenes Autofenster.

  B. … durch das Schiebedach.

  C. … durch ein weit geöffnetes Autofenster.

  D. … durch eine kleine Öffnung im Autofenster.

3 Warum meinte Uli, sie seien mit den Fahrrädern schneller?

  A. Die Autobahn war gesperrt.

  B. Die Autos standen alle im Stau.

  C. Die Autos fuhren in der falschen Richtung.

  D. Die Autos waren alle zu voll geladen.

4 „Geisterfahrer" (Z. 14) sind …

  A. … Autofahrer, die im Dunkeln ohne Licht fahren.

  B. … Autos, die mitten auf der Straße leer und verlassen stehen.

  C. … Autofahrer, die neben der Straße auf dem Bankett fahren.

  D. … Autos, die auf der falschen Straßenseite fahren.

5 Wie reagierte Janna-Berta auf die Polizisten auf der Straße?

  A. Sie fand sie absurd.

  B. Sie hatte Angst vor ihnen.

  C. Sie hat sie respektvoll angesehen.

  D. Sie ignorierte sie.

6 Die Frau im Fiat war verzweifelt, weil …

  A. … ihr Auto eine Panne hatte.

  B. … sie allein im Auto saß.

  C. … man sie gezwungen hat, von der Straße zu fahren.

  D. … sie mit einem anderen Auto zusammengestoßen war.

2 Die folgenden Aussagen beziehen sich auf die zweite Hälfte des Textes (Z. 25–49). Kreuzen Sie an, ob sie aufgrund des Textes richtig oder falsch sind. Begründen Sie Ihre Antwort mit Informationen aus dem Text.

	richtig	falsch
Beispiel: Uli wollte ungern weiterfahren.	☒	☐

Begründung: Als Janna Berta ihn antreiben wollte, wurde er wütend

	richtig	falsch
7 Die Autos fuhren wie auf einer Rennstrecke.	☐	☐

Begründung: ....

	richtig	falsch
8 Alle Fahrer wollten nach Norden.	☐	☐

Begründung: ....

	richtig	falsch
9 Uli wurde müde.	☐	☐

Begründung: ....

	richtig	falsch
10 Es fing an zu regnen.	☐	☐

Begründung: ....

	richtig	falsch
11 Janna-Berta konnte Teile der Nachrichten hören.	☐	☐

Begründung: ....

3 Geben Sie kurze Antworten auf die folgenden Fragen.

12 Von wem kommt die Meldung, dass die Evakuierung eine reine Vorsichtsmaßnahme ist?

13 Wie findet der junge Mann (Z. 43) diese Meldung?

14 Warum will Janna-Berta nicht mit dem Traktor mitfahren? Nennen Sie zwei Gründe.

Weiterdenken

Überlegen Sie in kleinen Gruppen: Was würden Sie an Janna-Bertas Stelle in dieser Situation machen? Würden Sie auch weiter mit dem Fahrrad fahren oder das Angebot der Frau auf dem Traktor annehmen?

Schriftliche Übung

Schreiben Sie den Dienstbericht eines der Polizisten, der vergebens versucht hat, Ordnung zu schaffen (Z. 15). Der Polizist soll dabei schildern,

- warum die Polizei hierhin bestellt wurde,

- wie die Situation bei ihrer Ankunft aussah,

- was die Polizisten unternommen haben, um die Situation unter Kontrolle zu bringen,

- wie die Leute reagiert haben, und

- was die Polizisten zum Schluss gemacht haben und warum.

Benutzen Sie die Checkliste für einen Bericht auf S. 321. Schreiben Sie 250–400 Wörter.

Kurz nach Fukushima, aber bevor die deutsche Regierung den Ausstieg aus der Atomkraft beschlossen hat, hat Gudrun Pausewang ein kurzes Interview gegeben.

Im Interview fehlen die Fragen der Interviewerin, die Sie im ersten Schritt der Textverständnisübung einordnen müssen.

Nach dem Atomunfall ist „Die Wolke" wieder gefragt

Nach der Reaktorkatastrophe in Japan wird Gudrun Pausewangs Jugendbuch-Klassiker „Die Wolke" wieder gekauft. Die Nachfrage sei in den vergangenen Tagen stark gestiegen, bestätigte eine Sprecherin des Ravensburger Verlags auf der Leipziger Buchmesse. „Nach den entsetzlichen Ereignissen in Japan steigt bei den Menschen das Bedürfnis nach literarischer Verarbeitung."

[–1–]

Gudrun Pausewang: Ja, leider. Ich wollte, diese Reaktorkatastrophe wäre nie geschehen. Es ist eine tief traurige, niederdrückende Bestätigung.

[–2–]

G.P.: Nein. Ich habe mich schon damals über mögliche Folgen einer Reaktorkatastrophe gut informieren können. Die Antiatomkraftbewegung der Siebziger- und Achtzigerjahre hat ihren Angehörigen bereits gutes Infomaterial angeboten.

[–3–]

G.P.: Tiefes Mitgefühl mit den Opfern. Und die bisher unbeantwortet gebliebene Frage, warum sich das japanische Volk nicht gegen die Atomindustrie auf ihren so oft von Erdbeben heimgesuchten und von Seebeben bedrohten Inseln gewehrt hat.

[–4–]

G.P.: Ich traue unserer Regierung nicht. Das Moratorium lässt vermuten, dass es ihr vor allem um den für sie günstigen Ausgang der Wahlen geht. Unser Volk aber verlangt in seiner Mehrheit ein möglichst baldiges, totales Ende der Atomkraftnutzung.

[–5–]

G.P.: Ich wollte warnen. Natürlich kann Warnung Angst wecken. Aber man sollte die Angst nicht so verteufeln. Sie wurde uns von der Natur mitgegeben als Hilfe zum Überleben. Ich glaube schon, dass die politische Einstellung vieler heutiger Atomkraftgegner während ihrer Lektüre meiner „Wolke" entstand.

Interview: Sandra Trauner, Deutsche Presse Agentur (dpa)

„Wenn ich die Folgen geahnt hätte, wäre ich Uhrmacher geworden."

Albert Einstein

Textverständnis

1 Im Interview fehlen die Fragen der Interviewerin. Wählen Sie aus der Liste unten rechts die Fragen, die am besten passen, und schreiben Sie die Buchstaben in die Kästchen.

1 ☐

2 ☐

3 ☐

4 ☐

5 ☐

A. Wie beurteilen Sie die Reaktion der deutschen Regierung?

B. Warum ist das Buch Ihrer Meinung nach wieder so populär?

C. Fühlen Sie sich durch die Ereignisse in Japan bestätigt?

D. Was wollten Sie mit der „Wolke" erreichen? Und ist es Ihnen gelungen?

E. Wie sehen Sie die Zukunft der Atomenergie?

F. Was empfinden Sie, wenn Sie diese Bilder im Fernsehen sehen?

G. Ihr Roman entstand nach Tschernobyl – hätten Sie nach Fukushima anders geschrieben?

2 Welche Wörter in der rechten Spalte entsprechen am besten den Wörtern aus dem Text links?

6 niederdrückende (Z. 6) ☐

7 Angehörigen (Z. 8) ☐

8 heimgesuchten (Z. 10) ☐

9 verlangt (Z. 13) ☐

10 Einstellung (Z. 16) ☐

A. geschonten

B. Anhängern

C. Anpassung

D. befallenen

E. fördert

F. Denkweise

G. deprimierende

H. Verwandten

I. eindeutige

J. fordert

Weiterdenken

Diskutieren Sie in kleinen Gruppen.

- Warum, meinen Sie, hat das japanische Volk nicht schon vorher gegen Atomkraft protestiert?
- Warum, meinen Sie, ist die deutsche Mehrheit jetzt eindeutig gegen Atomkraft?
- Hat sich Ihre Meinung zur Atomenergie im Laufe dieser Einheit geändert? Warum (nicht)?
- Wie ist die Meinung zur Atomkraft in Ihrem Heimatland?

Schriftliche Übung

„ ... die Angst ... wurde uns von der Natur mitgegeben als Hilfe zum Überleben"

Gudrun Pausewang

Schreiben Sie zu diesem Zitat eine Stellungnahme von 150–250 Wörtern. Benutzen Sie die Checkliste für eine Stellungnahme auf S. 319.

9. Die Schriftliche Aufgabe

Während des zweiten Jahres Ihres *IB*-Studiums müssen Sie eine schriftliche Arbeit von 300–400 Wörtern mit zusätzlicher Begründung (100 Wörter) schreiben. Diese Arbeit basiert auf vorgegebenen Texten zu einem Kernthemenbereich. Für die Arbeit wird eine der Textsorten aus *Paper 2* verwendet. Ziel dieses Kapitels ist es, Ihnen Gelegenheit zu geben, sich mit dieser Art von Aufgabe vertraut zu machen und die verschiedenen Phasen durchzuarbeiten.

Orientierungsphase

Die Tabelle unten soll helfen, die Grundfragen zur Schriftlichen Aufgabe anzusprechen.

Fragen	Antworten	*Bemerkungen*
Was?	eine schriftliche Arbeit von 300–400 Wörtern eine Begründung von 100 Wörtern	*in dieser Begründung erklären Sie, warum Sie Ihre Antwort in diesem Stil/Format verfasst haben*
Wann?	im zweiten Jahr des Diploms während des Unterrichts	*ca. 3–4 Stunden werden empfohlen*
Basiert auf?	3 vom Lehrer ausgesuchten Texten zu einem der Kernthemenbereiche	*breit gefächerte Themenbereiche, aber die Texte hängen inhaltlich und thematisch zusammen*
Wie?	Jeder Schüler wählt seinen eigenen individuellen Ansatz. Schreiben nur mithilfe der Quellentexte und eines Wörterbuchs.	*mithilfe des Lehrers*
Bewertung?	20 % der Gesamtnote 25 Punkte: Sprache 8 Inhalt 10 Format 4 Begründung 3	*Sprache: Satzstruktur und Wortschatz* *Inhalt: Relevanz und Aufbau* *Format: Textsorte und Stil*

Das folgende Beispiel erklärt diese Grundlagen:

Kernthema und Aspekt	Bezug	Quellentexte	Fokus der Antwort	Textsorte	Begründung
Globale Fragen – Umwelt	Bau einer Umgehungsstraße	1. Zeitungsartikel über die Pläne 2. Interview mit einem Dorfbewohner 3. Flugblatt einer Protestgruppe	Zerstörung der Umwelt	Leserbrief eines Dorfbewohners an die Zeitung	zur Wahl des Ansatzes und des Formats

Vorbereitungsphase

1 Nehmen wir jetzt den für dieses Beispiel gewählten Aspekt des Kernthemas genauer unter die Lupe. Was wissen Sie schon über die Problematik von Umgehungsstraßen? Diskutieren Sie mit einem Mitschüler und machen Sie zusammen eine Liste von den eventuellen Vor- und Nachteilen einer Umgehungsstraße um eine Kleinstadt.

2 Wären folgende Personen für oder gegen eine solche Straße? Warum? Diskutieren Sie mit einem Mitschüler.

- eine junge Mutter
- der Besitzer einer Tankstelle an der Hauptstraße in der Stadt
- der Inhaber einer Speditionsfirma in einer benachbarten Großstadt
- die Besitzerin eines Gasthofes mit einer populären Terrasse mit Waldblick in Stadtnähe
- ein Bauer mit Land am Stadtrand
- die Leiterin der Ortsbücherei
- der Bürgermeister der Stadt

Quellentexte lesen

Jetzt lesen Sie drei kurze Texte zu diesem Thema auf den folgenden Seiten.

Lesen Sie die Texte mithilfe eines Wörterbuchs und notieren Sie dabei Schlüsselinformationen, die helfen sollen, einen Ansatzpunkt für Ihre eigene schriftliche Arbeit zu finden.

Bei den Texten handelt es sich um einen Zeitungsartikel, ein Interview mit der Rektorin der Grundschule und ein Flugblatt des ortsansässigen Naturschutzvereins.

TEXT A

Umstrittene Umgehung

Erste Proteste gegen 17,5-Millionen-Euro-Projekt

Die ersten Proteste ließen nicht lange auf sich warten. Seit Montag liegen die Planunterlagen für die Ortsumgehung Freigericht und Hasselroth in den Rathäusern aus. Noch am gleichen Tag reihten sich in Niedermittlau 20 Landwirte neben Plakaten mit der Aufschrift „Stoppt Landfraß" auf.

Der Bauernverband betont, nicht generell gegen das auf 17,5 Millionen Euro geschätzte Straßenprojekt zu sein, moniert aber die Trassenführung. Gleichwohl ist nicht nur der Kreisvorsitzende Bruno Wörner skeptisch, welche Entlastung die mehr als fünf Kilometer lange Neubaustrecke zwischen Neuses und Niedermittlau verspricht. Auch die Grünen gehören zu den Kritikern. Ein Grund: die bescheidene Reduzierung des Verkehrsaufkommens in einigen Ortsteilen. 9500 Autos täglich, 300 weniger als bisher, prognostizieren die Verkehrsplaner zuletzt für Gondsroth, 17.600 für die Bahnhofstraße in Neuenhaßlau. Anders sieht es Freigerichts parteiloser Bürgermeister Joachim Lucas, der das Planfeststellungsverfahren begrüßt. „Unsere Ortskerne werden in jedem Fall von Verkehr, Lärm und Abgasen befreit."

Jahrzehntealte Diskussion

Seit den 70er Jahren ist die Umgehungsstraße im Gespräch. Als wichtigen Schritt für das Projekt wertete der CDU-Landtagsabgeordnete Hugo Klein den vorige Woche unterzeichneten Planfeststellungsbeschluss für den Abschnitt der Bahnhofssiedlung Niedermittlau. Dort soll möglichst bis 2017 das Wohngebiet südlich umfahren, dazu eine Brücke über die Bahnstrecke errichtet werden.

Ohne das zwölf Millionen Euro teure Projekt und einen hindernisfreien Anschluss an die A 66 bei Rothenbergen wäre die Ortsumgehung sinnlos, sagt der in Freigericht beheimatete Klein.

Über das jetzt eröffnete Anhörungsverfahren mit Einwendungsfrist bis zum 29. Mai mag er nicht spekulieren. Die Proteste der Landwirte dürften Klein wie auch das Amt Hessen Mobil nicht überraschen. Auch dort spricht man von einer „naturschutzrechtlich sensiblen Trasse, die viele freie Flächen durchschneidet".

Ausgleichsflächen sind vor allem bei Niedermittlau vorgesehen. Zudem soll ein derzeit benötigtes Straßenstück verschwinden und die Landesstraße zwischen Neuses und Horbach zum Wirtschaftsweg gestutzt werden.

Kommt es zu Klagen? Stellt das Verkehrsministerium, das die Realisierung einst bis 2016 in Aussicht gestellt hatte, bei knappen Kassen und Schuldenbremse überhaupt noch genug Geld zur Verfügung. All das ist noch offen, sagt Klein, der einen Baubeginn nicht vor 2017 erwartet. „2020 wäre ein schönes Datum für die Fertigstellung", fügt Lucas hinzu.

Jörg Andersson, Frankfurter Rundschau

TEXT B

Die Schule soll ein sicherer Ort sein!

Wir sprachen mit Dagmar Reichelt, Rektorin der Grundschule, die im Ortskern von Hasselroth fast direkt an der Hauptstraße liegt.

Reporter: Was ist Ihre Meinung zu der vorgeschlagenen Umgehungsstraße?

Rektorin: Ich bin 100%ig dafür. Die hätte man vor Jahren schon bauen sollen. Die Situation hier im Ort wird immer unerträglicher.

Reporter: Inwiefern betrifft Sie die Sache hier in der Schule?

Rektorin: Wie Sie sehen, liegt unsere Schule weniger als hundert Meter von der Hauptstraße entfernt. Das heißt, wir müssen mit dem Verkehr vor, nach und auch während der Schulzeit kämpfen. Der ganze Durchreiseverkehr quält sich durch unseren doch sehr engen Ortskern, einschließlich vieler Lkws. Es ist ein gefährlicher Schulweg für Kinder im Grundschulalter. Oft haben die Eltern noch einen Kinderwagen dabei und keine Hand frei um kleinere Kinder an die Hand zu nehmen. Man hat schließlich nur zwei Hände. Alleine zur Schule gehen kommt ganz und gar nicht in Frage. Im Winter ist es besonders schlimm, da es noch halb dunkel ist, wenn unsere Schüler morgens ankommen. Und, fürchte ich, viele Autofahrer hetzen frühmorgens, besonders der Durchgangsverkehr.

Reporter: Ist es schon mal zu Unglücksfällen gekommen?

Rektorin: Wir haben zwar keine schweren Unfälle gehabt in den vier Jahren, seit ich hier Rektorin bin, aber ich meine, das ist reine Glückssache. Fast jede Woche höre ich von Lehrern, dass Eltern mit ihnen über Beinaheunfälle gesprochen haben. Vor fünf Jahren wurde ein achtjähriges Mädchen von einem Auto angefahren, als der Fahrer versucht hat, einen anhaltenden Kleintransporter zu überholen. Sie kam relativ glimpflich davon – nur ein gebrochener Arm –, aber das haben sie und ihre Mutter trotzdem seelisch nicht so leicht verkraften können.

Reporter: Tun Sie etwas in der Schule, um das Risiko zu mindern?

Rektorin: Die Lehrer haben dieses Jahr extra Straßenaufsichtsdienste auf sich genommen. Wir haben sogar den Haupteingang in eine ruhige Nebenstraße verlegt. Aber wir können den Verkehr nicht wegzaubern, und ein Großteil der Wohngebiete liegt auf der anderen Seite dieser Straße. Wir besprechen das Thema Verkehrssicherheit auch im Unterricht, aber es dauert nur einen Augenblick, und dann kann es schon zu spät sein …

Reporter: Was würden Sie den Gegnern dieser geplanten Straße sagen, besonders den einflussreichen Umweltverbänden?

Rektorin: Ist denn der Mensch weniger wert als ein Fasan oder ein Frosch? Wir wollen die Schule als sicheren Ort für zukünftige Generationen erhalten.

TEXT C

Kampf der Trasse!

Aufruf zum Protestmarsch!

**Die Naturschutzfreunde Main-Kinzig
und der Bauernbund Niedermittlau
rufen interessierte Bürgerinnen und Bürger auf,
am Sonntag, 5. April an einem Protestmarsch
entlang der geplanten Trasse der Umgehungsstraße teilzunehmen.**

Wir starten an der Einfahrt zum Hof Krämer um 14 Uhr. Zum Schluss versammeln wir uns zum gemeinsamen Kaffeetrinken auf der Wiese vor dem Gasthof Zum Löwen. Im Gasthof gibt es außerdem eine Ausstellung zum Thema „Natur vor der Haustür".

Entlang der Trasse machen wir mehrmals Pause, um kurze Ansprachen zu halten und Informationen zu verteilen, unter anderem:

- zum Planungsverfahren – Finanzierung, Termine und Ansprechpersonen

- zu den Auswirkungen auf die hiesige Landwirtschaft – Verlust von wertvollem Ackerland

- zu den Folgen für die Biodiversität – Kiebitze werden von ihren Nistplätzen verdrängt und Biber, Fasanen, Frösche und Fledermäuse sind bedroht

- zur Lärmbelastung am Ortsrand

- zur tatsächlichen Verkehrsbelastung im Ort – einschließlich realistischer Alternativmaßnahmen, wie der Einführung von Tempo 30 auf der Hauptstraße

Setzen auch Sie Ihren Namen auf die Liste der Gegner der neuen Umgehungsstraße!

Ab sofort sammeln wir Unterschriften gegen den geplanten Bau der Umgehungsstraße, und werden diese zu gegebenem Anlass dem Gemeinderat vorlegen. Hierfür entstehen natürlich keine Kosten. Unterschriftenlisten werden während der Demo herumgehen, liegen aber schon vorher beim Gasthof Zum Löwen aus.

Wer möchte, kann auch zusätzlich für 10 Euro seinen Namen in einer Sammelanzeige im Stadtanzeiger veröffentlichen lassen. So eine Anzeige macht alle Leser in der Region auf unsere Aktion aufmerksam. Melden Sie sich beim Gasthof Zum Löwen oder laden Sie sich das Auftragsblatt von unserer Website herunter:

www.natur-main-kinzig.de

Vogelzwitschern oder Lastwagengetöse?

Die Entscheidung liegt bei uns!

Textverständnis

Bevor Sie an das Schreiben denken, ist es wichtig sicherzustellen, dass Sie die Texte gut verstanden haben.

Beantworten Sie folgende Fragen mit einem Mitschüler.

TEXT A

1   Welche Ortschaften soll diese Straße umgehen?

2   Von wem kamen die ersten Proteste?

3   Wie lang soll die Umgehungsstraße sein?

4   Wer sind Bruno Wörner und Joachim Lucas?

5   Was ist außer der Umgehungsstraße geplant?

6   Wo wohnt der Landtagsabgeordnete Hugo Klein?

7   Wann plant man, mit den Straßenbauarbeiten zu beginnen?

TEXT B

1   Wo befindet sich die Schule?

2   Warum ist die Situation im Winter schlechter?

3   Warum halten einige Eltern ihre Kinder auf dem Schulweg nicht immer an der Hand?

4   Wie lange ist Frau Reichelt schon Rektorin?

5   Welche Verletzungen hatte die achtjährige Schülerin?

6   Welche Umbauarbeiten hat man in der Schule vorgenommen, um die Situation zu erleichtern?

7   Was unternehmen die Lehrer, um die Gefahr zu reduzieren?

TEXT C

1   Wo soll demonstriert werden?

2   Was findet im Gasthof nach dem Marsch statt?

3   Wogegen protestieren die Bauern?

4   Wogegen protestieren die Umweltschützer?

5   Welche Alternative zur Umgehungsstraße wird vorgeschlagen?

6   Wofür kann man Geld bezahlen?

Wortschatz

Man darf natürlich keine längeren Textauszüge bei der eigenen schriftlichen Arbeit benutzen, aber die Texte enthalten viele nützliche Vokabeln zu diesem Thema, die man verwenden kann und soll. Auch nützliche Ausdrücke und Wendungen kann man vor dem Schreiben sammeln.

Unten links sind einige Grundbegriffe aus den Texten aufgelistet. Rechts stehen mehrere Vokabeln und Ausdrücke, die in den Texten vorkommen.

1 Ordnen Sie die Vokabeln und Ausdrücke den richtigen Begriffen zu. Manchmal ist mehr als eine Antwort möglich.

	die Trasse	der Gemeinderat
PROTEST	hetzen	die Unterschrift
LANDWIRTSCHAFT	die Biodiversität	überholen
VERKEHR	das Plakat	das Ackerland
POLITIK	bedroht	der Unterricht
KINDER	der Landwirt	der Nistplatz
GEFAHR	der Bürgermeister	der Gegner
NATURSCHUTZ	zukünftige Generationen	riskieren
	die Belastung	ein Lkw

2 Lesen Sie die Texte noch einmal durch. Notieren Sie zusätzliche Vokabeln aus den Texten, die mit den Begriffen verbunden sind. Finden Sie dann weitere Wörter und Ausdrücke, die zum Thema passen, aber nicht in den Texten stehen.

Einen Schreibansatz finden

Nehmen Sie nun den Inhalt der drei Texte als Denkanstoß für die eigene schriftliche Arbeit. Dabei müssen Sie an drei Aspekte denken – Inhalt, Perspektive und Format. Da wir jetzt in der Planungsphase sind, werden im Folgenden einige Punkte in Listenform vorgeschlagen. Sie können diese Listen natürlich auch anders, z. B. als Mindmap gestalten.

A INHALT

Es gibt in den Texten sowohl Tatsachen als auch Vermutungen und Meinungen. Außerdem haben Sie Ihre eigenen Meinungen und Vermutungen, die sowohl auf den Texten als auch auf eigenen Erfahrungen aufbauen. Wenn diese relevant sind, können Sie sie eventuell in Ihre Arbeit einbauen.

1 Machen Sie eine Liste der Tatsachen.

2 Dann machen Sie eine Liste von den Vor- und Nachteilen der geplanten Umgehungsstraße.

3 Welche Inhalte finden Sie persönlich interessant?

B PERSPEKTIVE

Es ist einfacher (aber nicht obligatorisch), beim Schreiben eine Perspektive einzunehmen, die man selbst vertreten würde.

1 Wie ist Ihre eigene Einstellung, für oder gegen eine Umgehungsstraße? Machen Sie eine Liste von Ihren eigenen Argumenten.

In den drei Texten kommen verschiedene Perspektiven zu Wort.

2 Machen Sie eine Liste von den Personen und Organisationen, die in den Texten vorkommen. Notieren Sie, ob diese für oder gegen die Umgehungsstraße sind.

3 Welche anderen Personen und Organisationen haben Interesse an diesem Plan? Machen Sie eine Liste von vier oder fünf möglichen Befürwortern und Gegnern, die in den Texten nicht erwähnt werden.

C FORMAT

Im Laufe Ihres *IB*-Studiums werden Sie mit verschiedenen Textsorten vertraut gemacht, die Sie dann selbst bei der Prüfung in *Paper 2* anwenden. Diese Textsorten werden in den vorigen Kapiteln vorgestellt und geübt und sind im nächsten Kapitel mithilfe von Checklisten zusammengefasst. Bei der Schriftlichen Aufgabe stehen genau dieselben Textsorten zur Verfügung. In diesem Fall müssen Sie aber selbst entscheiden, welche Textsorte Sie verwenden wollen.

Unten sind die Textsorten aufgelistet. Arbeiten Sie mit einem Mitschüler zusammen und denken Sie an einen Themenansatz und eine geeignete Perspektive für so viele Textsorten wie möglich. Notieren Sie: Welcher Aspekt der Thematik könnte im Vordergrund stehen, welche Person oder Organisation würde diesen Text schreiben, was wäre das Ziel dieses Schreibens, und wer könnte die Leserschaft sein?

Ein Beispiel für einen möglichen formellen Brief ist vorgegeben. Andere formelle Briefe sind natürlich auch möglich.

Textsorte	Aspekt	geschrieben von	Ziel	Leserschaft
Beispiel: **formeller Brief**	**Zerstörung der Umwelt**	**einem Bürger/ Umweltschützer/ Bauern**	**den Protest zu unterstützen**	**Brief an die Zeitung – an andere Bürger**
informeller Brief				
E-Mail				
Zeitungsartikel				
Blogeintrag				
Tagebucheintrag				
Broschüre/Flugblatt				
Aufsatz				
Interview				
Nachrichtenbericht				
Zeugenaussage				
offizieller Bericht				
Rede/Vortrag				
Rezension				
Anweisung				

Planungsphase

Sie sollten jetzt in der Lage sein, für sich selbst einen geeigneten Schreibansatz mit einer Perspektive und einem passenden Format auszusuchen. Da wir hier aber Schritt für Schritt vorgehen, werden wir uns jetzt auf das erwähnte Beispiel konzentrieren.

Wir nehmen an, Sie haben sich dafür entschieden haben, **als Bewohner des Ortes und Naturfreund einen Brief an die Zeitung zu schreiben, um andere Leute zu überzeugen, die Protestbewegung gegen die geplante Umgehungsstraße zu unterstützen.**

1 Welche der folgenden Tatsachen und Behauptungen aus den Texten wollen Sie in Ihren Brief einarbeiten?

- Einsprüche der Landwirte
- hohe Verkehrszahlen im Ort
- Lärm und Verschmutzung im Ortsmitte
- Kosten des geplanten Projekts
- Gefahren für Schulkinder

- Unfälle im Ort
- geplanter Protestmarsch
- Biodiversität in der Gegend
- Bedrohung für die Tierwelt
- Unterschriftensammlung

Es gibt auch andere Aspekte, die allgemein relevant sind und die Sie auch nehmen können, um Ihre Argumente im Brief zu unterstützen, zum Beispiel die Wichtigkeit der Landschaft als Erholungsgebiet.

2 Machen Sie eine Liste von anderen Aspekten, die gewöhnlich bei Umweltfragen von Umweltschützern zitiert werden, um ihre Argumente zu stärken.

Jetzt muss der Inhalt des Briefes geplant werden.

3 In welcher Reihenfolge würden Sie die folgenden Aspekte im Brief erörtern?

- Biodiversität in der Gegend
- Aufruf zur Unterstützung der Proteste
- Erklärung für den Brief – Hintergrund
- Alternativen zu einer Straße
- wichtiges Erholungsgebiet

- Auflistung der Protestmöglichkeiten
- Kosten einer Umgehungsstraße
- Argumente der Befürworter kontern
- Folgen für die Landwirtschaft

Schreiben

Jetzt sind Sie fast so weit!

Bevor Sie mit dem Schreiben beginnen, blicken Sie zurück auf die Übungen zu formellen Briefen, die Sie in Kapiteln 2 und 6 gemacht haben. Sehen Sie sich auch die Vorlage für einen formellen Brief auf S. 326 und die Checkliste auf S. 327 an.

Sie müssen einen Brief von 300–400 Wörtern schreiben – also im Prinzip genau so viel, wie bei den *Paper 2*-Aufgaben. Schreiben Sie jetzt den Brief. Denken Sie an ihr Ziel und achten Sie dabei auf das Format und den Stil.

Begründung

Die Begründung muss in ungefähr 100 Wörtern erklären, warum Sie gerade diesen Schreibansatz gewählt haben. Dafür sollten Sie kurz darlegen, warum Sie sich auf diesen Aspekt konzentriert haben und warum Sie dieses Format ausgesucht haben. In unserem Beispiel heißt das konkret, warum Sie vom Standpunkt eines Umweltschützers geschrieben haben und warum Sie das im Format eines formellen Briefs an die Zeitung verwendet haben. Dazu sollten Sie auch erwähnen, wie das zu Ihrem Ziel beitragen könnte und wer die Leserschaft ist. In Ihrer Begründung sollten Sie andeuten, wie Sie Informationen bzw. Ideen von mindestens zwei der drei Quellentexte in Ihrer Arbeit benutzen. Den größten Teil dieser Begründung haben Sie schon in der Planungsphase konzipiert.

1 Verbinden Sie die Aspekte links mit den Informationen rechts.

Schreibansatz	☐	**A.** Unterstützung für Protestbewegung und -aktionen; den Straßenbau stoppen
Warum?	☐	**B.** Leser der Zeitung – Bürger der Stadt
gewähltes Format	☐	**C.** Umweltschutz; Zerstörung der Natur; Protest
Leserschaft	☐	**D.** eigenes Interesse am Naturschutz
Ziel	☐	**E.** formeller Brief an die lokale Zeitung – große direkt betroffene Leserschaft

2 Jetzt schreiben Sie Ihre Begründung.

Schriftliche Zusatzaufgabe

Die nächste Phase dieser Orientierungshilfe fordert Sie auf, etwas unabhängiger zu arbeiten.

1 Wählen Sie einen anderen Schreibansatz zu den drei Quellentexten, zum Beispiel aus Ihren Notizen in der Tabelle auf S. 303. Schreiben Sie diesen Text und die entsprechende Begründung.

2 Planen Sie vorher wie oben beschrieben und blicken Sie zurück auf die schriftlichen Übungen in den relevanten Kapiteln. Sehen Sie sich auch die entsprechende Vorlage und Checkliste an.

Es weht der Wind

In Richtung Selbstständigkeit

Auf den nachfolgenden Seiten lesen Sie wieder drei Texte – diesmal zum Thema Windenergie.

Die Grundvorgehensweise bleibt dieselbe, d. h.:

- Man denkt über die Thematik nach und versucht, ein paar eigene Erfahrungen, Erkenntnisse und Meinungen zu notieren.

- Man liest die drei Texte sorgfältig und notiert Schlüsselinformationen, wichtiges Fachvokabular zum Thema und nützliche Ausdrücke.

- Man sucht einen Schreibansatz. Dabei denkt man an den Inhalt, an die verschiedenen Perspektiven (aus den Texten oder eigene Ideen), und an die möglichen Textformate, die jeweils in Betracht kommen.

- Man entscheidet sich für einen Schreibansatz – Perspektive und Format.

- Man plant den Inhalt. Dazu benutzt man eigene Ideen sowie Ideen aus den Texten.

- Man schreibt die Aufgabe.

- Man plant und schreibt die Begründung.

Folgen Sie den oben aufgelisteten Schritten und verwenden Sie die verschiedenen Planungsübungen im ersten Teil dieses Kapitels. Vergessen Sie nicht, die entsprechenden schriftlichen Übungen in den relevanten Kapiteln und die Vorlage und Checkliste für Ihre gewählte Textsorte im folgenden Kapitel anzusehen. Am Ende haben Sie dann eine selbstständige Schriftliche Aufgabe verfasst. Denken Sie daran: Die Aufgabe soll 300–400 Wörter lang sein, und die Begründung ungefähr 100 Wörter.

TEXT A

In einem offenen Brief in den Cuxhavener Nachrichten zum Anlass des „Windbranchentags"
erläutert Dipl. Kfm. Uwe Leonhardt, Vorstand des BWE[1] e.V.[2] Regionalverband Elbe-Weser
Nord, warum sich „die Windkraft zukünftigen Herausforderungen stellt".

Windkraft als Chance verstehen

Der Klimawandel ist allgegenwärtig. Jeder kann ihn bereits heute vor seiner Haustür wahrnehmen. Besonders unsere Küstenregion wird von den Auswirkungen des Klimawandels wie zum Beispiel dem Ansteigen des Meeresspiegels betroffen sein.

In Deutschland sind sich Regierungs- und Oppositionsparteien einig, dass mittelfristig nur die regenerativen Energien eine Lösung bieten können, um den CO_2- Ausstoß bei der Energieerzeugung zu reduzieren und so aktiv die Auswirkungen des Klimawandels zu begrenzen. Wir wissen alle, dass wir uns dieser Aufgabe auch für die nachfolgenden Generationen stellen müssen. Wir können uns nicht aus der Verantwortung stehlen nach dem Motto „Not in my back yard". In unserem windreichen Landkreis haben wir den Raum und die Möglichkeiten, einen Beitrag dafür zu leisten.

Diese Aufgabe sollte nicht als Belastung, sondern als Chance begriffen werden. Unsere ohnehin eher strukturschwache Region ist zusätzlich vom demographischen Wandel betroffen, der zu Orten mit leer stehenden Häusern und fallenden Immobilienpreisen führt. Daraus resultieren sinkende Einnahmen für die Gemeindehaushalte, sodass die Gemeinden kaum noch ihre Aufgaben wahrnehmen können und zunehmend unattraktiver für junge Familien werden.

Eine intelligente Ansiedlungspolitik für Unternehmen aus dem Bereich der regenerativen Energien kann diesen Trend durchbrechen. Sie kann unterstützen, in unserer strukturschwachen Region neben dem Tourismus eine zukunftsorientierte Industrie zu verankern, welche dezentral qualifizierte Arbeitsplätze und Einkommen schafft und mittelbar auch landwirtschaftliche Betriebe stärkt. Die Ansiedlung von Anlagenherstellern, Bauunternehmen und regionalen Planern und Entwicklern wirkt sich unmittelbar auf die Gewerbesteuereinnahmen in den Haushalten unserer Städte und Gemeinden aus.

Bereits heute befinden sich z. B. die Produktionsstandorte für Windkraftanlagen überwiegend im norddeutschen Bereich, deren Produkte weltweit nachgefragt werden.

Der Bundesverband Windenergie BWE[1] e.V.[2] wird über diese Chancen in unserer Region informieren und lädt dazu am Freitag, 1. Oktober 2010, ab 14 Uhr zum „Windbranchentag der Region Cuxhaven" in die Hapag-Hallen am Steubenhöft in Cuxhaven ein. Genauere Informationen können Interessenten im Internet dem Programm unter www.wind-in-niedersachsen.de entnehmen.

Cuxhavener Nachrichten

---

[1] **BWE**   Der Bundesverband Windenergie setzt sich für einen nachhaltigen und effizienten Ausbau der Windenergie in Deutschland ein.

[2] **e.V.**   Ein eingetragener Verein verfolgt vorwiegend ideelle Zwecke und versucht nicht, Gewinn zu erzielen.

TEXT B

Mit Flugblättern gegen dritten Windpark

von Werner Fademrecht

WESTERHOLT – Weit über 1000 Flugblätter verteilt und nach eigenen Angaben „viele Unterschriften" gesammelt: Den 1. Mai hat eine Wardenburger Bürgerinitiative aktiv genutzt, um auf ihre Ablehnung eines dritten Windparks in der Nähe Westerholts aufmerksam zu machen. „Zwei Wardenburger Windparks sind genug" lautet der Name der Initiative, der damit auch die Stoßrichtung beschreibt.

Als Standort für ihre Aktion wählten die Bürger den Wardenburger Rathausplatz […]. „Wir haben festgestellt, dass bei vielen unserer Gesprächspartner ein hohes Interesse, aber erstaunlich wenig Informationen vorhanden sind", zieht Bruno Barsties Bilanz. Auf ihrem Flyer machen er und weitere Mitstreiter darauf aufmerksam, dass die Firma IFE Eriksen einen Windpark zwischen den Ortsteilen Achternmeer, Westerholt, Oberlethe, Achternholt, Benthullen und Harbern errichten möchte.

Die Bürgerinitiative sei grundsätzlich für erneuerbare Energien, halte jedoch den vom Investor angepeilten Standort für nicht geeignet, betonen die drei Sprecher der Initiative, Bruno Barsties, Nils Naumann und Andreas Bochmann. Sie befürchten eine „massive Belastung" der Wohnqualität für alle Menschen, die in der Nähe der 200 Meter hohen Windkraftanlagen leben. Dies bedeute auch eine Wertminderung für Immobilien, die in Sichtweise eines Windparks stehen. Auch die Natur habe zu leiden, vor allem für das Naturschutzgebiet Benthullener Moor, das unter anderem Zugvögeln als Ruheplatz diene, werde in nicht akzeptabler Weise belastet. Als weitere Argumente gegen einen dritten Windpark führen die Bürger mögliche Störungen durch Schlagschattenbildung, Warnlichter und tieffrequenten Schall ins Feld.

Wie aus Kreisen der Wardenburger Ratsfraktionen zu erfahren war, hat IFE Eriksen Einladungen für eine Informationsveranstaltung ausgesprochen. Die Planer wollen ihre Vorstellungen von einem neuen Windpark gezielt den Ratsmitgliedern vorstellen. Auf Einladung des Bürgervereins Westerholt hatte es bereits im April einen öffentlichen Informationsabend im dortigen Dorfgemeinschaftshaus gegeben. Es sei ein normaler Prozess, dass sich bei Projekten dieser Art Gegner zu Wort meldeten, bewertete IFE-Vorstand Heiner Willers erst kürzlich gegenüber der NWZ[1] die Entwicklung. Das Unternehmen sei an einer offenen Kommunikation mit allen Beteiligten interessiert.

Werner Fademrecht, www.nwzonline.de

[1] ***NWZ*** Nordwest-Zeitung

Westerholt

TEXT C

Leserkommentar

10. MAI, 07:54 Uhr

WALTER schreibt:

Verstehen Sie mich nicht falsch – grundsätzlich sind Windräder eine super alternative Stromquelle. Ich bestreite auch gar nicht die Ästhetik und Schönheit e i n e s hohen Windrades. Es geht bei der aktuellen Politik jedoch darum, einen so hohen Stromanteil durch Windkraft zu erzeugen, dass viele solcher – einzeln betrachtet schönen – Windräder gebaut werden müssen. Somit entsteht die Verspargelung der Landschaft, und das finde ich wesentlich störender als die bisherigen Stromleitungstrassen. Die deutsche Landschaft wird künftig weitgehend der Stromproduktion geopfert.

Jedes einzelne von diesen Windrädern ist mit senkrechtem Rotorblatt so hoch wie das Münster in Ulm, bekanntlich der höchste Kirchturm der Welt. Und man bräuchte über 400 davon, nur um die Leistung eines einzigen Kohlekraftwerks zu ersetzen. Wer sich nicht vorstellen kann, wie eine brutal verspargelte Landschaft aussieht, der soll einfach mal auf der Autobahn Nürnberg-Berlin durch Sachsen-Anhalt fahren.

Und was passiert bei Windstille oder Sturm? Ja, dann werden die Windräder auch abgeschaltet! Es muss also immer traditionelle Kraftwerke geben, die zur Not schnell hochgefahren werden, damit das Licht nicht ausgeht. Der Strom muss dann ja auch zu Ihnen kommen. Wie denn? Na klar, über die bösen Leitungstrassen.

Außerdem entscheidet man allzu oft, die Windräder zu dicht an Wohngebieten zu errichten. So muss man mit deutlich erhöhtem Lärmaufkommen rechnen – vergleichbar mit einer 4-spurigen Umgehungsstraße ohne Lärmschutz. Die Anwohner müssen teilweise nachts die Fenster schließen, damit sie ungestört schlafen können. Ich finde unter diesen Umständen das Leben auf dem Land nicht mehr so lebenswert. Ich habe mir eine Zweitwohnung in Oldenburg genommen und überlege, ganz dorthin zu ziehen.

Eins sage ich noch zum Schluss: Wenn die Grünen bei ihren eigenen Ideen so kritisch wären, wie sie es bei den Projekten anderer sind, würden sie ihre eigenen Projekte ablehnen!

Antworten   Neuer Kommentar

10. Textsorten – Beispiele und Checklisten

In *Paper 2* wie auch in der Schriftlichen Aufgabe benutzen Sie verschiedene Textsorten. *Paper 2* fordert 250–400 Wörter zu einem Thema von *HL*- und *SL*-Schülern. Zusätzlich wird von *HL*-Schülern erwartet, dass sie eine Stellungnahme schreiben. In der gegebenen Zeit muss geplant, geschrieben und Korrektur gelesen werden:

Niveau	Prüfungsteile	Wortzahl	Punktzahl	Zeit (empfohlen)
HL	Teil A: Textproduktion	250–400	25	50 Minuten
	Teil B: Stellungnahme	150–250	20	40 Minuten
SL	Textproduktion	250–400	25	90 Minuten

Um einen guten Text zu schreiben, müssen Sie die Kommunikationssituation genau verstehen. Drei Kernfragen helfen Ihnen dabei:

● Welche Textsorte wollen Sie schreiben?

● Für wen schreiben Sie den Text, d. h. wer ist der Adressat, die Adressatengruppe?

● Warum schreiben Sie den Text? Was wollen Sie mit dem Text erreichen?

Wie kann die Kenntnis der Textsorte helfen, effektiv zu kommunizieren?

Texte werden immer in einem bestimmten Kontext und aus einem bestimmten Grund geschrieben. Ein Autor wählt somit eine bestimmte Textsorte, um den Adressaten der Situation entsprechend erfolgreich anzusprechen. Stil, Wortwahl und Inhalt eines Textes sind also abhängig davon, wen der Autor ansprechen will, und warum.

Wie wichtig Adressat und Intention eines Textes sind, kann man zeigen, indem man den informellen und den formellen Brief vergleicht: Ein persönlicher Brief an einen Freund ist viel informeller in der Sprache als ein formelles Bewerbungsschreiben an eine Firma. An den Freund kann in Umgangssprache geschrieben werden, Ausrufe können den Brief lebendiger machen und die Vertrautheit zwischen Autor und Adressat wird deutlich. Einen potentiellen Arbeitgeber jedoch will der Autor eher mit klarer Struktur und höflichen Redewendungen beeindrucken.

Die Situation entscheidet, welche Textsorte angebracht ist: Falls Sie in Ihrer Schule für einen Schüleraustausch Interesse wecken wollen, werden Sie eher eine Broschüre austeilen oder auf der Website veröffentlichen. Wenn Sie allerdings auf einen Elternabend eingeladen werden, um Ihren Schüleraustausch vorzustellen, werden Sie eine Rede vorbereiten, die Sie vor den Eltern und Schülern halten, um so Begeisterung zu wecken.

Das Beispiel der Broschüre als schriftlicher Text und der Rede als Text, der mündlich vorgetragen wird, verdeutlicht, wie dies die Sprache, den Stil und den Aufbau der Texte beeinflusst.

Die folgenden Textsorten können von Ihnen in der Schriftlichen Aufgabe und *Paper 2* gefordert werden.

- Anweisung/Gebrauchsanleitung
- Aufsatz bzw. Stellungnahme
- Bericht
- Biografie
- Blogeintrag/Forumsbeitrag
- formeller Brief
- Leserbrief an eine Zeitung
- informeller Brief
- Broschüre/Flugblatt
- informelle E-Mail
- Interview
- Kurzgeschichte (kann nur in der Schriftlichen Aufgabe vorkommen, nicht in *Paper 2*)
- Rede/Vortrag/Referat
- Rezension
- Tagebucheintrag
- Zeitungsbericht

In diesem Kapitel finden Sie Beispiele und auch Checklisten, die Sie zur Planung und zum Korrekturlesen benutzen können.

Wie kann eine Textsorte analysiert werden?

1. Der erste Eindruck

Bevor Sie den Text lesen, was fällt Ihnen ins Auge?
Was sind die Elemente, die typischen Merkmale, die
den Text ausmachen?

Beispiele:

- Briefkopf (Absender, Adressat)
- Betreff
- Datum
- Anrede
- Nummerierung, Stichpunkte
- Einteilung in Abschnitte
- Titel und Überschriften
- Variation in Schriftsätzen
- besonderes Layout
- Bilder/Fotos usw.
- andere (welche?)

2. An wen richtet sich der Text?

Entscheiden Sie nach dem Lesen, wer die Rezipienten
sind.

Beispiele:

- eine breite Öffentlichkeit
- eine bestimmte Zielgruppe

   eine bestimmte Altersgruppe (Kinder, Jugendliche,
   ältere Menschen)

   eine bestimme Interessensgruppe (Sportfanatiker,
   Kulturliebhaber, Computerfreaks)

   eine bestimmte Einflussgruppe (Politiker, Behörde.
   Vereinsvorsitzende)

- vertraute Person(en)

   Freunde

   Familie

   Nahestehende

- eine einzelne Person, die der Autor noch nicht oder

wenig kennt

ein potentieller Arbeitgeber

der Redakteur einer Zeitung

der Rektor einer neuen Schule

- der Autor selbst
- andere?

3. Was ist die kommunikative Absicht des Textes?

- zu analysieren
- zu bestätigen
- zu beweisen/belegen
- zu beraten/Rat zu geben
- Rat zu erfragen
- sich zu erkundigen
- jemandem einen Plan mitzuteilen
- zu unterhalten
- emotional anzusprechen/emotional zu bewegen
- zu erklären
- Gefühle auszudrücken
- zum Handeln aufzufordern
- Aufmerksamkeit auf einen Tatbestand zu lenken
  und so Diskussion anzuregen
- zu informieren
- eine Bewertung auszudrücken: kritisieren oder
  verteidigen
- zu überzeugen
- zu fordern
- zu protestieren
- eine Begebenheit zu erzählen

4. Wie ist der Text strukturiert?

- Einleitung
- Hauptteil/Argumentation
- Schluss

5. Was sind die sprachlichen oder stilistischen Merkmale des Textes?

Identifizieren Sie die Hauptmerkmale:

Thematisches Vokabular	Gesundheit, Arbeitswelt, Bildung usw.
Bindewörter	Zeitadverbien (Chronologie), Gegenüberstellung (Vergleich), Kausalzusammenhang (was führt zu was) usw.
Stil	formell bis informell, respektvoll, literarisch usw.
Verbformen	Vergangenheit, Gegenwart, Futur usw.
Ton	emotional, ironisch, sachlich, kritisch, verletzend, verzweifelt, freundlich usw.
Ausdruck	einfach/komplex, Fragen, Ausrufe, Forderungen usw.

6. Wie stellt der Autor eine Beziehung zu den Rezipienten her?

- direkte Anrede
- Berufung auf Experten/Zeugen
- Verwendung einer Anekdote, eines Beispiels aus dem täglichen Leben
- Zitate
- Humor
- Tatsachen, Statistiken

7. Welche rhetorischen Mittel benutzt der Autor?

unter rhetorischen Mitteln versteht man z. B.

- Vergleich, Metapher
- Emphase
- Übertreibung
- Ausruf
- Aufforderung
- rhetorische Frage
- Wiederholung
- Parallelismus

8. Andere Beobachtungen?

- Gibt es andere Anmerkungen zum Textstil? Welche?

Das folgende Arbeitsblatt hilft Ihnen bei der Analyse von Texten. Ihr Lehrer kann Ihnen Kopien geben.

Textsorte:
1 Der erste Eindruck: Welche typischen Merkmale für diese Textsorte sehen Sie hier?
2 An wen richtet sich der Text?
3 Was ist die kommunikative Absicht des Textes?
4 Wie ist der Text strukturiert? ● Einleitung ● Hauptteil ● Schluss ● Anderes
5 Was sind die sprachlichen oder stilistischen Merkmale des Textes? ● Thematisches Vokabular ● Bindewörter ● Stil ● Zeitformen ● Ton ● Ausdruck
6 Wie stellt der Autor eine Beziehung zu den Rezipienten her?
7 Welche rhetorischen Mittel benutzt der Autor?
8 Andere Beobachtungen?

1. Anweisung/Gebrauchsanleitung

Bastelanleitung für schöne Strohsterne

Strohsterne sind in Deutschland ein traditioneller Weihnachtsbaumschmuck und glücklicherweise kann man sie ganz einfach selbst basteln. Hier wird beschrieben, wie das geht.

Materialbedarf:

- Bastelstroh (bei Bedarf: Wasser)
- Schere
- Garn/Faden; nach Belieben in verschiedenen Farben
- Nadel, Pinnwandnadel
- Bleistift und Lineal
- Flaschenkorken oder dicker Pappkarton
- Bügeleisen

Anleitung für einen vierstrahligen Strohstern:

1. Schneiden Sie vier gleich lange Stücke Stroh ab und legen Sie jeweils zwei Stücke kreuzförmig übereinander. Wer genau sein möchte, kann die Mitte der Strohhalme vorher ausmessen und mit einem Bleistift markieren.

2. Dann legen Sie die beiden Kreuze schräg übereinander, sodass die Halme sternförmig auseinander stehen. Halten Sie den Stern in der Mitte mit Daumen und Zeigefinger einer Hand fest.

3. Jetzt geht es ans Fixieren – damit der Stern hält, sollten Sie zumindest 30 Zentimeter Faden verwenden. Je mehr Strahlen Sie haben, desto mehr Garn wird gebraucht. Mit der anderen Hand umwickeln Sie nun den Stern mit einem Faden nach folgendem Muster:

   Lassen Sie etwa 5 Zentimeter eines Fadenendes überstehen. Führen Sie den Faden zwischen zwei Halmen zum Zentrum des Sterns, halten Sie das überstehende Fadenende fest und führen Sie den restlichen Faden so zwischen den Halmen durch, dass er abwechselnd ober- und unterhalb des jeweiligen Halms liegt.

   Wenn Sie beim Ausgangshalm angekommen sind, umwickeln Sie diesen einmal und führen den Faden in umgekehrter Richtung zurück.

   Dies wiederholen Sie solange, bis der Stern fixiert ist.

   Zuletzt lassen Sie den Faden zur Unterseite des Sternes hängen, drehen den Stern mit der Unterseite nach oben und verknoten die Fadenenden.

4. Schöne Akzente können mit bunten Fäden gesetzt werden; besonders toll passt natürlich ein roter Faden zu der grünen Tanne und den weißen Sternen!

Einige nützliche Tipps:

- Man kann den Stern auch fixieren, indem man ihn mit einer Pinnwandnadel in einen Flaschenkorken oder ein Stück Pappkarton steckt, damit Sie sich beim Fixieren nicht auf das Festhalten konzentrieren müssen.

- Wenn der Stern flach werden soll, müssen die Halme der Länge nach aufgeschlitzt werden und in Wasser eingeweicht werden. Danach kann man sie mit dem Bügeleisen flach bügeln.

- Nach dem Muster oben kann man auch sechs- oder achtstrahlige Sterne basteln! Man kann aber auch einfach zwei vierstrahlige Sterne übereinanderlegen und sie zusammenkleben. Achten Sie beim Kleben darauf, dass Sie die Sterne lange und fest genug zusammendrücken!

Checkliste für eine Anweisung/Gebrauchsanleitung	gemacht
1. Ich habe das richtige Format benutzt.	☐
● Meine Gebrauchsanleitung hat keine Anrede oder Schlussformel.	☐
● Ich habe mindestens eine Überschrift verwendet. Bei einer längeren Anleitung mit mehreren Arbeitsschritten habe ich auch Untertitel verwendet.	☐
● Meine Anleitung ist logisch aufgebaut; jeder Handlungsschritt folgt dem vorhergehenden.	☐
2. Der Ton, die Wortwahl und die Grammatik sind durchgehend angemessen.	
● Der Ton ist sachlich, aber der Leser kann auch direkt angesprochen werden (sowohl mit *Du* als auch mit *Sie*, im Singular oder Plural – das ist jeweils kontextgebunden).	☐
● Ich habe durchgehend die gleiche Verbform verwendet, entweder Imperativ oder Infinitiv.	☐
● Meine persönlichen Meinungen oder Gefühle habe ich nicht ausgedrückt.	☐
● Meine Wortwahl ist einheitlich und eher formell.	☐
● Ich habe keine umgangssprachlichen Formulierungen oder stilistischen Verzierungen verwendet.	☐
3. Meine Anleitung ist logisch strukturiert.	
● Ich habe zuerst einen Plan geschrieben.	☐
● Ich habe jeden einzelnen Arbeitsschritt klar, vollständig und übersichtlich dargestellt.	☐
● Ich habe alle Materialien und Arbeitsschritte erwähnt.	☐
● Falls relevant habe ich noch weitere Details aufgeführt (z. B. Schwierigkeiten, Alternativen).	☐
● Falls relevant habe ich im Schlussabschnitt Empfehlungen gegeben.	☐
● Meine Anleitung hat eine kurze Einleitung, in der ich erkläre, was ich tun will und in welchem Kontext dies geschieht.	☐
● Falls angemessen habe ich Details wie Datum, Zeit, Ort usw. angegeben.	☐
4. Meine Gebrauchsanleitung hängt gut zusammen.	
● Ich habe passende Stilmittel benutzt, um die Verbindungen in und zwischen den Absätzen zu stärken.	☐
● Meine Pronomen (z. B. *es, sie, das, diese*) sind richtig gebildet und gesetzt.	☐
● Ich habe Konjunktionen (z. B. *wenn, weil, damit*) und Adverbien (z. B. *jedoch, daher, trotzdem*) benutzt.	☐
● Ich habe verschiedene Bindewörter/Zeitadverbien benutzt, um die Reihenfolge der Schritte klar darzustellen (z. B. *zuerst, dann, außerdem, zum Schluss*).	☐

2. Aufsatz/Stellungnahme

Studiengebühren sind der einzige Weg, das Studium zu finanzieren. Diskutieren Sie.

Universitäten kosten Geld, aber wer soll das Studium bezahlen? Sollte es der Staat sein oder der Einzelne? In Deutschland erheben einige Bundesländer Gebühren für das Studium an staatlichen Universitäten, andere nicht. Einige wiederum haben Gebühren wieder abgeschafft. Im Ausland gibt es Länder wie die USA und Großbritannien, in denen Studiengebühren normal sind. Der folgende Aufsatz behandelt die Frage, ob der Student durch Studiengebühren für sein Studium selbst aufkommen soll.

Auf den ersten Blick scheint es offensichtlich, dass der Student für die Kosten aufkommen sollte. Er ist derjenige, der Vorteile hat, da er einen besseren Beruf mit besserem Einkommen ergreifen kann. Man kann sagen, dass es unfair ist, wenn die Universitäten durch Steuern finanziert werden, und somit alle – auch Menschen, die mit 18 anfangen zu arbeiten – bezahlen. Zum Beispiel kann das dazu führen, dass eine Frau, die nach der Schule eine Ausbildung zur Krankenschwester abschließt und die den Rest ihres Lebens wenig Geld verdient und im Schichtdienst arbeitet, das Studium des Chefarztes mitfinanziert, obwohl dieser mindestens viermal so viel wie die Krankenschwester verdient.

Außerdem spricht für die Studiengebühren, dass sie Studenten stärker motivieren, das Studium straff zu organisieren und schnell zu beenden. Studenten werden genau überlegen, wie lange sie studieren können, und intensiv arbeiten. Partys, Urlaub und Faulenzen werden somit nicht mehr auf Kosten der Allgemeinheit stattfinden.

Darüber hinaus fordern motivierte Studenten Qualität und häufige Rückmeldung von den Professoren. Zahlende Studenten, die sich als Kunden verstehen, akzeptieren überfüllte Hörsäle und Professoren, die lieber forschen und schlecht vorbereitet unterrichten, nicht. So können Studiengebühren zur Verbesserung der Lehre führen.

Wenn Studenten besser ausgebildet sind, ist das gut für die Arbeitswelt. Ein Land braucht viele hoch qualifizierte Arbeitnehmer. Folglich wäre es im Interesse eines Staates zu vermeiden, dass gute Schüler nicht studieren, weil sie und ihre Eltern es sich nicht leisten können.

Zunächst zeigen Untersuchungen, dass besonders junge Erwachsene aus sozial schwächeren Familien von Schulden, die sie zur Finanzierung der Studiengebühren aufnehmen müssten, abgeschreckt werden. Somit wird diese Bevölkerungsgruppe von Aufstiegschancen ausgeschlossen, und ihr akademisches Potential bleibt für die Arbeitswelt ungenutzt. Außerdem bedeuten weniger Studienanfänger einen ansteigenden Bedarf an Ausbildungsplätzen. Falls dieser nicht bedient werden kann, führt dies zu Jugendarbeitslosigkeit, die den Staat langfristiger teurer kommt als freie Studienplätze.

Neben den Nachteilen für die Gemeinschaft und den Auswirkungen auf die soziale Gerechtigkeit muss bedacht werden, dass Studenten die Finanzierung der Gebühren durch Nebenjobs während des Studiums organisieren. Das führt zu einer Verlängerung des Studiums und auch teilweise zum Abbruch.

Im Großen und Ganzen kann man sehen, dass die Finanzierung des Studiums durch Gebühren allein nicht die Sicherung von Qualität und sozialer Gerechtigkeit gewährleistet. So sehr ich auch zustimme, dass ein finanzieller Beitrag der Studenten diesen den Wert des Studiums bewusst macht, bin ich der Meinung, dass Familien und Einzelne die Entscheidung für oder gegen eine akademische Ausbildung nicht davon abhängig machen sollten, ob sie es sich leisten können. Ich halte eine Lösung, die von den Studierten im späteren Berufsleben Geld verlangt, für sinnvoller. So können sie der Gemeinschaft, die ihnen das Studium ermöglicht hat, von ihrem höheren Einkommen etwas zurückgeben.

Checkliste für einen Aufsatz/eine Stellungnahme	gemacht
1. Ich habe das richtige Format benutzt.	
• Ich habe eine Einleitung, einen Hauptteil und einen Schluss.	☐
• Ich habe den Text klar in Absätze gegliedert.	☐
• Der Gesamteindruck ist formell.	☐
2. Der Ton, die Wortwahl und die Grammatik sind durchgehend angemessen.	
• Der Ton ist sachlich.	☐
• Die Wortwahl ist einheitlich und formell.	☐
• Es gibt keine umgangssprachlichen Formulierungen.	☐
• Ich habe vollständige Sätze benutzt, keine Ausrufe oder Halbsätze.	☐
3. Mein Aufsatz ist logisch strukturiert.	
• Ich habe zuerst einen Plan geschrieben.	☐
• Es gibt eine klare Entwicklung der Argumente, und die Ideen sind sinnvoll organisiert.	☐
• Alles ist für das Thema relevant.	☐
• Ich habe versucht, ein Gleichgewicht zwischen Pro und Kontra zu erreichen.	☐
4. Ich habe eine Einleitung geschrieben.	
• Meine Einleitung erklärt das Thema oder zentrale Aspekte davon.	☐
• Meine Einleitung erklärt wo nötig den Kontext.	☐
• Meine Einleitung erweckt Interesse.	☐
• In meiner Einleitung habe ich keine Argumente geschrieben.	☐
5. Ich habe eine Schlussfolgerung geschrieben.	
• Meine Schlussfolgerung bezieht sich auf das Thema.	☐
• Meine Schlussfolgerung bringt die Ideen zusammen.	☐
• In meiner Schlussfolgerung gibt es keine neuen Argumente.	☐
• Meine Schlussfolgerung deutet auf eventuelle Lösungen, Aktionen, Konsequenzen, Fragen usw. hin.	☐
6. Mein Aufsatz hängt gut zusammen.	
• Ich habe passende Mittel benutzt, um die Zusammenhänge in und zwischen den Absätzen zu stärken (z. B. *als Folge*, *aus diesem Grund*).	☐
• Meine Pronomen (z. B. *es*, *sie*, *das*, *diese*) sind richtig.	☐
• Ich habe Konjunktionen (z. B. *weil*, *wenn*, *obwohl*) und Adverbien (z. B. *jedoch*, *deswegen*, *trotzdem*) benutzt.	☐
7. Mein Aufsatz ist interessant und die Argumente sind überzeugend.	
• Ich habe Beispiele gegeben, um allgemeine Argumente zu illustrieren.	☐
• Ich habe (falls relevant) eine persönliche Anekdote als Beispiel genommen.	☐
• Ich habe (falls vorhanden) ein paar Statistiken oder Fakten zitiert.	☐

Nachdruck verboten

3. Bericht

Bei der Textsorte Bericht handelt es sich um unterschiedliche Formen, wie die schriftliche Aussage eines Augenzeugen (wie das Beispiel unten) oder eine offizielle Stellungnahme bzw. Zusammenfassung für eine Organisation. Näheres hierzu finden Sie auf S. 285.

Verkehrsunfall – Zeugenaussage

Datum:	3. Dezember 2012
Ort:	Leipzig, Kreuzung Bahnhofsstraße/Maiglöckchenweg
Am Unfall beteiligt:	der Fahrer des Pkws mit dem Kennzeichen L-SD-3097 (Ferdinand Fuchs) und der Radfahrer des Mountainbikes (Johann Siemers)
Zeugin:	Frau Maria Meister, 23 Jahre alt, wohnhaft in Leipzig, Pulvergasse 13
Einleitung:	Die Polizeibeamten Felix Schneider und Stefan Wiedemann haben den Unfallhergang mithilfe der Zeugenaussage rekonstruiert. Hier die Worte von Frau Meister:

Ich war am 3. Dezember auf dem Weg zum Bäcker am Bahnhofsplatz. Da gehe ich eigentlich jeden Tag hin, deswegen kenne ich den Weg ziemlich gut. Die Ecke Bahnhofsstraße/Maiglöckchenweg ist immer schon unübersichtlich gewesen – man muss als Fußgänger schon ziemlich aufpassen, wenn man über die Straße gehen will. An diesem Tag war es auch noch neblig, und da es noch nicht einmal 9 Uhr morgens war, war es auch noch nicht ganz hell.

Als ich an der Kreuzung nach rechts geguckt habe, konnte ich den Radfahrer schon sehen – er hatte eine graue Jacke an und eine graue Mütze auf dem Kopf; man konnte ihn also nicht sehr gut erkennen. Auch ein Licht habe ich nicht sehen können; dafür war das Rad selbst aber gelb, eine auffällige Farbe. Ich bin ja jeden Morgen an der Ecke, deswegen achte ich besonders auf Radfahrer.

Der Pkw kam von der anderen Seite – schräg hinten um die Ecke. Der Wagen, ein Golf glaube ich, war auch grau, aber die Scheinwerfer waren deutlich zu sehen, auch bei dem Nebel. Er fuhr ziemlich schnell, aber es war auch kein anderes Auto zu sehen. Wir Fußgänger sind ja schon gewöhnt, übersehen zu werden, deswegen bin ich stehen geblieben. Der Fahrer des Pkws hat den Radfahrer nicht gesehen und konnte nicht rechtzeitig bremsen. Der Radfahrer raste mit vollem Tempo in die linke Seite des Wagens. Der Radfahrer lag gleich auf der Straße und bewegte sich erst mal nicht. Er trug keinen Helm, und ich konnte nicht erkennen, ob er verletzt war.

Ich bin gleich auf die Straße gelaufen – es war immer noch kein anderes Auto zu sehen. Der Fahrer des Pkws stieg erst mal nicht aus, aber als ich mich zu dem Radfahrer herunterbeugte, stöhnte er und machte auch schon die Augen auf. Ich habe mich versichert, dass keine Verletzungen zu sehen waren, dann habe ich auf meinem Handy die Polizei angerufen. Der Streifenwagen war schon wenige Minuten später da, und auch der Krankenwagen.

Maria Meister

Am 3. Dezember 2012 um 14.30 Uhr von Susanne Hagen, diensthabende Beamtin der Wache Leipzig/Bahnhof, protokolliert.

Checkliste für einen Bericht	gemacht
1. Ich habe das richtige Format benutzt.	
● Mein Bericht hat keine Anrede oder Schlussformel.	☐
● Mein Bericht hat mindestens eine Überschrift. Bei einem längeren offiziellen Bericht gibt es auch Überschriften für die einzelnen Teile.	☐
● Mein Bericht ist logisch aufgebaut, z. B. ein Vorfall wird chronologisch beschrieben.	☐
2. Der Ton, die Wortwahl und die Grammatik sind durchgehend angemessen.	
● Der Ton ist sachlich und unpersönlich.	☐
● Es gibt keine persönlichen Meinungen oder Gefühle.	☐
● Die Wortwahl ist einheitlich und formell.	☐
● Es gibt keine umgangssprachlichen Formulierungen oder stilistischen Verzierungen.	☐
3. Mein Bericht ist logisch strukturiert.	
● Ich habe zuerst einen Plan geschrieben.	☐
● Mein Bericht hat eine kurze Einleitung.	☐
● Bei einem Bericht für eine Organisation habe ich das Ziel des Berichtes kurz erklärt.	☐
● Es gibt eine klare, vollständige und sinnvolle Entwicklung der Tatsachen.	☐
4. Mein Bericht hängt gut zusammen.	
● Ich habe passende Mittel benutzt, um die Verbindungen in und zwischen den Absätzen zu stärken.	☐
● Meine Pronomen (z. B. *es*, *sie*, *das*, *diese*) sind richtig.	☐
● Ich habe Konjunktionen (z. B. *denn*, *wenn*, *sodass*) und passende Adverbien benutzt: Zeitadverbien für die Beschreibung eines Vorfalls (z. B. *zuerst*, *anfangs*, *dann*, *später*, *zuletzt*) oder Kausaladverbien für einen Bericht für eine Organisation (z. B. *allerdings*, *deshalb*, *trotzdem*).	☐
5. Mein Bericht gibt dem Leser alle wichtigen Tatsachen, die er braucht, z. B.:	
● Bei einem Bericht über einen Vorfall habe ich Details von Datum, Zeit, Ort usw. gegeben.	☐
● Ich habe wie gefordert Personen, Geschehnisse und Tatsachen klar und vollständig beschrieben.	☐
● Bei einem Bericht für eine Organisation habe ich falls relevant im Schlussabschnitt Empfehlungen gegeben.	☐

4. Biografie

Wladimir Klitschko

Wladimir Klitschko wurde am 25. März 1976 in Semipalatinsk in der jetzigen Republik Kasachstan geboren und ist der aktuelle Boxweltmeister im Schwergewicht. Sein Vater war ein ukrainischer Offizier der Sowjetarmee, seine Mutter eine Lehrerin. Er hat einen älteren Bruder, Vitali, der ebenfalls Boxweltmeister im Schwergewicht war. Sowohl Wladimir als auch Vitali haben in der Ukraine Sportwissenschaften studiert und auch promoviert, weshalb Wladimir den Kampfnamen „Dr. Steelhammer" trägt. Beide Brüder sind in Deutschland sehr berühmt und auch beliebt; vorübergehend haben sie mit einem deutschen Boxveranstalter zusammengearbeitet und auch in Hamburg gelebt und trainiert.

Klitschko begann seine Karriere mit 14 Jahren, und gewann als Amateur 112 Begegnungen bei nur sechs Niederlagen. 1993 wurde er in Saloniki Junioreneuropameister im Schwergewicht und 1996 stieg er in den Profi-Boxsport ein. Im Rahmen der Olympischen Spiele 1996 in Atlanta wurde er als erster weißer Boxer Gewinner der Goldmedaille in der Gewichtsklasse über 91 kg (Superschwergewicht).

Im deutschen Fernsehen sieht man die Klitschkos sehr häufig – seit November 2006 kämpft Wladimir Klitschko exklusiv beim TV-Sender RTL. Die deutsche Rockband Rammstein hat auf Anfrage von Klitschko das Lied „Sonne" geschrieben – es sollte ihm als Einmarschlied in die Boxarena dienen. Da Klitschko die Endfassung jedoch zu hart war, kam das Lied in diesem Kontext nie zum Einsatz. Die Klitschko-Brüder sind auch in verschiedenen deutschen Filmen aufgetreten (z. B. in „Keinohrhasen" und „Zweiohrküken"). Seit 2007 betreiben sie auch eine eigene Vermarktungsagentur (KMG) mit Sitz in Hamburg-Ottensen.

Sowohl Wladimir als auch Vitali Klitschko engagieren sich neben dem Sport auch für diverse Wohltätigkeitsprojekte. Sie haben einen Fonds für sozial benachteiligte Kinder gegründet und haben in Marokko und Brasilien Hilfsprojekte ins Leben gerufen. Außerdem unterstützen sie Schulungs- und Bildungsaktivitäten für Kinder in Afrika, Asien und Südamerika, weshalb sie von der UNESCO als „Heroes for Kids" ausgezeichnet wurden. Sie gelten überall als Vorbilder für Fairness, sportlichen Erfolg und Bildung; in Deutschland vergisst man manchmal fast, dass sie keine Deutschen sind.

Checkliste für eine Biografie	gemacht
1. Ich habe das richtige Format benutzt.	
• Meine Biografie hat einen Titel, einen klar erkennbaren Anfang und einen Schluss.	☐
• Ich habe wichtige Fakten und Lebensdaten abgedeckt.	☐
2. Der Ton, die Wortwahl und die Grammatik sind durchgehend angemessen.	
• Ich habe den Text in der dritten Person verfasst.	☐
• Ich habe einen neutralen und sachlichen Stil benutzt.	☐
• Meine Sprache ist formell.	☐
• Ich habe die relevanten Zeitformen der Verben benutzt, besonders Präsens für das Gegenwärtige (falls relevant) und Präteritum für das Vergangene.	☐
3. Meine Biografie ist logisch strukturiert.	
• Ich habe zuerst einen Plan geschrieben.	☐
• Ich habe meinen Eintrag mit Informationen zum Geburtsdatum und -ort, und falls relevant zum Tod, begonnen.	☐
• Am Anfang habe ich außerdem gesagt, warum diese Biografie geschrieben wird und/oder wofür die Person besonders bekannt ist.	☐
• Ich habe alle wichtigen Lebensdaten und -abschnitte behandelt, besonders wie die Person berühmt wurde.	☐
• Ich habe im letzten Absatz eine Zusammenfassung und einen Ausblick auf die Zukunft oder die Bedeutung dieser Person in der Gegenwart gegeben.	☐
4. Meine Biografie hängt gut zusammen.	
• Ich habe passende Mittel benutzt, um die Verbindungen in und zwischen den Absätzen zu stärken.	☐
• Meine Pronomen (z. B. *es, sie, das, diese*) sind richtig.	☐
• Ich habe Konjunktionen (z. B. *denn*, *wenn*, *sodass*) und passende Adverbien benutzt.	☐
5. Um die Biografie interessant zu machen, habe ich …	
• einige ungewöhnliche Details eingebaut oder	☐
• kontroverse Meinungen angedeutet oder	☐
• die besondere Persönlichkeit der Person herausgestellt.	☐

5. Blogeintrag/Forumsbeitrag

Nachdenken über dies und das

Recht auf Spiel und Freizeit

 von UniUschi @ 2012-03-10 – 19:03:38

Hallo!

Weiter gehts:

Jeder hat das Recht auf Ruhe und Freizeit, aber besonders Kinder haben ein Recht darauf, zu spielen und sich mit Freunden zu treffen. Leider ist das in manchen Ländern nicht so, denn dort müssen die Kinder arbeiten oder sonst etwas anderes machen – gestern habe ich gerade wieder so eine Sendung im Fernsehen gesehen, die von den Kindern handelte, die in Indien mit schlecht bezahlter, illegaler Arbeit ihre Familien ernähren müssen.

Aber eigentlich ist es irre wichtig, dass Kinder Freizeit haben, ich sprech da ja aus eigener Erfahrung, wenn bei mir mal ein Tag mit Terminen voll ist, bin ich immer total geschafft.

Könnt ihr euch vorstellen, wie das wäre, wenn ihr euch nicht mit Freunden treffen könntet oder keine Zeit mehr für euch hättet? – Schrecklicher Gedanke.

Tüddelü eure UniUschi!

(KOMMENTAR HINZUFÜGEN)   (KOMMENTARE ANSEHEN)

Menschenrechte für Kinder

 von UniUschi @ 2012-02-18 – 17:09:03

Heute hab ich im Fernsehen so einen Beitrag gesehen, in dem Schüler darüber redeten, dass ihnen oft Menschenrechte fehlen. So dürfen sie in der Schule nicht sagen, was sie denken, die Lehrer geben Strafen auf, die ungerecht sind, und sie können nicht frei entscheiden, was sie tun und lassen wollen. Ich fand das ganz spannend – so hatte ich noch nie darüber nachgedacht!

Was meint ihr – haben Kinder ein Recht auf Menschenrechte? Man kann natürlich schon sagen, dass Kinder noch nicht wissen, was gut für sie ist, und dass die Erwachsenen oft deswegen unbequeme Entscheidungen treffen oder Regeln aussprechen. Die Idee ist, dass man dann als Erwachsener selbst das Richtige tut. Hmmmm. Überzeugt Euch das Argument? Schreibt mal Eure Meinung!

Tschau, bis bald, UniUschi

(KOMMENTAR HINZUFÜGEN)   (KOMMENTARE ANSEHEN)

Checkliste für einen Blogeintrag/Forumsbeitrag	gemacht
1. Ich habe das richtige Format benutzt.	
● Mein Blogeintrag hat einen gelungenen Anfang, Hauptteil und Schluss bzw. mein Forumsbeitrag bezieht sich auf vorherige Einträge.	☐
● Ich habe das Datum/den Ort und/oder die Uhrzeit genannt. Sollte ich mehrere Einträge über eine Aktivität schreiben, dann erscheint der Eintrag, den ich zuletzt geschrieben habe, immer zuerst.	☐
2. Der Ton, die Wortwahl und die Grammatik sind durchgehend angemessen.	
● Ich habe den Eintrag in der ersten Person Singular oder Plural verfasst.	☐
● Der Ton ist vorwiegend sachlich, doch es gibt einige umgangssprachliche, aber angemessene Formulierungen.	☐
● Ich habe verschiedene Zeiten benutzt, um über vergangene Erlebnisse und Anekdoten, momentane Empfindungen und zukünftige Pläne zu schreiben.	☐
● Ich habe Begriffe und Phrasen verwendet, die Freude, Überraschung und Begeisterung über das Thema vermitteln.	☐
3. Mein Blogeintrag/Forumsbeitrag ist logisch strukturiert.	
● Ich habe zuerst einen Plan geschrieben.	☐
● Ich habe meinen Eintrag mit einem Aufhänger begonnen: Warum schreibe ich? Was ist der Anlass für den Blogeintrag/den Forumsbeitrag?	☐
● In jedem Eintrag habe ich mich auf eine oder wenige Aktivitäten oder Eindrücke bezogen.	☐
● Ich habe den Leser durch Fragen eingeladen, meine Ansichten zu kommentieren.	☐
● Am Schluss meines Eintrages habe ich zukünftige Ereignisse oder Pläne erwähnt.	☐
4. Mein Blogeintrag/Forumsbeitrag hängt gut zusammen.	
● Ich habe passende Mittel benutzt, um die Zusammenhänge in und zwischen den Absätzen zu stärken (z. B. *als Folge*, *aus diesem Grund*).	☐
● Meine Pronomen (z. B. *es*, *sie*, *das*, *diese*) sind richtig.	☐
● Ich habe Konjunktionen (z. B. *weil*, *wenn*, *obwohl*) und Adverbien (z. B. *jedoch*, *deswegen*, *trotzdem*) benutzt.	☐
5. Mein Blogeintrag weckt Interesse beim Leser bzw. mein Forumsbeitrag trägt neue Aspekte zum Thema bei.	
● Ich habe persönliche Erlebnisse, Anekdoten und Vorfälle erwähnt.	☐
● Ich habe Fotos, Emoticons, Abkürzungen und Ausrufe (*:-)*, *Uff!*, *hdl* usw.) eingefügt.	☐

Nachdruck verboten

6. Formeller Brief

Mag. Julia Müller

Fürstendamm 18

5020 Salzburg

Tel.: (++43) 662-874455

XYZ AG

Personalabteilung

Herrn Heinz Maier

Hauptstraße 65

5020 Salzburg

Salzburg, 20. April 20__

Bewerbung auf Ihre Anzeige „Junge Systementwickler gesucht"

Sehr geehrter Herr Maier,

in den „Salzburger Nachrichten" las ich, dass Sie eine junge Systementwicklerin mit der Aufgabe einstellen wollen, Systeme zur laufenden Anpassung des internen Großrechners an die Bedürfnisse der Marketing-Spezialisten zu entwickeln. Ich bewerbe mich bei Ihnen, weil ich glaube, die dafür notwendigen Voraussetzungen mitzubringen.

Nach dem Abitur studierte ich an der Universität Salzburg Informatik. Ich lernte in den ersten vier Semestern die Grundlagen des Programmierens. Anschließend verbrachte ich zwei äußerst interessante Auslandssemester an der Eidgenössischen Technischen Hochschule in Zürich, wo ich eine Vorliebe für kreative Systementwicklung entwickelte. Nach Salzburg zurückgekehrt, schloss ich mein Informatikstudium mit dem Diplomthema „Die Probleme der Bedarfsabklärung bei Systemanpassungen" ab.

Meine ersten Praxiserfahrungen sammelte ich während eines zweijährigen Praktikums als Programmiererin in der Firma ABP AG in Innsbruck. Nach dem Praktikum blieb ich weiterhin in dieser Firma als teilzeitangestellte Programmiererin tätig. Zur Zeit gehört es zu meinen Aufgaben, Kundenwünsche im Bereich Textverarbeitung praxisnah zu realisieren.

Ich bewerbe mich, um meine Vorliebe für Systementwicklung beruflich umzusetzen. Deshalb würde ich gerne im Bereich Systementwicklung in einem bedeutenden Unternehmen wie Ihrem selbstständig arbeiten.

Über Ihre Einladung zu einem Vorstellungsgespräch würde ich mich freuen.

Mit freundlichen Grüßen

Julia Müller

Anlagen:

1 tabellarischer Lebenslauf

3 Kopien von Arbeitszeugnissen

1 Kopie des Diplomzeugnisses

Checkliste für einen formellen Brief	gemacht
1. Ich habe das richtige Format benutzt.	
● Ich habe Ort und Datum angegeben.	☐
● In einer Betreffzeile habe ich eine Überschrift bzw. einen Bezug meines Schreibens angegeben.	☐
● Ich habe eine korrekte Anrede benutzt (*Sehr geehrte/-er …, Sehr geehrte Damen und Herren,*).	☐
● Ich habe eine korrekte Schlussformel benutzt (z. B. *Mit freundlichem Gruß*).	☐
2. Der Ton, die Wortwahl und die Grammatik sind durchgehend angemessen.	
● Der Ton ist sachlich und höflich.	☐
● Die Wortwahl ist einheitlich und formell.	☐
● Es gibt keine umgangssprachlichen Formulierungen.	☐
● Ich habe den Adressaten gesiezt.	☐
● Ich habe nur vollständige Sätze verwendet.	☐
● Ich habe ein Komma nach der Grußformel verwendet und danach kleingeschrieben.	☐
3. Mein Brief ist logisch strukturiert.	
● Ich habe zuerst einen Plan geschrieben.	☐
● Meine Einleitung erklärt den Grund für meinen Brief.	☐
● Mein Brief hat eine klare Entwicklung der Argumente, und die Ideen sind sinnvoll organisiert.	☐
● Ich habe versucht, mein Hauptargument vorzustellen und zu verteidigen.	☐
● Ich habe spezifische Beispiele benutzt, um allgemeine Thesen zu verdeutlichen/belegen.	☐
● Mein Schluss deutet auf eventuelle Lösungen, Aktionen, Konsequenzen, Fragen usw. hin.	☐
● Direkt vor der Schlussformel habe ich eine abschließende Bemerkung gemacht.	☐
4. Mein Text hängt in sich zusammen.	
● Ich habe passende Mittel benutzt, um Sätze miteinander zu verbinden.	☐
● Ich habe passende Mittel benutzt, um Absätze miteinander zu verbinden.	☐
● Meine Pronomen (z. B. *es*, *sie*, *das*, *diese*) sind richtig.	☐
● Ich habe Konjunktionen (z. B. *denn*, *wenn*, *sodass*) und Adverbien (z. B. *allerdings*, *deshalb*, *trotzdem*) benutzt.	☐
5. Mein Brief ist interessant und die Argumente sind überzeugend.	
● Ich habe relevante Beispiele gegeben.	☐
● Alles in meinem Brief ist für das Thema relevant.	☐
● Ich habe (falls relevant) eine persönliche Anekdote als Beispiel genommen.	☐
● Ich habe (falls vorhanden) ein paar Statistiken oder Fakten zitiert.	☐

7. Leserbrief an eine Zeitung

Der folgende Leserbrief bezieht sich auf das Interview auf S. 336.

Schon wieder die Ökos!

Sehr geehrte Frau Schumann,

ich beziehe mich auf Ihr Interview mit dem „Tourismusexperten" in der Freitagsausgabe von letzter Woche und möchte hiermit ein paar Worte im Namen der einfachen Alpendorfbewohner schreiben.

Uns wird andauernd von solchen selbst ernannten Experten vorgepredigt, wie wir unser Leben verbessern sollten. Jetzt sollen wir „nachhaltigen Tourismus" entwickeln. Für wen denn? Für die Dorfbewohner oder nur für eine kleine Elite der Ökobesessenen, die alles besser wissen wollen?

Ich wohne schon mein ganzes Leben lang in einem kleinen Dorf in der Nähe von Garmisch. Da ergibt sich unser erstes Problem – Konkurrenz vom grossen Skiurlaubsort. Wir sind trotzdem fast alle im Dorf darauf angewiesen, dass Urlauber auch zu uns kommen. Diese Urlauber wollen Ski fahren, und dafür muss man Schnee anbieten. Wir haben zwar Naturschnee, aber zum Skifahren reicht das vielleicht für zwei Monate im Jahr. Deswegen müssen wir Schneekanonen einsetzen, egal was die Umweltexperten davon halten und egal was ein Ökolehrer denkt. Unsere Existenz hängt davon ab.

Jetzt meint Ihr Experte, wir sollen uns auf Sommertourismus umstellen. Als ob wir nicht jetzt schon alles Mögliche versuchen, Besucher im Sommer anzulocken. Meint er denn, wir sitzen neun Monate herum und warten auf den ersten Schneefall? Wir müssen doch hier um jeden Übernachtungsgast kämpfen.

Es werden im Interview „nachhaltige Alternativen" angepriesen. Aber wer bezahlt diese Umstellung? Wer bezahlt die Werbekampagne, die diese Ökourlauber anlocken soll? Wer bezahlt unsere Pension- und Gaststättenbetreiber, während sie darauf warten, dass dieses „Wachstumspotential" Wirklichkeit wird? Bekommen wir dafür finanzielle Unterstützung vom Land oder Staat? Oder praktische Hilfe? Das glaube ich nicht.

Es mag leicht sein, nachhaltig zu leben, wenn man in einer Stadt wohnt. Wohnt man dagegen auf dem Land, ist so ein nachhaltiges Leben fast unmöglich, besonders wenn man dabei auch seinen Lebensunterhalt verdienen muss. Diese Ökos sollten es mal versuchen, hier draussen im echten „Einklang mit der Natur" ihren Prinzipien zu folgen. Dann wären ihre wohlgemeinten Ideen vielleicht etwas realistischer.

Friedrich Beckmann

Vorsitzender des Gaststättenverbands Oberhammersbach

Checkliste für einen Leserbrief an eine Zeitung	gemacht
1. Ich habe das richtige Format benutzt.	
• Ich habe eine Grußformel verwendet und richte mich normalerweise an die Redaktion der Zeitung.	☐
• Mein Leserbrief hat eine kurze, aber treffende Überschrift, die einen klaren Bezug zum Thema herstellt.	☐
• Ich habe am Ende des Leserbriefs meinen vollständigen Namen und meinen Wohnort erwähnt.	☐
• Ich habe den Text in eine kurze Einleitung, den Hauptteil und einen Appell an die Leser gegliedert.	☐
• Der Gesamteindruck ist formell.	☐
2. Der Ton, die Wortwahl und die Grammatik sind durchgehend angemessen.	
• Der Ton ist insgesamt sachlich.	☐
• Ich habe ganz klar Stellung für oder gegen das behandelte Thema bezogen.	☐
• Ich habe Lösungsvorschläge gemacht.	☐
• Meine Gefühle kommen zum Ausdruck, z. B. Enttäuschung, Ärger, Begeisterung (*Es verärgert mich, dass ...; Ich finde es ganz und gar nicht akzeptabel, dass ...; Als ich xy las, war ich zutiefst gerührt*).	☐
• Ich habe falls relevant ein paar umgangssprachliche Ausdrücke (hier: *Ökos*) oder Kurzformen verwendet, aber allgemein ist die Sprache eher formell und nicht unhöflich.	☐
3. Mein Text ist logisch strukturiert.	
• Ich habe zuerst einen Plan geschrieben.	☐
• Es gibt eine klare Entwicklung der Argumente, und die Ideen sind sinnvoll organisiert.	☐
• Ich habe genaue Beispiele benutzt oder Statistiken zitiert, um meine Argumente zu unterstreichen.	☐
• Ich habe immer wieder den Bezug zum Originalartikel hergestellt.	☐
4. Ich habe meinen Leserbrief in mehrere Sinnabschnitte unterteilt.	
• Mein Leserbrief hat eine Überschrift.	☐
• Mein Leserbrief hat eine kurze Einleitung, die die Aufmerksamkeit des Lesers wecken soll und die den Bezug zur Textvorlage herstellt.	☐
• Mein Leserbrief hat einen Schlussteil, der einen Appell an die Leser, Schlussfolgerungen und Forderungen aufstellt und kritische Bemerkungen macht.	☐
5. Mein Text hängt gut zusammen.	
• Ich habe passende Mittel benutzt, um die Kohärenz in und zwischen den Absätzen zu stärken.	☐
• Ich habe Konjunktionen (z. B. *weil, wenn, obwohl*) und Adverbien (z. B. *jedoch, deswegen, trotzdem*) benutzt.	☐
• Ich habe ein paar andere Ausdrücke benutzt (z. B. *als Folge, aus diesem Grund*), um die Kohärenz zu fördern.	☐

Nachdruck verboten

8. Informeller Brief

Berlin, den 12. Juni 2012

Liebe Anna,

heute hat unsere Deutschlehrerin mir mitgeteilt, dass Du meine Partnerin für den Austausch im Sommer bist. Ich habe Dein Foto und einen Steckbrief von Dir gesehen und bin total aufgeregt, dass Du mich im Juli besuchen wirst. Auch kann ich es kaum erwarten, mit Dir im August Wien zu erkunden. Hoffentlich freust Du Dich genauso.

Ich weiß nicht, ob Deine Lehrerin Dir auch schon meinen Steckbrief gezeigt hat, daher mal kurz ein paar Infos: Ich bin Meike, 17 Jahre, gehe auf das Humboldtgymnasium in Berlin Mitte und wohne mit meiner Mutter und meinem 15-jährigen Bruder in Kreuzberg. Na ja, laut Deinem Steckbrief hast Du auch jüngere Geschwister, sodass ich Dir nicht erzählen muss, wie nervig das manchmal sein kann... Wie hältst Du es bloß mit 13-jährigen Zwillingen aus?

Jetzt aber erst mal ein paar Infos zu meiner Stadt, da Du sicher gespannt bist, was wir im August hier so alles machen können. Berlin ist echt cool, ich will hier auf jeden Fall später studieren. Hier gibt's jede Menge Spaß, wir haben die besten Klamottengeschäfte und Kneipen in ganz Deutschland! Du sagst ja selbst, dass Du gern ausgehst und bummelst, also freu Dich auf Szeneshops und Clubs, wo meine Freunde und ich oft am Wochenende abhängen. Und hab keine Angst, obwohl Berlin eine Großstadt ist, ist sie echt grün: Wir können bei gutem Wetter mit dem Boot auf der Spree paddeln, wenn Du Lust hast. Ich leg' ein Foto von Berlin in den Brief, damit Du es Dir besser vorstellen kannst.

Mein Vater, den wir besuchen können, wohnt ein bisschen außerhalb von Berlin, in Potsdam. Meine Eltern sind schon seit vier Jahren geschieden, was am Anfang recht schwer für mich und meinen Bruder war. Ich hab' meinen Vater vermisst und fand zuerst seine neue Freundin auch nicht so klasse. Jetzt geht es ok, sie hat auch zwei Kinder, mit denen ich mich ganz gut verstehe. Wir sind sozusagen eine richtige Großfamilie, wenn mein Bruder und ich am Wochenende in Potsdam sind. Es nervt dann nur, wenn mein Vater den Erzieher heraushängen lässt und über Schule und Jungen reden will. Naja, so sind Eltern eben, aber zwei Elternpaare können manchmal einfach zu viel sein.

Erzähl mal, wie es bei Dir so ist. Ich hab' gelesen, dass Du nach dem Abi nach Namibia willst, da Teile Deiner Familie dort leben. Find ich echt spannend. Mein Traum ist es, nach dem IB-Diplom, das wir hier neben dem Abitur an unserer Schule machen, ein Jahr in Togo als Freiwillige zu arbeiten.

Also, muss jetzt los zum Volleyball. Schreib bald oder schick eine E-Mail (m.gogald@dmail.de).

Bis bald

Meike

Checkliste für einen informellen Brief	gemacht
1. Ich habe das richtige Format benutzt.	
• Mein Brief beginnt mit einer direkten Begrüßung (*Liebe/-r …*).	☐
• Mein Brief hat einen Einführungsparagrafen und einen Schlussparagrafen, die den Adressaten direkt ansprechen.	☐
• Ich habe das Datum und den Ort im Briefkopf genannt.	☐
• Mein Brief endet mit einer informellen Schlussformel (z. B. *Liebe Grüße …*).	☐
2. Der Ton, die Wortwahl und die Grammatik sind durchgehend angemessen.	
• Ich habe den Text in der ersten Person verfasst.	☐
• Ich habe den Adressaten geduzt und seinen Vornamen verwendet.	☐
• Ich habe einen persönlichen, intimen Stil benutzt.	☐
• Meine Sprache ist informell und enthält z. B. Ausrufe, Bitten, Halbsätze oder direkte Fragen.	☐
• Ich habe verschiedene Zeitformen benutzt, um über vergangene Ereignisse, momentane Gefühle und Gedanken und zukünftiges Handeln zu schreiben.	☐
3. Mein Brief ist logisch strukturiert.	
• Ich habe mit einer Anrede des Adressaten begonnen.	☐
• Ich habe gezeigt, dass ich den Adressaten gut kenne und dass der Brief für ihn/sie interessant ist.	☐
• Ich habe meine Ideen und Erlebnisse im Detail beschrieben.	☐
• Ich habe Persönliches dargestellt, z. B. Gefühle, eigene Meinungen und Eindrücke.	☐
4. Mein Brief hängt in sich zusammen.	
• Ich habe passende Mittel benutzt, um Sätze miteinander zu verbinden.	☐
• Ich habe passende Mittel benutzt, um Absätze miteinander zu verbinden.	☐
• Meine Pronomen (z. B. *es*, *sie*, *das*, *diese*) sind richtig.	☐
• Ich habe Konjunktionen (z. B. *denn*, *wenn*, *sodass*) und Adverbien (z. B. *allerdings*, *deshalb*, *trotzdem*) benutzt.	☐

Nachdruck verboten

9. Broschüre/Flugblatt

Augen auf beim Schoko-Kauf

Kinder-Schokolade? Nein, danke!

Augen auf beim Schoko-Kauf. Denn die Überraschung, die oft hier auf unschuldige Verbraucher wartet, heißt immer wieder: Kinderarbeit. *Utopia* verrät Ihnen, wie Sie Ihren Schoko-Hunger ohne die Zutat „Kinderarbeit" stillen können.

Der größte Teil aller Schokoladenprodukte in Deutschland wird konventionell hergestellt. Der Anteil an fair gehandelter Schokolade liegt nur bei knapp zwei Prozent. Bekannte Markennamen auf der Packung sind kein Garant dafür, dass auf ein Minimum an Sozialstandards geachtet wird.

- Wer Schokolade unbeschwert genießen möchte, sollte **auf Fair-Trade- (und Bio-)Siegel achten**. Kaufen Verbraucher keine Produkte aus ausbeuterischer Kinderarbeit, üben sie auch oft Druck zum Bezahlen anständiger Löhne aus. Bei fair gehandeltem Kakao werden den Lieferanten Mindestabnahmepreise und damit zuverlässige Einkommen garantiert. Außerdem verlangen die Mitglieder der internationalen „Fairtrade Labelling Organizations" (FLO) von den Bauern unter anderem, dass:
  – Kinder, die auf elterlichen Plantagen helfen, zur Schule gehen,
  – keine Jugendlichen unter 15 Jahren als Arbeiter angestellt werden
  – Jugendliche unter 18 nicht mit gefährlichen Chemikalien hantieren oder andere gesundheitsschädliche Tätigkeiten ausüben.

- Das Bio-Siegel bedeutet nicht zwingend, dass die Rohstoffe unter fairen Bedingungen produziert wurde. Der **Kauf von Bio-Schokolade ist trotzdem dem von konventioneller vorzuziehen**: Die höheren Preise für Kakaobohnen aus Öko-Anbau – der zum Beispiel den Einsatz von Kunstdünger und Pestiziden verbietet – sind aber eine Basis dafür, dass die Bauern ihre Kinder zur Schule schicken können.

- Sofern sie kein Transfair- oder Bio-Siegel tragen, können Verbraucher **auch bei teuren Edel-Marken nicht ausschließen, dass die Kakaobohnen von Kindern geerntet wurden** – und ebenso wenig, dass die verarbeitete Milch von Kühen aus Massentierhaltung stammt, die zudem noch genmanipuliertes Futter gefressen haben.

- **Mobilisieren Sie Mitleid und Aufregung über Kinderarbeit lieber zu Verbrauchermacht**, als beides – im wahrsten Sinn – weiter in sich hineinzufressen. Unterstützen Sie Sanktionen gegen Firmen, die an gefährlicher Kinderarbeit verdienen, und verstärken Sie eine öffentlich wahrnehmbare Forderung nach „Waren ohne unzulässige Kinderarbeit"!

- Genießen Sie auch fair gehandelte (Bio-)Schokolade im Bewusstsein, dass viel Arbeit darin steckt – und **essen Sie ruhig weiterhin viel davon, damit die Kakaobauern davon profitieren**.

utopia.de

Checkliste für eine Broschüre/ein Flugblatt	gemacht
1. Ich habe das richtige Format benutzt.	
● Meine Broschüre hat eine Überschrift, eine kurze Einleitung, mehrere Abschnitte, die ebenfalls Überschriften haben, und einen Schlussteil.	☐
● Ich habe die Aufmachung der Broschüre berücksichtigt und habe ein klares Layout gewählt, z. B. mehrere Untertitel, Fettdruck, Stichpunkte oder Nummerierung.	☐
● Der Gesamteindruck ist formell.	☐
2. Der Ton, die Wortwahl und die Grammatik sind durchgehend angemessen.	
● Mein Ton ist sachlich, aber wenn ich kreative Sprache verwendet habe, ist sie nicht unangemessen.	☐
● Ich habe viele Adjektive, Adverbien, rhetorische Fragen und Ausrufe verwendet.	☐
● Ich habe Imperative benutzt, um zur Tat aufzurufen.	☐
● Es gibt keine zu umgangssprachlichen Formulierungen.	☐
● Es gibt viele kurze Sätze zur Verstärkung der Aussagekraft.	☐
3. Meine Broschüre ist logisch strukturiert.	
● Ich habe zuerst einen Plan geschrieben.	☐
● Es gibt eine klare Entwicklung der Argumente, und die Ideen sind sinnvoll organisiert.	☐
● Ich habe Kontaktinformationen, z. B. Websites und Telefonnummern, angegeben.	☐
4. Meine Broschüre hängt gut zusammen.	
● Meine Pronomen (z. B. *es, sie, diese*) sind richtig.	☐
● Ich habe passende Stilmittel benutzt, um Abschnitte miteinander zu verbinden.	☐
● Ich habe Konjunktionen (z. B. *weil, aber, obwohl*) und Adverbien (z. B. *zuerst, deshalb, außerdem*) benutzt, um Zusammenhänge klar darzustellen.	☐

10. Informelle E-Mail

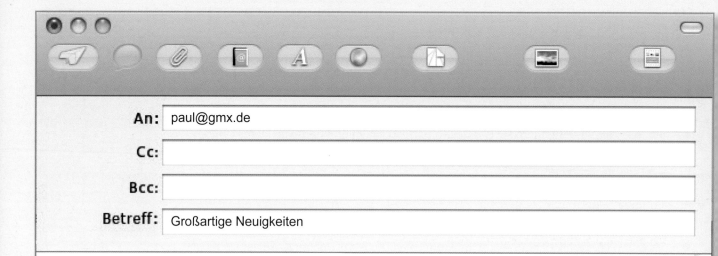

An: paul@gmx.de

Cc:

Bcc:

Betreff: Großartige Neuigkeiten

Hallo Paul,

endlich habe ich Zeit, Dich zu mailen. Ich war echt vollkommen aus dem Häuschen, als ich gehört habe, was passiert ist. Du hast ein Stipendium für die Bucerius Law School in Hamburg! Unglaublich! Du bist echt mein Held ☺! Und was natürlich das Beste ist, dass wir jetzt also im Sommer beide nach Hamburg ziehen werden. Ich freu mich so! Lass uns jetzt mal planen, wie wir die nächsten Wochen nutzen, um im September dann mit der Uni beginnen zu können.

Zuerst mal das Dach über unserem Kopf: Hast Du schon eine Idee, wo wir wohnen können? Du weißt ja, dass meine Eltern nicht so viel Geld haben, daher denke ich, dass wir uns Zimmer in Studenten-WGs anschauen sollten. Oder ein Studentenwohnheim? Freunde meiner Schwester studieren in Hamburg, die können uns bestimmt helfen. Ich kann es kaum erwarten, endlich meine eigene Bude zu haben! Bestimmt besuchen uns Charlotte, Jens und Sebastian oft.

Hast Du schon Kontakt mit Rudervereinen aufgenommen? Wir müssen unbedingt versuchen, auf der Alster zu rudern. Ich hab gehört, dass Hamburg gute Vereine hat und wir bestimmt in der Mannschaft rudern können. Hoffentlich bleibt uns genug Zeit neben dem Studium! Ich seh uns schon in der Bibliothek büffeln, wenn die anderen im Sonnenschein auf dem Wasser sind.

Ach, ich kann es gar nicht erwarten, dass wir endlich Studenten sind! Abends in Kneipen diskutieren, selbst kochen und allein entscheiden! Und dann auch noch zusammen!

Lieber Paul, Du merkst bestimmt, dass ich total glücklich bin. Schreib bald oder skype, sodass wir Details besprechen können.

LG

Michaela

Checkliste für eine informelle E-Mail	gemacht
1. Ich habe das richtige Format benutzt.	
● Ich habe eine geeignete Anrede und Schlussformel benutzt.	☐
● Ich habe gesagt, an wen die E-Mail geht und von wem sie kommt.	☐
● Es gibt eine Betreff-Zeile mit einem relevanten Titel für meine E-Mail.	☐
2. Der Ton, die Wortwahl und die Grammatik sind durchgehend angemessen.	
● Der Ton ist freundlich.	☐
● Ich habe den Empfänger geduzt.	☐
● Ich habe nur Vornamen benutzt.	☐
● Die Wortwahl ist durchweg informell.	☐
● Es gibt einige umgangssprachliche Formulierungen, z. B. Halbsätze, Ausrufe oder Sätze, die mit *und* oder *oder* beginnen.	☐
● Ich habe Emoticons, Abkürzungen und Ausrufe (*:-)*, *Uff!, hdl* usw.) benutzt.	☐
3. Meine E-Mail ist logisch strukturiert.	
● Ich habe zuerst einen Plan geschrieben.	☐
● Es gibt eine klare Entwicklung der Argumente und die Ideen sind sinnvoll organisiert.	☐
● Alle Details sind für das Thema relevant.	☐
● Ich habe versucht, wo nötig zu überzeugen bzw. zu überreden.	☐
● Ich habe spezifische Beispiele benutzt, um allgemeine Thesen zu illustrieren.	☐
● Ich habe eine kurze Einleitung geschrieben, die den Grund für meine E-Mail erklärt.	☐
● Ich habe einen Schluss geschrieben, der sich auf das Thema bezieht und die Ideen zusammenbringt.	☐
4. Mein Text hängt in sich zusammen.	
● Meine Pronomen (z. B. *es, sie, das, diese*) sind richtig.	☐
● Ich habe entsprechende Konjunktionen (z. B. *denn, wenn, sodass*) und Adverbien (z. B. *allerdings, deshalb, trotzdem*) benutzt.	☐
5. Mein Text ist interessant und die Argumente sind überzeugend.	
● Ich habe Beispiele gegeben, um Argumente zu illustrieren.	☐
● Ich habe persönliche Anekdoten als Beispiel genommen.	☐
● Ich habe (falls vorhanden) ein paar Statistiken oder Fakten zitiert.	☐

11. Interview

ÖKOLOGIE

„Das grüne Skigebiet – das wäre doch ein Hit!"

Der Bündner Wirtschaftsgeograf und Tourismusexperte Stefan Forster versteht nicht, wieso Schweizer Skiorte nicht konsequenter auf umweltfreundlichen Tourismus setzen.

Stefan Forster, 43, leitet seit 2007 die Fachstelle Tourismus und nachhaltige Entwicklung im Center da Capricorns in Wergenstein/GR, einem Aussenposten der Zürcher Hochschule für angewandte Wissenschaften. Forster entwickelt unter anderem Konzepte für die Schweizer Naturparks.

Der Schweizerische Beobachter: Hätte grüner Tourismus eine Chance? Wie gross ist das Segment der Leute, die Vorbehalte gegen das „Immer mehr" im Skitourismus haben?

Forster: Die Konsumforschung spricht von „lifestyle of health and sustainability" (Lebensstil der Gesundheit und Nachhaltigkeit), von den sogenannten Lohas. Man schätzt, dass sich über 30 Prozent der Kunden damit identifizieren. Das sieht man zum Beispiel im Detailhandel, der Biomarkt boomt, die Leute achten auf Qualität und nachhaltige Produktionsweisen. Hier hat der Tourismus noch Nachholbedarf.

Beobachter: Was raten Sie da kleineren Skigebieten?

Forster: Mich wundert, dass noch niemand auf ein Öko-Skigebiet setzt. Das wäre doch ein Hit: das grüne, klimaneutrale Skigebiet – eine gute Positionierung im Markt. Es gibt Ansätze dazu. Ein Projekt, an dem wir beteiligt sind, ist zum Beispiel der weltweit erste Solarskilift in Tenna im Safiental, ein einfacher, kleiner Skilift, der national Beachtung findet.

Beobachter: Gibt's weitere gute Beispiele?

Forster: Das Schatzalp-Strela-Skigebiet in Davos, dort setzen sie konsequent auf Entschleunigung. Angesprochen werden Leute, die genug vom Rummel haben. Das Gebiet verzichtet auch bewusst auf künstliche Beschneiung und wirbt mit Naturschnee.

Beobachter: Aber es gibt viele kleinere Stationen, die langfristig nicht mehr schneesicher sind. Sollen die sich ganz vom Wintertourismus verabschieden?

Forster: Wenn der Sommertourismus keine Option ist und auch sonst keine Nische gefunden werden kann: ja. Dann muss man sich mit dem Rückbau solcher Gebiete auseinandersetzen. Diese Entwicklung läuft bereits. Am Gschwender Horn im Allgäu wurde vor ein paar Jahren ein Skigebiet komplett aufgelöst. Dann geht es allerdings auch um die Frage, wer den Abbau der Anlagen bezahlen soll.

Beobachter: Wenn aber die ganze regionale Wertschöpfung am Tropf des Skigebiets hängt: trotzdem abbauen?

Forster: Ja. Auch wenn das schwierig ist, für die Regionalentwicklung gar fatal. Es trifft Gebiete in Randregionen, und man wird nicht alle retten können.

Beobachter: Viele versuchen stattdessen, das Sommergeschäft anzukurbeln – mit Aussichtsplattformen, Hängebrücken, Hüpfburgen. Ist das der richtige Weg?

Forster: Der Kampf um Aufmerksamkeit ist gross. Doch ich halte es langfristig für den falschen Weg, nur auf Spektakel zu setzen. Viele Leute suchen vermehrt Ruhe, Natur, Besinnung und keine Effekthascherei.

Beobachter: Lässt sich mit „Besinnlichkeit" denn Geld verdienen?

Forster: Ja, obwohl die grosse Wertschöpfung natürlich weiterhin mit dem Wintergeschäft gemacht wird. Der Sommer bietet im Segment des naturnahen Tourismus Wachstumspotential. Allerdings nicht als Alternativmodell zum Winter, aber mit dem Sommergeschäft kann man verlorene Anteile des Winters wettmachen. Sehen Sie doch nur, wie das Outdoorgeschäft boomt, Wandern ist in. Zwei Millionen Menschen in der Schweiz wandern und geben dafür fast zwei Milliarden Franken im Jahr aus.

Beobachter: Was hat der Seilbahnbetrieb davon?

Forster: Das Bild des asketischen Rote-Socken-Wanderers ist überholt. Heute gehen auch viele junge Leute, die Geld haben und es auch gern ausgeben, in die Berge. Das erhöht die Frequenz am Berg und die Übernachtungszahlen. Weitwanderwege wie die Via Spluga machen heute schon eine Million Franken Umsatz pro Jahr. Das ist ein interessanter Wachstumsmarkt.

Daniel Benz und Birthe Homann, Beobachter

Checkliste für ein Interview	gemacht
1. Ich habe das richtige Format benutzt.	
● Es gibt immer abwechselnd Fragen und Antworten.	☐
● Mein Interview hat eine kurze Einleitung, einen Hauptteil und einen Schluss.	☐
● Am Anfang oder am Ende gibt es kurze biografische Angaben zur interviewten Person.	☐
● Sollte mein Interview in einer Zeitung oder Zeitschrift veröffentlicht werden, hat es auch eine aussagekräftige Überschrift.	☐
2. Der Ton, die Wortwahl und die Grammatik sind durchgehend angemessen.	
● Der Ton ist vorwiegend sachlich, aber freundlich.	☐
● Ich habe gesprochene Sprache verwendet, habe aber auf korrekte Rechtschreibung geachtet.	☐
● Ich habe über mich selbst in der 1. Person Singular gesprochen und habe mein Gegenüber mit der Höflichkeitsform, der 3. Person Plural, *Sie*, angesprochen.	☐
● Beide Interviewpartner verwenden einen respektvollen Ton.	☐
● Wenn angemessen, habe ich auch Humor mit in die Unterhaltung einfließen lassen.	☐
● Ich habe verschiedene Zeiten benutzt, um vergangene Erlebnisse, gegenwärtige Aspekte und zukünftige Pläne anzusprechen.	☐
3. Mein Interview ist logisch strukturiert.	
● Mein Interview beginnt mit einem Aufhänger: Was ist der Anlass? Oder wer ist die interviewte Person?	☐
● Die Fragen des Interviewers sind angemessen und interessant.	☐
● Die Antworten beziehen sich klar auf die gestellten Fragen.	☐
● Mein Interview hat einen klaren Schluss z. B. eine abschließende Frage nach zukünftigen Ereignissen, oder der Interviewer bedankt sich.	☐
4. Mein Interview hängt gut zusammen.	
● Ich habe passende Mittel benutzt, um die Zusammenhänge in und zwischen den Absätzen zu stärken (z. B. *als Folge, aus diesem Grund*).	☐
● Meine Pronomen (z. B. *es, sie, das, diese*) sind richtig.	☐
● Ich habe Konjunktionen (z. B. *weil, wenn, obwohl*) und Adverbien (z. B. *jedoch, deswegen, trotzdem*) benutzt.	☐
5. Mein Interview weckt Interesse beim Leser.	
● Ich habe persönliche Erlebnisse, Vorfälle oder Anekdoten der interviewten Person erwähnt.	☐
● Abhängig vom Anlass des Interviews werden persönliche Meinungen und Sichtweisen ausgedrückt, verteidigt oder infrage gestellt.	☐
● Es werden auch Fakten weitergegeben.	☐

12. Kurzgeschichte

Ilse Aichinger: Das Fenster-Theater

Die Frau lehnte am Fenster und sah hinüber. Der Wind trieb in leichten Stößen vom Fluss herauf und brachte nichts Neues. Die Frau hatte den starren Blick neugieriger Leute, die unersättlich sind. Es hatte ihr noch niemand den Gefallen getan, vor ihrem Haus niedergefahren zu werden. Außerdem wohnte sie im vorletzten Stock, die Straße lag zu tief unten. Der Lärm rauschte nur mehr leicht herauf. Alles lag zu tief unten. Als sie sich eben vom Fenster abwenden wollte, bemerkte sie, dass der Alte gegenüber Licht angedreht hatte. Da es noch ganz hell war, blieb dieses Licht für sich und machte den merkwürdigen Eindruck, den aufflammende Straßenlaternen unter der Sonne machen. Als hätte einer an seinen Fenstern die Kerzen angesteckt, noch ehe die Prozession die Kirche verlassen hat. Die Frau blieb am Fenster.

Der Alte öffnete und nickte herüber. Meint er mich? dachte die Frau. Die Wohnung über ihr stand leer, und unterhalb lag eine Werkstatt, die um diese Zeit schon geschlossen war. Sie bewegte leicht den Kopf. Der Alte nickte wieder. Er griff sich an die Stirne, entdeckte, dass er keinen Hut aufhatte, und verschwand im Innern des Zimmers.

Gleich darauf kam er in Hut und Mantel wieder. Er zog den Hut und lächelte. Dann nahm er ein weißes Tuch aus der Tasche und begann zu winken. Erst leicht und dann immer eifriger. Er hing über die Brüstung, dass man Angst bekam, er würde vornüberfallen. Die Frau trat einen Schritt zurück, aber das schien ihn nur zu bestärken. Er ließ das Tuch fallen, löste seinen Schal vom Hals – einen großen bunten Schal – und ließ ihn aus dem Fenster wehen. Dazu lächelte er. Und als sie noch einen weiteren Schritt zurücktrat, warf er den Hut mit einer heftigen Bewegung ab und wand den Schal wie einen Turban um seinen Kopf. Dann kreuzte er die Arme über der Brust und verneigte sich. Sooft er aufsah, kniff er das linke Auge zu, als herrsche zwischen ihnen ein geheimes Einverständnis. Das bereitete ihr so lange Vergnügen, bis sie plötzlich nur mehr seine Beine in dünnen, geflickten Samthosen in die Luft ragen sah. Er stand auf dem Kopf. Als sein Gesicht gerötet, erhitzt und freundlich wieder auftauchte, hatte sie schon die Polizei verständigt.

Und während er, in ein Leintuch gehüllt, abwechselnd an beiden Fenstern erschien, unterschied sie schon drei Gassen weiter über dem Geklingel der Straßenbahnen und dem gedämpften Lärm der Stadt das Hupen des Überfallautos. Denn ihre Erklärung hatte nicht sehr klar und ihre Stimme erregt geklungen. Der alte Mann lachte jetzt, sodass sich sein Gesicht in tiefe Falten legte, streifte dann mit einer vagen Gebärde darüber, wurde ernst, schien das Lachen eine Sekunde lang in der hohlen Hand zu halten und warf es dann hinüber. Erst als der Wagen schon um die Ecke bog, gelang es der Frau, sich von seinem Anblick loszureißen. Sie kam atemlos unten an. Eine Menschenmenge hatte sich um den Polizeiwagen gesammelt. Die Polizisten waren abgesprungen, und die Menge kam hinter ihnen und der Frau her. Sobald man die Leute zu verscheuchen suchte, erklärten sie einstimmig, in diesem Hause zu wohnen. Einige davon kamen bis zum letzten Stock mit. Von den Stufen beobachteten sie, wie die Männer, nachdem ihr Klopfen vergeblich blieb und die Glocke allem Anschein nach nicht funktionierte, die Tür aufbrachen. Sie arbeiteten schnell und mit einer Sicherheit, von der jeder Einbrecher lernen könnte. Auch in dem Vorraum, dessen Fenster auf den Hof sahen, zögerten sie nicht eine Sekunde. Zwei von ihnen zogen die Stiefel aus und schlichen um die Ecke. Es war inzwischen finster geworden. Sie stießen an einen Kleiderständer, gewahrten den Lichtschein am Ende des schmalen Ganges und gingen ihm nach. Die Frau schlich hinter ihnen her. Als die Tür aufflog, stand der alte Mann, mit dem Rücken zu ihnen gewandt, noch immer am Fenster. Er hielt ein großes weißes Kissen auf dem Kopf, das er immer wieder abnahm, als bedeutete er jemandem, dass er schlafen wolle. Den Teppich, den er vom Boden genommen hatte, trug er um die Schultern. Da er schwerhörig war, wandte er sich auch nicht um, als die Männer schon knapp hinter ihm standen und die Frau über ihn hinweg in ihr eigenes finsteres Fenster sah.

Die Werkstatt unterhalb war, wie sie angenommen hatte, geschlossen. Aber in die Wohnung oberhalb musste eine neue Partei eingezogen sein. An eines der erleuchteten Fenster war ein Gitterbett geschoben, in dem aufrecht ein kleiner Knabe stand. Auch er trug sein Kissen auf dem Kopf und die Bettdecke um die Schultern. Er sprang und winkte herüber und krähte vor Jubel. Er lachte, strich mit der Hand über das Gesicht, wurde ernst und schien das Lachen eine Sekunde lang in der hohlen Hand zu halten. Dann warf er es mit aller Kraft den Wachleuten ins Gesicht.

Ilse Aichinger, S.Fischer Verlag

Checkliste für eine Kurzgeschichte	gemacht
1. Ich habe das richtige Format benutzt.	
• Meine Kurzgeschichte hat einen offenen Anfang, der mitten ins Geschehen einsteigt.	☐
• Im ersten Abschnitt habe ich alle wichtigen Fakten (aber nur die) kurz dargestellt, z. B. die handelnden Personen.	☐
• Meine Kurzgeschichte hat einen offenen Schluss, an dem vielleicht der Höhepunkt des Geschehens steht.	☐
• Meine Kurzgeschichte hat eine Erzählperspektive.	☐
2. Der Ton, die Wortwahl und die Grammatik sind durchgehend angemessen.	
• Ich habe stilistische Mittel benutzt, z. B. Wiederholungen, Metaphern.	☐
• Ich habe mir einen phantasievollen und einfallsreichen Umgang mit der Sprache erlaubt, wie z. B. Wortspielerei.	☐
• Ich habe hauptsächlich das Präsens für die Handlung benutzt.	☐
3. Meine Geschichte ist angemessen strukturiert.	
• Ich habe mich auf wenige Charaktere beschränkt.	☐
• Ich habe mich auf einen Handlungsstrang beschränkt.	☐
• Ich habe auf Rückblenden verzichtet.	☐
• Meine Geschichte will den Leser unterhalten, aber auch zum Nachdenken bringen.	☐
4. Meine Geschichte hängt gut zusammen.	
• Ich habe passende Mittel benutzt, um die Zusammenhänge in und zwischen den Absätzen zu stärken (z. B. *als Folge, aus diesem Grund*).	☐
• Meine Pronomen (z. B. *es, sie, das, diese*) sind richtig.	☐
• Ich habe Konjunktionen (z. B. *weil, wenn, obwohl*) und Adverbien (z. B. *jedoch, deswegen, trotzdem*) benutzt.	☐
5. Um den Text literarischer zu machen, habe ich Folgendes benutzt:	
• Stilmittel, z. B. Metaphern (wie *Ihr Leben ist eine Achterbahn*), Vergleiche (wie *Das Haus ist wie eine Festung*) oder Parallelismen (wie *Wir stritten, wir weinten und wir lachten miteinander*)	☐
• Steigerungen (z. B. *wie sehr sie ihn liebte, wie außerordentlich, wie über alle Maßen*)	☐
• Adjektive zur Beschreibung der Stimmung, Situation, Befindlichkeit des Protagonisten	☐
• ein Leitmotiv	☐

Nachdruck verboten

13. Rede/Vortrag/Referat

Bei dieser Textsorte handelt es sich um drei Formen, die sehr ähnlich sind, sich aber kontextbedingt voneinander unterscheiden. Hier wird nur ein Beispiel gegeben. Näheres hierzu finden Sie auf S. 277.

Vortrag – Schulversammlung Heilwig-Gymnasium, Mittwoch 3. September 2012

Liebe Mitschülerinnen, liebe Mitschüler!

Heute wollt Ihr also hören, wieso ich mich zu der exotischen und oft missverstandenen Gruppe der Veganer zähle? Ich kann Euch versichern, dass das nicht immer leicht ist – man wird ausgelacht, für verrückt erklärt und bekommt in der Kantine obendrein fast nie etwas Richtiges zu essen.

Aber ich erzähle gern etwas mehr über unsere Lebensweise, weil der Veganismus viel mehr ist als eine private Macke – in Deutschland gibt es inzwischen mindestens 80.000 Menschen, die vegan leben.

Als Veganer stelle ich mir ein paar grundlegende Fragen: Wie steht es mit dem Verhältnis zwischen Mensch und Tier? Wie gehen wir mit den Tieren um, bzw. wie sollten wir mit ihnen umgehen? Ja richtig, so gesehen steht die Entscheidung vegan zu leben in Zusammenhang mit dem Tierschutz. Aber Veganismus bedeutet viel mehr als bloß kein Fleisch zu essen.

Ich habe seit meinem 12. Lebensjahr kein Fleisch, keine Wurst, keinen Fisch und kein Geflügel gegessen. Damals fing ich an, mir Gedanken über die Herkunft, die Geschichte sozusagen, des Brathähnchens auf meinem Teller zu machen. Ich hatte in der Schule einiges über Schlachthöfe und Masttechniken gehört, und auch ein Buch über die Fleischverarbeitung in Amerika gelesen. Das waren ganz schreckliche Bilder, die mich dazu brachten zu erkennen, dass dieses Huhn einmal gelebt, geatmet und gefühlt hat – so wie ich. Auf einmal wurde mir klar – was da auf meinem Teller lag, war einmal ein Lebewesen gewesen, nicht einfach „ein Ding". Fleisch ist kein harmloses Nahrungsprodukt, dass mir das Tier freiwillig zur Verfügung stellt, sondern ein Produkt, für das ein Tier seines Lebens beraubt wird. Für mich gab es da nur die Konsequenz, mich diesem Kreislauf zu entziehen. Für mich sollte kein Tier mehr getötet werden. Als Verbraucher bin ich nämlich für das verantwortlich, was da in den Schlachthöfen passiert, auch wenn ich mir beim Griff in die Fleischtheke nicht die Finger blutig mache.

Im Laufe der Jahre haben sich diese Gedanken aber noch weiter entwickelt. Ich habe unseren Umgang mit Tieren im Detail analysiert und irgendwann beschlossen, künftig vegan zu leben, also auch auf Milch, Eier, Käse sowie Leder, Wolle und im Tierversuch getestete Kosmetik zu verzichten. Dabei ist klar, dass 100%ige Reinheit natürlich nicht zu erreichen ist – man denke nur an Medikamente aus der Schulmedizin oder auch pestizidbehandeltes Gemüse – irgendwo steckt da immer ein Tierversuch drin. Aber Veganismus bedeutet, soweit wie irgend möglich auf die Nutzung von Tieren und die Verursachung von Leiden zu verzichten. Wer braucht heute schon einen Pelzmantel, oder eine Daunenjacke? Wozu Honig essen, wenn es doch Nutella und Marmelade gibt?

In Indien gibt es eine Sekte, in der Mönche einen Mundschutz tragen, damit sie nicht aus Versehen Insekten einatmen, und mit einem Besen vor sich den Weg fegen, um nicht aus Versehen eine Ameise zu zertreten. Das ginge natürlich für unseren Alltag etwas zu weit, aber die Grundhaltung bewundere ich einfach.

Man muss damit nicht Hals über Kopf beginnen. Als erster Schritt reichte es schon, wenn es in der Kantine ab und zu mal ein vegetarisches Gericht mit Tofu oder einen Gemüseeintopf ohne Speck und Wurst gäbe. Wir Menschen sind nämlich, biologisch gesehen, Allesfresser und brauchen kein Fleisch zum Glücklichsein.

Danke fürs Zuhören! Und wenn jemand noch Fragen hat, dann bin ich in der Mittagspause in der Kantine zu finden.

Checkliste für eine Rede/einen Vortrag/ein Referat	gemacht
1. Meine Rede/Mein Vortrag/Mein Referat spricht mein Publikum an.	
• Ich habe eine geeignete Anrede am Anfang benutzt.	☐
• Ich habe mich für die Gelegenheit bedankt, die Rede/den Vortrag halten zu dürfen.	☐
• Ich habe das Publikum während der Rede/des Vortrags/des Referats mindestens einmal direkt angesprochen.	☐
• Ich habe die Gelegenheit gegeben, Fragen zu stellen.	☐
• Ich habe den Zuhörern am Schluss gedankt.	☐
2. Der Ton, die Wortwahl und die Grammatik sind durchgehend angemessen.	
• Der Ton meiner Rede/meines Vortrags/meines Referats ist sachlich.	☐
• Mein Ton hat (wenn relevant für den Kontext) leidenschaftliche Elemente.	☐
• Ich habe (wo relevant) einen klaren Standpunkt vertreten.	☐
• Meine Wortwahl ist einheitlich und meistens formell.	☐
• Es gibt keine umgangssprachlichen Formulierungen.	☐
3. Meine Rede/Mein Vortrag/Mein Referat ist logisch strukturiert.	
• Ich habe zuerst einen Plan geschrieben.	☐
• Es gibt eine klare Entwicklung der Argumente und die Ideen sind sinnvoll organisiert.	☐
• Alles ist für das Thema relevant.	☐
• Ich habe (falls relevant) Lösungen vorgeschlagen.	☐
• Ich habe (falls relevant) versucht, zu überzeugen bzw. zu überreden.	☐
• Meine Rede/Mein Vortrag/Mein Referat hat eine kurze Einleitung, die den Anlass erklärt und Interesse erweckt.	☐
• Meine Rede/Mein Vortrag/Mein Referat hat einen Schluss, der sich auf das Thema bezieht und die Ideen zusammenbringt.	☐
• Mein Schluss deutet auf die nächsten Schritte hin: eventuelle Lösungen, Konsequenzen, Fragen usw.	☐
• Mein Schluss ruft – wo nötig – zur Tat auf.	☐
4. Meine Rede/Mein Vortrag/Mein Referat hängt gut zusammen.	
• Ich habe passende Mittel benutzt, um die Verbindungen in und zwischen den Absätzen zu stärken.	☐
• Meine Pronomen (z. B. *es*, *sie*, *das*, *diese*) sind richtig.	☐
• Ich habe Konjunktionen (z. B. *denn*, *wenn*, *sodass*) und Adverbien (z. B. *allerdings*, *deshalb*, *trotzdem*) benutzt.	☐
5. Meine Rede/Mein Vortrag/Mein Referat ist interessant und die Argumente sind überzeugend.	
• Ich habe Beispiele gegeben, um Argumente zu erläutern/zu unterstützen.	☐
• Ich habe persönliche Anekdoten als Beispiel genommen.	☐
• Ich habe (falls vorhanden) ein paar Statistiken oder Fakten zitiert.	☐
• Um meine Rede/meinen Vortrag/mein Referat lebendiger zu machen, habe ich einige der folgenden rhetorischen Mittel benutzt: eine Frage, eine Bitte, einen Ausruf, einen Vergleich, eine Wiederholung (z. B. eines Schlüsselwortes, eines Ausdrucks oder einer Konstruktion).	☐

14. Rezension

Almanya

von Walli Müller

Kinostart: 10. März 2011

Die erste Gastarbeiter-Generation kam in den 60er Jahren nach Deutschland und malochte. Die zweite Generation geriet zwischen die Kulturen, und die dritte erzählt nun endlich im Kino davon. Zwei Frauen, die deutsch-türkischen Schwestern Yasemin und Nesrin Samdereli, stecken hinter der Gastarbeiter-Komödie „Almanya – Willkommen in Deutschland". Zusammen schrieben sie das Drehbuch, die ältere Schwester, Yasemin, führte auch Regie.

Natürlich spielen die rund drei Millionen türkischstämmigen Menschen, die in Deutschland leben, auch in Filmen eine Rolle – meistens dann, wenn es um Jugendkriminalität, Zwangs-Ehe oder Ehrenmord geht. Auf die ganz normale, friedliche, durchschnittlich integrierte Gastarbeiterfamilie mussten wir lange warten im Kino. „Almanya" stellt sie endlich vor: die Familie von Hüseyin Yilmaz, dem einemillion-und-einten Gastarbeiter, den Deutschland 1964 begrüßt: „Sehr geehrte Gastarbeiter, wir hoffen auf eine erfolgreiche Zusammenarbeit." (Filmzitat)

Türke oder Deutscher?

Mit seiner Frau Fatma und seinen vier Kindern lebt Hüseyin nun seit über vier Jahrzehnten in Deutschland. Doch sein sechsjähriger Enkel Cenk muss sich immer noch fragen:

„Was sind wir denn jetzt, Türken oder Deutsche? –Türken! Deutsche! – Naja, Dede und Nene haben jetzt den deutschen Pass. – Ach, das ist ein Stück Papier! Wir sind immer noch Türken. – Cenk, man kann aber auch beides sein. So wie Du. – Nein, das geht nicht! Entweder die eine Mannschaft oder die andere!" (Filmzitat)

Nesrin Samdereli, Drehbuchautorin. Wer könnte besser vom Spagat zwischen den Kulturen erzählen als zwei, die ihn selbst von Geburt an hinbekommen müssen: Die Schwestern Yasemin und Nesrin Samdereli wurden in den 1970ern in Dortmund geboren. Ihrem Drehbuch merkt man an, dass viel von der eigenen Familiengeschichte mit eingeflossen ist: „Also, es sind vor allem die ganzen Anekdoten in der Vergangenheit, diese ganzen Eindrücke von Deutschland, da ist wahnsinnig viel von dem, was wir von den Eltern und Großeltern so gehört haben."

Eine deutsche Komödie mit „Migrationshintergrund":

In Rückblenden wird von der Zeit erzählt, in der Familie Yilmaz aus Anatolien nach Deutschland kommt – voller Ängste, weil die Türken den Deutschen in Sachen Vorurteile offenbar in nichts nachstehen…

„In Deutschland soll es doch so kalt sein! – Die Deutschen sollen doch so dreckig sein! – In Deutschland soll es nur Kartoffeln geben. – Nur Kartoffeln?" – Wie unendlich fremd sich die ersten Gastarbeiter hierzulande gefühlt haben müssen, unterstreicht Yasemin Samdereli mit einem wunderbaren Kunstgriff: Während sie die Türken im Film Deutsch reden lässt, stammeln die „Deutschen" ein merkwürdig klingendes Kauderwelsch. „Wir haben versucht, deutlich zu machen wie es ist, in der Vergangenheit irgendwo anzukommen und Du verstehst nichts außer Kauderwelsch", erklärt Yasemin Samdereli. „Ich hätte gerne ein Brot. – Ögre drü dingsdemä. – Brot! – Äh, Dingsdemä… – Na, dann eben kein Brot. Haben Sie Milch?" (Filmzitat)

Eine türkische Familie in Deutschland: Der Film „Almanya" beschreibt sehr unterhaltsam und klug das Thema Integration. Ein humorvoller Film – ohne Klamauk und Sozialkitsch.

Integrationsdebatte hin oder her, dieser Film beweist: Das deutsch-türkische Verhältnis ist endlich unverkrampft genug, dass auf beider Kosten herzlich gelacht werden darf. Zwischendurch hat der Film aber auch seine melancholischen Momente. Da vermittelt er eine Ahnung davon, wie es sich anfühlen muss, den deutschen Pass, aber ein türkisches Herz zu haben. Ein urkomischer und zutiefst rührender Film, der viel verrät über das In-Wort „Migrationshintergrund". Auf „Almanya" hat Deutschland viel zu lange warten müssen!

NDR.de

Checkliste für eine Rezension	gemacht
1. Ich habe das richtige Format benutzt.	
● Meine Rezension hat eine Einleitung, die kurz auf das Werk eingeht, einen Hauptteil und einen Schluss.	☐
● Ich habe mit dem Titel begonnen und habe dann wichtige Informationen gegeben.	☐
2. Der Ton, die Wortwahl und die Grammatik sind durchgehend angemessen.	
● Der Ton ist sachlich, die Sätze sind wohlformuliert und die Rezension wirkt professionell.	☐
● Ich habe ein reiches und angemessenes Filmvokabular benutzt.	☐
● Ich habe klar Stellung zum Film bezogen. Die Leser werden entweder dazu angeregt, den Film selbst zu schauen, oder davor gewarnt.	☐
● Ich habe verschiedene Zeitformen benutzt.	☐
3. Meine Filmrezension ist logisch strukturiert.	
● Die Rezension ist übersichtlich in verschiedene Paragrafen aufgeteilt.	☐
● Wichtig: Ich habe das Ende des Films nicht verraten!	☐
● Ich habe einen Handlungsüberblick gegeben (keine Nacherzählung!) und gleichzeitig meine Meinung geäußert.	☐
● Die Rezension endet mit meiner Empfehlung.	☐
4. Meine Rezension hängt gut zusammen.	
● Ich habe passende Mittel benutzt, um die Verbindungen in und zwischen den Absätzen zu stärken.	☐
● Meine Pronomen (z. B. *es*, *sie*, *das*, *diese*) sind richtig.	☐
● Ich habe Konjunktionen (z. B. *denn*, *wenn*, *sodass*) und Adverbien (z. B. *allerdings*, *deshalb*, *trotzdem*) benutzt.	☐
5. Meine Filmrezension weckt Interesse beim Leser.	
● Ich habe verschiedene, interessante Aspekte des Films wie Charaktere, Spezialeffekte erwähnt.	☐
● Ich habe dem Leser etwas Hintergrund zum Film und/oder zum Thema gegeben.	☐
● Ich habe verschiedene Szenen zusammengefasst oder Stellen aus dem Drehbuch zitiert, um einen Vorgeschmack zu geben.	☐

Nachdruck verboten

15. Tagebucheintrag

Montag, den 7.5.2013

Liebes Tagebuch,

was für ein Tag! Viel ist geschehen, einiges hätte ich lieber nicht erlebt, aber insgesamt kann ich mein Glück noch immer nicht fassen. Aber nun erst einmal ganz von Anfang an:

Ich wusste, dass heute ein wichtiger Tag war, vielleicht der wichtigste überhaupt. Seit Langem lag der Brief mit der Einladung zum Auswahlgespräch für ein Stipendium an der Uni Wien auf meinem Nachttisch. Wie sehr ich mir wünschte, angenommen zu werden. Meine Eltern haben schließlich nicht so viel Geld, dass sie mir das Studium in Wien hätten finanzieren können, sodass das Stipendium meine einzige Chance war, mir meinen Traum zu erfüllen. Einmal in meinem Leben in Wien zu Hause zu sein! Mit Susanne, die auch in Wien studieren wollte, eine kleine Wohnung mieten und morgens gemeinsam in die Uni gehen. Heute war es also so weit: eine halbe Stunde mit drei Professoren von der Wiener Universität sollte über alles entscheiden.

Mir zitterten die Knie, meine Hände waren feucht und vor Aufregung vergaß ich, die Frau an der Rezeption nach dem Raum zu fragen. Dann ging alles sehr schnell, ich kann mich gar nicht mehr erinnern, worüber wir gesprochen haben. War es mein Interesse an österreichischer Geschichte? Mein Forschungsprojekt? Meine Sprachkenntnisse?

Danach also das Warten, was für eine Qual! Um 17.00 dann der erlösende Anruf: Ja, ich hatte es geschafft! Ein Stipendium, der Anfang eines neuen Lebens und ich lag Susanne in den Armen. Unvorstellbar! Mein Herz raste, meine Stimme versagte, und ich hatte das Gefühl vor Glück zu platzen.

Und nun sitze ich am Schreibtisch und mache Pläne. Was wird das Jahr bringen? Wird es so toll, wie ich es erwarte? Mehr später, liebes Tagebuch, das Leben ist herrlich, heute wird erst mal gefeiert.

Amelie

Checkliste für einen Tagebucheintrag	gemacht
1. Ich habe das richtige Format benutzt.	
● Mein Eintrag hat einen gelungenen Anfang und Schluss.	☐
● Ich habe das Datum/den Ort und/oder die Uhrzeit genannt.	☐
2. Der Ton, die Wortwahl und die Grammatik sind durchgehend angemessen.	
● Ich habe den Text in der ersten Person verfasst.	☐
● Ich habe einen persönlichen, intimen Stil benutzt.	☐
● Meine Sprache ist informell.	☐
● Ich habe verschiedene Zeitformen benutzt, um über vergangene Ereignisse, momentane Gefühle und Gedanken und zukünftiges Handeln zu schreiben.	☐
● Falls ich mein Tagebuch direkt angesprochen habe, habe ich es geduzt.	☐
3. Mein Tagebucheintrag ist logisch strukturiert.	
● Ich habe meinen Eintrag mit einem Aufhänger begonnen: Warum schreibe ich? Was ist passiert?	☐
● Ich habe meine Gefühle detailliert beschrieben und Beispiele gegeben.	☐
● Es wird deutlich, dass ich mich bemüht habe, Klarheit in meinen Gedanken und Gefühlen zu schaffen, um zukünftiges Handeln zu erleichtern.	☐
● Ich habe zum Schluss gezeigt, dass der Text endet, vielleicht mit einem Ausblick oder einer Zusammenfassung meiner Gefühle/Gedanken.	☐
4. Mein Tagebucheintrag hängt gut zusammen.	
● Ich habe passende Mittel benutzt, um die Verbindungen in und zwischen den Absätzen zu stärken.	☐
● Meine Pronomen (z. B. *es, sie, das, diese*) sind richtig.	☐
● Ich habe Konjunktionen (z. B. *denn, wenn, soda*ss) und Adverbien (z. B. *allerdings, deshalb, trotzdem*) benutzt.	☐
5. Um den Eintrag lebendiger zu machen, habe ich Folgendes benutzt:	
● verschiedene Satzformen, z. B. Fragen (*Was soll ich nur tun?*), Ausrufe (*So ein Unsinn! Huch! Oh nein!*), Bitten (*Kann mir nicht mal jemand helfen?*)	☐
● einfache rhetorische Mittel z. B. Wiederholung (*Ich will das echt nicht. Echt nicht.*), Vergleiche (*Ich fühle mich wie ein Fisch ohne Wasser*)	☐
● indirekte Rede, um Gesagtes wiederzugeben	☐

Nachdruck verboten

16. Zeitungsbericht

Die „Heroes" von Berlin-Neukölln

Jungs sind stark und mutig, Mädchen keusch und gehorsam. Das gilt insbesondere in muslimischen Familien. Darunter leiden nicht nur die Mädchen, auch die Jungs stehen unter großem Druck. Das Berliner Projekt „Heroes" will sie bestärken, überlieferte Rollenmuster zu durchbrechen und gegen Unterdrückung im Namen der Ehre einzutreten.

„Stell dir vor, meine Schwester geht abends noch raus und ihr passiert was. Die Nachbarn bekommen das mit und dann heißt es überall, der ist ein Ehrenloser", sagt ein Jugendlicher empört während eines Workshops der „Heroes". „Du musst unterscheiden, ob du auf sie aufpasst oder ob du sie einsperrst, auch sie muss ihre Freiheiten haben", hält Deniz, ein Berliner „Hero", dagegen. Es gehört Mut dazu, in der türkischen Community den althergebrachten Ehrbegriff infrage zu stellen.

„Ein Hero, ein Held zu sein, heißt, dass man was riskiert, und das ist schon ein gewisses Risiko in unserer Gegend", erklärt Deniz selbstbewusst. Der 20-jährige Gymnasiast ist einer von fünf jungen Männern, die in dem Projekt „Heroes" in Berlin-Neukölln arbeiten.

Der Bezirk ist ein Schmelztiegel der Nationalitäten aus mehr als 160 Ländern. 40 Prozent der Bewohner sind zugewandert, in Nord-Neukölln kommen sogar 80 Prozent der unter 18-Jährigen aus Einwandererfamilien. Die Mehrheit hat türkische oder arabische Wurzeln. Und aus ihren Heimatländern haben sie auch ihre Traditionen und Wertvorstellungen mitgebracht. Die unterscheiden sich oft sehr von denen der deutschen Gesellschaft, besonders wenn es um die Rollenmuster für Mann und Frau geht. Und genau da setzen die „Heroes" an.

„Wir reden über Themen, die nicht so angenehm sind, weil wir etwas ändern wollen", betont Ahmad Mansour nachdrücklich. Der Psychologiestudent lebt seit fünf Jahren in Deutschland und hat als Gruppenleiter Deniz, Gökay, Onur, Okcan und Turabi gemeinsam mit dem Schauspieler Yilmaz Atmaca über ein halbes Jahr lang betreut. Die Jungs hörten sich Vorträge an, besuchten Ausstellungen und diskutierten über Themen wie Ehrenkodex, Selbstbestimmung oder Gleichstellung. Das soll sie bestärken, aus alten Denkmustern auszubrechen und sich mit überzeugenden Argumenten für ihre Schwestern oder Freundinnen einzusetzen – auch als Vorbilder für Gleichaltrige.

Dazu entwickelten sie kleine Rollenspiele, die sie in Schulen oder Jugendtreffs aufführen, auch gemeinsam mit den Teilnehmern: Der Vater ist wütend, weil der Sohn nicht auf die Tochter aufgepasst hat, der Bruder schlägt seine Schwester, weil sie zu spät zu Hause war… So erfahren Aki und Abdul direkt, wie es ist, in der Haut von Asiye oder Alima zu stecken.

Wenn die zweite Gruppe ihre Ausbildung mit der feierlichen Übergabe eines Zertifikates beendet hat, werden insgesamt zwölf junge Helden zwischen 17 und 21 Jahren dabei sein. Deniz erinnert sich an seinen Start. Seine Mutter machte ihn auf das Projekt aufmerksam. Er unterhielt sich ein paar Mal ausführlich mit Ahmad und Yilmaz und brachte dann nach und nach die anderen Jungs mit. „Meine Familie und meine Freunde stehen hinter mir und unterstützen mich", sagt er, „und wenn der eine oder andere mal komisch reagiert, stört mich das nicht". Er weiß, er kann die Jugendlichen nicht in drei Stunden ändern, aber für ihn ist es schon ein Erfolgserlebnis, wenn es ihm gelingt, sie zum Nachdenken zu bringen – wenn auch manchmal nur für einen Nachmittag. Das ist auch der Grund, warum er immer noch dabei ist.

Regina Friedrich, Goethe-Institut

Checkliste für einen Zeitungsbericht	gemacht
1. Ich habe das richtige Format benutzt.	
• Mein Text hat eine Schlagzeile, die Interesse weckt und das Thema nennt.	☐
• Ich habe den Namen oder die Initialen des Journalisten angegeben.	☐
• Ich habe formale Elemente eines Zeitungsberichtes benutzt, z. B. Abschnitte, Spalten, Datum, Fotos.	☐
2. Der Ton, die Wortwahl und die Grammatik sind durchgehend angemessen.	
• Ich habe genaue Details des Geschehens, des Handlungsortes, der Beteiligten benutzt.	☐
• Meine Sprache ist anschaulich und informativ.	☐
• Ich habe Interviewaussagen von Zeugen oder Experten benutzt.	☐
3. Der Aufbau meines Berichtes ist angemessen und logisch.	
• Mein Text hat einen Einführungsabschnitt, der die fünf Fragen wer, was, wann, wo und warum anspricht.	☐
• Ich habe mich auf die Tatsachen konzentriert.	☐
• Ich habe mit einem Ausblick, einem Lösungsvorschlag geendet.	☐
• Ich habe Interviews mit Augenzeugen oder Beteiligten integriert.	☐
4. Mein Artikel hängt gut zusammen.	
• Ich habe passende Mittel benutzt, um die Verbindungen in und zwischen den Absätzen zu stärken.	☐
• Meine Pronomen (z. B. *es*, *sie*, *das*, *diese*) sind richtig.	☐
• Ich habe Konjunktionen (z. B. *denn*, *wenn*, *sodass*) und Adverbien (z. B. *allerdings*, *deshalb*, *trotzdem*) benutzt.	☐
5. Mein Text ist für den Leser interessant zu lesen und überzeugend.	
• Ich habe passende Stilmittel wie Suggestivfragen, rhetorische Fragen, Ausrufe (z. B. *Ich muss das doch nicht machen, oder?, Das darf doch nicht wahr sein?!, Na so was!, Igitt!*) benutzt.	☐
• Ich habe interessante Fakten, Statistiken und Hintergrundinformationen gegeben.	☐
• Ich habe Anekdoten, Beispiele oder Zitate verwendet.	☐

Quellennachweis

Advance Materials Ltd. dankt den folgenden Personen und Institutionen für die freundliche Abdruckgenehmigung der Texte und Bilder in diesem Buch.

Texte

Kurt Tucholsky, An das Publikum, 1931 (S. 10); Manja Greß DSDS und Co: Bei Castingshows ist Rückmeldung von Freunden wichtig, Deutsche Presse Agentur (dpa), 10.11.2010 (S. 13); Gebhard Hölzl & Thomas Lassonczyk, Presseheft zum Kinofilm „GOODBYE, LENIN", X Verleih AG, Januar 2003 (S. 25); Christiane Fux, Good Bye, Lenin, artechock.de (S. 28); Ingeborg Bachmann, Reklame Werke, Bd. 1. Gedichte © Piper Verlag GmbH, München, 1978 (S. 32); Ingo Rütten, Die Macht Der Werbung, NEON.de, 09.01.2004 (S. 34); Moritz Marouschek, Die Weltumrundung der Jeans, Die Presse, 15. Juni 2011 (Projekt „Die Presse macht Schule") (S. 44); Alina Borowski, Was ist Fair Trade?, Schulhofgeflüster von der Bruno Lorenzen Schule in Schleswig, 30.03.2011 (S. 49); Fair Trade, Fair Trade e.V.: www.fair4you-online.de (S. 52); Adrian Mangold, Alpen unter Druck, Jugendmagazin Tink.ch (S. 59); Doron Rabinovici, Darf man Säuglinge aus dem Land schicken? (gekürzt), www. welt.de, 29.10.2010 (S. 68); Gerhard Schöne, CD (1985, 1995) Menschenskind, Titel 12, © BuschFunk Berlin (S. 71); M. Abu Salem, Der Migrant, www.mig-mag.com, 06.11.2010 (S. 72); Yadé Kara, Selam Berlin, Copyright © 2003 Diogenes Verlag AG Zurich, Switzerland, All rights reserved (S. 73); Ingrid Herta Drewing, Multi-Kulti, http:www.ingriddrewing.de, Dichterei, e-stories.de, 09.06.2010 (S. 75); Robby Geher, Gesellschaft für Einsteiger, Bundeszentrale für politische Bildung, 10.2010 (S. 85); Interview: Claudia Müller, Kinder.Jugendliche@facebook. com, www.schweizerfamilie.ch, 24.05.11 (S. 90); Tagebuch eines jugendlichen Facebook-Nutzers Schumpeter BHAK/BHAS 3 CK Moritz Marouschek, Die Presse, 15.06.11 (Projekt „Die Presse macht Schule") (S. 93); Greeny, Jugend, Süddeutsche Zeitung GmbH 16.08.11 (S. 95); Rainer Stadler, Anna: „Ich habe nie Haschisch und Alkohol kombiniert", Süddeutsche Zeitung GmbH, 12.08.11 (S. 98); Anna Sandner, Die Internetschule, www.GEOlino.de (S. 103); Patrick Rein, Wirkcamps: Endlich mal was tun, www.fluter.de, Redaktion und Alltag Juni 2010 (S. 107); Dagmar Scherer, Nicht nur in der Schule lernen wir, ARD.de, April 2007 (S. 110); Daniela Kurtz, Typisch deutsch!, Yaez Verlag GmbH, 03.09.2010 (S. 117); Friedrich Rückert, Lyrisch gesehen (S. 120); Angie Pfeiffer, Immer diese Ausländer, net-Verlag, 2011, Marco Heinen, Die Porträts, Die Bundesregierung, 18.05.2011, Sandra Evans Interview Integration, Frankfurter Societäts-Medien GmbH, 10.2008 (S. 133); Pempe Tulak, Hier ein Ausländer, dort wie ein Tourist, Schreibwerkstatt, (S. 136); Kübra Gümüsay, Machtspiel, Tageszeitung, 15.02.2012, (S. 138); Klaus Martin Höfer, Buntes Berlin, X-Berg-Tag (S. 143-144); Jens Twiehaus, Lass ma' lesen, yallah!, Spiegel/ dapd, 28.01.2012 (S. 147); Udo Jürgens, Aber bitte mit Sahne, Edition Montana/Aran, 1976 (S. 157); Karneval in Deutschland, DAAD/www.study-in.de (S. 162); Interview partner Heiko Kosow, Sich endlich ungeniert öffentlich betrinken, SPIEGEL ONLINE, 20.02.2012 (S. 166); Osterbräuche in Deutschland: Von bemalten Eiern und Reitern im Frack, Auswärtiges Amt, (S. 170); Hannah Illing, Weihnachtszauber (S. 174–175); Friedrich Ludwig Jahn zum Geburtstag, Jahn-Pressedienst (S. 194); Joachim Ringelnatz, Ruf zum Sport, Albert Langen Verlag 06.12.1926 (S. 199); ADHS – Was bedeutet das?, Bundeszentrale für gesundheitliche Aufklärung, Köln, Juli 2009 (S. 207– 208); Heinrich Hoffman, Die Geschichte vom Zappel-Philipp, „Der Struwwelpeter" 1845 (S. 210); Benjamin Prüfer, Wohin du auch gehst © S.Fischer Verlag GmbH, Frankfurt am Main, 2007 (S. 212–213); Reiselust Bundeszentrale für gesundheitliche Aufklärung, Köln, Mai 2010 (S. 214); Festival Hopping für Fortgeschrittene: Drei Monate Wahnsinn Oliver Lück, SPIEGEL ONLINE, 01.11.2011 (S. 223–224); Thomas Winkler, Klimawandel in der Popmusik, Goethe-Institut e. V., Online-Redaktion, Juni 2010 (S. 226– 227); Bianca Gerlach, Nudisten-Gastgeber in den USA, www.geo.de (S. 237); Oliver Klempert, Das schwimmende Schulzimmer, „Das segelnde Klassenzimmer", Delius-Klasing Verlag, 2009 (S. 242); Therese Koppe, Lost in Translation, Redaktion und Alltag, www.fluter.de, 30.7.2006 (S. 246– 247); Regine Bogensberger, Wir wissen noch nicht, was in diesen Netzwerken richtig ist, Die Furche, 06.05.2010 (S. 256– 257); Barbara Amann-Heckenberger/Babara Buchegger/Sonja Schwarz, Cyber-Mobbing – Was kann ich dagegen tun? www.saferinternet.at, 2009 (S. 260); Juuuport gewinnt klicksafe Preis für Sicherheit im Internet, www.juuuport.de, 23.06.2011 (S. 264); Peter Carstens, Tierversuche: Der Mensch ist nun mal keine Maus, www.geo.de, Gruner + Jahr, 29.10.2010 (S. 272– 273); Stephanie Händel, Ein Leben im Schatten der Reaktortürme, Nürnberger Zeitung, Nordbayerische Verlagsgesellschaft, 17.03.2011 (S. 282– 283); Gudrun Pausewang, Die Wolke, © 1987 Ravensburger Buchverlag Otto Maier GmbH, Ravensburg (S. 288); 20.03.2011 (S. 287– 288); Interview:Sandra Trauner, Nach dem Atomunfall ist „die Wolke" wieder gefragt, Deutsche Presse Agentur (dpa), 19.03.2011 (S. 291); Jörg Andersson, Umstrittene Umgehung, Frankfurter Rundschau, 18.04.2012 (S. 298); Windkraft als Chance verstehen, Cuxhavener Nachrichten, 06.09.2010 (S. 307); Werner Fademrecht, Mit Flugblättern gegen dritten Windpark, Nordwest-Zeitung, 03.05.2012 (S. 308); www. deutsch-lernen.com (S. 326); Augen auf beim Schoko-Kauf, utopia.de, Juni 2010 (S. 332); Daniel Benz und Birthe Homann, „Das grüne Skigebiet – das wäre doch ein Hit!", Beobachter (S. 336); Ilse Aichinger, Das Fenster-Theater, aus: „Der Gefesselte" © S.Fischer Verlag GmbH, Frankfurt am Main 1954 (S. 338); Walli Müller Filmrezension: Almanya, NDR Info 2011, 09.03.2011 (S. 342); Regina Friedrich Die Heroes von Neu-Kölln, Goethe-Institut e. V., Online-Redaktion, Februar 2010 (S. 346).

Fotos

Titelfotos: visdia - Fotolia.com, Alen-D - Fotolia.com, Sophie Duncker, fhmedien_de - Fotolia.com, Yuri Arcurs - Fotolia.com, Michael Zimberov - Fotolia.com, sborisov - Fotolia.com, Edyta Pawlowska - Fotolia.com, asrawolf - Fotolia.com, samott - Fotolia.com, Mario Webhofer - Fotolia.com, jarma - Fotolia.com, Fotolyse - Fotolia.com, peppi18 - Fotolia.com, Dieter Brockmann - Fotolia.com, Yuri Arcurs - Fotolia.com.

XtravaganT - Fotolia.com (S. 8), udra11 - Fotolia.com (S. 10), Piotr Marcinski - Fotolia.com (S. 11), Sonja Thomassen (S. 11), pressmaster - Fotolia.com (S. 12), Gino Santa Maria - Fotolia.com (S. 12), Igor Mojzes - Fotolia.com (S. 12), Yuri Arcurs - Fotolia.com (S. 12), shotsstudio - Fotolia.com (S. 13), lenets_tan - Fotolia.com (S. 13), Fotowerk - Fotolia.com (S. 14), Scott Griessel - Fotolia.com (S. 15), Carrienelson1 - Dreamstime.com (S. 17), pixstock - Fotolia.com (S. 19), BerlinStock - Fotolia.com (S. 19), Mandy Tam (S. 20), Aaron Amat - Fotolia.com (S. 21), Steven Gerrard (S. 22), Creative commons Diana Garcia BOG (S. 22), rare - Fotolia.com, (S. 22), Creative Commons FLÁ PESSOA (S. 22), X Filme Creative Pool GmbH (S. 25), X Filme Creative Pool GmbH (S. 27), X Filme Creative Pool GmbH (S. 28), Ivanbarreto _ Dreamstime.com (S. 29), LaCatrina - Fotolia.com (S. 30), Yuri Arcurs - Fotolia.com (S. 31), Ingeborg_Bachmann - Creative Commons (S. 32), Povarov - Dreamstime.com (S. 33), velazquez - Fotolia.com (S. 36), Robert Kneschke - Fotolia.com (S. 37), JohanSwanepoel - Fotolia.com (S. 38), arquiplay77 - Fotolia.com (S. 40), N-Media-Images - Fotolia.com (S. 40), Idelforma (S. 41), Fabian Bromann (S. 41), Ricardo Liberato (S. 41), dedi - Fotolia.com (S. 41), Meena Kadri 2 (S. 41), Richard Allaway2 (S. 41), denis_pc Fotolia.com (S. 42), Guido Vrola - Fotolia.com (S. 42), DreamponderCreate - Creative Commons (S. 43), Africa Studio - Fotolia.com (S. 44), Trevor Bounford (S. 44), Monkey Business - Fotolia.com (S. 46), Jeanette Dietl - Fotolia.com (S. 48), sk_design (S. 49), Norman Chan - Fotolia.com (S. 51), GEPA - The Fair Trade Company/C.Nush (S. 52), Marco Mayer - Fotolia.com (S. 53), Diana Kosaric - Fotolia.com (S. 53), Photo-K - Fotolia.com (S. 55), picsfive - Fotolia.com (S. 56), vencav - Fotolia.com (S. 57), Manfred Steinbach - Fotolia.com (S. 57), Alexander - Fotolia.com (S. 57), Dreef - Fotolia.com (S. 57), Siegfried Schnepf - Fotolia.com (S. 57), Roman Milert - Fotolia.com (S. 58), Tom - Fotolia.com (S. 61), Creative Commons nikoretro (S. 61), Peter Wey - Fotolia.com (S. 63), (WoGi - Fotolia.com (S. 64), bettina sampl - Fotolia.com (S. 65), Gorilla - Fotolia.com (S. 66), Netzer Johannes - Fotolia.com (S. 66), Gina Sanders - Fotolia.com (S. 67), jotunney - Fotolia.com (S. 68), fotomaster - Fotolia.com (S. 71), Vitalij Geraskin - Fotolia.com (S. 71), janaka Dharmasena - Fotolia.com (S. 72), Mumpitz - Fotolia.com (S. 75), Schwarwel - Fotolia.com (S. 77), HaywireMedia - Fotolia.com (S. 78), Franz Pfluegl - Fotolia.com (S. 80), pterwort - Fotolia.com (S. 80), Phase4Photography - Fotolia.com (S. 80), Christian Schwier - Fotolia.com (S. 80), Vico - Fotolia.com (S. 80), www.static.shell.com (S. 84), fotogestoeber - Fotolia.com (S. 85), Galina Barskaya - Fotolia.com (S. 85), Peter Atkins - Fotolia.com (S. 85), amelie - Fotolia.com (S. 85), PICTURETIME - Fotolia .com (S. 85), godfer - Fotolia.com (S. 85), Patrizia Tilly - Fotolia.com (S. 85), Juergen Faelchle - Fotolia.com (S. 89), Piotr Wawrzyniuk - Fotolia.com (S. 89), Karin & Uwe Annas - Fotolia.com (S. 89), olga demchishina - Fotolia.com (S. 90), freshidea - Fotolia.com (S. 93), brankatekic - Fotolia.com (S. 95), Jeanette Dietl - Fotolia.com (S. 95), Smario beauregard - Fotolia.com (S. 96), www.static.shell.com (S. 97), kmiragaya - Fotolia.com (S. 98), Rudie - Fotolia.com (S. 101), PRCreativeTeam - Fotolia.com (S. 101), olly - Fotolia.com (S. 103), VRD - Fotolia.com (S. 105), Gina Sanders - Fotolia.com (S. 106), ksch - Fotolia.com (S. 107), Monkey Business (S. 107), Robert Kneschke - Fotolia.com (S. 110), Yves Roland - Fotolia.com (S. 110), Radu Razvan - Fotolia.com (S. 110), maho - Fotolia.com (S. 113), Elenathewise - Fotolia.com (S. 113), Cherry-Merry - Fotolia.com (S. 113), pmphoto - Fotolia.com (S. 113), Tatjana Balzer - Fotolia.com (S. 114), Juegen Faelchle (S. 116), foto ARts - Fotolia.com (S. 117), Kaarsten - Fotolia.com (S. 117), Kaarsten - Fotolia.com (S. 117), Lucky Dragon - Fotolia.com (S. 117), mdworschak - Fotolia.com (S. 119), blackfoto - Fotolia.com (S. 120), blende40 - Fotolia.com (S. 124), Photo-K - Fotolia.com (S. 125), Trevor Bounford (S. 125), XtravaganT - Fotolia.com (S. 126), Steve Young - Fotolia.com (S. 126), rudall30 - Fotolia.com (S. 126), fischer-cg.de - Fotolia.com (S. 126), Steve Young - Fotolia.com (S. 126), HappyAlex - Fotolia.com (S. 127), DOC RABE Media - Fotolia.com (S. 127), fischer-cg.de - Fotolia.com (S. 127), Steve Young - Fotolia.com (S. 127), Steve Young - Fotolia.com (S. 127), Pixel Embargo - Fotolia.com (S. 127), Steve Young - Fotolia.com (S. 128), rudall30 - Fotolia.com (S. 128), fischer-cg.de - Fotolia.com (S. 128), Steve Young - Fotolia.com (S. 128), Pixel Embargo - Fotolia.com (S. 128), Patrick Meinhardt - Creative Commons (S. 129), vector_master - Fotolia.com (S. 129), Hero - Fotolia.com (S. 130), Tatjana Balzer - Fotolia.com (S. 130), 29_olly - Fotolia.com (S. 131), Gina Sanders - Fotolia.com (S. 132), Tatjana Balzer - Fotolia.com (S. 133), Hewac - Fotolia.com (S. 135), Lucky Dragon - Fotolia.com (S. 135), vege - Fotolia.com (S. 137), Sabphoto - Fotolia.com (S. 139), Alexey Klementiev - Fotolia.com (S. 141), BildPix.de - Fotolia.com (S. 142), Maximilian Niemann - Fotolia.com (S. 142), fuxart - Fotolia.com (S. 142), Joerg Engel - Fotolia.com (S. 142), Mirko Raatz - Fotolia.com (S. 143), flashpics - Fotolia.com (S. 143), copelaes - Creative Commons (S. 144), grahamc99 - Creative Commons (S. 144), FM2 - Fotolia.com (S. 146), Onnola - Creative Commons (S. 146), bjoern - Creative Commons (S. 149), tom -

Fotolia.com (S. 150), Elena Schweitzer - Fotolia.com (S. 152), legaa - Fotolia.com (S. 152), schenkArt - Fotolia.com (S. 152), cmnaumann - Fotolia.com (S. 152), Svenja98 - Fotolia.com (S. 152), Andrea Wilhelm - Fotolia.com (S. 152), K.-U. Haessler - Fotolia.com (S. 152), Inga Nielsen - Fotolia.com (S. 152), PhotoSG - Fotolia.com (S. 152), Jacek Chabraszewski - Fotolia.com (S. 153), Ray - Fotolia.com (S. 153), Quade - Fotolia.com (S. 153), yamix - Fotolia.com (S. 153), victoria p. - Fotolia.com (S. 153), HandmadePictures - Fotolia.com (S. 153), Conny Brock (S. 154), Conny Brock (S. 154) Conny Brock (S. 154) mangostock - Fotolia.com (S. 154), Gordon Bussiek - Fotolia.com (S. 154), Kzenon - Fotolia.com (S. 155), Kokhanchikov - Fotolia.com (S. 157), bynicola - Fotolia.com (S. 157), sandra zuerlein - Fotolia.com (S. 157), Lucky Dragon - Fotolia.com (S. 157), Lucky Dragon - Fotolia.com (S. 157), Printemps - Fotolia.com (S. 157), babimu - Fotolia.com (S. 159), anweber - Fotolia.com (S. 160), Kzenon - Fotolia.com (S. 160), Conny Brock (S. 160), Nikolai Tsvetkov - Fotolia.com (S. 160), isatori - Fotolia.com (S. 160), sk_design - Fotolia.com (S. 161), lucazzitto - Fotolia.com (S. 161), LenDog64 - Creative Commons (S. 161), Michael Bieniek - Creative Commons (S. 161), Michael Fritzen - Fotolia.com (S. 162), sabine voigt - Fotolia.com (S. 164), Michael Fritzen - Fotolia.com (S. 164), Michael Fritzen - Fotolia.com (S. 165), Juergen Baur - Fotolia.com (S. 165), Juergen Baur - Fotolia.com (S. 167), Michael Fritzen - Fotolia.com (S. 167), Dirk Fleischer - Fotolia.com (S. 169), m.schuckart - Fotolia.com (S. 169), ChristArt - Fotolia.com (S. 170), StockPixstore - Fotolia.com (S. 172), katatonia - Fotolia.com (S. 173), Gina Sanders - Fotolia.com (S. 173), drubig-photo - Fotolia.com (S. 173), PhotoSG - Fotolia.com (S. 173), ArVis - Fotolia.com (S. 173), FotolEdhar - Fotolia.com (S. 173), Hannah Weihnachten (S. 174), LenDog64 - Creative Commons (S. 175), atm2003 - Fotolia.com (S. 176), Viktor - Fotolia.com (S. 176), Andres Rodriguez - Fotolia.com (S. 179), Fotowerk - Fotolia.com (S. 181), olly - Fotolia.com (S. 182), Heisenberg Media - Creative Commons (S. 183), Daniel Etzold - Fotolia.com (S. 183), World travel images - Fotolia.com (S. 183), blende40 - Fotolia.com (S. 183), pixologic - Fotolia.com (S. 184), Giuseppe Porzani - Fotolia.com (S. 186), stockyimages - Fotolia.com (S. 186), Ljupco Smokovski - Fotolia.com (S. 187), Printemps - Fotolia.com (S. 187), Sjulien tromeur - Fotolia.com (S. 188), Fotoimpressionen - Fotolia.com (S. 188), StefanieB. - Fotolia.com (S. 188), Kzenon - Fotolia.com (S. 189), CandyBox Images - Fotolia.com (S. 190), Mariusz Blach - Fotolia.com (S. 191), Mopic - Fotolia.com (S. 192), Georg Ludwig Engelbach (S. 192), Popova Olga - Fotolia.com (S. 193), laufer - Fotolia.com (S. 193), laufer - Fotolia.com (S. 193), laufer - Fotolia.com (S. 193), Popova Olga - Fotolia.com (S. 193), neftali Fotolia.com (S. 193), sludgegulper - Creative Commons (S. 195), Deutsches Historisches Museum, Berlin (S. 198), ringelnatz_marke (S. 199), Ben - Fotolia.com (S. 201), Albachiaraa - Fotolia.com (S. 201), Steve Young - Fotolia.com (S. 202), RA Studio - Fotolia.com (S. 201), (S. 202), valebisba - Fotolia.com (S. 202), valebisba - Fotolia.com (S. 203), Steve Young - Fotolia.com (S. 203), valebisba - Fotolia.com (S. 203), ILYA AKINSHIN - Fotolia.com (S. 203), Gary Knight - Creative Commons (S. 204), Monkey Business - Fotolia.com (S. 206), Schlierner - Fotolia.com (S. 206), blessings - Fotolia.com (S. 206), Konstantin Sutyagin - Fotolia.com (S. 206), kab-vision - Fotolia.com (S. 206), Eisenhans - Fotolia.com (S. 206), olly - Fotolia.com (S. 206), simonkr - Fotolia.com (S. 206), Sophie Duncker (S. 206), L.Klauser - Fotolia.com (S. 207), S.Kobold - Fotolia.com (S. 207), DoraZett - Fotolia.com (S. 207), goldencow - Fotolia.com (S. 208), DOC RABE Media - Fotolia.com (S. 209), Dr Heinrich Hoffmann (S. 210), Dudarev Mikhail - Fotolia.com (S. 212), jarun011 - Fotolia.com (S. 212), newgeneration44 - Fotolia.com (S. 213), michaeljung - Fotolia.com (S. 214), Sergejs Rahunoks - Fotolia.com (S. 214), AK-DigiArt - Fotolia.com (S. 216), matthias21 - Fotolia.com (S. 216), macroart - Fotolia.com (S. 216), Marco2811 - Fotolia.com (S. 216), XtravaganT - Fotolia.com (S. 217), fotomek - Fotolia.com (S. 218), Warren Goldswain - Fotolia.com (S. 220), close to 94 - Creative Commons (S. 220), paehder - Creative Commons (S. 220), Poiseon Bild & Text - Creative Commons (S. 220), Daniel Kruczynski - Creative Commons (S. 220), Lucy Riddolls (S. 222), Libertinus - Creative Commons (S. 222), Libertinus - Creative Commons (S. 222), r-s foto - Creative Commons (S. 222), Libertinus - Creative Commons (S. 222), pkchai - Fotolia.com (S. 223), Torbz - Fotolia.com Sweet Lana - Fotolia .com (S. 226), Walmart Corporation - Creative Commons (S. 226), HD Valentin - Creative Commons (S. 227), Marco2811 - Fotolia.com (S. 229), JiSIGN - Fotolia.com (S. 229), Marco2811 - Fotolia.com (S. 229), Algol - Fotolia.com (S. 230), Dusan Kostic - Fotolia.com (S. 230), Hkratky- Dreamstime.com (S. 230), Chepko Danil - Fotolia.com (S. 230), Jaboardm Dreamstime.com (S. 231), Ramona Heim - Fotolia.com (S. 231), Michael Chamberlin - Fotolia.com (S. 231), Anna Omelchenko - Fotolia.com (S. 231), gaelx - Creative Commons (S. 231), isafmedia - Creative Commons (S. 232), Lucky Dragon USA - Fotolia.com (S. 235), Guido Vrola - Fotolia.com (S. 236), mojo_jojo - Fotolia.com. (S. 236), DOC RABE Media - Fotolia.com (S. 236), Greg Epperson - Fotolia.com (S. 236), psynovec - Fotolia.com (S. 236), avarooa - Fotolia.com (S. 236), xy - Fotolia.com (S. 237), Artens - Fotolia.com (S. 240), charlesknoxphoto - Fotolia.com (S. 240), Anatoliy Samara - Fotolia.com (S. 240), ARTENS - Fotolia.com (S. 240), caruso13 - Fotolia.com (S. 240), Oliver Klempert (S. 241), Oliver Klempert (S. 242), Monkey Business (S. 245), Conny Brock (S. 222), Carrie Kellenberger - Creative Commons (S. 246), Stephan Scherhag - Fotolia.com (S. 246), MPD01605 - Creative Commons (S. 247), Ernesto Ruge - Creative Commons (S. 251), vizafoto - Fotolia.com (S. 252), senoldo - Fotolia.com (S. 254), angrylittledwarf - Fotolia.com (S. 254), Cobalt - Fotolia.com (S. 254), Giuseppe Porzani - Fotolia.com (S. 254), AA+W - Fotolia.com (S. 254), XtravaganT - Fotolia.com (S. 255), Peredniankina - Fotolia.com (S. 256), Sylvie Bouchard - Fotolia.com (S. 259), Kaarsten - Fotolia.com (S. 261), Dream-Emotion - Fotolia.com (S. 264), thingamajiggs - Fotolia.com (S. 264), Julijah - Fotolia.com (S. 267), Sergey Nivens - Fotolia.com (S. 268), Henrie - Fotolia.com (S. 269), Vit Kovalcik - Fotolia.com (S. 272), anyaivanova - Fotolia.com (S. 274), Deutscher Tierschutzbund e.V (S. 276), FikMik - Fotolia.com (S. 277), zizar2002a - Fotolia.com (S. 278), zizar2002c - Fotolia.com (S. 278), zizar2002d - Fotolia.

Wir haben uns bemüht, alle Inhaber von Urheber- und Verwertungsrechten der Texte und Bilder ausfindig zu machen und ihre Zustimmung zur Veröffentlichung einzuholen. Sollte dies in einem Fall nicht ausreichend gelungen sein, bitten wir um entsprechende Mitteilung, sodass wir eventuelle Fehler schnellstmöglich korrigieren können.